Joseph L. Potter, Wilhelm Gesenius, Edward Robinson

An English-Hebrew Lexicon

A Complete Verbal Index to Gesenius' Hebrew Lexicon

Joseph L. Potter, Wilhelm Gesenius, Edward Robinson

An English-Hebrew Lexicon
A Complete Verbal Index to Gesenius' Hebrew Lexicon

ISBN/EAN: 9783337226558

Printed in Europe, USA, Canada, Australia, Japan

Cover: Foto ©Thomas Meinert / pixelio.de

More available books at **www.hansebooks.com**

AN

ENGLISH-HEBREW LEXICON:

BEING A

COMPLETE VERBAL INDEX

TO

GESENIUS' HEBREW LEXICON

AS TRANSLATED BY

PROF. EDWARD ROBINSON, D.D.

PREPARED BY

JOSEPH LEWIS POTTER, A.M.

NEW YORK:
PUBLISHED BY HURD AND HOUGHTON.
BOSTON: H. O. HOUGHTON AND COMPANY.
Cambridge: The Riverside Press.
1877.

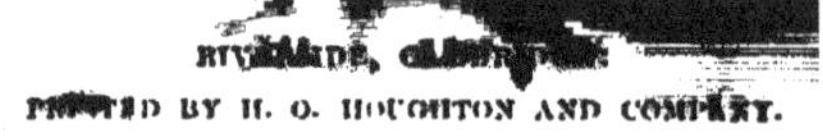

INTRODUCTION.

THE dictionary of a foreign language, to be complete, should not only state the significations of all the words in that language, but likewise reverse the process, by exhibiting the words which answer to any given signification. The Hebrew Lexicon of Gesenius, in its original form, like most Oriental lexicons, is provided with an index to all its definitions, referring to the page on which each definition occurs, and where, of course, the Hebrew word is to be found which is so defined. This index was not reproduced by Dr. Robinson in his English translation of Gesenius, which it is safe to say is still by far the best Hebrew-English Lexicon in existence. Gesenius, although not faultless, remains the acknowledged leader in Hebrew lexicography, and there is no prospect of his being soon superseded. And Dr. Robinson's has the advantage over any rival translation of superior accuracy and precision, and of incorporating the latest and most matured views of the author, as shown in his Thesaurus. The lack of an English-Hebrew Index, which has been its most serious defect, has now been admirably supplied by Mr. Joseph L. Potter, a young gentleman recently graduated from the Theological Seminary in this place, and abundantly qualified for the work, both by his careful accuracy and by his knowledge of Hebrew. He has, in fact, not merely made an index, with references to the page, in consulting which it would be necessary to turn back and look up each Hebrew term separately; he has greatly enhanced the value of his work and the facility of using it by preparing what rather deserves to be entitled an English-Hebrew Dictionary, which exhibits along with each English word its Hebrew equivalents. As such, it possesses an independent value, being not only a needed supplement to the Hebrew-English Lexicon of Gesenius, but capable of being used separately by those who have other lexicons than his. And it has all the completeness of which the case admits, since it contains terms corresponding to the entire stock of Hebrew words used in the Old Testament.

I have perfect confidence in the thoroughness and conscientiousness with which this work has been prepared, and have no hesitation in commending it to teachers and students of Hebrew as an important aid in imparting or acquiring a knowledge of this venerable and sacred tongue.

W. HENRY GREEN,

Professor of Oriental and Old Testament Literature.

PRINCETON, N. J., *June*, 1872.

PREFACE.

This work does not profess to be a full and complete English-Hebrew Lexicon, but simply a faithful Index to the Hebrew Lexicon of Gesenius as translated by Dr. Edward Robinson, giving the English words which there occur as translations, alphabetically, with their Hebrew and Chaldee equivalents following them; and to this extent will be available as an English-Hebrew Lexicon.

It may be of service to the student to notice the following principles which have governed its preparation:—

Chaldee words are placed after the Hebrew, enclosed in parentheses and introduced by the contraction *Ch.*

Such significations only as appeared to be in actual use are noted; and of the proper names a few of the more familiar are inserted, and also some which could not readily be found in the Hebrew Lexicon from their English form.

When the derivative verbal species have their ordinary force, as Niphal passive of Kal, Pual of Piel, Hophal of Hiphil, Piel intensive, Hiphil causative, and Hithpael reflexive of Kal, they are not inserted; but when a different relation is found, as Niphal passive of Hiphil, Piel causative of Kal, etc., they are inserted; and when two or more species have the same meaning, each of them is noted.

It will be observed that some Hebrew words are immediately preceded by the word *see.* This signifies that some doubt is expressed in the Lexicon as to that meaning, or else it is found in the translation of phrases given for the sake of example under the word. These significations, although not equal in importance to those given as direct equivalents, seemed nevertheless to be deserving of note.

Some Hebrew words are followed by the word *once*, which signifies that the word, or that form of the word, occurs but once with that meaning, although it may occur elsewhere with other significations.

When the same Hebrew or Chaldee form has distinct groups of meanings, and is repeated in the Lexicon as separate words, the particular one referred to is indicated by the Roman numeral attached to the word.

The gender of nouns in the singular is given, and also in the plural, when not indicated by the termination.

The forms of adjectives are masculine, unless otherwise stated, except in a few instances, where the gender is not designated in the Hebrew Lexicon.

The poetical usage has been noted; as also that of the later Hebrew.

The names of verbal species are somewhat more abbreviated than in the Hebrew Lexicon, and *w.* has been put for *with.* The other abbreviations are for the most part as they occur in the Lexicon, and it is hoped they will be readily understood.

Only translations given in Italics have been regarded in the preparation of this Index.

Although neither time nor labor has been spared to render the work accurate, errors and omissions will probably be discovered. That its imperfections may not prevent its being of service to those acquiring the languages of the Old Testament Revelation, is the earnest wish of its author.

JOSEPH LEWIS POTTER.

THEOLOGICAL SEMINARY,
PRINCETON, N. J., *April*, 1872.

ENGLISH-HEBREW INDEX.

---

a, אֶחָד . (Ch. חַד .)
Aaron, אַהֲרֹן .
abandon, to, נוּחַ Hi., see נָטַשׁ d, עָזַב .
abandoned, נָבָל .
abandonment, שְׁכוֹל m.
abase, to, שָׁפֵל Hi. (Ch. שְׁפַל Aph.)
abased, to be, שָׁפֵל .
abdomen, חֹמֶשׁ II m.
Abel, הֶבֶל .
abhor, to, בָּחַל , גָּעַל K. Hi., נָאַר Pi., קוּץ I with בְּ ., שִׁקֵּץ Pi., תָּאַב II Pi. part. (once), תָּעַב Pi.
to cause to, תָּעַב Pi.
abhorred, to be, תָּעַב Ni.
to cause to be, תָּעַב Pi.
abhorrence, דְּרָאוֹן m., דֵּרָאוֹן m.
to fill one with, תָּעַב Pi.
Abib, the month, חֹדֶשׁ הָאָבִיב.
abide, to, see גּוּר I, 1, יָשַׁב , לוּן and לִין K. Hithpal., נוּחַ , שָׁכַן also שָׁכֵן , see חָכָה Pu.
ability, אוֹן I m., חַיִל m., כֹּחַ m.
abject, to be, זָלַל .
abjectness, see זֻלּוּת .
able, to be, יָכֹל , עָצַר כֹּחַ c. לְ . (Ch. יְכֵל or כְּהַל , יְכִל .)
able to bear, to effect, to be, יָכֹל .
able to, to be, יָכֹל with inf. c. לְ .
abode, שֹׁרֶשׁ m.
abodes, הֲוֹית (once.)
abolish, to, פָּרַר I Hi.
abominable, פִּגּוּל concr., see in שָׁמֵם Po., נִתְעָב .
the setting up of the, see שָׁמֵם Po.
thing, שִׁקּוּץ m., שֶׁקֶץ m., תּוֹעֵבָה f.
to be, זָנַח . abominable.
to make, תָּעַב Pi. Hi.
abominate, to, תָּאַב II Pi. part. (once), תָּעַב Pi.
abomination, נִדָּה f., נִידָה f., פִּגּוּל m., שִׁקּוּץ m., שֶׁקֶץ m., תּוֹעֵבָה f.
of the desolator, see in שָׁמֵם Po.
to be an, תָּעַב Ni.
abortion, מְשַׁכֶּלֶת f., נֵפֶל m.
to have, שִׁכֵּל and שָׁכֵל Pi.
to make an, שָׁכֹל and שָׁכֵל Pi. Hi.
abound, to, כָּבֵד Ni.
to cause to, יָתַר Hi.
about, אֶל , בְּ , בְּעַד and בַּעַד , כְּ , לְ .
this time, to-morrow, כָּעֵת מָחָר .
about to, to be, הָיָה לְ with infin., חָשַׁב Pi., קָרַב I with inf. and לְ .
above, (besides), עַל פְּנֵי .
(higher than), מִמַּעַל לְ , כְּמַעַל , מַעַל , מִלְמַעְלָה , לְמַעְלָה , מַעְלָה , מַעַל , מַעַל לְ , מַעַל לְ , עַל . (Ch. עַל , עֵלָּא followed by מִן .)
(more than), לִפְנֵי . (Ch. מִן comparat.)
Abraham, Abram, אַבְרָהָם , אַבְרָם .
abroad, חוּץ , חוּצָה , בַּחוּץ , לַחוּץ (poet.), לַחוּצָה .
abrogated, to be, (Ch. עֲדָה .)
Absalom, אַבְשָׁלוֹם .
absolve, to, נָקָה Pi. c מִן ., פָּרַע , צָדַק Hi.
abstain, to, נָזַר Ni. Hi. c. מִן .
from, to, שָׁמַר with מִן .
from evil, to, עָשָׂה מֵרָעָה .
abstaining, an, שֶׁבֶת I f.
abstinence, vow of, אֱסָר and אִסָּר m.
abundance, הֶשֶׁן m., הָמוֹן m. once f.,

חֹסֶן m., יֶתֶר m., יִתְרָה f., כָּבוֹד m., נְדָבָה f., מַרְבֶּה m., מְלֵאָה f., מַכְבִּיר, סְפֵק m., עֲתֶרֶת f., see עָתַר, פִּסָּה f. (once), רֹב m., רְוָיָה f., שֹׂבַע m., שֶׁפַע m., שֶׁפֶע m. (once), שִׁפְעָה f.
of, according to the, כְּדֵי, מִדֵּי, בְּדֵי.
abundant, שָׂבֵעַ.
drink, רְוָיָה f.
to be, עָתַר II Ni., רָבָה, עָדַף, כָּבַר.
to make, יָתַר Hi., כָּבַר Hi., עָתַר II Hi.
abundantly, לָרֹב, לְמַכְבִּיר, עַל יֶתֶר, יֶתֶר.
abuse, to, קָלַל Pi.
abyss, אֲבַדּוֹן f., אֲבַדֹּה m., צוּלָה f., תְּהוֹם com. (poet.)
abysses of waters, מַהֲמֹרוֹת (once.)
acacia, שִׁטָּה f.
acacia-wood, עֲצֵי שִׁטִּים.
accept, to, נָשָׂא, לָקַח.
acceptable, רָצוּי c. לְ, to.
to be, הָיָה עַל־רָצוֹן, הָיָה לְרָצוֹן.
to, to be, שָׁפַר with עַל. (Ch. שְׁפַר c. עַל and קֳדָם.)
to make one's self, רָצָה Hithp. c. אֶל.
acceptance, רָצוֹן m.
accepted graciously, to be, רָצָה Ni.
accepted of, רְצוּי c. gen. (poet.)
to be, see נָפַל 2, g.
access, to have, רָאָה פְּנֵי פ׳.
to make ready of, קָרָה Hi.
to, to grant, דָּרַשׁ Ni. with לְ.
accident, מִקְרֶה m., קָרָה m.
accidentally, בְּפֶתַע.
acclamation, joyful, הֵידָד m.
acclivity, מַעֲלָה m., עָקֹב m.
accompany, to, אֵת, הָלַךְ עִם, שִׁלַּח Pi.
accomplish, to, בּוֹא Hi., יָכֹל, עָשָׂה I.
prosperously, to, צָלַח I Hi. (Ch. צְלַח Aph. after Heb. form.)
accomplished, to be, בּוֹא, הָיָה Ni. (only in pret. and part.), כָּלָה.
to be prosperously, (Ch. צְלַח Aph. after Heb. form.)
accord, (musical) קַו and קַי m.
according as, כַּאֲשֶׁר, מִפַּת (once), כְּפִי, עַל־פִּי אֲשֶׁר, אֲשֶׁר.

according to, אֶל, בְּ, כְּדֵי, כְּ, כַּאֲשֶׁר, לְ, מִן, כְּמוֹ, לְפִי, כְּפִי, עַל־פִּי. (Ch. מִן.)
to the command of, כְּפִי, לְפִי, עַל־פִּי.
to the mention of, כְּפִי.
to the multitude of, מִדֵּי, כְּדֵי.
to the notation of, כְּפִי.
to the number of, מִסְפָּר (adverbially.)
account, (Ch. טְעֵם m.)
of, to make, חָשַׁב Pi. (Ch. שׂוּם טְעֵם עַל.)
to give, עָנָה I.
to render an, (Ch. יְהַב טַעְמָא.)
accounted, to be, חָשַׁב Ni.
accurately, (Ch. מְפָרַשׁ.)
accursed, one, קְלָלָה f. concr.
to be, קָלַל Pu.
accusation, שִׂטְנָה f.
accusative, sign of the, אֵת. (Ch. יָת.)
accuse falsely, to, (Ch. אֲכַל קַרְצוֹהִי דִּי, אֲכַל קַרְצֵי דִּי.)
accustom, to, לָמַד Pi.
one's self, to, לָמַד c. אֶל.
accustomed, לִמּוּד.
to be, אָלַף or אֻלַּף, לָמַד Pu., סָכַן Hi. with inf. et לְ.
acid, to be, חָמֵץ.
acknowledge, to, נָכַר Hi.
acquaint, to, יָדַע Hi.
one's self with, to, סָכַן Hi. c. עִם.
acquaintance, see יָדַע Pu. part., מֹדַע m., מוֹדַעַת f., מַכָּר m., רֵעַ II m., רֵעֶה m.
acquainted with, to be, בִּין K. Hi., יָדַע, נָכַר Hi.
with, to become, יָדַע.
acquire, to, בּוֹא Hi., מָצָא, נָחַל, נָשַׂג Hi., עָשָׂה I, קָנָה, רָכַשׁ, חָסַךְ.
to let, מָצָא Hi.
acquired, to be, מָצָא Ni. with לְ of pers.
acquisition, פֹּעַל m. (poet.), קִנְיָן m.
acquit, to, נָקָה Pi. c. מִן, צָדַק Hi
one's self as, to, הָיָה לְ.

acrid, מַר.
acridness, מְרֹרָה f.
act, an, גְּמוּל m., גְּמוּלָה f., מַעֲשֶׂה m., פֹּעַל m. (poet.)
a mighty, פֹּעַל m. (poet.)
to, עָשָׂה, נָהַג I.
corruptly, lightly, perversely, &c., see under the adverbs.
acting, mode of, מַעֲשֶׂה m.
action, מַעֲשֶׂה m.
wrong, עָוֹן m.
active, אָמֹץ, see חַיִל 4, see חָמֵשׁ II part. pass., חָרוּץ II.
to be, אָמֵץ K. Hithp., חָרַץ (once), see פָּזַז II.
Adam, אָדָם.
adamant, see יַהֲלֹם, שָׁמִיר m.
adapt, to, (Ch. אָרַךְ.)
Adar (month), אֲדָר. (Ch. אֲדָר.)
add, to, יָסַף K. Hi. (both defec.), סָפָה (only in imp. and inf.)
to, to, יָסַף K. Hi. (both defec.), סָפָה (only in imp. and inf. w. עַל), שִׁית w. עַל.
to do, to, יָסַף K. Hi. (both defec.) w. inf.
added, to be, יָסַף Ni. c. עַל. (Ch. יְסַף Ho. in Heb. manner.)
adder, אֶפְעֶה com., עַכְשׁוּב m., פֶּתֶן m.
additions, נִסְפִּין.
address in a soothing manner, to, כָּנָה Pi.
adhere, to, see אָחַז, 4, דָּבֵק and דָּבַק, חָבַר. (Ch. דְּבַק.)
firmly, to, חָזַק, צָמַד.
to make, דָּבַק Hi.
to, to, תָּלָה c. עַל.
adhering, דָּבֵק.
adit (of a mine), prob. נַחַל m.
adjacent, to be, שָׁכַן Ni. c. לְ.
adjoin one's self, to, סָפַח and שָׂפַח Ni. c. עַל, Hithp. c. בְּ.
adjudge to, to, יָכַח Hi. c. לְ, פָּלַל Pi. w. לְ.
adjure, to, שָׁבַע Hi.
administration, שֵׁבֶט and שֶׁבֶט m.
admire, to, בָּקַר Pi. w. בְּ.
admirable, to make, פָּלָא Hi.
admit, to, בּוֹא Hi., נָשָׂא פְּנֵי פ׳, קָבַל Pi. (later Heb.), קָרַב I Pi. Hi.
admitted to the presence of, to be, רָאָה פְּנֵי פ׳.
admonish, to, דִּבֵּר Pi., זָהַר Hi., יָכַח Hi., יָסַר Pi., כָּהָה Pi. w. בְּ, עוּר Hi.
against, to, נָזַר Hi.
admonished, (Ch. זְהִיר.)
to be, יָסַר Ni.
admonition, מוּסָר m., מֹסָר, תּוֹכַחַת f.
to receive, זָהַר Ni.
ado, much, רֹב עִנְיָן.
Adonis, see תַּמּוּז.
adopted daughter, בַּת I f.
adore, to, בָּרַךְ Pi., דָּרַשׁ, שָׁחָה Hithpal. (Ch. בְּרַךְ Pa. w. לְ.)
adored, בָּרוּךְ.
adorn, to, הָדַר, יָטַב Hi., פָּאַר I Pi.
one's self, to, עָדָה.
with, to, עָדָה w. 2 accs.
adorned, to be, פָּאַר I Hithp.
adornment, see הֲדָרָה.
adulterate, to, מָהַל (once).
adulterer, נֹאֵף, מְנָאֵף.
adulterers, זָרִים.
adulteress, נָכְרִיָּה, מְנָאֶפֶת, נֹאֶפֶת f., זָרָה f.
adulteries, נַאֲפוּפִים, נִאֻפִים.
adultery, to commit, נָאַף.
advance, to, אָשַׁר or אָשַׁר K. Pi., מָשַׁךְ.
advantage, כִּשְׁרוֹן m.
adversaries, צָרִים, see קָמִים.
my, שֹׁטְנַי.
thy, אַנְשֵׁי מַצֻּתֶךָ.
adversary, אוֹיֵב m., יָרֵב, יָרִיב m., צַר m. (poet.), שֹׂטֵן m., שֹׁרֵר, צֹרֵר, תְּקוּמִים m.
a female, צָרָה f.
my, בַּעַל מִשְׁפָּטִי, אִישׁ רִיבִי, מִתְקוֹמְמִי.
to be an, שָׂטַן, אָיַב.
adverse destiny, תַּהְפֻּכֹת m. pl.
adversity, חֹשֶׁךְ, לַיִל, רַע m., רָעָה f.
advertise, to, יָעַץ.
advice, עֵצָה II f.
given, דָּבָר m.
advise, to, יָעַץ K. Ni.

advised, to let one's self be, יָעַץ Ni.
well, נוֹעָץ.
advisedly, upon advisement, בְּעֵצָה.
adviser, יוֹעֵץ.
advocate, דַּיָּן m.
adytum, דְּבִיר m.
adz, מַעֲצָד m.
afar, from, לְמֵרָחוֹק, מֵרָחוֹק, מִמֶּרְחָק.
off, מֵרָחוֹק, מִנֶּגֶד, מִמֶּרְחָק, הָלְאָה, בְּרָחוֹק (once).
off, to be, see רוּם K. 1.
affair, דָּבָר m., חֵפֶץ m., עִנְיָן m. (only in Eccle.). (Ch. אֹרַח, צְבוּ m.)
affected, to be, דָּוָה.
affection, רַחֲמִים plu.
affirm, to, עוּד (once Cheth.)
solemnly, to, עוּד Hi.
affixed, to be, (Ch. מְחָא Ithpe.)
afflict, to, בִּלָּה Pi., חָלָה Pi. Hi., יָגָה I Pi. Hi., כָּאַב Hi., כָּאָה Hi., כָּרַע Hi., רָעַע, עָנָה II Pi. Hi., עָצַב K. Pi., צָרַר Hi., שָׁרַר (Cheth.). הָיָה II Hi. (Ch. בְּלָא Pa.)
afflicted, אֶבְיוֹן, דָּוֶה, דַּךְ, חֵלְכָה or הֵלְכָא, נִגַּשׂ, נָכֵא, דָּכָא, עָנָו, עָנִי. (Ch. עֲצִיב.)
the, (Ch. עֲנָיִן plur.)
to be, דָּכָא Pu., דָּלַל, עָנָה II K. Ni. Pu. Hith., עָצַב Ni. (Ch. עֲנָה II.)
affliction, חֳלִי m., יָגוֹן m., לַחַץ m., מוּעָקָה f., עֳנִי m., רָעָה f., צַר m., צָרָה f.
aforetime, אֶתְמוֹל and אֶתְמוּל, once אֶתְמוֹל, קְדוּמִים, קֶדֶם. (Ch. מִקַּדְמַת־ דְּנָא.)
afraid, to be, בָּעַת Ni., גּוּר I with מִן, מִפְּנֵי, דָּאַג, זָחַל, יָרֵא, יָרַע (once pret.), עָרַץ, פָּחַד, רָגַז. (Ch. דְּחַל c. מִן, קֳדָם.)
of, to be, יָגֹר only 1 and 2 pers., c. acc.
to make, בִּעֵת Pi. (only poet.), חָרַד Hi., יָרֵא Pi., עָרַץ Hi., רָגַז.
after, (adj.), אַחֲרוֹן.
(adv.), אֶל־אַחֲרֵי (w. verbs of motion), כַּאֲשֶׁר, בְּיוֹם.
(prep.), אַחַר, אַחֲרֵי, מֵאַחֲרֵי, בְּ, עַל, מִן, לְ, בְּ. בְּעַד and בְּעַד, לְמִן, מִקֵּץ (later writers), see קָצָה 2, מִקְצָת. (Ch. אַחַר, אַחֲרֵי, מִן־דִּי, בָּתַר, בְּאַתַר.)
after, (conj.), כְּמוֹ, כְּמוֹ.
a near time, מִקָּרוֹב.
some time, מִיָּמִים.
that, אַחֲרֵי אֲשֶׁר, אַחַר, אֲשֶׁר, אָז, אַחֲרֵי w. inf.
this, אַחֲרֵי זֹאת (later Heb.).
those who come, אַחֲרִית f. [illegible]
time, אָחוֹר m. אַחֲרוֹן, יוֹם, [illegible] f. (Ch. אַחֲרִית f.)
to be, אָחַר (once.)
after-birth, שִׁלְיָה f.
after-math, לֶקֶשׁ m.
afterwards, אַחַר הַדְּבָרִים, אַחַר כֵּן, אַחַר, אַחֲרֵי זֹאת (later Heb.), אַחֲרֵי, הָאַלָּה, מֵאַחֲרֵי כֵן, כֵּן.
again, יָסַף (defect.), w. another verb, שֵׁנִית, עוֹד, שְׁתַּיִם. (Ch. תִּנְיָנוּת.)
against, אֶל (w. hostile motion), see אֵת II 2., בְּ, לְ, לְנֶגֶד, עַל, see עִם B. c., לִפְנֵי (after verbs of motion), עַל־פְּנֵי (Ch. לְצַד, עִם, עַל.)
agate, see אַחְלָמָה, שְׁבוֹ m.
age, an, גִּיל m., דּוֹר m., perh. חֶלֶד m. (Ch. דָּר.)
(time of life), יָמִים m. plu. (Ch. יוֹמִין m. plu.)
great in, רַבִּים plu.
men of an, גִּיל m.
of great, כַּבִּיר יָמִים.
old, זָקֵן m.. זְקֵנָה f., זְקֻנִים m. plu., כֶּלַח m., שֵׂיב m., שֵׂיבָה f.
youthful, עֲלוּמִים m. plu.
aged, זָקֵן,
to be, זָקֵן.
ages, עוֹלָמִים.
ancient, everlasting, עוֹלָמִים.
future, דּוֹרוֹת m., עוֹלָמִים.
agitate, to, הוּם, זוּעַ Pil.
agitated, to be, גָּעַשׁ Hithp., גָּרַשׁ Ni., see מוּר II, סָעַר Ni., פָּעַם Ni. Hithp., רָגַז.
to be violently, סָעַר.
agitation, זְוָעָה f.
agree together, to, (Ch. זְמַן Hithp. Keri.)
agreement, חָזוּת m.

agriculture, עֲבֹדָה f.
ah! אֲהָהּ, אָח II c. dat., אִי II c. dat., הָהּ.
I pray thee! ah now! אָנָּא.
aha! הֶאָח.
Ahasuerus, אֲחַשְׁוֵרוֹשׁ.
aid, זְרוֹעַ f. rarely m., יְשׁוּעָה f.
to, חָזַק Hi., Hithp. w. בְּ, עִם., יָשַׁע Hi., נָשָׂא Pi., סָעַד, עָזַר K. Hi. (Ch. סְעַד c. לְ.)
to implore, קָרָא I w. עַל of pers. on account of, against.
aide-de-camp, נֹשֵׂא כֵלִים.
aim, מַטָּרָה also מַטָּרָא f.
at, to, רָאָה.
to, כּוּן Pil. w. עַל of mark, Hi. c. אֶל, לְ.
air, (mien), פָּנִים plu.
air, breath of, רוּחַ f.
aired, מְרֻוָּח.
airy, מְרֻוָּח.
alacrity, (to do anything) with, אָמֵץ c. inf.
alarm, תְּרוּעָה f.
to sound an, רוּעַ Hi.
to sound the, תָּקַע תְּרוּעָה.
alarm-trumpets, שׁוֹפְרוֹת יוֹבְלִים.
alarmed, to be, חָפַז.
alarms, trumpets of, שֹׁפְרוֹת הַיּוֹבְלִים.
alas, אֲהָהּ, אָח II c. dat., אִי II c. dat., אַלְלַי only with לִי., הוֹ, הוֹי.
alert, חָלוּץ.
to be, אָמֵץ K. Hi. Hithp.
to be on the, חָרַץ (once.)
to make, חָלַץ Hi.
to render, אָמֵץ Pi.
alienated, to be, נָקַע (only in preter.)
from, to be, יָקַע (only future), with מֵעַל, מִן.
alienation, תְּנוּאָה f.
alight, to, נָפַל c. מֵעַל., צָנַח.
alike, יַחְדָּו. יַחַד.
to be, to be regarded, שָׁוָה Nithp.
aliment, נֶפֶשׁ com.
alive, חַי. (Ch. חַי.)
preserving, saving, (Ch. מַחֵא.)
to be preserved, חָיָה.

alive, to preserve, חָיָה Pi. Hi., עָמַד I Hi., קוּם Pi.
to save, הִצִּיל נַפְשׁוֹ.
alkali, בֹּר II m., בֹּרִית f.
all, יַחַד w. nouns or pronouns, יַחְדָּו w. plu., כֹּל, see רֹב at end. (Ch. כֹּל.)
as one, יַחַד w. nouns or pronouns, יַחְדָּו w. plu.
kinds of, כֹּל.
manner of, see כֹּל, 4.
the, כֹּל before a plu. sub. made definite.
together, גַּם כֹּל, יַחַד, יַחְדָּו.
allay, to, see נוּחַ, Hi. A.
allegiance, to yield, שָׁחָה Hithpal.
alleviation, פֻּחָה f.
alley, שׁוּק m.
allied, שָׁלוֹם.
to be, חָבַר K. Pu.
allot, to, מָנָה K. c. לְ, Pi. (only in later Heb.)
to, to, מָצָא Hi.
allotted, to be, חָצַץ Pu.
to have, נָחַל Ho.
allow to, to, רָפָה I Hi. with לְ of pers.
allowance, an, אֲמָנָה f., אֲרֻחָה f., חֹק m.
alloy, בְּדִיל m.
ally, אָח I m., אָחוֹת f., זְרוֹעַ f. rarely m., מְצַלֵּם, עֹזֵר.
my, שְׁלֹמִי, אִישׁ שְׁלוֹמִי.
Almighty, the, אֵל I m., שַׁדַּי m.
almond, an, שָׁקֵד m.
nut, שָׁקֵד m.
tree, see לוּז, שָׁקֵד m.
almonds, made like, מְשֻׁקָּד.
almug-trees, אַלְמֻגִּים.
almost, כִּמְעַט, כְּאַיִן.
alms, to ask, שָׁאַל.
aloes, lignum, אֲהָלִים and אֲהָלוֹת.
alone, אַךְ (before subs.), לְבַד (c. suff.), רַק, בְּגַפּוֹ, לְבָדָד, בָּדָד.
alone, (adj.), אֶחָד, בּוֹדֵד, יָחִיד.
to be, בָּדַד.
to let, חָדַל and חָדַל w. מִן of pers., רָפָה I Hi. w. לְ of pers.
along with, בְּ, לְעֻמַּת.

already, כְּבָר (later Heb. only in Eccle.), עַתָּה.
also, אַף I, גַּם (com. put before the word to which it refers). (Ch. אַף.)
 as, וְ, וּ and וָ (pec. to Pent. and Josh.)
altar, מִזְבֵּחַ m. (Ch. מַדְבַּח m.)
 brazen, מִזְבַּח הַנְּחֹשֶׁת.
 golden, מִזְבַּח הַזָּהָב.
 of burnt-offering, see מִזְבֵּחַ, חַרְאֵל הָעוֹלָה.
 of God, אֲרִיאֵל m.
 of incense, מִזְבַּח הַקְּטֹרֶת.
altars of incense, מְקַטְּרוֹת.
alter, to, חָלַף Hi., סָבַב, שָׁנָה I Pi. (Ch. שְׁנָא Pa. Aph.)
altered, to be, שָׁנָה I. (Ch. שְׁנָא Pe. Ithpa.)
alternate courses, in, חֲלִיפָה.
alternately, חֲלִיפָה.
alternation, חֲלִיפָה f.
although, אִלּוּ (later Heb.), אִם, אַף I, אֲשֶׁר (rarely), כִּי I, גַּם כִּי, גַּם, כִּי, גַּם, וְ, וּ and וָ (sometimes), עַל connect inf.
altitude, גֹּבַהּ m., מָרוֹם m., מִשְׂגָּב m., קוֹמָה f.
altogether, בְּאַחַת, אַךְ (before an adj.), כֻּלָּה, כֹּל, יַחְדָּו, יַחַד. (Ch. כֹּל.)
 as, כָּל־עֻמַּת.
always, תָּמִיד, כָּל־הַיָּמִים.
amazed, to be, בָּהַל Ni., דָּמַם, חָרַב and חָרֵב, יָרָה (once), שָׁמֵם K. Hithpo., שָׁעָה I Hithp.
amazement, מְשַׁמָּה f., שִׁמָּמוֹן m.
 to be struck with fear and, תָּמַהּ K. Hithp.
ambassador, עֶבֶד.
amber, see לֶשֶׁם, see תַּרְשִׁישׁ 2.
ambush, an, הָאוֹרֵב, אוֹרֵב coll, אֶרֶב m., מַאֲרָב m.
 to lie in, to reconnoitre in, אָרַב K. Pi.
 to set an, אָרַב Hi.
ambushment, מַאֲרָב m.
amen, אָמֵן.
amenity, נֹעַם.
amerce, to, עָנַשׁ w. לְ.
 (one) in, to, עָנַשׁ w. 2 accs.
amethyst, see אַחְלָמָה.
amiable, נֶאֱהָב.
amid, בְּעַד and בַּעַד, עִם.
amidst, עִם
Ammonite, עַמּוֹנִי.
Amorite, אֱמֹרִי.
Amos, עָמוֹס.
among, אֶל, בְּ, בְּעַד and בַּעַד, עִם, בְּתוֹךְ.
amount, רֹאשׁ I m. (Ch. רֵאשׁ.)
amours, אֲהָבִים, עֲגָבִים.
ample, מִרְבָּה f. concr.
 to be, רָוַח.
amplitude, מִרְבָּה f.
amulets, לְחָשִׁים.
an, אֶחָד. (Ch. חַד.)
ancestor, אָב m.
ancestors, רִאשֹׁנִים.
ancestral houses, בֵּית הָאָבוֹת.
ancient, see עוֹלָם, עַתִּיק, קַדְמֹנִי. (Ch. עַתִּיק.)
 days, קְדוּמִים (once), קֶדֶם m.
 times, from, מֵאָז and מִן־אָז, מִקֶּדֶם, מֵעוֹלָם.
ancients, רִאשֹׁנִים.
and, אַף I (poet.), וְ, וּ and וִ, וֵ and וָ (vav conversive.)
 especially, namely, particularly, yet, וְ, וּ and וָ.
 so forth, (Ch. וּכְעֶנֶת.)
 that too, וְ, וּ and וָ (occasionally.)
anew, to make, חָדַשׁ Pi.
angel, מַלְאָךְ m. (Ch. מַלְאַךְ.)
angels, see אֱלוֹהַּ A, Note., בְּנֵי הָאֱלֹהִים, קְדוֹשִׁים.
anger, אַף II m., אַפַּיִם du., זַעַם m., זַעַף m., חֵמָא (once), חֵמָה I f., חָרוֹן m., כַּעַס m., כַּעַשׂ m. (only in Job.), עִיר II m., קֶצֶף m., קִנְאָה f., קֶצֶף m., רֹגֶז m., רוּחַ f. (Ch. חֲמָא, חֱמָא, קְצַף m., רְגַז m.)
 burning, חֲרוֹן אַף.
 bursts of, חֲרוֹנִים, כְּעָסִים.
 glow of, חֲרוֹן אַף.

anger, quick of, קְצַר־אַפַּיִם.
slow of, אֶרֶךְ אַפַּיִם.
to burn with, חָרַר Ni.
to provoke to, קָצַף Hi., רָגַז Hi., כָּעַס Hi. (Ch. רְגַז Aph.)
to be provoked to, זָעַם Ni.
angle, חַבָּה f., מִקְצוֹעַ m., פִּנָּה f.
angles, (internal), מְהֻקְצָעוֹת, מְקֻצָּעוֹת.
angry, קַנּוֹא, סַר, זָעֵף.
he was, חָרָה לוֹ.
to be, אָנַף K. Hithp. with בְּ., גָּרָה Hithp., זָעַם Ni., זָעַף c. אֶת, עַל., חָרָה K. and Ni. c. בְּ, Hithp., חָרַר Ni., כָּעַס, עָצַב Hithp., קָצַף, רָגַז w. לְ towards, against. (Ch. בְּנַס, קְצַף, רְגַז.)
to be very, זָעַם.
to become, גָּלַע Hithp. w. בְּ of thing, cause.
to make, כָּעַס Hi.
anguish, צִיר II m.
I am in, צַר לִי.
to burn with, דָּלַק.
animadversion, בִּקֹּרֶת f.
animadvert, to, בָּקַר Pi.
animal, חַיָּה f., נֶפֶשׁ com., נְשָׁמָה f. (Ch. חֵיוָא, חַיְיָה f.)
animals, smaller aquatic, שֶׁרֶץ m. coll., fully, שֶׁרֶץ הַמַּיִם.
ankle, קַרְסֹל.
ankle-band, עֶכֶס m.
ankles, see אֶפֶס in du.
anklet, עֶכֶס m.
anklets, to put on, to make a tinkling (with), עָכַס Pi.
annals, דִּבְרֵי הַיָּמִים.
announce, to, נָגַד Hi., שָׁמַע Hi.
future things, to, עָנָה I.
(good news), to, בָּשַׂר Pi.
revelations, visions, to, חָזָה with לְ.
annul, to, פָּרַר I Hi.
anoint, to, דָּשֵׁן Pi., מָרַח (once), מָשַׁח, נָסַךְ I, סוּךְ (only after washing, etc.), סָפַח and שָׂפַח.
one's self, to, סוּךְ K. Hi.
anointed, מָשִׁיחַ.
anointed one, נָסִיךְ.
to be, בָּלַל.
anointing, an, מִשְׁחָה f.
anointing-oil, שֶׁמֶן הַמִּשְׁחָה.
another, רְעוּת, נָכְרִי, זָר, אַחֵר f., see שֵׁנִי at end. (Ch. אָחֳרִי f., אָחֳרָן,)
family, nation, one of, זָר.
answer, an, מַעֲנֶה m., תְּשׁוּבָה f.
to, עָנָה I K. Ni. c. לְ., הֵשִׁיב דָּבָר. (Ch. עֲנָה or עֲנָא I, אֲתִיב פִּתְגָמָא, הֲתִיב פִּתְגָם c. acc. of pers.)
to bring back, הֵשִׁיב דָּבָר.
answered, to be, עָנָה I Ni.
ant, an, נְמָלָה f.
antelope, צְבִי m., תְּאוֹ.
female, צְבִיָּה f.
(species of), דִּישׁוֹן m.
anterior, לִפְנֵי.
anticipate, to, קָדַם Pi. Hi.
antiquity, קַדְמָה f.
ants, see חֲנָמַל.
anvil, פַּעַם.
anxiety, דְּאָגָה f., חֳלִי m., צִיר II m.
to be in, יָצַר impers.
anxious cares, עַצְּבוֹת (once) c. suff.
to be, דָּאַג, חָלָה K. Ni. c. עַל., קוּץ I c. מִפְּנֵי.
any man, אָדָם m., אִישׁ m.
one, אָדָם m., אֶחָד I m., אַחֵר, אִישׁ m., כֹּל, רֵעַ II m. (Ch. כֹּל.)
one who, מִי.
other, זָר.
thing, דָּבָר m., כֹּל, מְאוּמָה, מָה.
whither, אָנָה וָאָנָה.
apart, לְבַד.
apartment, חֶדֶר m.
women's, see אַרְמוֹן.
ape, קוֹף m.
aperture, פֶּה m. (Ch. פּוּם m.)
aphorism, מְלִיצָה f.
apostasy, סָרָה, מְשׁוּבָה f.
apostate, (adj.), שׁוֹבָב, שׁוֹבֵב.
(sub.), שׁוֹבָב m.
apostates, see שֵׂטִים.
apostatize, פָּשַׁע בַּיהוָה.
apothegm, מָשָׁל I m.
apparatus, כְּלִי m.

apparition, אֱלֹהִים.
appeal, תּוֹכַחַת f.
appear, to, גָּלָה Ni., קוּם, רָאָה Ni.
appearance, דְּמוּת f., חָזוּת f., מַרְאֶה m., עַיִן f., תְּמוּנָה f.
external, פָּנִים plu.
appease, to, כִּפֵּר Pi.
appeased, to be, שָׁכַךְ.
appetite, אִי (once Cheth.), תַּאֲוָה f.
applause, מַהֲלָל m.
apple, תַּפּוּחַ m.
apple-tree, תַּפּוּחַ m.
apply, to, נָגַע Hi., נָתַן with עַל., עָלָה Hi., שׂוּם and שִׂים.
one's mind, to, כּוּן Pi. w. לְ.
one's self, to, נָתַן לֵב לְ.
one's self unto, to, דָּרַשׁ.
to, to, נָשָׂא Hi. w. אֶל.
appoint, to, אִמֵּץ Pi., חָקַק, יָדַע Po., יָכַח Hi. c. לְ., יָלַד, יָסַד K. Pi., יָעַד w. לְ., כּוּן Hi., מָנָה K. c. לְ, Pi. (only later Heb.), עָמַד I H., עָשָׂה I, פָּקַד K. Hi. w. acc. of pers. and עַל., צִוָּה Pi., קִדֵּשׁ Pi., שׂוּם and שִׂים, שִׁית, שָׁבַר. (Ch. מְנָה and מְנָא Pa., שׂוּם.)
to, over, to, עָשָׂה I w. לְ.
appointed meeting, עֵדָה I f.
place, מוֹעָדָה f., מִפְקָד m.
portion, אֲרֻחָה, חֹק m.
season, sign, מוֹעֵד m.
(something), אֲמָנָה f.
time, זְמָן m. (later Heb.), יָמִים w. gen. (Ch. זְמָן and זִמַן m.)
to be, מֻנָּה Pu., עָמַד I, פָּקַד Ni.
to have, נָחַל Ho.
appointment, מוֹעָדָה f., מוֹעֵד m., מִפְקָד m.
apportion, to, חִלֵּק Pi. c. לְ., שָׁבַר.
approach, קִרְבָה f.
to, נָגַשׁ Ni. pret. K. fut. w. אֶל, Hi., סָבַב, סָמַךְ c. אֶל., קָרַב I and קָרֵב K. Ni. (Ch. קְרֵב.)
to cause to, קָרַב I Pi. Hi.
to command to, קָרַב Hi.
approaching, קָרֵב.
approbation, רָצוֹן m.
appropriate, to, חָלַק.
approve, to, בָּחַר, יִשֵּׁר Pi.
apron, חֲגוֹרָה f.
apt, בָּחִיר.
to be, בָּחַר I Pi.
to push, נַגָּח.
aquatic animals, the smaller, שֶׁרֶץ m. coll., fully, שֶׁרֶץ הַמַּיִם.
aqueduct, תְּעָלָה f.
Arab, Arabian, an, עֲרָבִי, עַרְבִי.
Arabia, see אוֹפִיר, see חֲוִילָה, עֲרָב.
Eastern, כּוּשׁ.
mountain of, הַר הַקֶּדֶם.
Arabian desert, the great, הַמִּדְבָּר.
Aramæa, the Aramæans, אֲרָם.
Ararat, אֲרָרָט.
arch, an, אֲגֻדָּה f.
archer, an, מוֹרֶה m., קַשָּׁת m., רֹמֵה קֶשֶׁת.
archers, יוֹרִים, בַּעֲלֵי חִצִּים, see חֵצֶן Pi. part., מְטַחֲוֵי קֶשֶׁת, קֶשֶׁת com., see רַב, 3.
architect, אָמוֹן I m., אָמָן m.
architrave, עָב I m.
Arcturus, see מְזָרִים.
ardent, to be, חָרָה Hi., עִיר.
ardor, אֵשׁ com., קִנְאָה f.
to do with, חָרָה Hi. w. finite verb.
arduous, to be, פָּלָא Ni.
are, see in הוּא, 4.
area, prob. גִּזְרָה f., גֹּרֶן m., מִגְרָשׁ m., רְחֹב f. (Ch. אִתַּר.)
areola, עֲרוּגָה f.
argue together, to, יָכַח Ni. Hithp.
argument, אוֹת I com., תּוֹכַחַת f.
arid places, חֲרֵרִים.
tract, עֲרָבָה f.
to be, חָרֵב, יָבֵשׁ.
arise! קוּם.
to, הָיָה, עוּר I Ni. Hithpal, עָמַד I. קוּם, רוּם. (Ch. קוּם)
ark, אָרוֹן com., תֵּבָה f. (Egyptian word.)
arm, אֶזְרוֹעַ, זְרוֹעַ f. rarely m., חֵצֶן m., חֹצֶן m. (Ch. דְּרָע . . .)
one's self, to, אָזַר Hithp., חָלַץ Ni.

arm, the lower, זְרוֹעַ f. rarely m.
to, see סָכַךְ Pilp.
arm-band, אֶצְעָדָה f.
armature, צִנָּה m.
armed, חָלוּץ.
force, יָד חֲזָקָה.
man, אִישׁ מָגֵן.
to be, see מָלֵא Ni.
armies, אֲגַפִּים (only in Ezek.)
armor-bearer, נֹשֵׂא כֵּלִים.
armor, to be fenced with, see מָלֵא Ni.
armory, בֵּית כֵּלִים, נֵשֶׁק and נֶשֶׁק m.
armpits, see חֵבֶק in plu.
arms, (of the body), יָדוֹת, קָנִים.
arms, (weapons), הֹצֶן, כֵּלִים, מַשְׁחִית, נֵשֶׁק and נֶשֶׁק m., תַּלְפִּיּוֹת (prophetic.)
to cover with, see סָכַךְ Pilp.
arms, to fold in one's, חָבַק.
to fold (or) take in the, קָבַץ Pi.
army, הָמוֹן m. once f., זְרוֹעַ f. rarely m., חַיִל m., חֵיל m., כַּנָּה f. (poet.), מַחֲנֶה usually m., צָבָא m. (Ch. חַיִל m.)
aromatic herbs, מֶרְקָחִים.
odor, בֶּשֶׂם and בֹּשֶׂם m.
powder, נְכֹאת f.
aromatics, סַמִּים.
around, סָבִיב לְ, סְבִיבִים c. suff., סְבִיבוֹת, עַל.
arouse, to, סָכַךְ Pilp., עוּר I Hi.
arraign, to, יָכַח Hi.
arrange, to, סָדַר, עָרַךְ.
arranged, to be, כּוּן Ho.
arrangement, מַעֲרָךְ m., מַעֲרָכָה f., תְּכוּנָה II f., תַּבְנִית f.
array, מַעֲרָכָה f., מַעֲרָכוֹת f. plu.
to, עָרַךְ, שׂוּם and שִׂים.
to set in, see שׂוּם Hi., שִׁית.
to set one's self in, שִׁית.
to set the battle in, עָרַךְ מִלְחָמָה.
arrayed (for battle), עָרוּךְ.
arrive at, to, מָצָא c. עַד., נָגַע Hi. w. עַד.
arrogance, זָדוֹן m., רְחַב לֵב., שְׁאָט m., שַׁאֲנָן m.
arrogant, זֵד, יָהִיר, רָחָב.

arrow, חֵץ m., חָצָץ m., בַּסֵּב m.
arrow-snake, קִפּוֹז m.
arrow-wound, חֵץ m.
arrows, see בֵּן, 3., see רֶשֶׁף.
burning, זִיקוֹת, זִקִּים.
arsenal, נֵשֶׁק and נֶשֶׁק m., see in תַּלְפִּי.
art, an, חֶרֶשׁ m.
work of, מַחֲשָׁבָה and מַחְשֶׁבֶת f.
Artaxerxes, אַרְתַּחְשַׁשְׂתָּא.
artful, חָכָם.
article, the definite, הַ־, הָ, הֶ.
artifice, an, חֶרֶשׁ m.
artificer, חָרָשׁ m., see חָרַשׁ. חֹשֵׁב.
artificial work, חֶרֶשׁ m., עֶשֶׁת f.
artist, אָמָן m., חֹשֵׁב.
arts, חִשְּׁבֹנוֹת m. plu.
secret, לָטִים.
taking, לֶקַח m.
as, כַּאֲשֶׁר, בְּ, כְּדֵי, כִּדְמוּת, כִּדְמִית, וְ, וּ and וָ (in clauses to be compared together), כְּ, כְּמוֹ, כָּמוֹ, כְּפִי, כְּשֶׁ. (Ch. כְּ, כִּדְנָה, דִּי, כָּל־קֳבֵל.)
at this day, כַּיּוֹם הַזֶּה.
before, formerly, כִּתְמוֹל שִׁלְשׁוֹם.
for, לְ.
if, כְּ, לְ, כַּאֲשֶׁר כְּ. (Ch. כְּ.)
it were, (Ch. כְּ.)
long as, עַד בִּלְתִּי, עַד בְּלִי.
long as I live, לְאֹרֶךְ יָמִים.
often as, מִדֵּי w. infin., כְּדֵי.
——so, כְּ—כְּ, כְּמוֹ, כָּמוֹ (repeated), כַּאֲשֶׁר—כֵּן, כְּ—כֵּן.
soon as, כְּ w. infin., כַּאֲשֶׁר, כְּמוֹ, כְּמוֹ. (Ch. כְּדִי.)
this, (Ch. כִּדְנָה.)
though, כַּאֲשֶׁר, לְ.
though not, לְלֹא.
to, אֶל, בְּ, לְ.
to this matter, עַד לַדָּבָר הַזֶּה.
well—as, כְּ—כְּ.
yet, עוֹד, עַד־כֵּן.
ascend, to, נָסַק (once), סְלֵק. (Ch. נְסַק, סְלִק or סְלֵק.)
to cause to, (Ch. נְסַק Aph.)
ascending, an, מַשְׂאֵת f.
ascent, מַעֲלֶה m., מַעֲלָה f.

ashamed, to be, בּוֹשׁ K. Hithpal., חָפֵר II K. Hi., יָבֵשׁ Hi., כָּלַם Ni., כָּסַף Ni.
to be made, כָּלַם Ho. Ni.
to make, יָבֵשׁ Hi.
ashes, אֵפֶר m., דֶּשֶׁן m., פִּיחַ m.
to cleanse from, דָּשֵׁן Pi.
to take away, דָּשֵׁן Pi.
aside from, זוּלַת.
from that, לְבַד מֵאֲשֶׁר.
ask alms, to, שָׁאַל.
an oracle, to, דָּרַשׁ.
as a loan, to, שָׁאַל.
for, to, דָּרַשׁ w. acc. of thing, and מֵעִם, מִן of pers., שָׁאַל.
for one's self, to, שָׁאַל לוֹ, שָׁאַל Ni.
leave, to, שָׁאַל Ni.
to, בָּעָה, בִּקֵּשׁ Pi. w. מִן of pers. also acc. of thing., דָּבַר Pi. w. לְ and בְּ., דָּרַשׁ, שָׁאַל K. Pi. (Ch. בְּעָא c. מִן., שְׁאֵל w. לְ of pers., w. acc. about which.)
asking, an, שְׁאֵלָה f.
asleep, יָשֵׁן.
to fall, נוּם, יָשֵׁן.
asp, עַכְשׁוּב m., פֶּתֶן m.
aspect, מַרְאֶה m., עַיִן f., פָּנִים plu. (Ch. רֵו.)
asphaltus, חֵמָר m.
ass, חֲמוֹר m.
wild, see עַיִר, עָרוֹד m., פֶּרֶא once פֶּרֶה com. (Ch. עֲרָד m.)
young, עַיִר m.
ass-driver, נוֹגֵשׂ.
assail, to, הָפַךְ Ho. c. עַל., הָתַת Po. (once), חָלָה, עָבַר c. עַל., פָּגַע K. Hi., צוּר I. קָדַם Pi., קָרָא II, שָׁסַס Po., תָּקַע.
together, to, כָּלָא Hithp. w. עַל.
assailant, מִפְגִּיעַ.
my, מְשֹׁפְטִי.
assailants, צָרִים
assault, an, מִסְבָּב m, פֶּרֶץ m.
assay, to, יָאַל II Hi. w. inf. [illegible]
assayer, בָּחוֹן m.
assemblage, אֲסֵפָה f.
assemble, to, אָסַף, זָעַק Ni., יָעַד Ni. w. עַל against, כָּנַס K. Pi., נָהָה Ni., see גּוּשׁ, קָבַץ K. Pi. Hi., קָהַל Ni., קָוָה Ni. (Ch. כְּנַשׁ.)
themselves, to, see גּוּד I Hithpal.
assembled, מִקְבֶּצֶת f.
to be, אָסַף Ni. Hithp., עָצַר Ni. (Ch. כְּנַשׁ Ithp.)
assemblies, אֲסֻפּוֹת (only in plu.), מַקְהֵלוֹת, מַקְהֵלִים.
assembling, an, קָהָל m.
assembly, לַהֲקָה f. (once), מוֹעֵד m., מוֹעֵד m, מִקְרָא m., סוֹד m., עֵדָה I f., עֲצָרָה and עֲצֶרֶת f., קָהָל m., קְהִלָּה f.
place of, מוֹעֵד m.
assign, to, חָלַק Pi. c. לְ., יָסַר.
assist, to, חָזַק Pi.
assistant, מְשָׁרֵת.
associate, an, אָח I m., חַבָּר m., חָבֵר m., סֹכֵן, עֵזֶר. (Ch. חֲבַר m., חַבְרָה f.)
associates, כְּנָוֹת (plu. only.)
ass's colt, foal, עַיִר m.
Assyria, אַשּׁוּר.
Astarte, see אֲשֵׁרָה.
images of, עַשְׁתָּרוֹת.
astonished, נִדְהָם.
to be, דָּהַם, חָרַב and חָרֵב, יָרָה (once), שָׁמֵם K. Ni. Hi. Po. Hithpo., תָּמַהּ K. Hithp. (Ch. שְׁמַם only Ithpo., תְּוַהּ.)
to make, שָׁמֵם Hi.
astonishment, מְשַׁמָּה f., שַׁמָּה f., שִׁמָמָה f., שִׁמָּמוֹן m., תִּמָּהוֹן m.
to look with, see תָּמַהּ.
astray, to go, שָׁגָה, שָׁגָה and שָׁלָו Ni., תָּעָה. (Ch. שְׁלָה.)
to lead, נָטָה Hi., שָׁלָה Hi.
astrologer, an, (Ch. כַּשְׂדַּי.)
astrologers, see כַּשְׂדִּי, 2. (Ch. גָּזְרִין.)
asylum, מָעוֹז f., מְכוֹנָה f., מִקְדָּשׁ m., מִקְלָט m.
asylums, see חֲגָיִים
at, אֶל, אֵת II, בְּ, כְּ, לְ, מִן, עַל, לְ בְּעַל מֵעַל עִם עֻמַּת (once), לְעֻמַּת.

at, a distance, מִנֶּגֶד , בְּרָחוֹק .
all times, בְּכָל־יוֹם , כָּל־הַיּוֹם , בְּכָל־ עֵת .
evening, הָעֶרֶב , בָּעֶרֶב , לָעֶרֶב . (poet.)
first, בָּרִאשֹׁנָה , לָרִאשֹׁנָה .
hand, בְּצַד יַד .
large, בִּרְחָבָה .
last, בָּאַחֲרֹנָה , לָאַחֲרֹנָה . (Ch. עַד־ אָחֳרֵין , perh. אַפְּתֹם .)
once, בְּאֶחָד , בְּאַחַת , גַּם , בַּיּוֹם , פַּעַם אַחַת . (Ch. כַּחֲדָה .)
that time, אָז , אֲזַי , הַיּוֹם , בָּעֵת שָׁם , הַהוּא . (Ch. אֱדַיִן , בַּהּ זִמְנָא .)
the feet of, מַרְגְּלוֹת , פ׳ בְּרַגְלֵי , עַל רַגְלַיִם .
the same time, וְ , וּ and וָ . (pec. to Pent. and Josh.)
the side of, עַל .
the time, עֵת .
this time, הַיּוֹם , כַּיּוֹם , כָּעֵת , עַתָּה , בַּפַּעַם הַזֹּאת . (Ch. כְּעַן .)
what time, לְמָתַי .
atom, דַּק .
atone for, to, חָטָא Pi., כָּפַר Pi.
atonement, כִּפֻּרִים m. plu.
for, to make, כָּפַר Pi., נָשָׂא .
to make, חָטָא Pi.
attached, to be, חָשַׁק c. בְּ .
to, to be, דָּבַק and דָּבֵק c. בְּ , לְ .
attack, an, מִפְגָּע m.
to, בּוֹא w. עַל ., נָפַל K. c. בְּ , Hithp. w. עַל ., פָּגַשׁ , פָּקַד .
attain to, to, מָצָא c. עַד .
unto, to, בּוֹא w. עַד ., מָצָא , נָגַע Hi. c. לְ ., נָשַׂג Hi.
attempt, to, זָבַר , נָסָה Pi., פָּצַל (poet.). (Ch. שְׁלַח w. יַד c. לְ .)
attend, to, בִּין K. Pil. Hithpal., קָשַׁב K. (once), Hi. w. אֹזֶן ., see שׂוּם Hi.
to, to, בִּין Hi. w. בְּ , אֶל ., שׂוּם לִבּוֹ , שָׂכַל Hi., שָׁמַר c. אֶל , עַל , בְּ . (Ch. שְׂכַל Ithpa. c. בְּ .)
attendant, מְשָׁרֵת .
female, סֹכֶנֶת f., מְשָׁרֶת f.
attendants, עַם m.
attending, מֵשִׁיב .
attention, קֶשֶׁב .
attentive, קַשָּׁב , קַשֻּׁבוֹת f. (plu. only.)
to show one's self, בִּין Hithp.
attire, שִׁית m.
splendid, see לְבוּשׁ .
attract, to, גָּרַע Pi.
audience, מִשְׁמַעַת f.
augment, to, סָפָה (only in imp. and inf.)
augur, to, נָחַשׁ I Pi.
auguries, to take, נָחַשׁ I Pi.
augury, נַחַשׁ m.
august, נִירָא .
aunt, דּוֹדָה f.
aurora, מִשְׁחָר m., שַׁחַר m. (Ch. צַפְרְפָּרָא m.)
author, אָב m.
authority, אֶכֶף m., תֹּקֶף m.
royal, כִּסֵּא m.
autumn, חֹרֶף.
and winter, to pass the, חָרַף .
avail, to, שָׁוָה c. לְ of pers.
avaritious, to be, see בָּרַל .
avenge, to, דָּרַשׁ , נָקַם K. Pi.
one's self, to, נִחַם Pi., נָקַם Ni. Hithp.
avenged, to be, נָקַם Ni. Ho.
avenger of blood, גֹּאֵל הַדָּם , also גֹּאֵל without הַדָּם .
aversion, דֵּרָאוֹן m., מְאֹס .
avert, to, נוּא Hi. w. מִן ., נָטָה Hi., עָבַר Hi., שׁוּב Hi.
averter, see עֲזָאזֵל .
avoid, to, פָּרַע .
await, to, צָפָה I K. see also Hi.
awake, to, יָקַץ (only future), עוּר I (only in imp.), קוּץ II only in Hi. (intrans. poet.)
to be, עוּר I.
to be wide, עוּר I Hithpal.
awaked, to be, עוּר I Ni.
awaken, to, עוּר I K. Pil. Hi.
aware of, to become, יָדַע .
away from, מִן .
to do, כָּפַר Pi.
awe, יִרְאָה f.
awful, נוֹרָא .

awl, an, מַרְצֵעַ m., שֶׁרֶד.
awning, an, perh. מִכְסֶה m.
axe, an, גַּרְזֶן m., חֶרֶב f., כַּשִּׁיל m., מְגֵרָה f., מַעֲצָד m., קַרְדֹּם m.
axes, כֵּילַפּוֹת.
axle-trees, יָדוֹת.
axles, יָדוֹת, סְרָנִים.

B

Baal, Baalim, הַבַּעַל, הַבְּעָלִים.
babble, to, בָּטָא and בָּטָה K. Pi.
babbler, בּוֹטֶה.
babies, תַּעֲלוּלִים concr.
Babylon, בָּבֶל.
Babylonia, see אַשּׁוּר, בָּבֶל.
Babylonians, (Ch. בַּבְלָיֵא plu. emphat.)
Babylonish mantle, אַדֶּרֶת שִׁנְעָר.
back, (adv.), לְאָחוֹר, בְּאָחוֹר.
  to bring, בּוֹא Hi., שׁוּב K. Pil. Hi.
back, (sub.), גַּב m., גֵּו m., גַּו m., see שְׁכֶם. (Ch. גַּב.)
  at the, on the, מֵאַחֲרֵי.
  to cast behind one's, הִשְׁלִיךְ אַחֲרֵי גַוּוֹ.
  to turn the, פָּנָה Hi., נָתַן עֹרֶף, הִפְנָה שְׁכֶם.
back-bone, עָצֶה m.
back-ground, see אַחַר 1.
back-side, אָחוֹר m.
backbite, to, רָגַל, קָרַץ.
backslide, to, שׁוּב Pil. (once.)
backward, בְּאָחוֹר, לְאָחוֹר, אָחוֹר.
backwards, אֲחֹרַנִּית.
bad, רַע, שֹׁעָר. (Ch. בִּאוּשׁ.)
  (of flocks), the, נִמְבְזָה.
  quality, רֹעַ m.
  to be, רָעַע. (Ch. בְּאֵשׁ.)
badger, see in תַּחַשׁ.
badly, to act, בָּאַשׁ Hi.
badness, רֹעַ בְּלִיַּעַל m.
bag, כִּיס m., צִקְלֹן m. (once), צְרוֹר m.
baggage, כֵּלִים plu., רְכוּשׁ m.
baggage-guard, -master, שֹׁמֵר הַכֵּלִים.
bag-pipe, see (Ch. סוּמְפֹּנְיָה.)
bags (for money), חֲרִיטִים.
bake, to, אָפָה.
  (bricks), to, שָׂרַף I.
  cakes, to, עוּג.
baker, אֹפֶה m.
baking, a, מַאֲפֶה m.
balance, מֹאזְנַיִם du. m., פֶּלֶס m., קָנֶה m. (Ch. מֹאזְנַיִן.)
balances, מֹאזְנַיִם du. m. (Ch. מֹאזְנַיִן.)
balancing, a, מִפְלָשׂ m.
bald, קֵרֵחַ, חָלָק, נִשְׁפֶּה.
  forehead, a, גַּבַּחַת f.
  in front, גִּבֵּחַ.
  made, מֻקְרָח.
  place, a, קָרְחָה once קָרְחָא f.
  place, to make a, קָרַח K. Hi.
  spot, קָרַחַת f.
  to become, מָרַט Ni.
  to make, גִּלַּח Pi., מָרַט, סִפַּח and שִׂפַּח Pi., קָרַח K. Hi.
baldness, קָרְחָה once קָרְחָא f., קָרַחַת f.
  in front, גַּבַּחַת f.
bale, כִּנְעָה f.
ball, גֻּלָּה f., דּוּר m., צְנֵפָה f.
balsam, בֹּשֶׂם or בֶּשֶׂם m.
  of Gilead, צֳרִי m.
balsam-plant, בָּשָׂם or בֶּשֶׂם m., בֹּשֶׂם and בֹּשֶׂם m.
balusters, מְסִבּוֹת (only plu.)
balustrade, מְסַבָּה m., מְסִבָּה f.
band, אֲגֻדָּה f., אֵזוֹר m., אֱסָר m., see מֹסֵרָה, בְּלִימָה f. (Ch. אֱסָר.)
band (of men), אֲגֻדָּה f., חֶבֶל m., חַיָּה f., מַחֲנֶה usually m., מִקְוֶה also מִקְוֵא m., עֵדָה I f., רִגְמָה f.
  of merchants, שַׁיָּרָה f.
  (of soldiers), רֹאשׁ I m.
  of travellers, שַׁיָּרָה f.
  (of warriors), גְּדוּד m.
bandage, חִתּוּל m., חֲתֻלָּה f., תַּפְלֵה.
  a long, אֲרוּכָה f.
bandages, to be wrapped in, חָתַל Pu. Ho.

banded, עָקֹד.

bands, חֲבָלִים, מוֹטָפוֹת, מוֹסֵרִים and מוֹסְרוֹת m. (only in plu.), מוֹשְׁכוֹת (poet.), מַעֲדַנּוֹת II m., עֲבֹתִים, עֲבֹתוֹת.

tight, חַרְצֻבּוֹת.

(troops), see רֹבֶם, see in תַּלְפִּיּ.

banished, see גָּלָה K. 2, at end.

bank, גִּדְיָה or גַּדְיָה f. (Cheth.)

banks, גְּדוֹת (plu. constr.)

(of a ship), קֶרֶשׁ m. coll.

banner, (larger kind), דֶּגֶל m.

lifted up as a, דָּגוּל.

to set up a, דָּגַל.

banners, to be furnished with, דָּגַל Ni.

banquet, see כֵּרָה II f., זֶבַח, מִשְׁתֶּה m.

to, שָׁתָה I.

to make a, כָּרָה II.

banqueting-hall, בֵּית מִשְׁתֵּה הַיַּיִן. (Ch. בֵּית מִשְׁתְּיָא.)

bar, a, בְּרִיחַ m., מוֹט m., מוֹטָה f., מַנְעוּל m., מַנְעָל m.

hammered, מְטִיל m.

of gold, לְשׁוֹן זָהָב.

to, אָחַז.

to fasten with a, נָעַל.

barbarian, זָר.

barbarous or foreign tongue, speaking in a, לָעַז.

barbarous or foreign tongue, to speak in a, לָעַג Ni., לָעַז.

barber, גַּלָּב m.

bare, חָלָק, מַחְשֹׂף f. (once), פָּרוּעַ, נִשְׁפֶּה.

to be laid, עָרַר Pilp. Hithpalp.

to be made, see שָׁפָה Pu.

to be violently made, חָמַס Ni.

to lay, עָרָה Pi., עָרַר Po.

to make, גָּלָה, גָּלַח Pi., חָשַׂף.

to make one's self, עָרַר (once imper.)

barefoot, יָחֵף, שׁוֹלָל.

bareness, גַּבַּחַת f., קָרַחַת f.

bark, (as a dog), to, נָבַח (once).

bark, (strip off), to, חָשַׂף.

bark, to tear off, to strip off, פָּצַל only in Pi.

barley, שְׂעֹרָה f.

barley-bread, לֶחֶם שְׂעֹרִים.

barley-harvest, קְצִיר שְׂעֹרִים.

barley-meal, קֶמַח שְׂעֹרִים.

barn, אֵבוּס m.

barren, שַׁכּוּל, צָנוּם, גַּלְמוּד

land, מְלֵחָה f.

to be, שָׁכֹל, שָׁכַל Pi.

barter, מַעֲרָב I m. (only in Ezra), תְּמוּרָה f.

to, עָרַב I.

bars, בַּדִּים I m. plu.

laid over, שְׁקֻפִים.

base, a, אֶדֶן m., מְכוֹנָה f., כֵּן II m.

base, (adj.), מֵבִישׁ, שָׁפָל.

basin, אַגָּן m., אֲגַרְטָל m., כִּיּוֹר m., מִזְרָק m., סַף m.

a (large), יָם m.

basis, מָכוֹן m.

basket, see אֲגַרְטָל, דּוּד m., טֶנֶא m., כְּלוּב m., see מַשְׂכִּית.

baskets, דּוּדָאִים.

bass, basso, (music), see in שְׁמִינִי.

bastard, מַמְזֵר.

bat, עֲטַלֵּף m.

bath, (measure), בַּת II com. (Ch. בַּת.)

bathe, to, רָחַץ.

battering-ram, כַּר m., see קֹבֶל m.

battle, מִלְחָמָה f., קְרָב m. (poet.). (Ch. קְרָב m.)

battle-shout, הֵידָד m.

battlement, פִּנָּה f.

battlements, שְׁמָשׁוֹת.

bay, (color), שָׂרֹק.

bay, of the sea, לְשׁוֹן הַיָּם.

bdellium, see בְּדֹלַח.

be, to, הָוָה (rare and poet.), הָיָה K. Ni. (only in pret. and part.), see יֵשׁ 2. also Note 1., מָצָא Ni., קָרָא I Ni. (Ch. הֲוָה and הֲוָא, אִיתַי with pronouns suffixed.)

[Note.—The sub. verb is sometimes expressed by the pronouns. הוּא, הִיא, הֵם, הֵמָּה, הֵן.]

bead, (of wine), עַיִן f.

beads, a row of, string of, תּוֹרִים.

beam, קוֹרָה m.
a weaver's, מְנוֹר אֹרְגִים.
(of a balance), קָנֶה m.
beams, מְחַבְּרוֹת, צְלָעִים and צְלָעוֹת.
a layer of, שֶׁקֶף m. (once.)
hewed, כְּרֻתוֹת.
laid over, שְׁקֻפִים.
to cover with, סָפַן.
to lay, קָרָה Pi.
bean, פּוֹל m.
Bear, (constellation of the) Great, עָשׁ II m.
bear, (bring forth), to, see הָרָה Note, חוּל and חִיל K. Pil., יָלַד K. (Hi. only trop.), נָפַל Hi., פָּרָה.
(carry), to, אָמַן I, בּוֹא Hi., נָשָׂא, סָבַל, עָמַס once עָמַשׂ.
early fruit, to, בָּכַר Pi.
forth, to, יָצָא Hi.
(fruit), to, פָּרָא Hi., פָּרָה.
in, to, בּוֹא Hi.
up, to, כּוּל Pilp. Hi., נָשָׂא.
upon the palms, to, טָפַח Pi.
beard, זָקָן com.
bearded chin, זָקָן com.
bearer, סַבָּל m.
bearing, a, מַשָּׂא m.
on the palms, a, טִפֻּחִים.
beast, בְּהֵמָה f., חַיָּה f. (Ch. חֵיוָא, חֵיוָה f.)
of prey, see צָבוּעַ.
ravenous, חַיָּה f., עַיִט m., פְּרִיץ חַיּוֹת.
the great, בְּהֵמוֹת.
beasts, בְּעִיר m. (only in sing. collect.)
domestic, בְּהֵמָה f. coll.
of burden, בְּהֵמָה f. coll.
of the field, בְּהֵמָה f. coll. (poet.)
wild, בְּהֵמָה f. coll. (poet.)
beat, to, דָּפַק, הָלַם, כָּתַת K. Pi., רָקַע, תָּפַף K. Po. c. עַל.
down, to, כָּתַת K. Pi. Hi.
fine, to, (Ch. חֲשַׁל.)
(in a mortar), to, דּוּךְ.
in pieces, to, שָׁחַק.
off, to, חָבַט.
out, to, חָבַט, רָקַע K. Pi.

beat small, to, דָּקַק K. Hi., טָחַן. (Ch. דְּקַק Aph.)
beaten, כָּתִית, see in שָׁחַט 3.
path, דֶּרֶךְ נְתִיבָה.
small, דַּק.
small, to be, דָּקַק K. Ho. (Ch. דְּקַק.)
to be, כָּתַת Ho., נָגַע Ni., נָכָא Ni. נָכָה Ho., רָקַע Pu.
to feign one's self, נָגַע Ni.
beating, a, מַכָּה f.
off, a, נֹקֶף m.
out, a, מַכָּה f.
beats, (taps), רְגָלִים (only plu.)
beautiful, טוֹב, יָפֶה, יָקָר, נָאוֶה, see תִּפְאָרָה. (Ch. שַׁפִּיר.)
form (or) figure, of a, יְפֵה תֹאַר m., יְפַת תֹאַר f.
to be, נָאָה, יָפָה Pil. (Ch. שְׁפַר.)
to be very, יָפָה Pu.
to make, see in שִׁפְרָה.
trappings, כְּלֵי תִפְאֶרֶת.
beautify, to, יָפָה Pi., פָּאַר I Pi.
one's self, to, יָפָה Hithp.
beauty, חִין m., חָמֵד m., חֵן m., חֶסֶד (once), חֵפֶץ m., טוּב m., יְפִי m., יֳפִי m., יְפֵפִיָּה f., יְקָר m., מַרְאֶה, נֹעַם m., צְבִי m., שֶׁפֶר m., שִׁפְרָה f., תִּפְאָרָה elsewhere תִּפְאֶרֶת f.
because, אֲשֶׁר (before a pret.), תַּחַת אֲשֶׁר, עַל דְּבַר אֲשֶׁר, עַל אֲשֶׁר, בַּעֲבוּר אֲשֶׁר, מִפְּנֵי אֲשֶׁר, כְּפִי אֲשֶׁר, מֵאֲשֶׁר, יַעַן אֲשֶׁר, בַּאֲשֶׁר, כִּי עַל־כֵּן, עַל כֵּן אֲשֶׁר, עֵקֶב אֲשֶׁר, בְּ (w. infin.), יַעַן, כַּאֲשֶׁר, כִּי I, יַעַן כִּי, כִּי אִם, תַּחַת כִּי, עֵקֶב כִּי, עַל כִּי, לָמָּה, לְמַעַן, לְ (w. infin.), לְכֵן אֲשֶׁר, מִן (w. infin.), עַל, עֵקֶב, שֶׁ. (Ch. כָּל־קֳבֵל דִּי, דִּי before לָקֳבֵל, מִן־דִּי.)
if, כִּי אִם.
no one, none, מִבְּלִי (w. particip.)
not, מִבְּלִי, עַל־בְּלִי, מִבִּלְתִּי.
of, בְּ, בַּאֲשֶׁר, לְ, אֶל, עַל־אוֹדוֹת, עַל־דִּבְרֵי, עַל דְּבַר, בִּגְלַל (c. suff.), וְ and וּ, מִן, עַל דִּבְרַת (before causal clauses), יַעַן (w. a subst.), עַל־עֵקֶב, עַל, בַּעֲבוּר, לְמַעַן, מִן, לְ, בְּשֶׁל, מִפְּנֵי, מִלִּפְנֵי, עֵקֶב (later Heb.). (Ch. לָקֳבֵל, עַל, מִן.)

because that, אֲשֶׁר (before a pret.), עַל דְּבַר אֲשֶׁר (before a verb), יַעַן אֲשֶׁר, בַּאֲשֶׁר, שֶׁ, מִפְּנֵי אֲשֶׁר. (Ch. דִּי.)
—therefore, יַעַן כִּי—וְלָכֵן, יַעַן—לָכֵן.
become, to, הָיָה K. Ni. (only in pret. and part.), הָיָה לְ.
as, like, to, הָיָה כְּ.
becoming, נָוֶה c. לְ., נָאוֶה.
to be, יָאָה impers. w. לְ., נָאָה Pil. c. לְ to (any one.)
bed, יָצוּעַ m., מִטָּה f., מַצָּע m., מִשְׁכָּב m., עֶרֶשׂ f. (Ch. מִשְׁכַּב m.)
(of a garden), מִגְדָּל m., עֲרוּגָה f.
(of a stream), אָפִיק or אֲפִיק m.
bedimmed, כֵּהָה f. only.
bee, דְּבוֹרָה f.
beeve, a, בָּקָר com.
befall, to, אָנָה II Pu., דָּבַק and דָּבֵק, מָצָא (c. acc. of pers.), קָרָא II, קָרָה.
to cause to, קָרָא II Hi. (c. dupl. acc.)
before, בְּלֹא, כַּיּוֹם, מִטֶּרֶם, בְּטֶרֶם, טֶרֶם, מוּל, see מִן 2. c., לְנֶגֶד, נֶגֶד, נֹכַח, עַל, עַד אֲשֶׁר לֹא, עַד־לֹא, לְנֹכַח (after verbs of covering), פָּנִים, עִם פְּנֵי, אֶת־פְּנֵי, אֶל־פְּנֵי, מִפָּנִים, לְפָנִים, קֳבֵל, עַל־פְּנֵי, מִלִּפְנֵי, לִפְנֵי, בִּפְנֵי according to other copies קֹבֶל, קֶדֶם, מִתְּמוֹל, קִדְמַת, מִקֶּדֶם, שִׁלְשׁוֹם (Cheth.), שִׁלְשׁוֹם. (Ch. קֳדָם, לָקֳבֵל.)
me, לְפָנַי, בְּיָדִי.
now, לִפְנֵי מִזֶּה.
that, לִפְנֵי (w. infin.)
beforetime, בָּרִאשֹׁנָה.
beg, to, שָׁאַל, דָּרַשׁ K. Pi.
beget, to, יָלַד K. Hi.
children, to, שׂוּם בָּנִים.
begin, to, הָלַל, הִיָה Hi., see יָאַל II Hi. 1., פָּרַז, פָּתַח, קָדַשׁ Pi. (Ch. שְׁרָא also שְׁרָא Pa.)
to be, to, הָיָה.
beginner, רֵאשִׁית f. concr.
beginning, אַמָּה, יְסֹד m., רֹאשׁ I m., רִאשָׁה f., רֹאשָׁה f., רֵאשִׁית, perh. שֵׁרוּת f. (Cheth.), תְּחִלָּה f.
to have a, חָלַל Hi.

beginnings, קַדְמֵי plu. constr.
begotten of, to be, יָצָא מִמְּעֵי פ׳.
begun, to be, חָלַל Hi. Ho.
Behemoth, בְּהֵמוֹת.
behind, אַחַר, מֵאָחוֹר, אַחֲרֵי, מֵאַחֲרֵי, בַּעַד, בְּעַד, עַל־אַחֲרֵי and בַּעַד.
to be, אָחַר (once.)
to stay, אָחַר (once.)
behold! אִם, הָא, הֵן II, הִנֵּה (pers. pronouns are suffixed), הֲלֹא. (Ch. אֲרוּ, אֲלוּ (only in Dan.), הָא, הֵא.)
behold, to, בָּקַר Pi. w. בְּ., חָזָה (mostly poet.), נָבַט Hi., נָכַר Hi., רָאָה, שָׂכַל Hi., שָׁאָה II Hithp. c. לְ., שׁוּר II K. Pil. (Ch. חָזָה and חֲזָא.)
beholding, to delight in, חָזָה c. בְּ.
belch out wicked words, to, נָבַע Hi.
Belial, בְּלִיַּעַל.
believe, to, אָמַן I Hi. (absolutely, oftener w. לְ.)
bell, a, פַּעֲמוֹן m.
bellows, מַפֻּחַ m.
bells, מְצִלּוֹת (only plu.)
belly, אוֹב m., בֶּטֶן f., חֹמֶשׁ II m., כָּרֵשׂ, מֵעִים plu., קֶרֶב m., רֶחֶם com. (Ch. מְעָה or מְעָא only in plu.)
(of reptiles), גָּחוֹן m.
belong to, to, הָיָה לְ.
beloved, בַּר II, see חֲמֻדוֹת at end, יַקִּיר, יָקָר.
one, אַהֲבָה f., דּוֹד m., יָדִיד m., רֵעַ II m., רַעְיָה f.
something, יְדִידוּת f.
below, כְּתַחַת לְ, מִתַּחַת, תַּחַת, לְמַטָּה, לְמִתַּחַת לְ after verbs of motion). (Ch. אֲרַע.)
belt, אַבְנֵט m., אֵזוֹר m., חֵשֶׁב m., מַחֲגֹרֶת f.
Belteshazzar, בֵּלְטְשַׁאצַּר.
belts, קִשֻּׁרִים.
bemoan, to, נוּד K. Hithpal.
benches (of a ship), קֶרֶשׁ m. coll.
bend, to, נָחַת, כָּרַע, כָּפַף, חָפֵץ, חָנָה Pi. (only pret.), עָוַת Pi., קָרַס.
(a bow), to, מָשַׁךְ, נָשַׁק, נִחַת, espec. דָּרַךְ.
back the head, to, צָעָה.

bend forward, to, שָׁחָה Ni.
one's self, to, לָפַת Ni., שָׁחָה Hithp.
the arrows, to, דָּרַךְ חִצִּים.
the knee, to, כָּרַע, בָּרַךְ.
bending, a, מֻטֶּה m.
down, a, עֲוָתָה f.
beneath, מַטָּה, לְמַטָּה, תַּחַת, מִתַּחַת, מִתַּחַת לְ.
benediction, בְּרָכָה f.
benefactor, אָב m.
benefactress, אֵם f.
beneficence, (Ch. צִדְקָה f.)
benefit, גְּמוּל m., גְּמוּלָה f., טוֹב, טוֹבָה f., תַּגְמוּל m.
to, גָּמַל w. עַל., יָטַב Hi., סָכַן w. לְ, עַל.
benefits, בְּרָכוֹת, חֲסָדִים, רָצוֹן m.
benevolent, טוֹב, חָסִיד.
benign, טוֹב, נָעִים.
to show one's self, חָסַד Hithp.
benignity, see טוֹבָה, 3.
Benjamin, בִּנְיָמִין.
bent, (inclined), תָּלוּא w. לְ.
to be, שָׁחָה Ni., צָעָה.
bequeath, to, נָחַל Hi. w. dat. of pers., acc. of thing.
bereave, to, שָׁכוֹל and שָׁכַל Pi. Hi.
bereaved, שַׁכּוּל, שְׁכוּלָה f.
to be, שָׁכֹל and שָׁכַל.
bereavement, שְׁכוֹל m., שִׁכֻּלִים plu.
bereaver, a mighty, גִּבּוֹר מְשַׁכֵּל.
berry, גַּרְגַּר m., גַּרְגֶּרֶת f.
beseech, to, שָׁאַל, חִלָּה פְּנֵי פ׳.
beset, to, חָדַר, צוּר I.
besides, אֶל, אַף I, אֵת II, לְבַד w. מִן, בִּלְעֲדֵי, מִבַּלְעֲדֵי, בִּלְתִּי (where a neg. precedes), יֶתֶר, יוֹתֵר, חוּץ מִן, זוּלַת, רַק, עַל־פְּנֵי, לְעֻמַּת, עַל, כּוּר, מִן, לְ (after a neg.)
that, יוֹתֵר שֶׁ, בִּלְתִּי אֲשֶׁר.
besiege, to, חָדַר, חָנָה, נָצַר, צוּר I, צָרַר Hi.
besieged, to be, בּוֹא בַּמָּצוֹר.
besiegers, נֹצְרִים.
besmear, to, טוּחַ.
besom, מַטְאֲטֵא.
besprinkled, to be, זָרַח Pu.

best, the, חֵלֶב m., טוּב m. (w. gen.), מֵיטָב m. (w. gen.), רֵאשִׁית f.
part, the, מֵיטָב m.
(that which is), רֹאשׁ I m.
(whatever is), מִבְחָר m. (only in constr.)
bestead, hard, נִקְשֶׁה.
bestow, to, חָנַן (w. 2 accs.), שָׁיָה Pi. w. עַל of pers.
upon, to, סָכַךְ (w. 2 accs.)
bestrewed, to be, זָרָה Pu.
Bethel, בֵּית אֵל.
bethink one's self, to, עָשַׁת Hithp. c. לְ.
Bethlehem, בֵּית לֶחֶם.
betray, to, גָּלָה Pi., נָגַד Hi.
betroth, to, אָרַשׂ Pi., יָעַד (w. acc. and לְ.)
betrothed, to be, חָרַף Ni.
better, to be, בָּחַר Ni. w. מִן., יָטַב w. מִן.
between, אֶל בֵּין, בֵּין (after a verb of motion), עַל בֵּין (after a verb of motion), מִבֵּינוֹת לְ, בְּתוֹךְ. (Ch. בֵּין.)
betwixt, בֵּין.
bewail, to, נוּד Hithpal.
one's self, to, יָפַח Hithp.
beware, to, זָהַר Ni., שָׁמַר K. Ni. w. מִן.
lest, שָׁמַר נַפְשְׁךָ seq. פֶּן.
of, to, חָדַל and חָדֵל (w. מִן and inf.)
beyond, אֶל־עֵבֶר, בְּלֹא, מֵהָלְאָה לְ, רָחוֹק מִן, עַל, מֵעֵבֶר לְ.
thee, מִמְּךָ וָהָלְאָה.
bezel, see מִלֵּאת, נֶקֶב m., תֹּךְ m.
bezels, מִשְׁבְּצוֹת.
bid (to a banquet, &c.), to, קָרָא I.
biennium, שְׁנָתַיִם.
bier, מִטָּה f., מִשְׁכָּב m.
big with young, מְעֻבָּרוֹת plu.
bile, מְרֵרָה f., מְרֹרָה f.
bill, (writing), a, סֵפֶר m.
of divorce, סֵפֶר m.
billows, גַּלִּים, מִשְׁבָּרִים (only plu.)
bind, to, אָלַם Pi, אָסַר, חָבַשׁ, עָקַד, קָשַׁר K. Pi. (Ch. כְּפַת Pe. Pa.)
around, to, אָזַר, חָבַשׁ, דָּיַר.

bind, by a pledge, to, חָבַל.
fast, to, חָבַשׁ K. Pi., חָזַק.
fast to, to, חָזַק Hi.
in, to, צָרַר w. בְּ.
on, to, חָבַשׁ, עָנַד, רָכַס, רָתַם.
to, to, אָסַר, רָכַס.
together, to, בָּלַם, צוּר I, צָרַר.
up, to, חָבַשׁ Pi. c. לְ., צוּר I, צָרַר.
up a wound, to, חָבַשׁ.
upon, to, קָשַׁר w. acc. and עַל.
upon one's self, to, קָשַׁר Pi.
binding up, a, מָזוֹר I m.
bird, בַּעַל הַכְּנָפַיִם (poet.), צִפּוֹר com. (Ch. צִפַּר.)
angry, see אֲנָפָה.
clamorous, אַיָּה f.
of prey, דַּיָּה f.
ravenous, עַיִט m.
(species of rapacious), see רָאָה.
(species of) ravenous, דָּאָה f. (once.)
(species of) unclean, דּוּכִיפַת f.
young, גּוֹזָל m.
bird-cage, כְּלוּב m.
birds, עוֹף m. coll., צִפּוֹר com. coll. (Ch. עוֹף.)
like, לְפֹרְחוֹת.
of prey, עַיִט m. coll.
birth, הֻלֶּדֶת, מוֹלֶדֶת f., מְכוּרָה and מְכוֹרָה f.
at, מֵרָחֶם.
earlier, בְּכוֹרָה f.
of noble, נָדִיב.
to declare one's, יָלַד Hithp.
birthright, מִשְׁפַּט הַבְּכֹרָה.
to, to give the, בָּכַר Pi.
bit, (bridle), חֶבֶל m., מֶתֶג m.
(morsel), פַּת f., פְּתוֹת.
bite, to, נָשַׁךְ K. Pi., קָרַץ.
biters, מְתַלְּעוֹת, מַלְתָּעוֹת (only constr.)
bitter, מַר, מְרִירִי.
grief, מְרִירוּת f.
herbs, מְרֹרִים.
injury, לַעֲנָה f.
lot, לַעֲנָה f., מַר m., מְרֹרִים plu.
things, מְרוֹרוֹת.
to be, מָרַר.
to make, מָרַר Pi. Hi.

bitterly, מַר, מָרָה II, תַּמְרוּרִים I.
in, to act, מָרַר Pi.
with, to deal, מָרַר Hi. w. לְ.
bitterness, מַר m., מֹרָה II f., מָרָה f., מֹרָה f., מְרִירוּת f., מְרֹרָה f.
to be in, מָרַר Hi.
bitternesses, מַמְּרֹרִים, תַּמְרוּרִים I.
bitumen, חֵמָר m.
to daub with, חָמַר.
bivium, אֵם הַדֶּרֶךְ.
black, שָׁחֹר, חוּם.
to be, to become, שָׁחַר II.
blackness, כִּמְרִיר m.
blade, לַהַב m., לֶהָבָה f.
blains, אֲבַעְבֻּעֹת.
blame, אָשָׁם m., אַשְׁמָה f.
free from, נָקִי.
to bear the, חָטָא Pi.
blameless, תָּמִים.
to be, תָּמַם.
bland, רַךְ, חָלָק.
to be, חָלַק, רָכַךְ.
blandishments, חֲלַקְלַקּוֹת.
blaspheme, to, גָּדַף Pi., נָקַב.
blast (of trumpets), תֵּקַע m.
(of wind), רוּחַ f.
blast, to, שָׁדַף.
blasting, a, שְׁדֵמָה II f., שְׁדֵפָה f., שִׁדָּפוֹן m.
blaze, a, אוּר m.
blemish, מְאוּם, מוּם m., מָשְׁחָת m., נֶגַע m.
without, (adj.), תָּמִים.
bless, to, בָּרַךְ Pi. (Ch. בְּרַךְ Pe. Pa.)
one's self, to, בָּרַךְ Ni. Hithp. constr. w. בְּ.
blessed, בָּרוּךְ.
one, בְּרָכָה f. concr.
to be, אָשַׁר or אָשֵׁר Pu.
to call, אָשַׁר or אָשֵׁר Pi.
blessedness, אַשְׁרֵי (only plu. constr.), אֹשֶׁר.
blessing, a, בְּרָכָה once בְּרָכָה f., see צֶדֶק m.
an object of, בְּרָכָה f. concr.
the divine, בִּרְכַּת יְהוָה.
blight, שְׁדֵמָה II f., שְׁדֵפָה f., שִׁדָּפוֹן m.

blind, כֵּוּר.
to, עִוֵּר Pi., עוּר III Pi., שָׁעַע Hi.
to make, עוּר III Pi.
blinded, to be, שָׁעָה II, שָׁעַע (once.)
blindness, סַנְוֵרִים plu., עִוָּרוֹן m., עַוֶּרֶת f.
blocks, curved, see in חָנוּת.
blood, דָּם m., דָּמִים plu.
relative, גֹּאֵל.
blood-guiltiness, דָּם m., דָּמִים plu.
blood-kindred, שְׁאֵר m., שַׁאֲרָה f.
blood-relationship, שַׁאֲרָה f.
blood-relatives, שְׁאֵר m.
bloodshed, דָּם m., דָּמִים plu., מִשְׂפָּח m.
bloom, פֶּרַח m.
to, צוּץ Hi.
blossom, נִץ m., נִצָּה f., נִצָּן m., see פֶּרַח, סְמָדַר m.
an opening, פְּטוּר m.
to, פָּרַח K. Hi., צוּץ Hi
to make, פָּרַח Hi.
blot out, to, מָחָה K. Hi.
blotted out, to be, כָּפַר Pu., מָחָה Ni.
blow, a, יָד f., מַכָּה f., נֶגַע m.
blow away, to, נָפַח K. c. בְּ, Hi., פָּאָה Hi. (once.)
the trumpet, to, חָצַר (only in part.), תָּקַע שׁוֹפָר or ת׳ בַּשּׁוֹפָר, ת׳ בַּחֲצֹצְרָה.
to, נָפַח, נָשַׁב c. בְּ upon., נָשַׁף, פּוּחַ, שָׁאַף.
up a fire, to, נָפַח בְּאֵשׁ.
upon, to, נָפַח K. c. בְּ, Hi., נָשַׁף c. בְּ., פּוּחַ Hi.
blown up, to be, נָפַח Pu.
blows, מַהֲלֻמּוֹת.
bludgeon, תּוֹתָח m.
blue, see תְּכֵלֶת.
dark, תְּכֵלֶת f.
blunted, to be, כּוּל Hithpal., קָהָה K. Pi.
bluntness, פְּצִירָה m.
blush, to, אָדַם Hithp.
board, a, גַּב I m., לוּחַ m., קֶרֶשׁ m., שְׂחִיף (only constr.)
boards, to cover with, סָפַן.
boast, to, הָלַל, כָּבַד Hithp., רוּם.
boast one's self, to, אָמַר Hithp., הָלַל Hithp.
boasters, בַּדִּים II, הוֹלְלִים.
boasting, פַּחֲזוּת f.
vain, בַּד II m.
boat, כְּלִי m.
Boaz, בֹּעַז.
body, אוּל m., בָּשָׂר m., גֵּוָה II f., גְּוִיָּה f., גּוּפָה f., גִּזְרָה f., גֶּרֶם m., לְחוּם or לָחוּם m., עוֹר m. (poet.), עֶצֶם f., עֶצֶם m., perh. צַוָּאר m. (Ch. גֶּשֶׁם.)
dead, גְּוִיָּה f., גּוּפָה f., נֶפֶשׁ מֵת.
(of soldiers), רֹאשׁ I m.
politic, גּוֹי m.
body-guard, טַבָּח m. (Ch. טַבָּח.)
boil, a, שְׁחִין m.
boil forth, to, נָבַע.
over, to, רָחַשׁ.
to, בָּשַׁל or בִּשֵּׁל Pi., רָתַח Pu.
to be made to, חָמַר Poalal.
to cause to, בָּעָה.
to make to, רָתַח Pi. Hi.
up, to, חָמַר, רָחַשׁ.
boiled, the, בָּשֵׁל m., בְּשֵׁלָה f.
to be, בָּשַׁל or בָּשֵׁל K. Pu.
boiler, דּוּד m.
boilers, מְבַשְּׁלוֹת, דּוּדָאִים.
boiling, (adj.), זֵידוֹן.
(sub.), רֶתַח m. (only plu. c. suff.)
(of waves), חֹמֶר m.
up, a, פַּחַז m.
boiling-places, מְבַשְּׁלוֹת.
bold, אַכְזָר concr., עָתָק.
boldly, בֶּטַח.
bolsters, see כְּסָתוֹת.
bolt, בְּרִיחַ m., מַנְעוּל m., מִנְעָל m.
to fasten with a, נָעַל.
bolt (a door), to, נָעַל.
bolts, to close with, סָגַר Pi. c. לִפְנֵי.
bond, a, אֵזוֹר m., אֵסוּר m., מָסֹרֶת f., (Ch. אֱסוּר.)
bondage, עֲבֹדוּת f.
bonds, זִקִּים, מוֹסֵרִים and מוֹסֵרוֹת m. (only plu.), עֲבֹתִים and עֲבֹתוֹת.
to put in, אָסַר.
bone, גֶּרֶם m. (poet.), עֶצֶם f. (Ch. גְּרַם.)
(of arm), the upper, קָנֶה m.

bone, the very, גֶּרֶם m.

bones, the, עֶצֶם m. coll.

book, כְּתָב m., מְגִלָּה f., סֵפֶר m., סִפְרָה f. (Ch. מְגִלָּה, סְפַר m.)

of the law, מְגִלַּת סֵפֶר, סֵפֶר.

to unfold (or) open a, גָּלָה סֵפֶר.

booth, סֹךְ m., סֻכָּה f., שֹׂךְ m.

booty, בַּז m., בִּזָּה (later Heb.), חֲלִיצָה f., מַלְקוֹחַ m., מִשְׁלַח m. w. יָד, מְשִׁסָּה f., עַד m., שְׁבִי m., שָׁלָל m.

border, גְּבוּל m., גְּבוּלָה f., זֵר m., כָּנָף f., כַּרְכֹּב m., פֵּאָה f., מִסְגֶּרֶת f., שָׂפָה f.

upon, to, גָּבַל w. בְּ., פָּגַע c. בְּ, אֶל.

western, גְּבוּל יָם.

borders, שְׁלַבִּים.

bore, to, נָקַב, רָצַע.

out (the eye), to, נָקַר.

through, to, see כּוּר I, נָקַב.

born, יָלִיד, יִלּוֹד.

a male, to be, זָכַר Ni.

in the house, יְלִיד בַּיִת.

one, יֶלֶד m.

to be, בָּרָא Ni., חוּל Ho. Pul., יָלַד Ni. Pu. Ho., נָפַל.

to let be, יָצָא Hi.

borne, to be, אָמַן I Ni., נָשָׂא Ni., רָכַב Hi.

borrow, to, לָוָה, נָשָׁה II, עָבַט, שָׁאַל.

to let, לָוָה Hi.

borrowed, שָׁאוּל.

borrower, לֹוֶה, נֹשֶׁה.

bosom, חֹב m., חֹק or חוֹק (Cheth.), חֵיק m., חֹצֶן m.

boss (of a shield), גַּב m.

botch, שְׁחִין m.

both, שְׁנַיִם w. suffs., גַּם שְׁנַיִם.

—and, גַּם—גַּם, גַּם—וְגַם, וְ—וְ, מִן—וְעַד, בֵּין—עַד.

together, שְׁנֵיהֶם כְּאֶחָד.

bottle, בַּקְבֻּק m., נֹאד m., נֵבֶל and נֶבֶל m., פַּךְ m.

a leathern, אוֹב, חֵמֶת m.

bottom, אָפִיק or אֲפִיק m., קַרְקַע m., שֹׁרֶשׁ m.

of a pit, (Ch. אַרְעִית f.)

bough, בֵּן m. (poet.), בַּת f. (poet.), סַרְעַפָּה f., סְעִיף m., מַטֶּה m., כִּפָּה f., עָנָף m., עֲנָף (once), פֹּארָה f., קָצִיר m., שׂוֹךְ m. (Ch. עֲנַף.)

bough, to, פֵּאֵר I Pi.

topmost, see צַמֶּרֶת.

boughs, דָּלִיּוֹת (only plu.), עֳפִי m., פֹּארָה, קָצִיר m. coll (Ch. עֳפִי.)

to go over the, פֵּאֵר I Pi.

to lop off the, סָעַף Pi.

bound, (sub.), גְּבוּל m., חֹק m., see תַּאֲוָה in end.

to, גָּבַל.

bound, (adj.), אָסֻר.

fast, to be, חָזַק.

one, אָסִיר, אַסִּיר m., אָסוּר.

to be, צָמַד Pu., רָתַק Pu., see שָׁקַד.

together, זַרְזִיר (once.)

together, to be, קָשַׁר Ni.

bound up, מְצֹרָר.

bound-up places, רְכָסִים.

bounding, a, רַעַשׁ m.

bounds, גְּבוּלִים and גְּבוּלוֹת.

around, to set, גָּבַל Hi.

bountiful, to be, פָּזַר Pi.

bow, a, קֶשֶׁת m., קֶשֶׁת com.

bow down, to, כָּנַע, חָנָה Hi., עָנָה Hithp., see קָדַד II, קָרַס, שָׁחָה K. Hithpal., שָׁחַח.

down, to make, כָּרַע Hi., שָׁחַח Hi.

down upon the knees, to, כָּרַע.

one's self, to, כָּפַף, צָעָה.

one's self down, to, גָּהַר.

the knee, see אַבְרֵךְ.

the knee, to, see קָדַד II.

to, כָּפַף, כָּרַע, נָטָה K. Hi.

bowed down, those, כְּפוּפִים.

down, to be, כָּפַף, עָוָה Ni., צָעָה, שׁוּחַ K. Hi. (Cheth.), שָׁחַח K. Ni.

bowels, see בֶּטֶן 3, כְּסָלִים, מֵעִים (only plu.), קֶרֶב m., רַחֲמִים.

bowing down, a, כְּנִיעָה f.

bowl, a, אַגָּן m., גָּבִיעַ m., גֻּל m., גֻּלָּה f., סַף m., סֵפֶל m. (only in Judges), קְעָרָה f.

sacrificial, מִזְרָק m.

bowls, מְנַקִּיּוֹת (only in plu.), קְשָׂוֹת (only plu.)

bowman, קַשָּׁת m.

bowmen, קֶשֶׁת, מְבַחֲנֵי־קֶשֶׁת com.
box, אַרְגָּז m., תֵּבָה f. (Egyptian word.)
box-tree, see תְּאַשּׁוּר.
boy, בֵּן m., יֶלֶד m., נַעַר I m., עוֹלֵל m., מְעוֹלֵל.
boyhood, נֹעַר m.
boyishness, (for concr.) boys, תַּעֲלוּלִים.
bracelet, אֶצְעָדָה f., צָמִיד m.
bracelets, שֵׁרוֹת.
braces, מְחַבְּרוֹת.
braid, אֶרֶג m., עֲבֹת com.
to, אָרַג.
braided, (something), כְּבִיר m.
braided work, מַעֲשֵׂה עֲבֹת.
braids (of hair), מַחְלָפוֹת.
bramble, חָרוּל m., סְנֶה m.
branch, בֵּן m. (poet.), בַּת f. (poet.), זְמוֹרָה f., כִּפָּה f., מַטֶּה m., נֵצֶר m., סְעִיף m., סַרְעַפָּה f., עָנָף, כַּנָּה (once), פֹּארָה f., שִׁבֹּלֶת f. (Ch. עֲנַף.)
degenerate, סוּר m.
with thick foliage, עֲבֹת com.
Branch, the, צֶמַח.
branches, בַּדִּים I, דָּלִיּוֹת (only plu.), סְעִפּוֹת (only plu.), פֹּארֹת, קָצִיר, שָׂרִיגִים, רָאשִׁים.
full of, עָנֵף.
green, פֹּארוֹת.
interwoven, סְבָךְ m.
thick, שׂוֹבֶךְ.
waving, תַּלְתַּלִּים.
brand, a, כְּוִיָּה f., כִּי II (once.)
brandish, to, פּוּץ Pil.
brandished, to be, רָעַל Ho. (only.)
brandishing, see פְּרִיץ.
brass, נְחוּשָׁה f. (poet.), see נְחֹשֶׁת, נָחָשׁ com. (Ch. נְחָשׁ m.)
(any thing) made of, נְחוּשָׁה f., נְחֹשֶׁת com.
burnished, polished, smooth, חַשְׁמַל m.
brave, אַבִּיר concr., see חָמֵשׁ II part. pass.
to show one's self, חָזַק Hithp.
bray, (as an ass), to, נָהַק.
bray, (in a mortar), to, דּוּךְ, כָּתַשׁ.
brazen, נָחוּשׁ.
brazen sea, הַיָּם מוּצָק, יָם הַנְּחֹשֶׁת.
(serpent), the, see נְחֻשְׁתָּן.
thing, נְחוּשָׁה f.
breach, בֶּדֶק m., פֶּרֶץ m., שֶׁבֶר and שֵׁבֶר m.
breaches, בְּקִיעִים, רְסִיסִים.
to repair, בָּדַק.
bread, דָּגָן m., לֶחֶם com.
a cake, loaf of, כִּכַּר לֶחֶם.
white, חֹרִי I m.
bread-basket, סַל m.
bread-cake, מָעוֹג m.
bread-corn, לֶחֶם com.
breadth, מֶרְחָב m., רַחַב m., רֹחַב m. (Ch. פְּתָי m.)
break, to, הָלַם, חָלַל Pi. Hi., חָתַת Hi., כָּתַת K. Pi., נָפַץ K. (only in pret. and inf. abs.), Pi., נָתַק, פָּרַץ, פָּרַק, פָּרַר I K. (once), Hi. (always trop.), פָּרַשׂ, פָּתַת, רָצַץ, רָצַץ, שָׁבַר. (Ch. תְּבַר II.)
asunder, to, גָּדַע K. Pi., פָּרַץ.
away, to, בָּרַח, פָּטַר, פָּרַץ Hithp.
away, to let, פָּרַץ.
bread to, to, פָּרַס לֶחֶם לְ.
down, to, נָתַץ K. Pi., פָּרַם II, פָּרַץ, רָטַשׁ Po., שָׁבַר.
for one's self, to, see שָׁבַר Ni.
forth, to, בָּקַע Ni., גִּיחַ and גּוּחַ K. Hi., פָּרַח, פָּרַץ, קָצַף, שָׁתַר. (Ch. גִּיחַ or גּוּחַ Aph., קְצַף.)
forth into joy, to, פָּצַח רִנָּה.
forth, to cause to, בָּקַע Pi., גִּיחַ and גּוּחַ, פָּטַר.
forth, to let, פָּלַח Pi.
forth upon, to, פָּרַץ w. בְּ of pers.
in, to, חָרַס.
in pieces, to, גָּדַע, בָּצַע, גָּרַם Pi., Hi., דָּכָא Pi., דָּכָה Pi., דָּקַק K. Hi., חָתַת Hi., פּוּץ Pil. Pilp., פִּצַּח Pi., פָּרַק Pi., פָּרַר K. (once), פָּרַשׂ, פָּתַת, רָדַד, רָדָה K., see also Pi., רָעַע K. Hi., רָעַץ, רָצַח Pi., רָצַץ Pi. Hi., רָשַׁשׁ Po., שָׁבַר K. Pi., שׁוּחַ. (Ch. הַדֵּק Aph., רְפַס.)
in upon, to, גָּדַר c. עַל, חָתַת Po. (once), פָּרַץ w. בְּ of pers.

break off, to, פָּרַק K. c. מָלַל, Pi., קָטַף, רָדָה, שָׁבַר.
  off from one's self, to, פָּרַק Hithp. c. acc.
  open, to, בָּקַע K. Hi.
  out, to, הָרַס K. Pi., נָתַע, נָתַץ K. Pi., פָּרַח, פָּרַץ, קָצָה. (Ch. קְצַץ.)
  through, to, בָּקַע w. בְּ., חָתַר c. acc., בְּ.
  through into, to, חָתַר w. בְּ.
  through to, to, בָּקַע Hi. w. אֶל.
  up, to, הָלַם, נָפַץ Pi., נָתַס, עָלָה Ni., עָתַק Hi.
  up (a camp), to, נָסַע.
  up (with the plow), to, נִיר.
breakers, מִשְׁבָּרִים.
breaking, a, קְצָצָה f., רֹעָה f., שַׁבַּר and שֶׁבֶר m., שִׁבָּרוֹן m.
  down, a, שַׁבֵּר and שֶׁבֶר m.
  forth, a, פֶּרֶץ m.
  in, a, מַחְתֶּרֶת f.
  in pieces, a, מְכִתָּה f., רֶצַח m.
  up, a, מַסָּע m., פֶּרֶץ m.
  with one another, brethren, אָח נִפְשָׁע.
breast, חֵיק m., שַׁד m., שֹׁד I m. (Ch. חֲדִין plu.)
  a full, זִיז m.
  (of animals), חָזֶה m.
breastplate, חֹשֶׁן m., תַּחֲרָא m.
breasts, דַּדֵּי (only in du. constr.)
breath, הֶבֶל, הֲבֵל, נֶפֶשׁ com., נְשָׁמָה f., רוּחַ f. (Ch. נִשְׁמָא f.)
  of air, of life, רוּחַ f.
  to take, נָפַשׁ Ni.
  vital, רוּחַ f.
breathe, to, נָפַח, נָשַׁב c. בְּ upon., נָשַׁם, פּוּחַ.
  after, to, אָהַב and אָהֵב.
  hard, to, שָׁאַף, נָהַג.
  out, to, נָפַח w. נֶפֶשׁ., פּוּחַ Hi.
  out (one's life), to, גָּוַע (mostly poet.)
breathing, a, הֶבֶל, נְשָׁמָה f., רְוָחָה f.
  (adj.), יָפֵחַ.
  out, a, מַפָּח m.
breathing-time, רְוָחָה f.
breed, זֶרַע.

breed, to, עָבַר Pi.
  abundantly, to, שָׁרַץ.
breeze, רוּחַ f.
brethren, my, בְּנֵי אִמִּי.
briars, סִירִים and סִירוֹת m.
bribe, a, מַתָּנָה f., שֹׁחַד m.
  to, שָׂכַר.
brick, לְבֵנָה f.
brick-kiln, מַלְבֵּן m.
bricks, to make, לָבַן.
bridal-bed, חֻפָּה f.
bridal state, כְּלוּלוֹת plu.
bride, כַּלָּה f., כַּלָּה f.
bridegroom, חָתָן m.
bridle, see בְּלִימָה, חֶבֶל m., רֶסֶן m.
brier, see סִרְפָּד.
briers, קוֹץ m. coll.
bright, נָאוֹר, בָּהִיר, עָשׁוֹת, צַח.
  and sharp, to make, בָּרַר K. Hi.
  looks, (Ch. זִיו m., in the plu.)
  to be, אוֹר, הָלַל, עָשַׁת, צָחַח.
  to make, see in שִׁפְרָה.
brighten up, to, נָהַר II.
brightness, אֵשׁ com., זֹהַר m., טֹהַר m., מְזָהָר m., לַהַב m., נֹגַהּ f., נְגֹהָה f., צִיץ m., שֶׁפֶר m., שִׁפְרָה f. (Ch. זִיו m.)
  golden, זָהָב m.
  (in the skin), בַּהֶרֶת f.
brimstone, גָּפְרִית f.
bring, to, אָתָה Hi. (poet.), בּוֹא Hi., יָבַל I Hi. (poet.), לָקַח, נָהַג Pi., נָשָׂא, עָבַר Hi., קָרַב I Hi., שָׂגָא Pi. (once). (Ch. אֲתָה Aph., יְבַל Aph., קְרֵב Pa. Aph.)
  about, to, סָבַב.
  again, to, שׁוּב Hi.
  again and again, to, שׁוּב Hi.
  away, to, בּוֹא Hi. (Ch. נְחַת Aph.)
  away from, to, קָרַב I w. מִן.
  back, to, בּוֹא Hi., שׁוּב K. Pil. Hi.
  down, to, יָרַד Hi. (Ch. נְחַת Aph.)
  down upon, to, מוּט Hi.
  forth to, גִּיחַ and גִּחַ, see הָרָה Note., חָבַל Pi., חוּל and חִיל K. Pil., יָלַד K. in Hi. only trop., יָצָא Hi., מָלַט Hi., נָגַשׁ Hi., נָפַל Hi., see נָשָׂא K. 4, פָּלַח Pi., פָּלַט Pi.,

פָּרַח , צָמַח Hi., קָרַב I Pi. (Ch. נְפַק Haph.)
bring forth (herbage), to, הִדְשָׁא Hi.
  forth thousands, to, אָלַף Hi. (Keri.)
  forth, to help, יָלַד Pi.
  forth to light, to, יָצָא Hi.
  home, to, בּוֹא Hi.
  in, to, בּוֹא Hi. (Ch. עֲלַל Aph.)
  in as with a flood, to, שָׁטַף.
  low, to, כָּנַע Hi., כָּרַע Hi., שָׁחַח Hi., שָׁפֵל Hi.
  near, to, נָגַשׁ Hi., קָרַב I Pi. Hi. (Ch. קְרֵב Aph.)
  on, to, קָרַב I Hi.
  out, to, גּוּז, יָצָא Hi. (Ch. נְפַק Haph.)
  out fully, to, פּוּק II Hi.
  over, to, גּוּז.
  (quickly), to, רוּץ Hi.
  to an end, to, בָּצַע Pi., גָּמַר. (Ch. גְּמַר.)
  to light, to, נָגַד Hi.
  to remembrance, to, זָכַר Hi.
  together, to, קָרַב I Hi.
  to pass, to, בּוֹא Hi.
  to, to, בּוֹא Hi., מָצָא Hi. w. אֶל.
  up, to, גָּדַל Pi., עָלָה Hi., רָבָה Pi., רוּם Pil.
  up the rear, to, אָסַף K. Pi.
  upon, to, נָדַח Hi. c. עַל.
bringing a trespass offering, אָשֵׁם (adj.)
  of a tresspass offering, the, אַשְׁמָה f.
  up, a, אָמְנָה f.
bristle, to, סָמַר.
bristling, סָמָר.
broad, רָחָב.
  and large, to make, פָּתָה Hi.
  long and, רָחָב.
  place, יֵשַׁע and יֶשַׁע m.
  to make, רָחַב Hi.
  to make long and, רָחַב Hi.
broad-sided, רְחַב יָדַיִם m., רַחֲבַת יָדַיִם f.
brocade, מִשְׁבְּצוֹת with זָהָב.
broken, דַּךְ, חַת, שְׁבוּר. (Ch. תְּבִיר.)
  and contrite heart, לֵב נִשְׁבָּר וְנִדְכֶּה.
broken down, to be, נָתַץ Ni. Pu. (once pret.), Ho. (once fut.), פָּרַץ Pu., רָטַשׁ Pu.
  in pieces, to be, דָּכָא Hithp., דָּכָה (once Cheth.), חָתַת Pi., נָתַשׁ Ni., פּוּץ Hithpal., פָּרַק Hithp., רָעַע Hithpo., רָטַשׁ Pu. (Ch. דְּקַק.)
  (in spirit), דַּכָּא, נִדְכָּא.
  (in spirit), to be, דָּכָא Pu.
  in upon, to be, בָּקַע Ni.
  into, to be, בָּקַע Pu.
  off, to be, קָרַץ Pu.
  open, to be, בָּקַע Ho.
  (something), גֶּרֶשׂ.
  thing, a, קְצָפָה f.
  to be, בָּצַע (see addenda), גָּרַע Ni., גָּרַס (once), דָּכָא Pu., דָּכָה Ni., חָתַת, כָּתַת Ho., פָּרַר I Hithpo., רָקַק, רָעַע, רָצַץ, שָׁבַר Ni. Ho.
  very small, דַּכָּא.
brood, a, אֶפְרֹחַ m., זֶרַע, פִּרְחַח m., תַּרְבּוּת f.
brood, to, דָּגַר.
  over, to, רָחַף Pi.
brook, אָפִיק or אֲפִיק m., מִיכָל I m., נַחַל m., פֶּלֶג m.
brooks, פֶּלֶג m. coll., פְּלַגּוֹת (only plu.)
broom, מַטְאֲטֵא m., רֹתֶם m.
broth, מָרָק m., פָּרָק m.
brother, אָח I m. (Ch. אַח.)
  husband's, יָבָם m.
  next, second, מִשְׁנֶה m.
brother-in-law, יָבָם m.
brotherhood, אַחֲוָה f.
brother's wife, יְבֶמֶת f.
brought down, to be, יָרַד K. Ho. (Ch. נְחַת Hoph. after the Heb.)
  forth, to be, יָלַד Pu.
  in, to be, בּוֹא.
  low, to be, דָּלַל K. Ni., כָּנַע Ni., מָכַךְ K. Ho., צָנַר, שָׁחַח K. Ni. Hithpo.
  to be, לָקַח Ni. c. אֶל, Pu. pret. and Ho. fut., מָצָא Ni., סָבַב, קָרַב I Ni. (Ch. אֲתָה Hoph.)
  up, to be, גָּדַל Pu., עָלָה Ni.
  upon, to be, אָנָה II Pu.

brow, מֵצַח m.
bruchus, גָּזָם m.
bruise, דַּכָּא, חַבּוּרָה and חַבֻּרָה f.
to, שׁוּף.
bruised, one, מָרוֹחַ m.
to be, דָּכָא Pu.
bruising, דַּכָּא.
brushwood, הֲמָסִים plu.
brutish, בַּעַר concr.
men, בֹּעֲרִים.
to be, בָּעַר K. Ni.
to become, בָּעַר Ni.
buck, שָׂעִיר m., תַּיִשׁ m.
bucket, דְּלִי m., דֳּלִי m., כַּד f.
buckler, צִנָּה f.
buckthorn, southern, אָטָד m.
bud, a bursting, פָּטוּר m.
buffalo, see רְאֵם.
buffet, to, נָכָה Hi.
buffoon, לָעֵג.
build, to, בָּנָה, עָשָׂה I, עָשַׂר Pi., קָרָה Pi., רוּם Pil., טוּם and שִׂים. (Ch. בְּנָא.)
a house for any one, to, בָּנָה w. acc. of pers.
a wall, to, גָּדַר.
a wall upon, to, גָּדַר גָּדֵר עַל.
around, to, סָבַב Hi.
on, to, בָּנָה w. בְּ.
over, to, בָּנָה w. acc. of place on which.
up, to, אָמַן I, בָּנָה, עָמַד I Hi., קוּם Pil.
upon, to, אָמַן I Hi.
builder, אָמוֹן I m.
building, a, בִּנְיָה f., בִּנְיָן m., מִבְנֶה m. (Ch. בִּנְיָן.)
a high, צְרִיחַ m.
a large, הֵיכָל com.
mode of, תַּבְנִית f.
buildings, fallen, מַפָּלָה and מַפֵּלָה f.
built, to be, (Ch. סְבַל Po.)
Bul, (month), בּוּל m.
bull, פַּר and פָּר m., see שׁוֹר.
bullock, אַבִּיר (poet.), אַלּוּף, פַּר and פָּר m., שׁוֹר m.
a young, עֵגֶל m.
bullock-ox, שׁוֹר פָּר.
bulrush, אַבָּח m., אַגְמוֹן m., גֹּמֶא m.
bulrushes, אָחוּ (Egyptian word), סוּף m.
bulwark, גַּב m., מָצוֹד m., מָצוֹר I m., מְצוּדָה f.
bulwarks, עַצֻמוֹת.
bunch, אֲגֻדָּה f., אֶשְׁכּוֹל m.
bundle, אֲגֻדָּה f., כְּנָפָה f., צְרוֹר m.
of grain, אֲלֻמָּה f.
burden, a, אָכָף m., see in יְהָב, מַעֲמָסָה f., מַשָּׂא m., נֵטֶל m., נְשׂוּאָה f., סַבָּל m., סֵבֶל m.
heavy, מוּעָקָה f.
to become a, סָבַל Hithp.
burdens, סִבְלוֹת (plu. constr. only.)
burdensome, כָּבֵד.
to be, יָגַע Hi., כָּבַד w. עַל.
to make, קָשָׁה I Hi.
burial, קְבוּרָה f.
burn, to, בָּעַר K. Pi. Pu., דָּלַק, חָרָה (only of anger), חָרַר, יָצַת K. (only in fut.), Ni. Hi., יָקַד K. Ho., כָּמַר I Ni., לָהַט I, see סָלַד, קָדַח, קָטַר I Hi., rarely Pi., שָׂרַף I w. acc., שָׁזַף. (Ch. דְּלַק, יְקַד.)
incense, to, קָטַר I Pi. Hi.
to cause to, בָּעַר K. Pi. Hi.
to let (anger), חָרָה Hi. c. עַל.
to make, לָהַט I Pi., דָּלַק Hi.
up, to, בָּעַר K. (mostly w. בְּ), Hi., לָהַט I Pi., שָׂרַף I.
with anger, to, חָרַר Ni.
with anguish, to, דָּלַק.
with zeal, to, קָנָא Pi.
burned, נִקְלָה.
to be, יָצַת, בָּעַר K. (only fut.) Ni., כָּוָה Ni., כָּמַר I Ni., צָרַב Ni., שָׂרַף I Ni. Pu.
burner (of the dead), מְסָרֵף.
burning, a, בְּעֵרָה f., חָרוֹן m., יְקוֹד m., כְּוִיָּה f., מוֹקֵד m., מִכְוָה f., מַשְּׂאֵת f., שְׂרֵפָה, נִקְלָה f. (Ch. יְקֵדָא f.)
(adj.), צָרָב. (Ch. יְקִדְתָּא f. emphat.)
anger, חֲרוֹן אַף.
arrows, זִיקוֹת, זִקִּים.
coal, גַּחֶלֶת f., פֶּחָם m.
fever, חַרְחֻר m., קַדַּחַת f.

burning for, to make a, שָׂרַף שְׂרֵפָה לְ .
mass, יְקוֹד .
place of, תָּפְתֶּה f.
(with lust), נֶחָמִים part. plu.
burnings, מִשְׂרְפוֹת (plu. constr. only.)
burnished brass, חַשְׁמַל m.
plate (of gold), צִיץ m.
burnt clay, (Ch. חֲסַף m.)
in, a mark, כִּי II (once.)
offering, עֹלָה f. (Ch. עֲלָה f.)
offering, a whole, כָּלִיל m.
spot, מִכְוָה f.
burst, to, נָתַק , שָׁבַר Hi.
forth, to, גִּיחַ and גּוּחַ .
forth, to be, שָׁחַר Ni.
open, to, פָּטַר Hi.
bursting bud, פָּטוּר m.
bury, to, טָמַן K. Hi., קָבַר K. Pi.
bush, שִׂיחַ II m.
bushes, שִׂיחַ II m. coll.
business, דָּבָר m., חֵפֶץ m., מְלָאכָה f., מַעֲשֶׂה m., מִשְׁלַח w. יָד or יָדַיִם ., עֲבֹדָה f., עִנְיָן m. (only in Eccle.), פֹּעַל m. (poet.), פְּעֻלָּה f. (Ch. עֲבִידָא f.)
busy, to, עָנָה II Hi.
but, אֲבָל , אוּלָם once אֻלָּם , אַךְ (after particle of exception), אִם־לֹא (after a neg. particle), וְ (before adversative clauses), כִּי I (preced. by a neg.), כִּי אִם . (Ch. לָהֵן , בְּרַם .)
also, but even, אַף כִּי .
if, אוֹ , כִּי אִם . (Ch. דִּי הֵן .)
no, כִּי I.
since, וְ , וּ and וָ.

but truly, כִּי I (rarely).
yet, אֲבָל (later writers), אוּלָם , אֶפֶס , כִּי , כִּי I (rarely).
when, כִּי אִם .
butler, מַשְׁקֶה m.
chief, see מֶלְצַר .
buttock, שֵׁת I m.
buttocks, see יָרֵךְ , מִפְשָׂעָה f.
buttress, see אַיִל .
buy, to, כָּרָה II, מָהַר II, קָנָה . (Ch. זְבַן , קְנָא .)
off, to, קָנָה .
buyer, קֹנֶה.
buzz about, to, הָמָה .
by, אֶל , אֵצֶל , מֵאֵצֶל פ׳ , אֵת II, בְּ , בְּעַד and בַּעַד , בְּמוֹ (poet.), בֵּין , עַל , מֵעַל , לְ , מֵעִם , עִם , עֻמַּת (once), לְעֻמַּת . (Ch. לְוָת .)
day, יוֹמָם , הַיּוֹם , יוֹם .
himself, בְּגַפּוֹ .
me, עִמָּדִי , בְּיָדִי .
night, לַיְלָה . (Ch. עִם לֵילְיָא .)
one's self, לְבַד (w. suff.)
order of, עַל־פִּי .
the wall, פְּנִימָה .
the way side, עַל הַדֶּרֶךְ .
by-way, נָתִיב m. (poet.)
by-word, מִלָּה f. (poet.)
to use a, מָשַׁל .
byssus, בּוּץ m., שֵׁשׁ III (Egyptian word), שְׁשִׁי .
cloth of, בּוּץ m., שֵׁשׁ III.
Egyptian, שֵׁשׁ III.

C

cab, (measure), קַב m.
cage, סוּגַר .
Cain, קַיִן .
cake, אֲשִׁישָׁה f., חַלָּה f., עֻגָה also עֻגָּה f.
a flat, צַפִּיחִית f.
a (kind of), כַּוָּן m.
a round, עֻגָה f., צְלוּל , צְלִיל (Keri.)
a sweet, לְשַׁד m., perh. פַּנַּג (once.)
a thin, רָקִיק .

cake baked on hot stones, עֻגַת רְצָפִים .
of bread, כִּכַּר לֶחֶם .
cake-buffoons, לַעֲגֵי מָעוֹג .
cakes, אֲשִׁישָׁה f.
(a species of), לְבִיבוֹת .
round, חֲבִתִּים f. plu.
unleavened, עֻגוֹת מַצּוֹת .
calamities, הַוּוֹת (only plu.), מַמְרֹרִים , מִשְׁבָּת m. (only in plu. c. suff.)

calamity, אָוֶן m., אֵיד m., אֹפֶל m. (poet.), אֲפֵלָה f., הַוָּה, הֹוָה f. (Cheth.), חַט m., חַטָּאת f., חֳלִי m., חֹשֶׁךְ m., כִּיד m., לַיִל, מַטָּה f., מַר m., נֵכֶר also נֹכֶר, עָוֹן m., פִּיד m., רַע m., רָעָה f., שָׁוְא m.

calamus, עֵט m., see קָנֶה.

caldron, אַגְמוֹן m.

calf, עֵגֶל m., עֶגְלָה f., שׁוֹר m.

calix, גָּבִיעַ m., גִּבְעֹל.

call, to, אָמַר, קָרָא I, שָׁמַע Pi. Hi.

aloud, to, יָבַב Pi., נָשָׂא קוֹל.

by name, to, נָקַב.

for, to, בּוֹא Hi.

forth, to, קָרָא I.

out, to, קָרָא I. (Ch. קְרָא.)

to mind, to, זָכַר K. Hi.

to, to, נָתַן קוֹלוֹ c. לְ., קָרָא I w. אֶל of pers.

together, to, זָעַק Hi., צָעַק Hi., קָהַל Hi. w. עַל against., קָרָא I.

upon, to, זָעַק Hi.

upon the name of, to, קָרָא בְשֵׁם פ׳.

called, קָרִיא.

to be, קָרָא I Ni. Pu.

together, to be, זָעַק Ni., צָעַק Ni.

calling together, a, מִקְרָא m.

callous, to become, בָּצֵק.

calm, a, דְּמָמָה f.

(adj.), יָקָר (Keri.)

to, שָׁוָה Pi.

caltrop, דַּרְדַּר m.

calyx, קֻבַּעַת f.

camel, גָּמָל com.

a young, בֵּכֶר m.

camels, swift, כִּרְכָּרוֹת.

camp, מַחֲנֶה usually m.

camps, תַּחֲנוֹת m. plu.

can, (verb), יָכֹל. (Ch. יְכִל or יְכֵל, כְּהַל.)

Canaan, כְּנַעַן.

canal, יְאֹר m. (Egyptian word.)

canals (for oil), צַנְתְּרוֹת.

candelabra, מָאוֹר m., מְנוֹרָה f. (Ch. נֶבְרַשְׁתָּא f.)

candlestick, מָאוֹר m., מְנוֹרָה f. (Ch. נֶבְרַשְׁתָּא f.)

cane, a, אֲגַם m., קָנֶה m.

cane, cultivated, sweet, קָנֶה m.

canopy, חֻפָּה f.

cap, מִגְבָּעָה f.

capable, see חַיִל 4.

caper-berry, אֲבִיּוֹנָה f.

capital, רֹאשׁ I m.

(of column), כֹּתֶרֶת, כַּפְתֹּר f., צֶפֶת f.

capons, see בַּרְבֻּרִים.

Cappadocia, see כַּפְתֹּר 2.

captain, שַׂר.

captivate, to, לָקַח.

captive, (adj.), שְׁבִי.

(sub.), אָסִיר m., אַסִּיר m., אָסוּר, שׁוֹלָל m.

to be carried away, גָּלָה.

to be made, אָסַר Pu.

to be taken, לָקַח Pu. pret. and Ho. fut.

to carry away, גָּלָה Hi. (Ch. גְּלָה, גְּלָא Aph.)

to hold, to lead, שָׁבָה.

to take, לָכַד, שָׁבָה, תָּפַשׂ.

captives, גּוֹלָה f. coll., בְּנֵי הַגּוֹלָה, גָּלוּת f. coll., שְׁבוּיִם, שְׁבוּת and שְׁבִית f. concr., שְׁבִי m. concr., שִׁבְיָה f.

captivity, גּוֹלָה f., גָּלוּת f., שְׁבוּת and שְׁבִית f., שְׁבִי m., שִׁבְיָה f. (Ch. גָּלוּת f.)

to go into, גָּלָה.

capture, לֶכֶד m., מָצוֹד m., מְצוּדָה f.

to, לָכַד, לָקַח.

captured, to be, תָּפַשׂ Ni.

car, עֲגָלָה f.

caravan, אֹרְחָה f., מִקְוֶה also מִקְוֵא m., שָׁרָה f.

caravans, הֲלִיכוֹת (only in plu.)

caravanserai, מָלוֹן m.

carcass, גְּוִיָּה f., מַפֶּלֶת f., נְבֵלָה f., פֶּגֶר m.

carcasses, נְבֵלָה f. coll., פֶּגֶר m. coll.

care, בַּקָּרָה f., חֲרָדָה f., יָד f., פְּקֻדָּה f.

for, to, דָּרַשׁ, חָרַד w. אֶל., יָדַע, נָבַט Hi., זָכַר Hi., רָאָה, שָׁמַר c. בְּ, עַל, אֶל.

of, to be taken, כּוּן Ni.

of, to take, בִּקֵּר Pi., דָּרַשׁ, כּוּן Hi., פָּקַד, רָאָה.

care, to, שׂוּם אֶל־לֵב w. inf. and לְ.
    to take, שׂוּם אֶל־לֵב.
cared for, to be, רָאָה Ni.
carefully, הֵיטֵב. (Ch. אָסְפַּרְנָא, אַדְרַזְדָּא.)
careless, שַׁאֲנָן, שְׁלֵו.
caress, to, צָחַק, חִלָּה פְּנֵי פ׳ Pi.
caressed, to be, שָׁעַע Pulp.
caresses, דּוֹדִים (only in plu.)
caries, רָקָב m.
carious, to be, רָקַב.
Carmel, כַּרְמֶל.
carouse, a, סֹבֶא m.
carousing, a, שְׁתִי I m.
carpenter, חָרָשׁ m., fully חָרַשׁ עֵצִים.
carpet, שְׂמִיכָה f.
carriage, a, כַּר m.
carried away, to be, גָּלָה Ni., נָשָׂא Ni., see שָׁנָה.
    off, to be, גָּרַשׁ Ni.
    to be, סָבַב.
carrion-vulture, רָחָם m., רָחָמָה f.
carry, to, אָמַן I, בּוֹא Hi., הָלַךְ and יָלַךְ Hi., נָשָׂא, סָבַל, עָמַס.
    away, to, בּוֹא Hi., נָהַג K. Pi., נָחָה, נָשָׂא K. Pi. (Ch. נְשָׂא.)
    away captive, to, גָּלָה Hi. (Ch. גְּלָה, גְּלָא Aph.)
    down, to, יָרַד Hi.
    into exile, to, גָּלָה Hi.
    off, to, see גָּזַל I 2, שָׁבָה.
    out, to, יָצָא Hi.
    up, to, עָלָה Hi.
carrying away, a, גָּלוּת f.
carve, to, פָּסַל, פָּתַח Pi., קָלַע II.
carved, מְחֻקָּה.
    ceiling, רָהִיט (Keri), רָחִיט (Cheth.)
    image, פֶּסֶל m.
    images, פְּסִילִים.
    work, מִקְלַעַת f., פִּתּוּחַ m.
carving-tool, מַקְצוּעָה.
cassia, קִדָּה f., קְצִיעָה f.
cast, to, טוּל Hi., יָדַד I (only pret. 3 pers. plu.), יָדָה K. Pi., יָרָה K. Hi., יָרַט Pi. (once), נָפַל Hi., רָמָה, רָמָא, שׂוּם and שִׂים, שִׁית (sometimes), שָׁלַח Pi., שָׁלַךְ Hi., תָּקַע. (Ch. רְמָא, רְמָה.)
    around, to, נָקַף Hi.
cast at, to be, יָרָה Ni.
    away from one's self, to, שָׁלַךְ Hi. w. מֵעָלָיו, מִמֶּנּוּ.
    away, to, יָלַךְ, נָפַל Hi.
    away, to cause to, זָנַח Hi.
    before, to, מָגַר (once part. pass.)
    behind one, to, הִשְׁלִיךְ אַחֲרֵי גֵוּוֹ.
    down, שַׁח.
    down at full length, to be, טוּל Ho.
    down, to, טוּל Pilp., בָּרַח Hi. (once), יָרַד Hi., פָּרַע Hi., מָגַר Pi., נָדַח Hi. c. מִן., נוּחַ Hi., נָטַשׁ, נָפַל Hi., שָׁחַח Hi., שָׁכַן Hi., שָׁלַח Pi., שָׁלַךְ Hi., שָׁמַט, שָׁפֵל Hi., תָּזַז Hi. (Ch. מְגַר Pa.)
    down, to be, יָרַד K. Ho., נָטַשׁ Ni. Pu., שָׁחַח Hithpo., שָׁפֵל. (Ch. נְפַל.)
    down to the ground, to, שָׁכַב Hi. w. אַרְצָה.
    eyes upon, to, נָשָׂא עֵינַיִם w. אֶל, לְ.
    forth, to, שָׁלַח Pi.
    forth, to be, בּוּס Hithpal., שָׁלַךְ Ho.
    (metal), to, נָסַךְ, יָצַק I.
    off, to, זָנַח K. Hi., נָטַשׁ, רָפָה, see שָׁחַת Pi., see שָׁלַח Pi., שָׁלַךְ Hi.
    one's self down, to, נָפַל.
    out, נֵצֶר II m. concr.
    out from, to, שָׁלַךְ Hi. w. מִן of place.
    out, to, גָּרַשׁ K. Pi., הוּחַ Hi., טוּל Hi., נָדָה I Pi., נָטַשׁ, נָשַׁל K. Pi., שָׁלַח Pi., שָׁפַךְ.
    out, to be, שָׁלַךְ Ho.
    (thrown), to be, יָרַד.
    to be, יָצַק Ho (of metals.)
    up, to, סָלַל K. Pilp., שָׁפַךְ, חָלַל.
    upon, to, נָטַשׁ w. עַל, צָלַח Hi. c. עַל.
casting down, a, טַלְטֵלָה f., שַׁלֶּכֶת f.
    (of metal), a, יְצֻקָה f., מוּצָק m., מוּצֶקֶת f.
    out, a, נֵצֶר II m.
castle, אַרְמוֹן m., בִּירָה f. (later Heb.), בַּיִת m., הַרְמוֹן, בִּירָה f., כְּלִיא m., מְצָד m., מְצוּדָה f., מְצוּרָה f., סֹהַר m., צְרִיחַ m. (Ch. בִּירָה f.)

castles, בִּירָנִיּוֹת.
castrated, נָתוּק.
catamite, קָדֵשׁ m.
cataract, צִנּוֹר m.
catch, to, אָחַז, חָבַק, חָתַף, לָכַד, צוּד, תָּפַשׂ.
cathedra, כִּסֵּא.
cattle, בְּהֵמָה f. coll.; בְּעִיר (only in sing. coll.), בָּקָר com., מִקְנֶה f., שׁוֹר m. coll. (rarely). (Ch. תּוֹרִין.)
slaughtered, טֶבַח m., טִבְחָה f.
to keep, חַיָּה בָקָר.
cattle-breeder, נֹקֵד.
caught, to be, מָצָא Ni.
caul, מִכְסֶה m., see סְגוֹר.
cauls, שְׁבִיסִים.
cause, (forensic), דָּבָר m., דִּבְרָה f. (mostly later Heb.), דִּין m., מִשְׁפָּט m., רִיב m. (Ch. שְׁאֵלָה f.)
(reason), דָּבָר m, דִּבְרָה f. (Ch. דִּבְרָה f., עִלָּה f.)
for this, עַל כֵּן, בַּעֲבוּר. (Ch. כָּל־קֳבֵל דְּנָה.)
for which, (Ch. כָּל־קֳבֵל דִּי.)
of, to be the, סָבַב.
of, to protect the, דִּין.
(of), to wrest the, עָוַת Pi. w. acc. of pers.
one who has a, אִישׁ רִיב.
to (any one good or evil) to, גָּמַל (w. 2 accs., of pers. of thing.)
to be judged, a, (בֵּינַיִם m.)
to have a just, צָדַק.
to have an unjust, רָשַׁע.
to gain one's, צָדַק, רָשַׁע Hi.
to maintain one's, כּוּל Pilp. Hi.
to make one gain his, צָדַק Hi.
to manage a, רִיב and רוּב.
to plead a, רִיב and רוּב.
without, שֶׁקֶר, חִנָּם.
cautious, (Ch. זְהִיר.)
to be, פָּחַד Pi.
cave, חוֹר II m., מְחִלָּה f., מְעָרָה f.
cavern, חוֹר II m., see מְאוּרָה, מְחִלָּה f., מְעָרָה f., נֶקֶב m., נִקְרַת (only constr.)
cavity (in which a gem is set), נֶקֶב m.
cease, to, אָפֵס, בָּטֵל, גָּמַר, דָּמָה II, דָּמַם, חָדַל and חָדֵל, כָּלָה Pi., see פָּסַס, שָׁבַת K. Ni., תָּמַם K. Hi. (Ch. בְּטֵל.)
from, to, חָדַל and חָדֵל, כָּלָא Ni. w. מִן and infin., שׁוּב w. מִן.
to be, to, חָדַל and חָדֵל, שָׁבַת.
to cause to, דָּמָה II. (Ch. בְּטֵל Pa.)
to let, פָּרַע Hi. c. מִן., שָׁבַת Hi.
to make, כָּלָה Pi.
ceasing (to be), חָדֵל.
cedar, אֶרֶז m., see גֹּפֶר.
of, אָרוּז (adj.)
of Lebanon, the, אֶרֶז.
(species of), אֲשׁוּר or אָשּׁוּר m., תְּאַשּׁוּר m.
work, אֶרֶז m., אַרְזָה f.
cedar-wood, עֵץ אֶרֶז.
ceil, to, סָפַן.
ceiling, סִפּוּן m.
carved, fretted, רָהִיט m. (Keri.), רָחִיט (Cheth.)
celebrate, to, בָּרַךְ Pi., הָגָה I (poet.), הִלֵּל Pi., זָכַר Hi., זָמַר II Pi., יָדָה Hi Hithp. c. לְ., נָגַן Hi., סָפַר Pi., פִּשָּׁה I, שִׁיר rarely שׁוּר (Cheth.), תָּנָה II Pi.
a holiday, to, חָגַג.
celebrated, to be, קָדַשׁ Hith., see קָרָא I Ni.
celebration, שִׁמֻּרִים m. (only plu.)
cell, חָנוּת f., לִשְׁכָּה f., נִשְׁכָּה f.
cells, קִנִּים, מְזָוִים.
cement, חֹמֶר m., מֶלֶט m.
censer, מַחְתָּה f., מַחְתָּה f., מִקְטֶרֶת f.
censer-full, מְלֹא הַמַּחְתָּה.
censurer, סוֹכִיחַ.
census, מִפְקָד m.
certain, (Ch. יַצִּיב.)
for, אֶל־נָכוֹן.
one, פְּלֹנִי אַלְמֹנִי.
the, נָכוֹן.
to be, אָמַן I Ni., כּוּן Ni.
certainly, אֲבָל, אַךְ, אָמֵן, אֶל־נָכוֹן. (Ch. מִן־יַצִּיב.)
certainty, אֱמֶת f., נָכוֹן.
to speak the, (Ch. יְצַב Pa.)

certainty, with, אֶל־נָכוֹן.
cessation, סָרָה f., שֶׁבֶת I f.
chaff, גַּלְגַּל m., מוֹץ m., קַשׁ m., תֶּבֶן m. (Ch. עוּר.)
chain, a, אֲזוֹר m., נְחשֶׁת com., רָבִיד m., רַתּוֹק m., רַתִּיק (Cheth.)
chains, אֲזִקִּים, זִקִּים, רַתֻּקוֹת, שָׁרוֹת, שַׁרְשׁוֹת (plu. constr.), שַׁרְשְׁרוֹת (only plu.)
chair, כִּסֵּא m.
Chaldean, (Ch. כַּשְׂדִּי, כַּשְׂדָּי.)
Chaldeans, כַּשְׂדִּים (plu. only.)
chamber, חֶדֶר m., לִשְׁכָּה f., תָּא m.
upper, עֲלִיָּה f., עֲלִיָּה f. (Ch. עִלִּית f.)
chamberlain, see in מְזוּזָה at end.
chambers, קִנִּים.
chameleon, see כֹּחַ 2, see תִּנְשֶׁמֶת.
champion, אֵל I m., אִישׁ הַבֵּנַיִם.
chance, מִקְרֶה m., פֶּגַע m., קָרֶה m.
to be by, קָרָה Ni.
change, a, חֲלִיפָה f.
often, to, שָׁנָה I Pi.
one's self, to, יָמַר Hithp., שָׁנָה I Hithp.
to, חָלַף, חָפַךְ K. Pi. Hi., יָמַר Hi., מוּר Hi., סָבַב K. Pi. Hi., צָבַע Pi., שָׁנָה I. Pi. (Ch. שְׁנָא Pe. Pa. Aph.)
changeable, שׁוֹנִים plu.
changed into, to be, שׁוּב לְ.
let it be, see (Ch. שְׁנָא Pa.)
to be, הָפַךְ K. c. acc. into, Ni. w. לְ, acc., Hithp., חָלַף, מוּר Ni., סָבַב Ho., שָׁנָה I K. Pu. (Ch. שְׁנָא Pe. Ithpa.)
channel, אָפִיק or אֲפִיק m., יְאֹר m. (Egyptian word), תְּעָלָה f.
chant, to, זָמַר II Pi., נָבָא Ni. Hithp., קִינָה I K. Pi., שִׁיר rarely שׁוּר (Cheth.) Pil.
a mournful song, to, קוֹן Pil.
chapels, בָּתֵּי הַבָּמוֹת.
chapiter, כֹּתֶרֶת f., צֶפֶת f.
chaplet, כֶּתֶר.
chapters, see דְּלָתוֹת at end.
charcoal, פֶּחָם m.
charge, a, מִשְׁמֶרֶת f., מִשְׁפָּט m., פְּקֻדָּה f., פָּקוֹד m.
charge of, to take, נָשָׂא.
solemnly, to, שָׁבַע Hi.
to, צָוָה Pi.
to, to give, צָוָה Pi. w. acc. of pers.
with, to, פָּקַד K. w. עַל of pers., Hi. c. בְּיַד, עַל יַד.
charger, (dish), אֲגַרְטָל m., קְעָרָה f.
chariot, מֶרְכָּב m., מֶרְכָּבָה f., רֶכֶב m., רְכוּב m.
chariot-warriors, see שָׁלִישׁ.
charioteer, רַכָּב m.
charitable, to be, חָנַן.
charity, to give in, חָנַן.
charm, תַּאֲוָה f.
away, to, שָׁחַר III Pi. inf. c. suff. (once.)
to, כָּפַר, חָבַר III Pi. inf. c. suff. (once.)
charmer, בַּעַל לָשׁוֹן.
chase, the, צַיִד m.
away, to, בָּרַח Hi., נָדַד Hi., רָדַף.
to, רָדַף K. Hi.
chased, מֻדָּח.
to be, רָדַף Ni. Pu.
chasm, שַׁחַת f.
chasten, to, יָכַח Hi., יָסַר K. (rarely), Pi. Hi. (once.)
chastened, to be, יָסַר Ni.
chastise, to, see יָכַח Hi. 4, יָסַר K. (rarely), Pi. Hi. (once), נָכָה Hi.
chastisement, בִּקֹּרֶת f., מוּסָר m., שֶׁפֶט m., תּוֹכֵחָה f., תּוֹכַחַת f.
chastising, see הָדַךְ.
chatter, to, see פָּרַט, צָלַל I.
chattering, עָגוּר (adj.)
cheat, to, הָתַל Hi. c. בְּ of pers.
checker-work, see תַּשְׁבֵּץ.
to weave in, שָׁבַץ Pi.
checkered, רָצוּף.
cheek, לְחִי f., רַקָּה f. (poet.)
cheer, to, אוֹר Hi., טוֹב Hi., שָׁבַח Pi. Hi.
cheered, to be, נָהָה II.
cheerful, to be, בָּלַג Hi., טוֹב, יָטַב.
to become, בָּלַג Hi.
to make, בָּלַג Hi., טוֹב Hi., יָטַב Hi.

cheerfulness, מַבְלִיגִית f.
cheese, גְּבִינָה f., חֶמְאָה f.
cheeses, see שָׁפָה.
cherish, to, רָחַם Pi.
  vain hopes, to, הָבַל.
Cherub, כְּרוּב m.
Cherubim, כְּרוּבִים plu.
chest, a, אַרְגַּז m., אָרוֹן com., תֵּבָה f. (Egyptian word.)
chests, גְּנָזִים.
chew the cud, to, גָּרַר.
chide, to, גָּעַר, יָכַח Hi., כָּהָה Pi. w. בְּ., כּוּר Hi., כָּלַם I Hi., כָּעַס Pi.
chief, a, see אַבִּיר 2, אַדִּיר, אַלּוּף m., גְּבִיר, מֶלֶךְ m., נָגִיד m., see נָשִׂיא, צַר m., פְּרָז m., קָצִיר m., ראֹשׁ I m., רַב m., שַׂר m., שֹׁפֵט. (Ch. רַב m.)
  men of a State (or) city, יוֹצְאֵי אֶרֶץ.
  officers, מֶמְשָׁלָה f. concr., שָׂרִים.
  place, in the, רִאשֹׁנָה.
  (that which is), ראֹשׁ I m.
  the, אוּלִים plu. (Cheth.), בְּכִיר m., ראֹשׁ I m., רֵאשִׁית f.
  to be, נָצַח I Pi. only inf. and part. w. לְ, עַל.
chief-judges, (Ch. אֲדַרְגָּזְרִין.)
chiefs, פְּרָזוֹן m. concr.
chieftain, אַלּוּף m.
child, יָלֶד m., יֶלֶד m., יָלוּד, יָלָד m., יָלִיד m., מָנוֹן m., נַעַר I m., עֲוִיל II m., עוּל, עוֹלָל m., מְעוֹלָל.
  condition of a, see מָנוֹן.
  one having her first, מַבְכִּירָה f.
  male, זֶרַע אֲנָשִׁים.
  sucking, יוֹנֵק.
  with, הָרָה only f., w. לְ of pers. by whom.
childhood, יַלְדוּת f., נְעוּרִים plu.
childless, עֲרִירִי, שְׁכוּלָה f.
  to be made, שָׁכֹל and שָׁכַל.
  to make, שָׁכֹל and שָׁכַל Pi.
children, בָּנִים (sometimes), זֶרַע, יְלָדִים com., צֶאֱצָאִים.
  to beget, שִׂים בָּנִים.
chimney, אֲרֻבָּה f. (once in sing.)
Chinese, see סִינִים.

chink, בֶּדֶק m.
chips, קְצָפָה m. coll.
chirp, to, צָפַף only Pilp.
chisel, חֶרֶב f., מַקְצוּעָה f.
Chislev, (month), כִּסְלֵו m.
choice, (adj.), בָּחוּר, נִבְחָר, בָּרוּר.
  (sub.), מִבְחוֹר m., מִבְחַר m. (only in constr.)
choicer than, נִבְחָר w. מִן.
choicest, (whatever is), מִבְחַר m. (only in constr.)
choir, תּוֹדָה f.
choirs, see הֲיָרוֹת, מַקְהֵלִים, מַקְהֵלוֹת.
chomer, (measure), חֹמֶר m.
choose, to, אָמַץ Pi., בָּחַר c. acc., more frequently w. בְּ., בִּקֵּשׁ Pi. w. לוֹ., לָבַד, חָזָה.
  for one's self, to, בָּחַר w. לוֹ.
  out, to, בָּדַל Hi. w. מִן., בָּרָה, רָאָה.
chosen, בָּחוּר, נִבְחָר, בַּר II, בָּרוּר, רָאוּי, קָרִיא.
  by, to be, בָּחַר Ni. w. לְ.
  of Jehovah, בְּחִיר יְהוָֹה.
  out, to be, בָּדַל Ni. w. לְ to or for.
  to be, בָּחַר Ni. Pu. (Cheth.), קָרָא I Pu.
Chronicles, book of, סֵפֶר דִּבְרֵי הַיָּמִים.
chrysolite, see תַּרְשִׁישׁ.
churlish, קָשֶׁה.
cicatrix, צָרֶבֶת f.
cincture, מַחֲגֹרֶת f.
cinders, פִּיחַ m.
cinnabar, see שָׁשַׁר.
cinnamon, קִנָּמוֹן.
cippus, מַצֵּבָה f., מַצֶּבֶת f., נְצִיב m., צִיּוּן m.
circle, גָּלִיל m., גְּלִילָה f., דּוּר m., חוּג m., פֶּלֶךְ m.
  (of events), צְפִירָה f.
  (of persons), סוֹד m.
  to describe a, חוּג.
  to move in a, נָקַף.
circles, סְבִיבוֹת.
circlet, כַּפְתּוֹר.
circuit, גָּלִיל m., גְּלִילָה f., חַשּׁוּק m., כִּכָּר f., מוּסַב m., סָבִיב m., פֶּלֶךְ m., תְּקוּפָה f. (Ch. תְּחוּמָא f.)

circuit, in a, מִסָּבִיב .
circuits, סְבִיבוֹת .
circumcise, to, מוּל .
  one's self, to, מוּל Ni.
circumcised, to be, מָלַל II Ni.
circumcision, מוּלָה f.
circumspect, to be, סָחַר Pi., שָׂכַל .
circumspectly, to lay his hands, see שָׂכַל Pi.
circumjacent places, סְבִיבִים , סְבִיבוֹת .
  tract, כִּכָּר f.
circumvallation, a wall of, line of, see דָּיֵק .
circumvent, to, פָּתַר Hi., עָקַב .
cistern, בֹּאר (Cheth.), בּוֹר I m., גֵּב I m., גֶּבֶא m., שַׁחַת f.
citadel, אַרְמוֹן m., בַּיִת m., מִבְצָר m., קִיר m.
cite before a court, to, יָדַע Hi.
cithara, see כִּנּוֹר , מָחֲלַת m. (Ch. קִיתָרֹס (Cheth.), קַתְרֹס m. (Keri.).)
cities, see בְּתוּלָה 3, עָרִים .
citizen, אִישׁ m. w. gen. of city.
citizens, בְּעָלִים w. gen. of city.
city, עִיר I f., עָר I m. (only as proper name), קִרְיָה f. (poet.), קֶרֶת f. (Ch. קִרְיָה and קִרְיָא .)
  fortified, מִבְצָר m., עִיר מָצוֹר , מְצוּרָה f.
  the chief, עִיר I f., w. gen. of people or country.
civil, חִיצוֹן .
clad, poorly, עָרוֹם .
clamor, צֶוַח m., תְּשֻׁאוֹת plu.
clamorous bird, אַיָּה f.
  to be, הָמָה .
clan, מִשְׁפָּחָה f.
clang (of trumpets), תֵּקַע m.
clangor, תְּרוּעָה f.
clap, to, סָפַק I, rarely שָׂפַק .
  the hands, to, הִכָּה כַּף אֶל־כַּף , תָּקַע , סָפַק אֶת־כַּפַּיִם , מָחָה w. כַּף ., כַּף w. כַּף .
clasp, חָח m., חָחִי (Cheth.)
  to, לָפַת .
class, מַחֲלֹקֶת f., מִפְלַגָּה f., פְּלֻגָּה f. (Ch. פְּלֻגָּה or פְּלֻגָּא .)

class of men, דּוֹר m., זֶרַע .
claw, פֶּרֶס m.
clay, חֹמֶר m., טִיט m., עָפָר m. (Ch. טִין m.)
  burnt, (Ch. חֲסַף m.)
clean, בַּר I, זַךְ and זָךְ , חַף , טָהוֹר .
  to, בָּרַר Hi.
  to be, בָּרַר Ni., זָכָה (everywhere in a moral sense), זָכַךְ , טָהֵר , נָקָה K. (once), Ni., קָדַשׁ and קָדֵשׁ .
  to become, טָהֵר .
  to make, זָכָה Pi.
  to make one's self, טָהֵר Hithp.
  to pronounce, טָהֵר Hi.
cleaned out, to be, נָקָה Ni.
cleanness, בֹּר II m., טֹהַר m., נִקָּיוֹן m.
cleanse, to, בָּרַר K. Pi. Hi., הֵדִיחַ Hi., זָכָה Pi., זָכַךְ Hi., חָטָא Pi., טָהֵר Hi., כָּבַס K. (only part.), Pi., לָבַן Hi.
  from ashes, to, דָּשֵׁן Pi.
  one's self, to, זָכָה Hithp., טָהֵר Hithp., לָבַן Hithp., קָדַשׁ Hithp.
cleansed, to be, מָרַק Pu.
cleansing, a, טֹהַר m., טָהֳרָה f., see מִשְׁעִי , תַּמְרוּק m. (Keri.)
clear, בַּר II, נָקִי c., כֵּן ., צַח .
  away, to, פָּנָה Pi.
  one's self, to, צָדַק Hithp.
  out, to, פָּנָה Pi.
  to be, הָלַל .
clearness, see בָּרִי , טֹהַר m., לִבְנָה f.
cleave, (adhere), to. דָּבַק and דָּבֵק K. c. בְּ , אֶל , לְ , Pu., חָזַק , חָשַׁק c. בְּ . (Ch. דְּבַק .)
  fast, to, דָּבַק and דָּבֵק Ho., צָמַד .
  fast together, to, דָּבַק Pu.
  to, to, דָּבַק and דָּבֵק c. בְּ ., לָוָה , see צוּק I.
  unto, to, חָזַק Hi. w. עַל of pers., בְּ of thing.
cleave, (rend), to, בָּקַע K. Pi., see חָצַב , פָּטַר Hi., פָּלַח K. Pi., פָּרַס Hi., פָּרַר I Po., שָׁסַע K. Pi.
  asunder, to, בָּקַע .
  into, to, בָּקַע w. בְּ .
  through, to, בָּקַע w. בְּ .
  through to, to, בָּקַע Hi. w. אֶל .

cleaving, (adhering), דָּבֵק.
cleft, מִנְהָרָה f. (once), סְעִיף m., שֶׁסַע m.
of the rock, נִקְרַת, נְקִיק הַסֶּלַע, הַצּוּר.
to be, בָּקַע Ni. Pu. Hithp.
clefts, בְּקִיעִים.
clemency, עֲנָוָה f., עַנְוָה f.
cliff, מִצְלָה m.
cloaca, מַחֲרָאָה f. (Cheth.)
cloacæ, מוֹצָאוֹת f. (only plu. Keri.)
cloak, מִטְפַּחַת f., מַעֲטָפָה f.
a wide, אֶדֶר m., אַדֶּרֶת f.
cloaks, see (Ch. סַרְבָּלִין.)
clod, גּוּשׁ, גִּישׁ, מֶגְרָפָה f., רֶגֶב m.
clods of earth, עֲפָרוֹת m. plu.
close places, מִסְגְּרוֹת.
close, to, אָטַם K. Hi., אָטַר (once), קָטַר, עָצַר, עָצָה, עָטַם, סָגַר, כָּלָא II, see שָׂתַם. (Ch. סְגַר.)
with bolts, to, עָבַר Pi. c. לִפְנֵי.
closed courts, חֲצֵרוֹת קְטֻרוֹת.
closure, עֹצֶר m.
cloth, בֶּגֶד m.
(a species of), דְּמֶשֶׁק, שְׂרָד m.
coarse, מַכְבֵּר m.
fine, דֹּק.
of byssus, בּוּץ m., שֵׁשׁ III (Egyptian word.)
of cotton, שֵׁשׁ III.
clothe, to, יָעַט (once), לָבַשׁ Hi., עָטָה constr. w. לְ. (Ch. לְבַשׁ Aph. after Heb. form.)
one's self, to, לָבַשׁ.
one's self with, to, עָטָה.
clothed, לָבוּשׁ, מְכֻרְבָּל.
with, to be, לָבַשׁ, עָטָה c. acc., עָטַף c. acc.
clothes, בְּלוֹאֵי (only plu. constr.), מְלָחִים (only plu.)
old torn, בְּלוֹיֵ הַסְּחָבוֹת.
clothing, מִכְסֶה m., סוּת m. (once.)
cloud, עָב II com., עָנָן m., עֲנָנָה f., קִיטוֹר m. (Ch. עֲנָן.)
to, עָנַן Pi.
clouds, נְשִׂיאִים, עָב II m. coll., עָנָן m. coll., עֲרִיפִים (poet.), שְׁחָקִים (poet.)
clouds, thick, עֲרָפֶל m.
to gather, to make, עָנַן Pi.
clouted, מְטֻלָּא.
cloven foot, פֶּרֶס m., פַּרְסָה f.
club, תּוֹתָח.
cluster, אֶשְׁכֹּל m.
clusters of grapes, אֶשְׁכֹּל עֲנָבִים.
coagulate, to, קָפָא.
to make, קָפָא Hi.
coal, a, גַּחֶלֶת f., פֶּחָם m., פָּחִים m., see רִצְפָּה, see רֶצֶף.
a burning, גַּחֶלֶת f., פֶּחָם m.
coals, פֶּחָם m. coll., פָּחִים m. coll.
coast, אִי I, חוֹף m.
coasts, אִיִּים.
coat, כְּתֹנֶת f.
of mail, שִׁרְיוֹן, סִרְיוֹן, שִׁרְיָה f., שִׁרְיָן m., תַּחֲרָא m., שִׁרְיֹן m.
coccus color, insect, worm, see תּוֹלָע m.
cockroach, see עָרֹב.
coffer, אַרְגָּז m.
coffin, מְשַׁבָּב m.
cogitation, מְזִמָּה f. (Ch. רַעְיוֹן m.)
cogitations, שְׂעִפִּים.
cohabit, to, זָבַל.
with, to, יָשַׁב Hi.
cohabitation, עוֹנָה f.
cohere, to, לָכַד Hithp.
cold, (adj.), קַר.
(sub.), קָרָה, קָרָה f., קֹר m., צִנָּה f., קָרַח m.
to be, פּוּג.
collapse, to, קָרַס.
collar, רָבִיד m., see צַוָּרוֹן, עֲנָק m.
to adorn with a, עָנַק (once trop.)
colleague, כְּנָת m. (only in plu.). (Ch. כְּנָת m. (only in plu.).)
collect, to, לָקַט, כָּנַס, אָסַף K. Pi., אָגַר, עָתַק Hi., קָבַץ K. Pi., קָשַׁשׁ K. Po.
one's self, to, קָשַׁשׁ Hithp., אָחַד Hithpo.
collected, to be, אָסַף Ni. Pu., גָּרַר Ni.
collection, מִקְוֶה m. also מִקְוָא.
(of fruit), אָסִיף m., אֹסֶף.
collections, אֲסֻפִּים (only in plu.), see in אֲסֻפָּה.
colors, a worker in, רֹקֵם.

colors, work in, רִקְמָה f.
column, see אַיִל, אֹמְנָה f., אַשְׁיָה f., see
  נְאוֹת I, see מַצֵּבָה, מָצוּק m., נֵס m.,
  עַמּוּד m., תִּמָרָה f. (poet.)
  a (short), צִיּוּן m.
columns, אֲשִׁיִּים, שָׁתוֹת (only plu.)
  (of a book), דְּלָתוֹת.
  upright, תַּמְרוּרִים II.
comb (of honey), צוּף m.
come! הָבָה, לְכוּ, לְכָה plu., הָבָה.
  around, to, סָבַב.
  before, to, קָדַם Pi. Hi.
  down, to, see יָרַד, נָחַת K. Ni.
    (only poet.). (Ch. נְחַת.)
  forth, to, הָלַךְ w. מִן., יָצָא, קוּם.
    (Ch. קוּם.)
  in, to, בּוֹא.
  near, to, נָגַשׁ Ni. pret. K. fut. w.
    אֶל., קָרַב and קָרֵב I K. Ni.
  now! לְכָה, לְכוּ plu., הָבָה.
  on! הָבָה.
  on, to, (Ch. מְטָא, מְטָה.)
  out, (adj.), יָצִיא.
  things to, הָאוֹתִיּוֹת.
  to, אָתָה (poet.), בּוֹא, הָלַךְ and
    יָלַךְ (rarely), נָגַע Hi. (Ch. אֲתָה,
    מְטָא, מְטָה.)
  to an end, to, גָּמַר, see יָצָא s.,
    שָׁבַת. (Ch. גְּמַר.)
  to cause to, עָבַר Hi. (Ch. אֲתָה
    Aph.)
  to have, נָגַע.
  to let, בּוֹא Hi., לָקַח.
  to one's self, to let, דָּרַשׁ Ni. w. לְ.
  to pass, to, בּוֹא, הָיָה K. Ni. (only
    in pret. and part.), קָרָא II Ni.
  to, to, בּוֹא w. עַד, דָּרַשׁ c. acc. אֶל.,
    מָצָא K. c. עַד, Ni., נָגַע K. c. בְּ,
    אֶל, Hi. w. עַד. (Ch. מְטָה, מְטָא
    c. לְ., עֲדָה c. בְּ.)
  to, to make, מָצָא Hi.
  together, to, זָעַק Ni., יָעַד Ni., נָחָה
    Ni., see פּוּשׁ, צָמַק Ni.
  up, to, עָלָה.
  up, to make, עָלָה Hi.
  upon, to, אָתָה (poet.), דָּבַק and
    פָּקַד, אֶל., Hi. w. נָגַע, מָצָא, דָּבַק
    צָלַח and צָלֵחַ I c. עַל. (Ch. מְטָא,
    מְטָה w. עַל., עֲדָה c. בְּ.)
come upon suddenly, to, פָּתַע or פָּתַח
  Pi.
comeliness, מַרְאֶה m.
comely, see in חָמַד, יָפֶה, נָאוֶה, נָוֶה.
  form, תֹּאַר m.
  to be, נָאָה impers. w. לְ., יָפָה, נָאָה
    Pil.
  to make, יָטַב Hi.
comfort, נְחָמָה f., נִיר m., תַּנְחוּמִים
  plu.
  to, דִּבֶּר עַל לֵב פ', נָחַם, חָיָה Pi.,
    נוּד w. לְ., נָחַם Pi., רָפָא K. Pi.
comforted, to be, נָחַם Ni. Pu. Hithp.
coming about, תְּקוּפָה f.
  down, (adj.), נְחִתִּים plu.
  together, a, מוֹעֵד m., קָהָל m.
command, אֹמֶר (poet.), דָּבָר m., מִצְוָה
  f., פֶּה m. (Ch. מִלָּה f.)
  a thing, precept, statute, law, to,
    צָוָה Pi.
  of, by the, לְפִי.
  to, אָמַר (later age), דִּבֶּר Pi., צָוָה
    Pi. (Ch. אֲמַר.)
  to go, to, צָוָה Pi.
commander, פֶּרֶז m., שַׂר m.
commandment, צַו and צָו m., מִצְוָה f.
  of, to keep the, שָׁמַר פִּי פ'.
commandments, the ten, עֲשֶׂרֶת הַדְּבָרִים.
commands, to send with, צָוָה.
commemorate, to, תָּנָה II Pi.
commend, to, הָלַל Pi. w. אֶל.
commentary, מִדְרָשׁ m.
commerce, to have, סָחַר.
commiserate, to, נוּד w. dat.
commit, to, עָשָׂה I, פָּקַד Hi. c. עַל יַד,
  פָּקִיד. (Ch. יְהַב.)
  to, to, נָטַשׁ w. עַל., נָתַן עַל יַד פ',
    עָזַב בְּיַד פ'.
commodious, הֵגִין.
common, חֹל.
  house, בֵּית חֶבֶר.
  people, אֱנוֹשׁ m. (poet.), בְּנֵי הָעָם,
    עַם m., עַם הָאָרֶץ.
  soldiers, עַם m.
commonwealth, עַם m.

commotion, הָמוֹן m., רֹגֶז m.
to be thrown into, רָגַז.
to make, הוּם Hi.
to put in, הָמַם.
to throw into, הוּם.
commune, to, see אָמַר Kal 2.
communication, divine, חָזוֹן m.
community, חֶבֶר m., עַם m.
compactness, מַעֲבֶה m., עֳבִי m.
companies of travellers, הֲלִיכוֹת (only plu.)
companion, חָבֵר m., חַבָּר m., חֲבֶרֶת f., מֵרֵעַ m. (always c. suff.), סֹכֵן, רֵעַ II m., רֵעֶה m. (Ch. חֲבַר m., חַבְרָה f.)
female, רְעוּת f., רַעְיָה f.
of, to make the, רָעָה Pi.
to be his, רָעָה w. acc. of pers.
companions, מַחְלְבִים.
female, רֵעוֹת.
of, אִישׁ m. coll. (w. gen. of king, leader, etc.)
companionship, עֲמִית f.
company, a, חֶבֶל m., חֶבֶר m., חֲבֻרָה f., לַהֲקָה f., מַחֲנֶה usually m., מְלֹא m., מִקְוֶה m., also מִקְוֵא, עֵדָה I f., רֹאשׁ I m.
of exiles, גּוֹלָה f.
of travellers, אֹרְחָה f.
in, כְּאֶחָד.
with, to, אֵת, הָלַךְ עִם.
with, to go in, אֵת, הָלַךְ עִם.
compare, to, דָּמָה I Pi. c. אֶל, לְ., מָשַׁל Hi. c. dat., עָרַךְ w. לְ., שָׁוָה Hi. w. acc. and לְ. (Ch. שְׁוָה Pi. c. acc. and עִם.)
compared, to be, שָׁוָה Nithp.
with, to be, שָׁוָה c. לְ of pers.
compass, חַמּוּק m., מְחוּגָה f.
to, סָבַב.
to mark out with a, חוּג.
compassion, חֵן m., חֶסֶד, נִחוּמִים plu., רַחֲמִים, תַּנְחוּמִים. (Ch. רַחֲמִין.)
on, to have, חוּס c. עַל.
to have, חָמַל w. עַל., נָחַם Ni. Hithp.
upon, to have, רָחַם Pi.
compassionate, חַנּוּן, רַחוּם (only of God), רַחֲמָנִי.
compassionate, to, חָנַן. (Ch. חֲנַן.)
compel, to, אָנַס. (Ch. אֲנַס.)
compensate, to, שׁוּב Hi.
for, to, שָׁוָה c. בְּ of thing.
compensation, תְּמוּרָה f.
complain, to, אָנַן Hithpo., לוּן Ni. w. עַל against, שִׂיחַ.
complaining, a, שִׂיחַ I m., תְּלֻנּוֹת (only plu.)
complaint, מַשָּׂא f., see מְרִי, שִׂיחַ I m.
complaints, to utter, שִׂיחַ.
complete, כָּלִיל, תָּמִים. (Ch. גְּמִיר.)
to, בָּצַע Pi., גָּמַר, הֵתֵם, כָּלָה Pi., כָּלַל, מָלֵא Pi., שָׁלֵם Pi. Hi., תָּמַם K. Hi. (Ch. גְּמַר, כְּלַל Shaph.)
to be, כָּלָה, תָּמַם. (Ch. שְׁלֵם.)
completed, שָׁלֵם.
to be, מָלֵא, כָּשֵׁר, שָׁלֵם or שָׁלַם.
completely, כָּלָה.
completeness, תַּכְלִית f., תְּכוּנָה f.
completion, כָּלָה f., תִּכְלָה f.
completions, מִכְלוֹת I (once plu.)
compose, to, עָבַר I Hi., נָשָׂא Pi., תָּקַן Pi. (later Heb.)
comprehend, to, יָדַע, יָכֹל w. dat. of thing.
compress, to, מָעַךְ (only part. pass.), צוּר I.
compression (of a wound), מָזוֹר I m.
compute, to, חָשַׁב Pi.
computed, to be, חָשַׁב Ni.
conceal, to, חָבָא Hi., חָרַשׁ Hi., טָמַן K. Hi., כָּחַד Pi., כָּסָה Pi., נָצַר I, סָתַר Hi., עָלַם I K. (only part. pass.), Hi., עָמַם, צָפַן.
one's self, to, צָפַן c. לְ.
concealed, to be, כָּחַד Ni.
conceit, מַשְׂכִּית f.
conceive, to, הָרָה, זָרַע Ni., יָחַם Pi., עָבָה Pi.
seed, to, זָרַע Hi.
conceived, to be, הָרָה Pu.
conception, הֵרוֹן m., הֵרָיוֹן m. (Ch. הַרְהֹר.)
concern, חֲרָדָה f.
concerned, to be, חָלָה K. Ni. c. עַל.
concerning, אֶל, בְּ, לְ, עַל. (Ch. עַל.)

conciliate, to, see רָצָה Pi.

concord, מִישׁוֹר m., מֵישָׁרִים (only plu.), שָׁלוֹם m.

concrete, to, קָפָא.

concubine, פִּלֶּגֶשׁ oftener פִּילֶגֶשׁ f. (Ch. לְחֵנָה f., דַּחֲוָה f.)

condemn, to, דִּין, חָבָא Hi., רָשַׁע Hi., שָׁפַט.

condition, אֹרַח com. (poet.)

condolence, see נִיד.

conduct, דֶּרֶךְ com., מַעֲשֶׂה m.

one's self, to, נָהַג.

to, יָבַל I Hi. (poet.), לָקַח, נָהַג, נָהַל Pi., נָחָה.

conduit, תְּעָלָה.

coney, see שָׁפָן.

confederate, אָח I m.

(men), בַּעֲלֵי בְרִית, אַנְשֵׁי בְרִית פ׳ פ׳.

to, חָבַר Pi.

to be, חָבַר K. Hithp. c. עִם.

confess, to, יָדָה Hi. Hithp., נָגַד Hi.

confession, תּוֹדָה f.

confidants, my, מְתֵי סוֹדִי.

confide, to, בָּטַח I w. בְּ, עַל, אֶל., חָסָה.

in, to, אָמַן I Hi.

confidence, אֱמוּנָה f., בֶּטַח m., בִּטְחָה f., בִּטָּחוֹן m., דּוּמִיָּה f., כֶּסֶל m., כִּסְלָה f., מִבְטָח m., מִקְוֶה m., also מִקְוֵא, נֵצַח I m., see תּוֹחֶלֶת.

object of, נֵצַח I m.

confident, to be, בָּטַח I.

confidently, בֶּטַח.

confiding, בָּטוּחַ.

confine, to, צָרַר.

confirm, to, גָּבַר Hi., כּוּן Hi., עָמַד I Hi., צָוָה Pi., קוּם Pi. Hi. (Ch. קוּם Aph., תְּקַף and תְּקַף Pa.)

confirmed, to be, אָמַן I Ni., חָזַק K. Hithp., כּוּן Ni., קוּם.

conflagration. מוֹקֵד m., מַשְּׂאָה f., שְׂרֵפָה f. (Ch. יְקֵדָא f.)

conflux, see רֹב.

confound, to, בָּהַל Pi. Hi., בָּלַל, חָתַת Hi.

confounded, to be, בָּהַל Ni., חָתַת K. Ni.

confused, to be, בּוֹשׁ.

confusion, בֹּשֶׁת f., מְהוּמָה f.

to be covered with, לָבַשׁ בֹּשֶׁת, כָּסָה בֹשֶׁת.

confute, to, יָכַח Hi.

confuted, to be, יָכַח Ni.

congeal, to, see קָפָא.

congelation, קִפָּאוֹן m. (Keri.)

congregation, מוֹעֵד m., עֵדָה I f., עֲצָרָה and עֲצֶרֶת f., קָהָל m., קְהִלָּה f.

tent (or) tabernacle of the, אֹהֶל מוֹעֵד.

congregations, אֲסֻפּוֹת (only in plu.)

conjoiners, מְחַבְּרוֹת.

conjointly, יַחַד, יַחְדָּו.

conjurers, מְלַחֲשִׁים.

connect, to, חָבַר Pi., חָשַׁק Pi.

consciousness, מַדָּע also מַדַּע m. (later Heb.)

consecrate, to, חָנַךְ, חָרַם Hi., נָזַר Hi. c. לְ., זָבַר Hi. c. לַיהוָֹה., פָּלָא Hi., קָדַשׁ Pi.

by unction, to, מָשַׁח.

one's self, to, נָזַר Ni. Hi.

to God, to, קָדַשׁ Hi.

with solemn rites, to, קָדַשׁ Pi.

consecrated, קָדוֹשׁ, מְקֻדָּשׁ.

one, נָזִיר m.

(something), קֹדֶשׁ m.

things, the, הַקֳּדָשִׁים.

to be, קָדַשׁ Ni.

consecration, חֲנֻכָּה f., מִלֻּאִים plu., נֵזֶר m.

sacrifice of, מִלֻּאִים plu.

consent, to, אוּת or אוֹת Ni., יָאַל II Hi.

unto, to, אוּת or אוֹת Ni. w. dat. of pers.

consequence, תְּבוּאָה f.

consider, to, אָזַן II Pi. (only), בִּין Hithpal., בָּקַר Pi., זָכַר, חָשַׁב Pi., שָׂכַל, שׂוּם לִבּוֹ, נָתַן אֶל־לִבּוֹ, פָּלַס Pi., Hi, עוּר II. (שְׂכַל Ithpa. c. בְּ.)

accurately, to, see פָּסַג Pi.

consolation, מְנוּחָה f., נֶחָמָה f., נִיד m.

consolations, תַּנְחוּמוֹת, תַּנְחוּמִים, נִחוּמִים.

console, to, דִּבֶּר עַל לֵב פ׳, נוּד w. לְ., נִחַם Pi., רָפָא K. Pi.

console one's self, to, נָחַם Ni. Hithp.
consort, a, שֵׁגָל f. (Ch. שֵׁגַל f.)
conspicuous, דָּגוּל.
something, חָזוּת f.
conspiracy, קֶשֶׁר m.
against, to make a, קָשַׁר קֶשֶׁר עַל.
conspirators, קֹשְׁרִים.
conspire, to, קָשַׁר K. w. עַל against, Hithp. c. אֶל.
constant, to be, חזק w. inf. c. לְ.
constellations, מַזָּלוֹת.
consternation, חָגָּא or חָגָה f., מְהוּמָה f., מְחִתָּה f., תִּמָּהוֹן m.
to be in, תָּמַה K. Hithp.
to put in, הָמַם.
to throw into, הוּם.
constitute, to, יָלַד, יָסַד, כּוּן Hi., מָנָה Pi. (later Heb.), נָתַן w. two accs., עָמַד I Hi., עָשָׂה I, צִיָּה Pi., קוּם Hi., שׂוּם and שִׂים, שִׁית. (Ch. מָנָה Pa., קוּם Aph., שׂוּם.)
constituted, to be, עָמַד I.
constraint, עֹצֶר m.
construct, to, בָּנָה (material in acc., more rarely w. בְּ), עָשָׂה I.
consult, to, דָּרַשׁ, יָסַד Ni., יָעַץ K. Ni. Hithp., מָלַךְ Ni., עוּץ I (only in imp.), שָׁאַל.
together to, (Ch. יְעַט Ithp.)
consultation, סוֹד m.
to decide after, יָעַץ Ni.
consume, to, אָכַל K. Pi., בִּלָּה Pi., בָּלַע, בָּעַר Pi. Hi., חוּב Hi., כָּלָה Pi., לָחַם I Pi., לָחַם, רָזָה.
away, to, מָקַק Ni.
with fire, to, בָּעַר mostly w. בְּ., עָרָה I.
consumed, I am, רָזִי לִי.
(one), מָס m.
to be, יָצַת K. (only fut.), Ni., כָּלָה, כָּרַת Ni., see עָרַם Ni., תָּמַם.
with fire, to be, בָּעַר.
consumption, בְּלִי, כָּלָה f., כִּלָּיוֹן m., רָזוֹן I m., רָזִי m., שַׁחֶפֶת f., תַּבְלִית f.
contagion, קֶטֶב m., קֹטֶב m.
contain, to, כּוּל Pilp. Hi.
one's self, to, אָפַק Hithp.

contemn, to, בּוּז c. acc., oftener לְ., בָּזָה K. Hi., בָּעַט, דָּקַר, מָאַס, נָאַץ Pi., נָפַח Hi., סָלָה I K. Pi., שׁוּט II.
contemned, נִבְזֶה, בָּזוּת, נִמְאָץ, צָעִיר.
one, בְּזוּיָה f.
to be, קָלָה II Ni., קָלַל K. Ni.
contemplate, to, חָזָה c. בְּ.
contempt, בּוּז m., בּוּזָה f., בִּזָּיוֹן m., מְאוֹס, קָלוֹן m., שְׁאָט m.
to bring into, קָלַל Hi.
to cause, נָאַץ Pi.
contemptible, something, זָנָב m.
contend, to, לָחַם Ni., נָצָה Hi., רוּב (Cheth.), רִיב K. Hi. part., שׂוּר I c. אֶל with or against, שָׂרָה c. עִם, אֵת.
before a judge, to, רוּב and רִיב, שָׁפַט Ni.
together, to, דִּין Ni.
with, to, גָּרָה Hithp. c. בְּ., דִּין w. עִם., חָרָה Tiph. c. אֵת., דִּבֶּר מִשְׁפָּטִים אֵת.
content, to be, יָאַל II Hi.
contention, מָדוֹן I m., מִדְיָנִים (only plu.), מְדָנִים (only plu.), מַצָּה II f., רִיב m., תִּגְרָה f.
continual, see תָּמִיד.
dropping, דֶּלֶף טֹרֵד.
continually, תָּמִיד, עוֹד, כָּל־הַיּוֹם. (Ch. בִּתְדִירָא.)
continuance, תָּמִיד m. (only in gen. after other nouns.)
continue, to, עָמַד, מָשַׁךְ I.
to do, to, יָסַף K. Hi. (both defect.)
continuedly, עוֹד.
continuity, (Ch. תְּדִירָא f.)
contract, to, אָסַף, קָפַץ, see רָגַע 2.
contracted, קָלוּט.
to be, אָצַל Ni., קָפָא (Cheth.)
contractions, מִגְרָעוֹת.
contradict, to, עָנָה I.
contradiction, מְרִי m.
contrary, the, הֵפֶךְ or הֶפֶךְ m.
contrite, נְכֵה רוּחַ, דַּכָּא, נִדְכָּא.
to be, דָּכָא Pu.
contrive, to, חָשַׁב, צָמַד Hi. w. מִרְמָה.
controversy, דִּין m.
contumacy, סָרָרוּת f.

contumacy, land of double, אֶרֶץ מְרָתַיִם.
contumely, חֶרְפָּה f., כְּלִמָּה f., כְּלִמּוּת f.
  to treat with, נָבַל Pi.
contusion, מַחַץ m.
convenient, חָגִין.
  to make, קָרָה Hi.
converse, familiar, סוֹד m.
  to, דָּבַר Ni. c. בְּ, עַל, שִׂיחַ.
  with, to, דָּבַר Hithp.
conversion, שׁוּבָה f. (once.)
convert, to, הָפַךְ, שׁוּב Pil.
converted, to be, שׁוּב.
converts, her, שָׁבֶיהָ.
convey, to, רָכַב Hi.
convict, to, יָכַח Hi.
convicted, to be, יָכַח Ni.
convocation, מִקְרָא m., קָהָל m.
  place of, מִקְרָא m.
convoke, to, זָעַק Hi., צָעַק Hi., קָהַל Hi. w. כֹּל, קָרָא I.
convoked, to be, זָעַק Ni., קָהַל Ni.
coo, to, הָמָה.
cook, a, טַבָּחָה, טַבָּח f.
  to, אָפָה, בָּשַׁל Pi., זיד Hi.
cooked pieces, תֻּפִינֵים (once.)
  things, חֲבִתִּים.
  to be, בָּשַׁל or בֻּשַּׁל K. Pu.
cooking furnace, prob. כִּירַיִם (only du.)
cookings, תֻּפִינֵים (once.)
cool, קַר (Cheth.)
cooling, a, מְקֵרָה f.
copper, נְחֹשֶׁת com. (Ch. נְחָשׁ m.)
  (anything) made of, נְחֹשֶׁת com.
copula, the, see וְ, וּ and וָ.
copulation, תַּאֲנָה f.
copy, מִשְׁנֶה m., פַּרְשֶׁגֶן. (Ch. פַּרְשֶׁגֶן.)
coral-wood, see אַלְמֻגִּים.
corals, red, see פְּנִינִים, see רָאמוֹת.
corbils, (architec.), כַּפְתּוֹר m. plu.
cord, חֹבֶל (poet.), חֶבֶל m. once f., יֶתֶר m., נִקְפָּה f., עֲבֹת com., פָּתִיל m., קָו and קַו m., קָוֶה or קָיָה (Cheth.), תִּקְוָה f.
cords, מִגְבָּלוֹת, מֵיתָרִים, מוֹשְׁכוֹת (poet.), מֵיתָר m. (only in plu. c. suff.)
  a crook of, חֲבָלִים.

coriander (seed), גַּד m.
cormorant, see כּוֹס 2.
corn, בַּר III m., דָּגָן m., עָבוּר, שֶׁבֶר, oftener שֶׁבֶר m.
  pounded, רִיפוֹת.
corner, פִּנָּה f., מִקְצוֹעַ m., פֵּאָה f., פֵּן I m., פִּנָּה f.
corner-columns, זָוִיּוֹת (only plu.)
corner-stone, אֶבֶן פִּנָּה.
corners, זָוִיּוֹת (only plu.), מִקְצֹעוֹת, מְהֻקְצָעוֹת.
cornet, קֶרֶן f., שׁוֹפָר m. (Ch. קֶרֶן f.)
corolla (of flowers), גֻּבְלֹל.
corpse, גְּוִיָּה f., גּוּפָה f., נְבֵלָה f., נֶפֶשׁ, מֵת, פֶּגֶר m.
corpses, נְבֵלָה f. coll.
correct, to, יָכַח Hi., יָסַר K. (rarely), Pi. Hi. (once.)
correction, מוּסָר m., תּוֹכַחַת f.
corrector, a, יִסּוֹר m.
corresponding to, see נֶגֶד B.
corrupt deed, (Ch. שְׁחִיתָה.)
  to, נָשָׁא I Hi., see שָׁחַט Pi., שָׁחַת Pi. Hi. (Ch. שְׁחַת.)
  to be, אָלַח Ni., חָבַל.
  to become, שָׁחַת Pi. Hi.
corrupted, to be, שָׁחַת Ho. Ni.
corruption, see שַׁחַת Note.
corruptly, to act, חָבַל.
corslet, שִׁרְיָה f., שִׁרְיוֹן m., שִׁרְיָן m.
costliness, יְקָר m.
costly, יָקָר.
  something, מַחְמָד m., מַחֲמַדִּים plu.
  things, (Ch. יְקָר m.)
  to be, יָקַר.
cotton, cloth of, שֵׁשׁ III. (Egyptian word.)
  fine, white, כַּרְפַּס m.
  stuff, כַּרְפַּס m.
couch, יָצוּעַ m., מִטָּה f., מַצָּע m., מִשְׁכָּב m., עֶרֶשׂ f. (Ch. מִשְׁכַּב m.)
  nuptial, חֻפָּה.
couch, to, רָבַץ.
  down to, to, רָבַץ I.
couching place, רֵבֶץ m.
coulter, see אֵת III, see מַחֲרֶשֶׁת.
council, a, סוֹד m.

counsel, דָּבָר m., זִמָּה f., מְזִמָּה f., מַחֲשָׁבָה and מַחֲשֶׁבֶת f., מַצָּה m., עֵצָה II f., פֶּה m., רוּחַ f., תּוּשִׁיָּה f. (Ch. אֹרַח, מְלַךְ m., עֵטָא.)
evil, מְזִמָּה f.
to, יָעַץ K. Ni. (Ch. יְעַט.)
to give, יָעַץ.
to take, יָעַץ, מָלַךְ Ni., עוּץ I (only in imp.)
together, to take, יָסַד Ni., יָעַץ Ni. Hithp.
wicked, מַחֲשָׁבָה and מַחֲשֶׁבֶת f.
wise, תַּחְבֻּלוֹת plu.
counselled, to let one's self be, יָעַץ Ni.
counsellor, יוֹעֵץ. (Ch. יָעֵט.)
female, יֹעֶצֶת f.
king's, יוֹעֵץ.
counsellors, my, אַנְשֵׁי עֲצָתִי.
of State, (Ch. הַדָּבְרִין.)
counsels, עֵשְׁתֹּנוֹת, מוֹעֵצוֹת.
wicked, מַחֲשָׁבָה and מַחֲשֶׁבֶת f.
count, to, מָנָה, סָפַר K. Pi.
as, to, חָשַׁב c. acc. et לְ., נָתַן w. לִפְנֵי. (Ch. חֲשַׁב c. כְּ.)
counter, (numberer), מוֹנֶה.
countenance, אַפַּיִם du., פָּנִים plu.
countervail, to, שָׁוָה c. בְּ of thing.
countries, see בְּתוּלָה 3.
far, מֶרְחַקֵּי אָרֶץ.
country, אֲדָמָה f., אֶרֶץ com., בַּר III m., גְּבוּל m., חוּץ m., מְדִינָה f. (later Heb.), עִירָה m., שָׂדַי m. (poet.)
beyond, on the other side, עֵבֶר m., see (Ch. עֲבַר.)
open, פְּרָזוֹת (only plu.)
regions, פְּרָזוֹת (only plu.)
country-towns, עָרֵי הַפְּרָזִי, עָרֵי הַפְּרָזוֹת, עָרֵי הַשָּׂדֶה.
country-village, כֹּפֶר הַפְּרָזִי.
countryman, פְּרָזִי m.
countrymen, מוֹלֶדֶת f.
countrywoman, אָחוֹת f.
coupled, תֹּאֲמִים plu., תְּמִים plu.
couplers, מְחַבְּרוֹת.
courage, לֵב m., לֵבָב m., רוּחַ f.
to be of good, אָמֵץ Hi.
to take, גָּבַהּ w. לֵב., חִזֵּק יָדָיו.

courageous, to make, רָחַב Hi.
to show one's self, to, חָזַק Hithp.
courier, פְּלֵתִי (everywhere coupled w. כְּרֵתִי), רָץ.
couriers, פְּלֵתִי w. art. coll. (everywhere coupled w. כְּרֵתִי.)
course, דֶּרֶךְ com., שְׁנָיָה f.
(of priests), מַחֲלֹקֶת f.
(of stones, etc.), טוּר m.
(of things), נְסִבָּה f., סִבָּה f.
rapid, דַּהֲרָה f.
to, דָּהַר.
courser, (steed), רֶכֶשׁ m.
courses, מְסִלּוֹת f. (poet.). (Ch. מַחְלְקָן only plu.)
court, (area), רְחֹב f., probably גִּזְרָה f., חָצֵר com., עֲזָרָה f. (later Heb.). (Ch. תְּרַע m.)
inner, הֶחָצֵר הַפְּנִימִי.
outer, הֶחָצֵר הַחִיצוֹנָה.
court, in, בַּשַּׁעַר.
minister of, see סָרִיס.
(of a king), בַּיִת m.
court, to, חִלָּה פְּנֵי פ׳.
court-officer, see סָרִיס.
courts, see מַחֲנֶה in plu.
closed, חֲצֵרוֹת קְטֻרוֹת.
covenant, אֲמָנָה f., בְּרִית f., חוֹזֶה m., חָזוּת f.
a sworn, אָלָה f.
an oath of, אָלָה f.
promise, בְּרִית f.
to break, to violate a, שִׁחֵת בְּרִית.
Note.—The verbs employed to express the making and sanctioning of a covenant are: כָּרַת, הֵקִים, עָבַר בְּ, בּוֹא בְּ, שׂוּם, נָתַן. Those which denote its violation, are: שִׁקֵּר בְּ, עָזַב, חִלֵּל, הֵפֵר.
cover, a, כְּסוּת f., כַּפֹּרֶת f. (only of the Ark of the covenant), מִכְסֶה m., צָמִיד m.
one's self, to, כָּנָה Ni., כָּסָה Pi. c. בְּ, acc., Hithp. c. בְּ., סָכַךְ, סָתַר Ni.
one's self, with, to, עָטָה Pi. c. בְּ acc.
over, to, כָּסָה P. w. עַל., כִּפֵּר K.

Pi., סִכֵּךְ w. acc. of covering and עַל., סוּךְ, עָלַם I Hi.

cover, to, חָפָה, חָפַף I w. עַל., טָלַל II Pi., כָּסָה K. (once part.), Pi., see סָכַךְ, נָסַךְ II, לוּט, לָאַט K. Hi., כָּפַשׁ K. Hi. c. עַל., סָתַר Hi., סוּךְ, עָטָה K. Hi. w. two accs., עָטַף constr. w. לְ., קָרַם w. עַל., שָׂכַךְ.

to cause to, רָבַב I Hi.

with arms, to, see סָכַךְ Pilp.

with (beams, rafters, boards), to, סָפַן.

with darkness, to, עוּב Hi.

with fat, to, שָׁמֵן Hi.

with lime, to, שִׂיד.

with (timbers, beams, boards), to, אָחַז.

covered in darkness, to be, עוּף.

over, to be, עָלַף.

to be, חָפָה Pu., כָּסָה Pu. Ni., כָּפַר Pu., כָּשָׁה (once), קָרַם.

with, to be, עָטָה c. acc.

covering, a, אֲפֻדָּה f., בֶּגֶד m., גְּלוֹם m., חָבִיוֹן m., חֻפָּה f., see כַּנָּה 2, כְּסוּי (constr. only), כְּסוּת f., לוֹט m., מְגִנָּה f. (once), מִכְסֶה m., מְכַסֶּה m., מַסְוֶה m., מָסָךְ m., מַסֵּכָה f., מַסֵּכָה II f., סֵתֶר m.

a thin, צִפּוּי m.

(for the head), אֲפֵר m.

coverings, אֵטוּן m. (once), מַרְבַדִּים.

coverlet, בֶּגֶד m., see כַּנָּה 2, מִכְסֶה m.

coverlets, מַרְבַדִּים.

covert, a, אֶרֶב m., סֹךְ m., סֻכָּה f., סֵתֶר m.

covert arts, to use, עָנַן Po.

covertly, to act, בָּגַד, מָעַל, עָנַן Po.

to do, חָפָא Pi.

covet, to, חָמַד K. Pi.

cow, בָּקָר com., שׁוֹר m.

crack, to, פָּלַק.

cracking, a, קוֹל m.

crackling, a, קוֹל m.

cracknel, נִקֻּדִים.

craft, מְקַבָּה or better מַקֶּבֶת f., שֶׂכֶל also שֵׂכֶל m.

craftily, to act, עָרַם I Hi.

craftiness, עֹרֶם m., עָרְמָה f.

craftsman, חָרָשׁ m.

crafty, עָרוּם, פְּתַלְתֹּל.

to be, עָרַם I K. (once infin. absol.), פָּתַל Ni.

to make, עָרַם I Hi.

to show one's self, פָּתַל Hithp.

craggy valley, בִּתְרוֹן m.

cramps, (hooks), מְחַבְּרוֹת.

crane, see עָגוּר, see סוּס.

cranium, גֻּלְגֹּלֶת f.

crash, to, שָׁאָה I

to fall with a, שָׁאָה I.

crashing, a, תְּשֻׁאוֹת plu.

craunch, to, גָּרַם Pi.

the bones, to, עָצַם Pi.

craw (of birds), מֻרְאָה f.

crawl, to, זָחַל, רָמַשׂ, שָׁרַץ.

create, to, בָּרָא, חוּל Pil., יָלַד K. Hi., יָצַר, כּוּן Pil. Hi., עָשָׂה I, פָּעַל (poet.), קָנָה. (Ch. עֲבַד.)

created, (something), מַעֲשֶׂה m.

to be, יָלַד Pu., עָשָׂה I Ni. Pu.

creation, בְּרִיאָה f.

creator, אָב m., יוֹצֵר, עֹשֶׂה.

creature, a, קִנְיָן m.

creditor, נֹשֶׁא, נֹשֶׁה.

creep, to, זָחַל, רָמַשׂ, שָׁרַץ.

creeping thing, רֶמֶשׂ m.

things, שֶׁרֶץ m. coll.

crescents, שַׂהֲרֹנִים.

Crete, see כַּפְתּוֹר 2.

crib, see אֵבוּס, אֻרְוָה and אֻרְיָה f.

cribs, אֲוֵרוֹת.

cricket, צְלָצַל m.

crime, זִמָּה f., מִשְׁפָּט m., נְבָלָה f., סָרָה f., עָוֹן m. (Ch. חֲבוּלָה f., שְׁחִיתָה.)

abominable, נִדָּה f.

crimson, כַּרְמִיל m. (later Heb.), שָׁנִי m., תּוֹלָע m.

cloth, תּוֹלָע m., see תּוֹלַעַת.

clothed in, מְתֻלָּע.

cloths, שָׁנִים.

color, see תּוֹלַעַת.

garments, שָׁנִי m., שָׁנִים.

stuffs, כַּרְמִיל m. (later Heb.)

thread, a, חוּט הַשָּׁנִי.

crimson-worm, תּוֹלַעַת שָׁנִי.
crocodile, תַּנִּין, לִוְיָתָן m.
crocus, כַּרְכֹּם m.
crook (of a shepherd), מַקֵּל m., שֵׁבֶט and שֵׁבֶט m.
crooked, פְּתַלְתֹּל, מְעֻוָּת, חֲפַכְפַּךְ.
  to be, פָּתַל Ni.
  to make, עָוָה Hi., עִוֵּת Pi.
  to show one's self, פָּתַל Hithp.
  ways (or) places, מַעֲקַשִּׁים.
crop (of bird), מֻרְאָה f.
crop (of the field), זֶרַע, קָצִיר m.
cross-bar, בְּרִיחַ m.
cross-beam, perh. כָּפִיס (once.)
cross-wise, to lay his hands, see in שָׂכַל Pi.
crouch, to, רָבַץ, שָׁחַח, שָׁכַךְ.
crouching-place, מַרְבֵּץ m.
crow, a, see עֹרֵב.
crowd, הָמוֹן m. once f., רֶגֶשׁ m., רִגְשָׁה f.
  themselves together, to, גָּדַד Hithpo.
  to, לָחַץ.
  upon to, גָּדַד c. עַל., גּוּד.
crown, זֵר m., כֹּתֶרֶת, כֶּתֶר m., עֲטָרָה f., צְפִירָה f.
  (of the head), קָדְקֹד m.
  one's self, to, כָּתַר Hi.
  to, עִטֵּר Pi. w. לְ of pers., Hi. only part. f.
  to encircle with a, עִטֵּר Pi. w. לְ of pers.
crowned, to be, כָּתַר Hi.
crucible, מַצְרֵף m., see עֲלִיל.
crucify, to, תָּלָה פ׳ עַל הָעֵץ.
cruel, אַכְזָרִי.
  to be, רָגָה.
cruelty, אַכְזְרִיּוּת f.
crumb, פַּת f.
crumb-cake, נִקֻּדִים.
crumbs, נִקֻּדִים, פִּתִּים f. plu.
cruse, צַפַּחַת f.
crush, to, גָּרַס Hi., הוּשׁ, דּוּשׁ and דִּישׁ, דִּכָּא Pi., דָּכָה Pi., דָּקַק, טָחַן, see לָחַץ, כָּתַת, מָחַק (once), רָצַץ, פָּרַק, שָׁחַק. (Ch. דּוּשׁ, חֲשַׁל.)
  (bones), to, גָּרַם Pi.
crushed, דַּךְ, כָּתוּת.
  one, מָרוֹחַ m.
  (something), גֶּרֶשׂ.
  to be, גָּרַס (once), דָּכָא Pu. Hithp., דָּכָה K. (once Cheth.), Ni., דָּקַק, רָצַץ.
crushing, (adj.), see דַּךְ.
  (sub.), דַּכָּה f., דֶּכִי m., רֶצַח m.
crutch, פֶּלֶךְ.
cry, a, אֲנָקָה f., זַעַק m., זְעָקָה f., see צְוָחָה, צְעָקָה f., קוֹל m., שֶׁוַע m., שׁוּעַ I m., שׁוּעַ I. m., שַׁוְעָה f.
  aloud, to, נָהָה, עָנָה I., צָהַל c. בְּ.
  for, רָנַן.
  fervent, הָגִיג m.
  for help, to, קָרָא I, שָׁוַע Pi.
  mournful, רִנָּה f.
  of joy, a, רְנָנָה f.
  out, to, זָעַק K. Hi., יָבַב Pi., נָאַק, צָעַק K. נָהַק, פָּאָה (once), צָוַח, Pi., קָרָא I, שָׁאַג, שָׁוַע Pi. (Ch. זְעַק, פְּרַז Aph.)
  to, קָרָא I. (Ch. קְרָא.)
  to lift up a, צָרַח Hi.
  to, to, צָעַק w. אֶל of pers.
  unto, to, זָעַק Hi.
  with a loud voice, to, רוּעַ Hi. c. עַל.
crying, a public, קְרִיאָה.
crysolite, see תַּרְשִׁישׁ 2.
crystal, גָּבִישׁ m. (once), זְכוּכִית f. (once), קֶרַח m.
cub, גּוּר m.
cubit, אַמָּה, גֹּמֶד m. (Ch. אַמָּה f.)
cubits, two, אַמָּתַיִם du.
cucumbers, קִשֻּׁאִים (only plu.)
  field of, מִקְשָׁה II m.
  wild, פַּקֻּעוֹת, פְּקָעִים (architec. ornament.)
cud, גֵּרָה f.
  to chew the, גָּרַר.
cultivate figs, (or) sycamore-figs, to, בָּלַס.
cumbrance, a, טֹרַח m.
cumin, כַּמֹּן m.
  black, see קֶצַח m.
cunning, (sub.), עֹרֶם m., שֶׂכֶל also שֵׂכֶל m.

cunning, (adj.), עָרוּם, חָכָם.
devices, תַּחְבֻּלוֹת.
to be, עָרַם I K. (once inf. absol.)
to show one's self, חָכַם Hithp.
cunningly, to act, עָרַם I Hi.
cup, see אֶשְׁפָּר, גָּבִיעַ m., כּוֹס f, כִּיס m. (Cheth.), כְּפוֹר m., קֻבַּעַת f., קָשָׂה f.
(of flowers), גָּבִיעַ m.
cup-bearer, מַשְׁקֶה m.
cupidity, הַוָּה f.
cups, קְשָׂוֹת (only plu.)
curb, מֶתֶג m., רֶסֶן m.
curdle, to, קָפָא Hi.
curdled milk, גְּבִינָה f., חֶמְאָה f.
curds, חֶמְאָה f.
cure, a, גֵּהָה f., מַרְפֵּא m.
to, גָּהָה, חָזַק Pi., רָפָא K. Pi.
cured, to be, רָפָא Ni.
curiously shaped, to be, רָקַם Pu.
wrought, to be, רָקַם Pu.
curls, תַּלְתַּלִּים.
current, a, נָהָר m.
current money, כֶּסֶף עֹבֵר.
silver, כֶּסֶף עֹבֵר לַסֹּחֵר.
curse, אָלָה f., מְאֵרָה f., מִגְעֶרֶת f., קְלָלָה f., שְׁבוּעָה f.
one's self, to, קִלֵּל לוֹ.
to, אָלָה II, אָרַר K. Pi., בָּרַךְ Pi., קָלַל, קָבַב, נָקַב, זָעַם, דָּקַר Pi.
to cause a, אָרַר Pi
cursed, to be, אָרַר Ho.
cursing, a, קְלָלָה f.
curtain, יְרִיעָה f., מָסָךְ m., פָּרֹכֶת f., קֶלַע m.
curve, to, חָסַן, פָּסַח.
curved blocks, stocks, see in חָנוּת.
cushions, מִסְפָּחוֹת, כְּסָתוֹת.
custody, מִשְׁמֶרֶת f., פְּקֻדָּה f.
custom, חֹק m., מִשְׁפָּט m., תּוֹרָה f., תְּעוּדָה f.
customs, חֻקּוֹת.
cut, (shape), גִּזְרָה f., קֶצֶב m.
asunder, to, גָּדַע K. Pi.
asunder, to be, פָּרַת Ni.
down, to, בָּרָא Pi., גָּדַע, גָּזַר, כָּסַח, כָּרַת, פָּרַת, מוּל Pil., נָקַף Pi., קָצַר. (Ch. גְּדַד.)

cut down, to be, גָּדַע Ni. Pu., כָּרַת Ni. Pu.
in, to, חָקַק, חָרַשׁ, חָרַת (once.)
in, to be, חָצַב Ni.
in pieces, to, בָּצַע, בָּתַק Pi. (once), בָּתַר K. Pi., נָתַח only Pi., קָצַץ Pi., שָׁסַף Pi.
in two, to, בָּתַר K. Pi., גָּזַר, חָצָה.
off for, to be, גָּרַע K. (once), c. dat.
off from, to, נָתַק Hi.
off from, to be, נָתַק Ni. Ho. c. מִן.
off from one's self. to, גָּלַח Hithp.
off, to, אָבַד Hi., בָּצַע Pi., בָּצַר, גָּדַע, see in גזז 2., גָּלַח Pi., חָסַל, חָצַב and חָצַב K. Hi., כָּחַד Hi., כָּסַח, כִּרְסֵם, כָּרַת K. Hi., מוּל K. Hi., מָלַל II K. Po., see נָמַל, נָתַק c. מִן., צָמַת K. Pi. Hi. Pil., קָסַס Po., קָצַב, קָצָה K. Pi., קָצַץ K. Pi., קָצַר K. Pi. Hi. (Ch. אֲבַד Aph., גְּזַר Ithpe., קַצֵּץ.)
off, to be, גָּזַר K. Ni., גָּרַז Ni., דָּמָה II Ni., דָּמַם Ni., כָּחַד Ni., כָּרַת Ni. Pu. Ho., מוּל Hithpal., מָלַל II, צָמַת Ni., קָצַר, שָׁמַד Ni.
one's self, to, גָּדַד Hithpo.
out, to, שָׁמַד Hi. (Ch. גְּזַר Ithpe.)
to, בָּרָא Pi., גָּזַר, חָבַט (once), חָטַב, חָצַב and חָצַב, כָּרַת, פָּסַל, קָצַב, פָּרַט. (Ch. גְּדַד.)
up, to, חָבַר (once), פָּלַח Pi., קָצַץ Pi.
cutter, a, חֹרֵשׁ m.
cutting, a, גְּדוּד m., חָרִיץ.
instrument, חֹרֵשׁ m.
(of stone), גָּזִית f.
off, a, קֶטֶב m.
off (of rain), בַּצֹּרֶת f.
to form by, פָּסַל.
cuttings off, קִצְבֵי (plu. constr.)
cycle, צְפִירָה.
cymbal, see שָׁלִשׁ.
cymbals, מְצִלְתַּיִם (only du.), צֶלְצְלִים.
cypress, בְּרוֹשׁ m., בְּרוֹת m., see גֹּפֶר.
cypress (-flower), כֹּפֶר m.
Cyprus, see כַּפְתֹּר.
Cyrus, כּוֹרֶשׁ.

D

Dagon, דָּגוֹן.
daily, לְיוֹם בְּיוֹם, יוֹם וָיוֹם, יוֹם יוֹם, כָּל־הַיּוֹם.
dainties, מַטְעַמִּים and מַטְעַמּוֹת m. plu., מַמְתַקִּים, מַעֲדַנִּים, מַנְעַמִּים m.
dainty morsels, מִתְלַהֲמִים.
damage, נֶזֶק m. (Ch. חֲבָל m., פְּרִיעָה f.)
Damascus, דַּמֶּשֶׂק.
damask cloths, בְּרוֹמִים.
stuff, see דְּמֶשֶׁק.
damask-work, מַעֲשֵׂה חֹשֵׁב.
damsel, a, נַעֲרָה f., רַחֲמָה f.
Dan, דָּן.
dance, a, מָחוֹל m., מְחוֹלָה f.
around, to, כָּרַר Pilp.
to, חוּל and חִיל K. Pil., חָגַג, הוּז, פָּסַח Pi., רָקַד K. Pi., שָׂחַק Pi.
dancing, a, מָחוֹל m., צְחֹק m.
dandled, to be, שָׁעַע Polp.
Daniel, דָּנִיֵּאל.
daric, דַּרְכְּמוֹן m.
darics, אֲדַרְכֹּנִים (only in plu.)
Darius, דָּרְיָוֶשׁ.
dark, אָפֵל, חַכְלִילִי, חָשֹׁךְ, שְׁחַרְחֹר.
colored, to be, קָדַר.
flashing, (adj.), חַכְלִילִי.
flashing, (sub.), חַכְלִלוּת.
places, מַחֲשַׁכִּים.
thicket, עָב II com.
to be, חָשַׁךְ K. Hi., עָרַב II.
to become, קָדַר.
to begin to be, see צָלַל II.
to grow, עָרַב II.
to make, חָשַׁךְ Hi.
darken, to, חָשַׁךְ Hi., קָדַר Hi.
darkened, to be, חָשַׁךְ, see כָּהַם Ni., צָלַל II (once), קָדַר K. Hithp.
darkness, אֶמֶשׁ, אֹפֶל m. (poet.), אֲפֵלָה f., אֱשׁוּן m. (once Keri), see אַשְׁמַנִּים, חֹשֶׁךְ m., חֲשֵׁכָה f., חֲשֵׁכָה; חֶשְׁכָה f., מָעוּף, מַאְפֵּל m., מוּעָף m., מַחְשָׁךְ m., נֶשֶׁף m., עָב II com., עֵיפָה f., עֲלָטָה f., עֲרָפֶל m., see in צַלְמָוֶת, קַדְרוּת f., תְּעוּפָה (in 3 Mss.). (Ch. חֲשׁוֹךְ m.)

darkness of death, צַלְמָוֶת f. (only poet.)
of Jehovah, מַאְפֵּלְיָה.
thick, אֹפֶל m. (poet.), אֲפֵלָה f., see מַאְפֵּלְיָה.
thickest, צַלְמָוֶת f. (only poet.)
to be covered (wrapped) in, עוּף.
to cover with, עוּב Hi.
dart, מַסָּע m., מַקֵּל יָד, שִׁכָּה f., שֶׁלַח m.
to, דָּאָה.
darts, see in שֶׁלֶט.
fiery, זִקִּים, זִיקוֹת.
dash in pieces, to, בָּצַע, מָחַץ, נָפַץ K. (only pret. and inf. absol.), Pi., רָטַשׁ Pi., רָצַץ, רָעַץ Pi., שׁוּף.
one another, to, רָצַץ Hithpo.
to the ground, to, רָטַשׁ Pi.
dashed, to be, פָּתַח Pu.
dashing, a, הֶבֶר m.
dative case,—marked by לְ. (Ch. לְ.)
daub, to, טוּחַ.
with bitumen, to, חָמַר.
daughter, בַּת I f.
an adopted, בַּת I f.
daughter-in-law, כַּלָּה f.
daughters, בָּנוֹת.
David, דָּוִד.
dawn, בֹּקֶר m., מִשְׁחָר m., נֶשֶׁף m., שַׁחַר m., שַׁחֲרוּת f. (once.). (Ch. שְׁפַרְפָּרָא m.)
at the, בַּשַּׁחַר.
to, אוֹר Ni.
day, יוֹם m., rarely f., עֵת usually f. (Ch. יוֹם m.)
by, יוֹם, הַיּוֹם, יוֹמָם.
day by, יוֹם יוֹם, יוֹם וָיוֹם, לְעֵת־יוֹם בְּיוֹם. (Ch. יוֹם בְּיוֹם.)
of calamity, יוֹם m.
of the new moon, חֹדֶשׁ m.
on a, הַיּוֹם.
the next, מִמָּחֳרָת.
this, כַּיּוֹם, הַיּוֹם.
time, in the, יוֹם, הַיּוֹם, בַּיּוֹם, יוֹמָם.

day-break, (Ch. נְגַהּ.)
day-light, אוֹר m., יוֹם m., rarely f., נְהָרָה f.
day-light, at, לָאוֹר.
days of rejoicing, הִלּוּלִים.
two, יוֹמַיִם.
dazzling white, צַח.
white, to be, צָחַח.
dead, מֵת.
body, גְּוִיָּה f., גּוּפָה f., נֶפֶשׁ מֵת.
body, one defiled by a, טְמֵא נֶפֶשׁ.
one, נֶפֶשׁ מֵת.
person, מֵת.
place of the, מָוֶת m.
region of the, חֶדֶל m.
the, אוֹב, מָוֶת m. (poet.), מְמוֹתִים only plu. (concr. Cheth.), מֵתִים, עָפָר m.
deadliness, מַר m.
deadly, אַכְזָר concr., מַר, שָׁחָה.
disease, מָוֶת m.
evil, רָעָה חוֹלָה.
the, תַּחֲלֻאִים only plu.
wound, מַכָּה נַחְלָה.
deaf, חֵרֵשׁ.
to be, חָרַשׁ K. Hi.
deal bitterly, faithlessly, falsely, etc., see under the adverbs.
with, to, גָּמַל w. two acc., of pers. and of thing, עָשָׂה בְּ, עָשָׂה I w. לְ.
dealers, treacherous, בֹּגְדִים.
dear, יָקָר, יַקִּיר.
to be, יָקַר.
death, אֲבַדּוֹן, מָוֶת m., קֵץ m. (Ch. מוֹת.)
shadow (or) darkness of, צַלְמָוֶת f. (only poet.)
sons of, בְּנֵי־הַתְּמוּתָה.
to be put to, חָרַם Ho.
to put to, אִבֵּד Pi., מוּת Hi.
death-shade, צַלְמָוֶת f. (only poet.)
deaths, מְמוֹתִים only plu.
debauchee, מְאַהֵב.
debauchees, זָרִים.
debt, חוֹב m., מַשָּׁא m., מַשָּׁאָה f., מַשֶּׁה m., נְשִׁי m.

debtor, נֹשֶׁה.
decachord, עָשׂוֹר m.
decad, עָשׂוֹר m.
decads, עֲשָׂרוֹת.
decalogue, the, עֵדוּת f.
decay, to, בָּלָה.
decayed, בָּלֶה.
decease, חֲלוֹף m.
deceit, אָוֶן m., אַכְזָב (everywhere concr.), כָּזָב m., כַּחַשׁ, מִרְמָה f., מַשָּׁאוֹן m., נֵכֶל m., רְמִיָּה, שֶׁקֶר m., תַּהְפֻּכוֹת plu., תָּרְמָה f., תַּרְמִית f.
deceitful, חָלָק, כִּילַי and כֵּלַי, עָקֹב, עִקֵּשׁ.
to be, פָּתַל Ni.
tongue, לְשׁוֹן תַּהְפֻּכוֹת, לָשׁוֹן רְמִיָּה.
deceitfully, לְמִרְמָה.
to act, בָּגַד.
deceive, to, גָּנַב K. espec. w. לֵב, Pi. w. לֵב., see חָתַל, חָכַם Hithp. w. לְ., כָּזַב K. (only part.), Pi. w. לְ., כָּחַשׁ Pi., נָכַל K. Pi. w. לְ of pers., Hithp. c. בְּ., נָשָׁא I Hi., עָקַב, פָּתָה Pi, רָמָה Pi., שָׁלָה Hi., שָׁקַר K. c. dat., Pi. c. בְּ of pers., תָּלַל Hi. c. בְּ of pers.
deceived, to be, נָשָׁא I Ni., תָּעָה Ni.
to let one's self be, פָּתָה Pu.
deceiver, כִּילַי and כֵּלַי.
deceivers, כָּזָב m. concr.
deception, שֶׁקֶר m.
decide, to, גָּזַר (fut. A.), חָרַץ, יָכַח. (Ch. גְּזַר.)
after consultation, to, יָעַץ Ni.
decided, (something), נֶחֱרָצָה f.
decision, חָרוּץ I m., נֶחֱרָצָה f., פַּת m.
deck (of a ship), לְחָתַיִם du.
deck one's self, to, יָפָה Hithp., עָדָה.
to, יָפָה.
with, to, עָדָה w. two acc.
decked, see in הָדַר 2.
declaration, אַחֲוָה f., מַשָּׂא m., נְאֻם m (Ch. אַחֲוָיָה.)
distinct, פָּרָשַׁת f.
declare, to, אָמַר, בֵּאֵר Pi., בִּין Hi., חִוָּה Pi. (poet.), נָבַע Hi., נָגַד Hi., סִפֵּר Pi., שָׁמַע Hi. (Ch. חֲוָה Pa. Aph.)
distinctly, to, נָקַב, פָּרַשׁ.

declare one's birth, to, יָלַד Hithp.
  one's self, to, פָּאַר II Hithp.
  revelations, visions to, to, חָזָה w. לְ.
declared, to be, עוּד Ho. c. בְּ.
  to be distinctly, פָּרַשׁ Pu.
decline, to, נָטָה K. Hi. c. מִן.
declivity, מוֹרָד m., עָקֹב m.
decorate, to, נָוָה, הָדַר Hi.
decoration, הָדָר m., הֲדָרָה f. (Ch. הֲדַר.)
decortication, מַחְשֹׂף m.
decree, דָּת f. (later Heb.), חֹק m., נֶחֱרָצָה f., טַעַם m., מוּסָדָה f., פִּתְגָם m. (later Heb.). (Ch. גְּזֵרָה f., דָּת f., טְעֵם m., פִּתְגָם m., שְׁאֵלָה f.)
  to, גָּזַר (fut. A.), חָקַק K. Po., כָּתַב K. Pi., צָוָה Pi. (Ch. גְּזַר.)
  to make a, (Ch. קְיָם קַיֵּם.)
decreed, to be, see חָרַץ 3, חָתַךְ Ni.
decrees, חִקְקֵי plu. constr. only.
dedicate, to, חָנַךְ.
dedicated, see קֹדֶשׁ 2.
dedication, חֲנֻכָּה f. (Ch. חֲנֻכָּה f.)
  sacrifice of, חֲנֻכָּה f. (Ch. חֲנֻכָּה f.)
deed, גְּמוּל m., גְּמוּלָה f., מַעֲשֶׂה m., עֲבָד m. (once), עֲלִילָה f., עֲלִילִיָּה f., פֹּעַל m. (poet.)
  corrupt, (Ch. שְׁחִיתָה.)
  evil, מַעֲשֶׂה m., פֹּעַל m. (poet.). (Ch. חֲבוּלָה f.)
  fearful and wonderful, מוֹרָא m.
  great, פֹּעַל m. (poet.)
  great and splendid, מוֹפֵת m.
deeds, מַעֲלָלִים.
  glorious, נוֹרָאוֹת.
  good, חֲסָדִים.
  marvellous, נִפְלָאוֹת.
deem, to, דָּמָה I Pi.
deep, עִמְקֵי only plu. constr., עָמֹק. (Ch. עֲמִיק.)
  place, מְצִלָּה f., also מְצוּלָה f.
  the, תְּהוֹם com. (poet.)
  things, עֲמֻקוֹת or עֲמֻקּוֹת.
  to be, עָמַק.
  to make, עָמַק Hi.

deeps, מַעֲמַקִּים.
deer, see זֶמֶר.
  (a species of), יַחְמוּר.
defacement, מִשְׁחָת m., מָשְׁחַת m.
defeat, חֲלוּשָׁה f., מַכָּה f., פֶּרֶץ m.
defeated, to be, נָגַף Ni.
defecation, מִשְׁקָע m.
defect, חֶסְרוֹן m.
defection, מֶרֶד m., מְשׁוּבָה f., סָרָה f., פֶּשַׁע m.
  one who makes, פֹּשֵׁעַ m.
  to venture, see מָסַר.
defence, סֵתֶר m., עֹז m.
defences, strong, עַצֻמוֹת.
defend, to, הָגַן w. לְ., יָכַח Hi. w. לְ., נָצַר I, שָׂגַב Pi.
  his cause, to, שָׁפַט.
  one's cause, to, יָכַח Hi.
  one's cause and deliver him from his enemies, to, שָׁפַט w. מִן and מִיַּד.
  the cause of, to, דִּין.
defender, דַּיָּן m., רָב.
defer, to, אָחַר Pi., אָרַךְ Hi.
deferred, to be, מָשַׁךְ Ni. Pu.
deficiency, חֶסְרוֹן m., מַחְסוֹר m.
deficient, (Ch. חַסִּיר.)
defile, a, מַעְבָּר m.
defile, to, גָּאַל II Pi. (later Heb.), חָלַל Pi. Hi., חָנֵף, טָמֵא Pi., טִנֵּף Pi.
  one's self, to, גָּאַל II Hithp. (later Heb.), טָמֵא K. Ni. Hithp. Hothp., שִׁקֵּץ אֶת־נַפְשׁוֹ.
defiled, טָמֵא.
  to be, גָּאַל II Ni., חָלַל Ni., חָנֵף, טָמֵא K. Ni., טָמָה Ni.
defilement, גֹּאַל.
deflect, to, נָטָה K. Hi.
  to cause to, סוּר Pil.
deflour, to, טִמֵּא Pi.
deformity, רַע m.
defraud, to, בָּצַע Pi., עָקַב, עָשַׁק, קָבַע.
degenerate branch, shoot, סוּר m.
degrade, to, עוּב Hi.
degrees, מַעֲלוֹת.
dehort from, to, יָסַר Pi. w. מִן.

deities, deity, אֱלֹהִים.
dejected, דַּךְ, כָּאֶה (Keri.)
  to be, כָּאָה Ni.
delay, to, אָחַר K. (once), Pi., אָרַךְ Hi., בּוֹשׁ Pil. c. inf. et לְ., חוּל and חִיל, יָחַר (once), מָהַהּ or מִתְמַהְמַהּ Hithp.
delayed, to be, מָשַׁךְ Ni.
deliberation, סוֹד m., עֵצָה II f.
deliberations, חִקְרֵי לֵב.
delicacies, מַעֲדַנִּים, מַטְעַמִּים.
delicate, רַךְ, עָנֹג, עָדִין.
  food, פַּתְבַּג m.
  living, תַּעֲנֻגִים and תַּעֲנוּגוֹת m.
  to be, עָנַג Pu., רָכַךְ.
delicately, to bring up, פָּנַק Pi.
  to live, עָדַן Hithp.
delicateness, רֹךְ m.
delight, אֲהָבִים plu., אַהֲבָה f., חָמוּד m., חֶמְדָּה f., חֵפֶץ m., חֵשֶׁק m., יְדִידוּת f., מַחְמָד m., מַחְמָל m., עֲדָנִים plu., עֹנֶג m., רָצוֹן m., שַׁעֲשֻׁעִים plu., תַּאֲוָה f.
  an odor of, רֵיחַ נִיחֹחַ.
  in, to, אָהַב and אָהֵב seq. infin. c. לְ., בָּחַר c. acc. בְּ., חָמַד, חָפֵץ c. בְּ., חָשַׁק w. infin. and לְ., רוּחַ Hi. w. בְּ., רָצָה w. acc. of pers., רָצָא II, רָצָה.
  in beholding, to, חָזָה c. בְּ.
  in (intercourse) with, to, רָצָה w. עִם.
  one's self, to, עָנַג Hithp., שָׁעַע Pilp. c. acc. in or with, Hithpalp.
  to, שָׁעַע Pilp.
  with, מַעֲדַנּוֹת.
delighted, to be, שָׁעַע Pilp. c. acc. in or with.
delightful, נָעִים.
delighting in, חָפֵץ.
delights, נְעִימִים, מַעֲדַנִּים, יְדִידוֹת and נְעִימוֹת, תַּעֲנֻגִים and תַּעֲנוּגוֹת m. plu.
  in, one, יֵשׁ לוֹ חֵפֶץ בְּ.
  that which, חֵפֶץ m.
delineate, to, תָּאַר Pi.
delineated, מְחֻקֶּה.
deliver, to, דָּלָה Pi., חָלַץ Pi., יָצָא Hi., יָשַׁע Hi., מָלַט Pi. Hi., נָצַל Pi. Hi., סָגַר Pi. Hi., פָּדָה (once), פָּלַט K. Pi. Hi., פָּצָה, פָּרַק. (Ch. נְצַל Haph., פְּרַק.)
deliver, (a woman), to, יָלַד Pi.
  one's self, to, מָלַט Ni. Hithp.
  over, to, מָגַן Pi., מָגַר (once part. pass.), מָצָא Hi. w. בְּיַד., נָתַן c. dat., סָגַר Hi., סָכַר I Ni. c. בְּיַד. (Ch. יְהַב.)
  to, to, נָתַן עַל.
  up, to, מָצָא Hi. w. בְּיַד., נָגַר Hi., סָכַר I Ni. c. בְּיַד.
deliverance, הַצָּלָה f., יְשׁוּעָה f., יֵשַׁע and יֶשַׁע m., מַרְפֵּא m., פְּדוּת f., פַּלֵּט, פְּלֵיטָה, פְּקַח־קוֹחַ, צֶדֶק m., צְדָקָה f., תּוֹצָאוֹת plu., תְּשׁוּעָה f.
deliverances, מוֹשָׁעוֹת.
delivered, יְשׁוּעָה f., נָצִיר (Cheth.)
  fully, to be, פָּלַט Pi. c. מִן.
  over, to be, (Ch. יְהַב Ithpe.)
  the, פְּרוּיִים plu., פְּלֵיטָה f. concr.
  to be, חָלַץ Ni., יָצָא, יָשַׁע Ni., מָלַט Ni. Hithp., נָצַל Ni.
deliverer, יְשׁוּעָה f., מוֹשִׁיעַ.
  my, יִשְׁעִי concr.
delude, to, פָּתָה Pi.
deluge, מַבּוּל m.
delusions, תַּעְתֻּעִים, מַהֲתַלּוֹת.
demand, to, בָּקַשׁ Pi. w. מִן., דָּרַשׁ w. acc. of thing, and מִן, מֵעִם of pers., שָׁאַל. (Ch. שְׁאֵל w. לְ of pers.)
  back, to, דָּרַשׁ w. מִיַּד.
demolish, to, עָרָה Pi., קָרַר Po., פָּרַץ.
demolished, to be, פָּרַץ Pu.
  to be utterly, עָרַר Pilp. Hithpalp.
demon, foreboding, אוֹב.
demonstration, תּוֹכַחַת f.
den, מְאוּרָה f., מָעוֹן m., מְעוֹנָה f., נָוֶה m. (only poet.). (Ch. גֹּב.)
denounce, to, נָגַד Hi.
dens, see מִנְהָרָה.
denseness, עֳבִי m.
density, עֲבָבָה m.
deny, to, see בָּרַךְ Pi. 5., כָּחַשׁ Pi., נוּא Hi., נָכַר Pi.
  not to, לֹא כִחֵד.
  to, to, כָּחַשׁ Pi. w. בְּ of pers., צָפַן c. מִן.

depart, לָבַת.
to, אָזַל, אָסַף Ni., בָּדַל Ni., הָלַךְ and יָלַךְ seq. מִפְּנֵי, מֵאֵת, מֵעִם, מִן, מִבֵּינֵי, זוּר II K. Ni, חָלַץ w. מִן., לוּז K. c. מִן, Hi. (in Chald. manner), מוּשׁ I K. Hi., סוּג I, סוּר c. מִן, מֵעַל, מֵעִם, מֵאַחֲרֵי., שׂוּר III (once). עָבַר w. מִן, מֵאֵת., (Ch. אֲזַל, עֲדָה, אֲזַר c. מִן.)
to cause to, נָסַע Hi.
to let, שָׁלַח Pi.
to make, סוּר Hi. w. acc., often w. מִן, מֵעַל.
departing, (adj.), יָסוּר (Cheth.), רָחַק.
departs, one who, יָסוּר (Cheth.)
departure, אָזַל, חֲלוֹף m., מַסַּע m.
deplore, to, נוּד.
depopulate, to, בָּקַק K. Po.
depose, to, (Ch. עֲדָה Aph.)
deposed, to be, (Ch. נְחַת Hoph. after the Heb.)
deposit, a, פִּקָּדוֹן m., תְּשׂוּמֶת f. w. gen. יָד added.
to, נוּחַ Hi., פָּקַד K. Hi. (Ch. נְחַת Aph.)
deposited, to be, פָּקַד Ho. c. אֵת.
with, (something), פִּקָּדוֹן m.
depravity, רַע m., רָעָה f.
depress, to, נָטָה Hi., שָׁחָה Hi.
depressed, שַׁח, שָׁפָל.
to be, הִין or הֵין (once), עָיָה Ni., שׁוּחַ K. Hi. (Cheth.), שָׁחַח, שָׁפֵל.
depth, מְצוֹלָה f. also מְצוּלָה f., עֹמֶק m., see in צוּאָר, צוּלָה f.
depths, יְסוֹד m. (poet.), מַעֲמַקִּים, תְּהוֹם.
inmost, מֶחְקָר
deride, to, see הָתַל, לוּץ K. Hi., לָעַב Hi. c. בְּ., לָעַג K. c. לְ, בְּ, Hi. c. לְ, בּ, עַל., מוּק Hi., נָאַץ, עָנַג Hithp. c. עַל., קָלַס Pi Hithp. c. בְּ., שָׂחַק K. Hi. c. עַל., תָּלַל Hi., תָּעַע Hithpalp.
derision, לַעַג m., לָצוֹן m., מִשְׂחָק m., קֶלֶס m., שְׂחוֹק m., שִׁמְצָה f. (once), שְׁרִיקוֹת f., שְׁרִיקוֹת (Keri), and שְׁרוּקוֹת (Cheth.), שְׁרֵקָה f.
song of, מְלִיצָה f., מָשָׁל, נְגִינָה f.

derision, to use a song of, מָשַׁל.
derisions, הֲתֻלִּים.
descend, to, יָרַד, נָחַת K. Ni. (only poet.), נָפַל c. מֵעַל., צָנַח. (Ch. נְחַת.)
to cause to, צָנַר Hi.
to let, יָרַד Hi.
descendant, female, בַּת I f.
descendants, אַחֲרִית f. concr., בַּיִת m., בָּנִים plu.
of the fourth generation, רִבֵּעִים (only plu.)
of the third generation, שִׁלֵּשִׁים (only plu.)
descending, (adj.), נְחִתִּים plu.
descent, (declivity), מוֹרָד m.
(origin), מוֹצָאוֹת (only plu.)
descents, (family), תּוֹלְדֹת.
describe, to, אָוָה III Hithp., כָּתַב, תָּאָה I Pi.
a circle, to, חוּג.
desert, a, גְּזֵרָה f. (once), חוּץ m., יְשִׁימוֹן m., מִדְבָּר m., מְלֵחָה f., עֲרָבָה, שְׁמָמָה f., תֹּהוּ.
Arabian, הַמִּדְבָּר.
desert, (wasted), מְבֻלָּקָה f.
to lie, חָרֵב and חָרַב.
desert, (what is deserved), גְּמוּל m., more fully, גְּמוּל יָדַיִם, גְּמוּלָה f.
to render any one his, הֵשִׁיב גְּמוּלוֹ לְ.
desert, to, חָדַל and חָדֵל, נָפַל c. עַל., נָטַשׁ I, עָזַב, רָפָה I Hi. w. מִן.
to treacherously, בָּגַד constr. absol., oftener w. בְּ of pers.
deserts, חֳרָבוֹת.
design, צְדִיָּה f. (Ch. צְדָא m.)
by, בִּצְדִיָּה.
designated, נִסְמָן.
desirable, נֶחְמָד.
something, חָמוּד.
things. שַׁי m. coll.
desirableness, חֶמֶד m., תַּאֲוָה f.
desire, see אַוָּה, אִי (once Cheth.), אַוָּה f., אֲרֶשֶׁת f., הַוָּה f., חֶמְדָּה f., חֵפֶץ m., חֵשֶׁק m., מַחְמָד m, רַעַ II m., רְעוּת f., רַעְיוֹן m., תַּאֲבָה f. (once), תַּאֲוָה f., תְּשׁוּקָה f. c. אֶל, עַל.

desire earnestly, to, יָאַב c. לְ.
for one's self, to, אָוָה I Hithp.
greatly, to, כָּסַף K. c. לְ, Ni.
object of, חֶמְדָּה f.
to, אָהַב and אָהֵב, אָוָה I Pi., בָּחַר c. acc. בְּ., חָבָה K. (once part.), Pi., חָמַד K. Pi., חָפֵץ, תָּאַב or תָּאֵב (only 1 pers. pret.) c. לְ of thing. נָשָׂא נֶפֶשׁ אֶל
desired, thing, מַחְמָד m.
desires, מַאֲוַיֵּי plu. constr. (once.)
desiring, חָפֵץ.
desist, to, חָדַל and חָדֵל, עָמַד I w. מִן., רָפָה I Hi.
from, to, נָפַל c. מִן., רָפָה I K. Hi. w. מִן., שָׁמַט w. מִן.
to make, שָׁבַת Hi.
desolate, חָרֵב, חָרְבָּה f. concr., שֹׁמֵם, תֹּהוּ concr.
one's self, to, שָׁמֵם Hithpo.
places, מְשׁוֹאָה f. concr. (always coupled with שׁוֹאָה), שׁוֹאָה f., שְׁמָמוֹת.
to, חָרֵב Hi., שָׁחַת Pi.
to be, נָצָה K. Ni., שָׁמֵם Ni.
to be made, יָשַׁם, נָקָה Ni., שָׁמֵם K. Ni. Ho.
to make, שָׁמֵם Hi.
desolated, הֻמָּה f. concr.
to be, חָרֵב Ni., צָדָה I Ni., שָׁדַד Ni.
desolateness, תֹּהוּ.
desolater, מַשְׁחִית.
desolation, בָּהָה f., בּוּקָה f. (once), בַּתָּה f., בָּתָה f., חֶבֶל m., חֹרֶב m., חָרְבָּה f., וָתֶּה f., מְשׁוֹאָה f. (always coupled with שׁוֹאָה), מְשַׁמָּה f., מְזוּקָה f., שָׁאוֹן m., שְׁאֵת f., שֹׁד II m., שׁוֹאָה f., שַׁמָּה f., שְׁמָמָה f., שִׁמְמָה f., תֹּהוּ.
to make (it), שׂוּם שְׁמָמָה, נָתַן שְׁמָמָה.
uttermost, בּוּקָה וּמְבוּקָה.
desolations, מַשּׁוּאוֹת, יְשִׁימוֹת.
desolator, the abomination, transgression of the, see in שָׁמֵם Po.
despair of, to, יָאַשׁ Ni. w. מִן.
one in, נוֹאָשׁ.
despair, to give over to, יָאַשׁ Pi. w. לִבּוֹ.
to let, יָאַשׁ Pi. w. לִבּוֹ.
desperate, אָנוּשׁ, נוֹאָשׁ.
despicable, to become, קָלָה II Ni.
despise, to, בּוּז c. acc., oftener לְ., בָּזָה K. Hi., זָלַל Hi. (w. Chald. flexion), מָאַס, נָאַץ K. Pi., נָבַל Pi., קָלַל Hi., שׁוּט II, שָׁקַץ Pi.
despised, בָּזוּי, נִבְזֶה, בּוּז, מְנֹאָץ, צָעִיר, נִתְעָב, נִקְלֶה.
ones, בּוּזָה f. coll.
to be, זָלַל, קָלַל.
to be low and, צָעַר.
to become, קָלָה II Ni.
to make, קָלַל Hi.
despoil, to, קָבַע c. dupl. acc., שָׁלַל.
despond, to cause to, בָּהַל Pi. (Keri), בָּלָה Pi. (Cheth.)
desponding, to be, כָּאָה Ni.
destine, to, יָצַר w. לְ.
destined, to be, פָּתַר Hithp. c. לְ.
destinies, (Ch. אֹרַח.)
destiny, גּוֹרָל m., עִתִּים plu., usually f. (Ch. אֹרַח.)
adverse, תַּהְלוּכִים plu.
destitute, חָדֵל, עַרְעָר, עֲרִירִי.
destroy, to, אִבַּד Pi. Hi., אָבַד, אָשַׁם Hi., בָּלַע K. Pi., בָּעַר Pi. Hi., see דָּבַר Pi. Note., דָּכָה II, חָלַךְ and יָלַךְ Hi., חָתַף, חָרַם K. Pi., חָבַל Pi., חָצַב and חָצַב K. Hi., חָרֵב and חָרַב K. Hi., טָמֵא Pi., יָרַשׁ Hi., כָּאַב Hi., כָּחַד Hi., כָּלָה Pi., כָּרַת K. Hi., כָּשַׁל Hi., מוּל Hi., מָחָה K. Hi., נָכָה Hi., נָתַץ Pi., סָלָה, נָשָׂא, נָתַץ K. Pi., נָתַשׁ, סוּף Hi., Pi., סָפָה, עָרָה II, צָמַת K. Pi. Hi. Pil., קוּר Pilp., קָצַץ K. Pi., רָזָה, רָצַץ Hi., רָשַׁשׁ Po., שָׁבַר, שָׁבַת Hi., שָׁדַד K. Pi. Po., שָׁחַת Pi Hi., שָׁלַךְ Hi., שָׁמַד Hi. (Ch. אֲבַד Aph., חֲבַל Pa., סְתַר Pa., שְׁחַת, שְׁצַר Aph.)
one's self, to, רָצַץ Hithpo., הִשְׁחִית נַפְשׁוֹ, שָׁמֵם Hithpo.
utterly, to, בָּלַע Pi., הָמַם, חָרַם Hi.
destroyed, מִשְׁחָת m. concr.
soon to be, see in שָׁדַד.

destroyed, to be, אָבַד, אָשֵׁם K. Ni., בָּהַל Ni., בָּלַע Ni. Pu., דָּמַם Ni., דָּכָה Pu., חָבַל Ni. Pu., חָרֵב and חָרַב, כָּחַד Ni., כָּלָה, כָּרַת Ni., מוּת, מָחָה Ni., נָתַץ Ni. Pu. (once pret.), Ho. (once fut.), עָקַר Ni., צָדָה I Ni., רָשַׁשׁ Pu., שָׁדַד Pu. Ho., שָׁחַת Ho. Ni., שָׁמַד Ni., תָּמַם. (Ch. חֲרַב Hoph.)

destroyer, בְּלִיַּעַל, מַשְׁחִית, שֹׁדֵד.

destroyers, מְמִתִים.

the, הַמַּשְׁחִית.

destruction, אֹבֵד m., אֲבַדּוֹן m., אַבְדָן m., אָבְדָן, אֵיד m., אֵשׁ com., בְּלִי, בְּלִיַּעַל, בֶּלַע m., דַּכָּה f., הַוּוֹת f. (plu. only), הֲרֵסָה f., הֲרִיסוּת f., see הֶרֶס, חֵבֶל m., יְשִׁימוֹת plu. (Cheth.), כִּיד m., כָּלָה f., כִּלָּיוֹן m., מְחִתָּה f., מֶרֶץ m., מְחִתָּה f., מַר m., מַשְׂטֵמָה f., מַשְׁחִית, מַשְׁחֵת (once), מִשְׁחָת m., מִשְׁחָת m., צְמִים m. sing., קֶטֶב m., see קְפָדָה, קֵץ m., קָצִיר m., קֶרֶץ m., רְזִי m., רָעָה f., שָׁאוֹן m., שֶׁבֶר and שֶׁבֶר m., שִׁבָּרוֹן m., שֹׁד II m., שׁוֹא (once plu., c. suff.), שֵׁיא m., שׁוֹאָה f., see שַׁחַת Note., הַשְׁמֵד, תְּבוּסָה f., תַּבְלִית f.

cause of, פַּח I m.

given over to, שָׁדוּד.

place of, אֲבֵדָה f., אֲבַדּוֹן m.

sudden, נִבְהָלָה f., בֶּהָלָה f. (w. the article), בַּלָּהוֹת plu.

to give over to, בָּלַע Pi.

utter, חֵרֶם once חָרֶם.

destructions, מִשְׁפָּת m. (only in plu., c. suff.)

destructive, מַי.

the, תַּלְפִּיּוֹת (only plu.)

detain, to, עָצַר.

detected, to be, מָצָא Ni.

determinate object, particle denoting the, אֵת I.

determine, to, גָּבַל w. acc. of boundary, גָּזַר (fut. A.), חָרַץ, יָעַץ. (Ch. גְּזַר.)

determined, (something), נֶחֱרָצָה f.

to be, חָתַךְ Ni., נָצַב Ho.

detest, to, שָׁקַץ Pi.

detestable, to be, תָּעַב Ni.

detract, to, גָּרַע.

detraction, רָכִיל m.

detriment, (Ch. חֲבָלָה f.)

to suffer, (Ch. נְזַק.)

devastation, בּוּקָה f. (once), שֵׁאת f.

deviate, to, שָׂטָה.

deviations, שֵׂטִים.

device, הִגָּיוֹן m., זָמָם m., חֵשֶׁב m., מְזִמָּה f., מַחֲשָׁבָה and מַחֲשֶׁבֶת f.

devices, חִשְּׁבֹנוֹת m. plu.

cunning, תַּחְבֻּלוֹת.

wicked, see מְכֵרָה.

Devil, the, הַשָּׂטָן.

devise, to, בָּרָא w. מִלִּבּוֹ, הָגָה I, חָפַשׂ, חָשַׁב K. Pi., טָפַל, יָעַץ, יָצַר w. עַל.

(evil), to, חָרַשׁ K. Hi. w. עַל against.

devised, to be, חָפַשׂ Pu.

devote, to, חָרַם Hi.

one's self, to, נָזַר Ni. Hi.

to destruction, to, חָרַם Hi.

devoted, one, נָזִיר m.

to be, דָּבַק and דָּבֵק w. בְּ, לְ.

to God, anything, חֵרֶם once חֶרֶם.

devotion, (to destruction), חֵרֶם once חֶרֶם.

devour, to, אָכַל, בָּלַע K., see also Pi., גָּזַר (fut. O.), חָסַל, see לָחַם, כִּרְסֵם. (Ch. אֲכַל.)

devoured, a thing, בֶּלַע m.

to be, כָּרַת Ni.

devouring, a, אֹכֶל m.

dew, טַל m. (Ch. טַל.)

fall of, שִׁכְבַת הַטָּל.

morning, טַל m.

dew-drops, רְסִיסִים.

dexterity, חָכְמָה f. (Ch. חָכְמָה.)

diadem, כֶּתֶר m., נֵזֶר m., עֲטָרָה f., צְפִירָה f.

dialect, לָשׁוֹן com., שָׂפָה f.

diamond, שָׁמִיר m.

die, a, פּוּר m. (Persian word.)

die, to, גָּוַע (mostly poet.), דּוּב, מוּת (the instrument or cause usually with בְּ), עָבַשׁ (spoken of seeds, once), קָפַץ Ni.

difference between, בֵּין—לְ (after verbs

of seeing, understanding, teaching, and the like.)
different, (Ch. Pa. part. pass. of שְׁנָא.)
to be, שָׁנָה I c. מִן. (Ch. שְׁנָא c. מִן.)
difficult, בָּצוּר, כָּבֵד, קָשֶׁה, רָם. (Ch. יַקִּיר.)
things, רָאמוֹת.
to be, בָּצַר Ni. c. מִן., פָּלָא Ni., קָשָׁה I, שָׂגַב Ni.
to be too, פָּלָא Ni. w. מִן.
to make, קָשָׁה I Hi.
difficulty, כְּבֵדוּת f.
diffuse, to, פָּסַס.
dig, to, חָפַר I, חָקָה Hithp., see כּוּר I, כָּרָה I, קוּר.
a pit for, to, חָפַר I c. לְ.
for, to, חָפַר I.
in, to, בָּאַר Pi. c. עַל.
out, to, חָפַר I.
over, to, עָזַק Pi. (only.)
through, to, חָתַר.
under, to, קַרְקַר Pilp.
up, to, עָזַק Pi. (only.)
digged, to be, עָדַר Ni.
digger, אִכָּר m.
dignity, גַּאֲוָה m., יְקָר m., שְׂאֵת f. (Ch. יְקָר m.)
royal, כִּסֵּא m.
dilate, to, פָּתַח Hi.
diligent, חָרוּץ II.
to be, חָזַק w. inf. c. לְ.
diligently, הֵיטֵב. (Ch. אַדְרַזְדָּא, אָסְפַּרְנָא.)
dim, כֵּהָה f. (only.)
to be, כָּהָה.
to become, עָמַם, כָּהָה Ho.
diminish, to, מָעַט, גָּרַע, אָבַל Hi.
diminished, to be, מָעַט, חָסֵר, נִגְרַע מִן, קָלַל.
dine, to, אָכַל לֶחֶם.
dip, to, טָבַל, רָבַךְ (only Hoph. part.)
in, to, טָבַל w. acc. of thing, בְּ of liquid. (Ch. צְבַע.)
one's self, to, טָבַל.
direct, to, יָשַׁר Pi., כּוּן Pil. Hi., שׂוּם and שִׂים, שִׁית.
words to, to, עָרַךְ w. לְ.

directed, to be, יָשַׁר Ho.
director, a, נְצַח.
directors, שֹׁטְרִים.
dirt, see פַּרְשְׁדוֹן.
to remove, טֵאטֵא Pilp. (once.)
dirty, to be, קָדַר.
color, to be of a, קָדַר.
garments, to go about in, קָדַר.
disallow, to, נוּא Hi.
disappoint, to, בּוֹשׁ Hi., בָּלַע Pi., כָּחַשׁ Pi.
disappointed, to be, בּוֹשׁ.
disband, to, חָלַם.
disbranch, to, סָעַף Pi.
discern, to, בִּין K. Hi., יָדַע.
between, to, בָּדַל Hi. (constr. c. בֵּין—לְ, בֵּין—לְבֵין, בֵּין—וּבֵין), רָאָה בֵין.
discernment, טַעַם m. (Ch. טְעֵם m.)
discharge, מִשְׁלַחַת f.
disciple, בֵּן m., לִמּוּד, תַּלְמִיד m.
female, בַּת I f.
discipline, מוּסָר m.
to, לָמַד.
disclose, to, גָּלָה.
discomfit, to, הָמַם, חָלַשׁ, פּוּץ Hi.
discontinue, to, שָׁמַט w. מִן.
discouraged, to be, רָפָה I Hithp.
discouragement, רִפְיוֹן w. יָדַיִם added.
discourse, אֵמֶר (poet.), אֹמֶר (poet.), אִמְרָה f. (poet.), אֶמְרָה f. (poet.), דָּבָר m., לֶקַח m., מִלָּה f. (only poet.), פֶּה m., קוֹל m., שִׂיחַ I m. (Ch. מִלָּה f.)
to, סָפַר Pi.
discover, to, מָצָא, יָדַע. (Ch. יְדַע.)
one's self, to, גָּלָה Ni.
discovered, to be, גָּלָה Ni.
discreet, נָבוֹן.
to be, בִּין Ni.
discreetly, בַּדַּעַת.
to act, עָרַם I Hi.
discretion, (Ch. עֵטָא.)
disdain, to, בָּחַל בְּ (prob.), לָאָה Ni.
disease, חֳלִי m., חָפְשִׁית and חָפְשִׁית f., מַדְוֶה m., מַחֲלֶה m., מַחֲלָה f.
diseased, to be, חָלָה.

diseased, to make, חָלָה Hi.
diseases, תַּחֲלֻאִים, מַחֲלֻיִים (only plu.)
disfigure, to, see כּוּר I, see שָׁנָה Pi. 3.
disgrace, בֹּשֶׁת f., חֶסֶד, חֶרְפָּה f., נַבְלוּת f., כְּרִיָּה f.
to, בּוּשׁ Hi., חָסַד Pi., נָבֵל Pi.
to cause, חָפֵר II Hi.
disgraced, to be, יָבֵשׁ Hi., כָּלַם Ni.
disguise one's self, to, חָפַשׂ Hithp., שָׁנָה I Hithp.
disgust, to excite, נָאַץ Hi.
to feel, קוּץ I w. בְּ.
dish, כַּף f., סֵף m., סֵפֶל m. (only in Judges), צְלֹחִית f., צַלַּחַת f., קְעָרָה f.
a deep, קְעָרָה f.
dishes, צְלָחוֹת (only plu.)
sacrificial, מְנַקִּיּוֹת (only plu.)
dishonor, קָלוֹן m.
dislocated, to be, יָקַע (only fut.)
dismay, חַת m., חִתִּית m.
to, חָתַת Pi.
dismayed, חַת, חַתְחַת.
to be, see חָגַג, חָתַת K. Ni.
dismiss, to, פָּדָה, פָּטַר, פָּרַע K. Hi., רָפָה I Hi., שָׁלַח Pi.
dismission, שִׁלּוּחִים plu.
dispart, to, פָּשַׂק K. Pi.
disperse, to, בָּזַר, זָרָה Pi., זָרַע, חָלַק Pi., נָדַח Hi., נָטַשׁ, נָפַץ K. (only in pret. and inf. absol.), Pi., פּוּץ K. (only fut. and imp.), Hi., פָּזַר K. (only part. pass. f.), Pi., פָּסַס, פָּרַד Hi., פָּרַץ, פָּרַשׂ Pi.
one's self, to, פּוּץ Hi., פָּרַץ.
themselves, to, נָפַץ K. (only in pret. and inf. absol.), פּוּץ K. (only fut. and imp.), Ni. (only pret. and part.), פָּרַד Ni.
dispersed, פּוּץ.
to be, פּוּץ Ni. (only pret. and part.), פּוּשׁ Ni., פָּזַר Ni. Pu., פָּרַד Ni. Hithp., פָּרַשׁ Ni., see פָּרַשׂ Ni.
disperser, a, מֵפִיץ.
dispersion, נִפֵּץ, see נֶפֶץ, פֶּרֶץ m.
dispersions, see in תְּפוֹצָה.
displaced, to be, זָחַח Ni.
displease, to, (Ch. בְּאֵשׁ w. עַל.)
displeasing, רַע.
disposal, to leave at one's, עָזַב בְּיַד פ'.
disposed, to be, אָבָה.
disposition, (arrangement), מַעֲרָךְ m., מַעֲרָכָה f.
(spirit), רוּחַ f.
dispossess, to, יָנָה Hi. (w. acc. of pers. and מִן), יָרַשׁ also יָרֵשׁ K. Pi. Hi., נָחַל.
dispossessed, to be, רוּשׁ.
dispute with, to, יָכַח Ni. Hithp. c. עִם.
disquiet, זְוָעָה f., רֹגֶז m.
to, זוּעַ Pil., רָגַז Hi.
disquieted, to be, בּוּךְ Ni., הָמָה, סָעַר Ni.
disquietude, הָמוֹן m.
dissemble, to, נָכַר Ni. Hithp.
dissimulation, מַשָּׁאוֹן m.
dissipate, to, בָּזַר.
dissolve, to, מָסָה Hi.
dissolved, to be, מוּג K., see also Ni.
dissuade from, to, נוּא Hi. w. מִן.
distance, רָחוֹק m.
at a, מִנֶּגֶד, בְּרָחוֹק (once.)
to a, מֵרָחוֹק and עַד מֵרָחוֹק (after verbs of motion), עַד רָחוֹק.
distant, רָחוֹק. (Ch. רַחִיק.)
far, רָחוֹק.
land, אֶרֶץ מֶרְחָק.
place, מֶרְחָק m.
to be, רָחַק.
distil, to, דָּלַף, נָטַף, עָרַף I, רָעַף K. Hi.
distinction, פְּדוּת f.
distinctly, מְפֹרָשׁ. (Ch. מְפָרַשׁ.)
distinguish, to, בָּדַל Hi. (constr. c. בֵּין—, בֵּין—לְ, בֵּין—לְבֵין, וּבֵין), נָקַב, פָּלָה Hi.
distinguished, דָּגוּל, נִכְבָּד.
to be, פָּלָא Ni., פָּלָה Ni.
to make, פָּלָא Hi., פָּלָה Hi.
to show one's self, פָּלָא Hithp.
distorted, to be, עָוָה Ni.
distracted, to be, פּוּן (once.)
distress, לַחַץ m., מוּצָק m., מָצוֹק m., מְצוּקָה f., מָצוֹר I m., מֵצַר m., עֳנִי

m., עֹשֶׁק m., עָשְׁקָה f., צוֹק m., צוּקָה f., צַר m., צָרָה f., תְּלָאָה f.
distress, one in, אִישׁ בְּצוֹק.
to, לָחַץ, צוּק I Hi. c. dat., צָרַר Hi.
to be in, יֵצַר impers., צָרַר impers.
distressed, עָנִי, אֶבְיוֹן.
to be, נִגַּשׂ Ni., צָרַר.
distribute, to, חָלַק K. Pi., נָחַל K. Pi.
among, to, חִלֵּק Pi. w. לְ.
largely, to, פִּזַּר Pi.
one's self, to, חָלַק Ni.
district, גְּבוּל m., חֶבֶל m., כִּסֵּא m., מְדִינָה f. (later Heb.), מָקוֹם com., פֶּלֶךְ m. (Ch. מְדִינָה f.)
disturb, to, הָמַם, נוּעַ Hi., עָכַר, רָשַׁע Hi. (Ch. שְׁבַשׁ Pa.)
disturbance, תִּיפָה.
disturbed, to be, רָגַז.
ditch, a, חָרוּץ I m., יְאֹר m. (Egyptian word.)
dithyrambic ode, שִׁגָּיוֹן m.
songs, in the manner of, עַל שִׁגְיֹנוֹת.
divan, מִטָּה f., מֵסַב m., סוֹד m., עֶרֶשׂ f.
diver, (bird), see שָׁלָךְ m.
diverse, (Ch. Pa. part. pass. of שְׁנָא.)
kinds, two things of, כִּלְאַיִם du. only.
to be, שָׁנָה I c. מִן. (Ch. שְׁנָא c. מִן.)
weights, אֶבֶן וָאֶבֶן.
divide, בָּדַל Hi. (constr. c. בֵּין—וּבֵין, בֵּין—לְ, בֵּין—לְבֵין), בָּקַע, בָּתַר K. Pi., גָּזַר, חָלַק, חָצָה, חָצַץ, פָּלַג Pi., see פָּסַג Pi., פָּרַס Hi., שָׁסַע. (Ch. פְּרַס, פְּלַג.)
and distribute, to, חָצָה w. בֵּין—וּבֵין.
among themselves, to, חָלַק Ni. Hithp.
one's self, to, חָלַק Ni., חָצָה Ni.
out, to, חָבַר, זָזָה (once), חָלַק Pi., מִזָּה Pi. w. לְ of pers. (later Heb.)
out by lot, to, נָפַל Hi. w. acc. of thing and לְ of pers.
out to, to, חָלַק w. לְ.
up, to, perh. בָּזָא (once.)
divided, סֵעֵף.
divided opinions, סְעִפִּים f. plu.
out, to be, חָצַץ Pu., פָּרַד Ni.
to be, בָּקַע Ni., חָצָה Ni., חָצַץ, פָּרַת Ni., פָּלַג Ni., פָּרַד Ni.
divider, a, מַבְדִּיל.
dividing, מַבְדִּיל.
(spoil), those, מְחַצְּצִים.
divination, מִקְסָם m., קֶסֶם m.
reward of, קֶסֶם m.
to practise, נָחַשׁ I Pi., קָסַם (only of false prophets.)
divine, to, נָחַשׁ I Pi., קָסַם (only of false prophets.)
blessing, בִּרְכַּת יְהוָֹה.
communication, חִזָּיוֹן m.
influence, to speak under a, נָבָא Ni.
instruction, נֵר m.
diviner, קֹסֵם.
diviners, (Ch. גָּזְרִין.)
divining spirit, אוֹב.
division, חֲלֻקָּה f., מַחֲלֹקֶת f., מִפְלַגָּה f., פְּרוּת f., פְּלֻגָּה f. (Ch. פְּלֻגָּה or פְּלֻגָּא.)
divorce, כְּרִיתוּת f.
to, גָּרַשׁ, שִׁלַּח Pi.
do, to, גָּלַל I Hithpo., עָשָׂה I, פָּעַל (poet.), שׂוּם and שִׂים, שִׁית (rarely). (Ch. עֲבַד.)
a second time, to, שׁוּב.
again, to, יָסַף K. Hi. (both defect.), שׁוּב, שָׁנָה I.
away, to, כִּפֶּר Pi.
further, longer, the more, to, יָסַף K. Hi. (both defect.)
not to, חָדַל and חָדֵל.
the second time, to, שָׁנָה I.
to, to, גָּמַל w. two acc., of pers. and of thing.
doctrine, אוֹר m., לֶקַח m.
document, כְּתָב m. (Ch. כְּתָב m.)
dog, כֶּלֶב m.
dog-fly, see עָרֹב.
doing, עֲלִילָה f., פְּעֻלָּה f.
domestic beasts, בְּהֵמָה f. coll.
domicil, כִּמְהָה f.
dominion, מַלְכוּת f. (later Heb.), מַמְלָכָה

f., מִמְשָׁל m., מֶמְשָׁלָה f., מִשְׂרָה f., מִשְׁטָר m., הַמְשֵׁל , מֹשֶׁל m., פִּרְזוֹן m. (Ch. מַלְכוּ f., שָׁלְטָן m.)

dominion over, to have, בָּעַל w. לְ., שָׁלַט c. בְּ. (later Heb.)

to gain, שָׁלַט c. בְּ. (later Heb.)

to have, מָשַׁל , נָגַשׂ , רָדָה c. בְּ over., שׂוּר I, שָׂרַר. (Ch. שְׁלֵט c. בְּ in or over.)

to let have, שָׁלַט Hi. (later Heb.)

to, to give, מָשַׁל Hi. w. acc. of pers. and בְּ of thing.

done, ought not to be, see in עָשָׂה I Ni.

(something), מַעֲשֶׂה m.

to be, בָּרָא Ni., הָיָה K. Ni. (only pret. and part.). (Ch. עֲבַד Ithpe.)

to have, חָמַם w. inf. c. לְ.

door, דַּל m. (once), דְּלָה f. (Keri), דֶּלֶת f., דְּלָתוֹת plu., פֶּתַח m. (Ch. תְּרַע m.)

double, folding, דְּלָתַיִם f. (du. for the most part, sometimes in sing.)

door-keepers, (Ch. תָּרָעַיָּא plu. emphat.)

door-post, מְזוּזָה f.

door-way, פֶּתַח m.

doors, out of, חוּץ.

whatever is out of, חוּץ m.

dote, to, יָאַל I Ni.

on, to, עָגַב c. עַל , אֶל.

double, כָּפוּל , כִּפְלַיִם du., מִשְׁנֶה.

enclosure, מִשְׁפְּתַיִם du.

folds, כִּפְלַיִם du.

the, מִשְׁנֶה m., שְׁנַיִם m. du.

to, כָּפַל.

to be, תָּאַם.

doubled, תְּאֹמִים plu.

doubling, a, כֶּפֶל m.

doubt, without, אַךְ.

doubter, סֵעֵף.

dough, בָּצֵק m.

dove, יוֹנָה f.

dove-cote, אֲרֻבָּה f. (once in sing.)

dove-house, אֲרֻבָּה f. (once in sing.)

dove's dung, דִּבְיוֹנִים (Keri.)

doves, young, בְּנֵי יוֹנָה.

down, מַטָּה , לְמַטָּה , תַּחַת.

down, a letting, נַחַת f., שִׁפְלוּת f.

that which is let, נַחַת f. concr.

to let, דָּלָה , יָרַד Hi., נוּחַ Hi., רָפָה I Pi., שָׁלַח Pi.

to let one's self, צָנַח , שָׁכַן also שָׁכֵן.

upon, עַל.

downcast, see שַׁח.

downward, לְמַטָּה.

downwards, לְמַטָּה , מַטָּה , תַּחַת.

dowry, זֶבֶד m., שִׁלּוּחִים m. plu.

drag, to, מָשַׁךְ , סָחַב.

away, to, גָּרַר K. Hithpo.

dragged together, to be, גָּרַר Ni.

dragon, תַּנִּים sing., תַּנִּין m.

dragons, see in תַּנָּה.

drain, to, מָצָה.

draw, to, מָשָׁה I K. Hi., מָשַׁךְ.

along, to, סָחַב.

away, to, נָתַק c. מִן.

away from, to, נָדַח Hi. c. מִן.

back, to, אָסַף , סוּג K. c. מִן , Ni., שׂוּג I, שׁוּב Hi.

forth, to, גִּיחַ and גּוּחַ , שָׁלַף.

in the feet, to, קָפָא.

in the yoke, to, מָשַׁךְ w. בְּ of manner.

near, to, נָגַשׁ K. fut. Ni. pret. w. אֶל , Hithp., סָפַח c. אֶל., קָרַב I and קָרֵב. (Ch. קְרֵב.)

near to, to, נָגַע Hi. w. עַד., קָרַב I Hi. w. inf. and לְ.

off, to, חָלַץ , נָשַׁל , שָׁלַף.

on, to, מָשַׁךְ.

one's sword, to, שָׁלַף חַרְבּוֹ.

one's self together, to, קָפַד Pi.

one's self up, to, קָפַץ Ni.

out, to, דָּלָה Pi., חָלַץ K. Pi., יָצָא Hi., מָשָׁה I K. Hi., מָשַׁךְ w. מִן., נָטַשׁ , נָשַׁל , רוּק Hi., see שָׁלַח 3., שָׁלַל , שָׁלַף.

out with relish, to, מָצַץ.

the bow, to, מָשַׁךְ בַּקֶּשֶׁת.

together, to, קָפַץ.

towards, to, מָשַׁךְ.

(water), to, דָּלָה , שָׁאַב.

(water from the surface), to, חָשַׂף.

draw up, to, אָסַף, עָלָה Hi., שׂוּם and שִׂים.
drawers (of Heb. priests), מִכְנְסֵי (plu. or du. constr. only.)
drawing, a, מֶשֶׁךְ m.
near, a, קְרָבָה f.
nigh, (adj.), קָרֵב.
drawings in (of a wall), מִגְרָעוֹת.
drawn in, to be, אָצַל Ni., קָפַץ Ni. (Cheth.)
over, to be, עָלָה.
swords, פְּתִחוֹת.
dread, אֵימָה f., דְּאָבָה f., דְּאָגָה f., חַת m., חִתִּית f.
dreadful, נוֹרָא.
dream, a, חֲלוֹם m., see שֵׁנָה. (Ch. חֵלֶם m.)
to, חָזָה, חָלַם.
dreams, to talk in one's, הָזָה.
dregs, שְׁמָרִים.
drench, to, רָוָה Pi. Hi.
drenched, to be, רָוָה K. Pi. c. מִן.
dress, כְּלִי m., שִׁית m.
(the head), to, יָטַב Hi.
to, עָטָה I.
dressed, to be, עָדַר Ni.
and offered, to be, עָשָׂה I Ni.
dresser, a, חֹבֵשׁ.
dried, to be, חָרֵב Pu.
up, to be, חָסַךְ Ni., חָרֵב and חָרַב, חָרַר Ni, יָבֵשׁ Hi., נָתַשׁ Ni.
drink, מַשְׁקֶה m., מִשְׁתֶּה m., שִׁקּוּיִם (only plu.), שִׁקּוּי m.
abundant, רְוָיָה f.
causing to, מַשְׁקֶה.
deeply, to, שָׁכַר I.
in, to make, רָוָה Pi.
of, to, שָׁתָה I w. מִן.
out greedily, to, מָצָה.
strong, שֵׁכָר m.
to, שָׁתָה I. (Ch. שְׁתָה and שְׁתָא.)
to be sated with, רָוָה.
to excess, to, סָבָא.
to give to, גָּמָא Hi., רָוָה Hi., שָׁקָה Hi.
to hilarity, to, שָׁכַר I.
to let, שָׁקָה Hi.

drink together, to, שָׁתָה I.
drink-offering, נְסִיךְ m., נֶסֶךְ m., and נֵסֶךְ. (Ch. נְסַךְ.)
drinking, a, מִשְׁתֶּה m., שְׁתִי I m., שְׁתִיָּה f.
drinking-bout, a, סֹבֶא m.
drinking-troughs, see שְׁקָתוֹת.
drinking-vessels, כְּלֵי מַשְׁקֶה.
drip, to, דָּלַף.
dripping, דֶּלֶף m.
drive, to, הָמַם, נָגַשׂ, נָהַג K. Pi.
away, to, נָדַח I Hi. (Keri), נָדַף.
away by a puff, to, נָשַׁב Hi.
back, to, שׁוּב Hi.
down, to, צָדַד Hi.
forth, to, (Ch. טְרַד.)
hard, to, דָּפַק.
(in a vehicle), to, רָכַב.
into, to, תָּקַע.
off, to, נָהַג.
out in haste, to, בָּהַל Hi.
out of a possession, to, יָרַשׁ Hi.
out, to, גָּרַשׁ K. Pi., הָדַף w. מִפְּנֵי, יָבַשׁ ., מִלִּפְנֵי also יָבַשׁ, נָדַח Hi., נוּד Hi., נָחַל, נָשַׁל Pi., יָרַשׁ.
driven about, to be, נוּד.
away, to be, דָּחָה Pu.
forth, to be, נָדַח Pu.
out, נִדָּח II m. concr., סוּר, see שָׁלַח Pu.
out, to be, נָדַח Ni.
to be, גָּרַשׁ Ni., סָעַר Po., שָׁלַח Pu.
up and down, דָּדָה.
driver, נֹגֵשׂ, רַכָּב m.
driving, מִנְהָג m., רִכְבָּה f.
out, a, גְּרֻשָׁה f.
to fix, to fasten by, תָּקַע.
dromedaries, כִּרְכָּרוֹת.
droop, to, אָמַל or אֻמַּל K. (part. pass.), Pul. (only in poetry.)
drop, a, מַר m., נָטָף m.
off, to, נָשַׁל.
to, דָּלַף, נָטַף K. Hi., נָפַל Hi., עָרַף I, רָעַף K. Hi.
to let, רָפָה I Hi.
dropping, a, בְּכִי m., דֶּלֶף m., נֹפֶת f.
continual, דֶּלֶף טֹרֵד.

droppings, (of honey), נֹפֶת m.
drops, perh. כּוּמָז m. coll.
(for the ears), נְטִיפוֹת.
(of dew), see in אֵגֶל, רְסִיסִים.
to fall in, נָטַף.
to flow out in, סָפַח Pi.
to let fall in, נָטַף K. Hi.
dross, בְּדִיל m., סִיג m. (Keri.)
drought, בַּצֹּרֶת f., חֹרֶב f., חֹרֶב m., חֲרָבוֹן m., צִיָּה f.
droughts, צַחְצָחוֹת.
drove, a, עֵדֶר m., צֹאן com.
drowned, to be, שָׁקַע.
drum, a, תֹּף m.
drunk, שִׁכּוֹר.
to be, רָוָה Pi.
to get, שָׁכַר I Hithp.
to make, שָׁכַר I Pi. Hi.
to make one's self, שָׁכַר I Hithp.
drunkard, סֹבֵא.
drunkards, סָבָאִים (Keri.)
drunken, שְׁכוּרָה, סָבוּא.
to be, שָׁכַר I.
drunkenness, יַיִן m., שִׁכָּרוֹן m., תַּרְעֵלָה.
dry, חָרֵב, יָבֵשׁ, יַבָּשָׁה only f., יַבֶּשֶׁת f., צִחִיחַ, צִחֶה, יָשֵׁן, צָנוּם. (Ch. יַבֶּשְׁתָּא st. emphat.)
and parched land, צְחִיחָה f., צְחִיחִי (Cheth.)
earth, עָפָר m.
grass, חֲשַׁשׁ m.
land, אִי I, הֶחָרָבָה (only w. the art.), יַבָּשָׁה f., יַבֶּשֶׁת f.
place, צָיוֹן m. concr.
places, חֳרָבוֹת.
to be, חָרֵב and חָרַב, חָרַר, יָבֵשׁ, יָשֵׁן Ni., צָמַק.
to become, יָבֵשׁ K. Hi.
to make, יָבֵשׁ Pi. Hi.
up, to, דָּעַךְ Ni., חָרַב Hi., יָבֵשׁ K. Pi. Hi., נָשַׁת I, see נָשַׁת, צָמַק.
dryness, חֹרֶב f., חֹרֶב m., חָרָבָה f., חֲרָבוֹן m., צִיָּה f., צָיוֹן m.
due, a, מִשְׁפָּט m.
dug out, to be, נָקַר Pu.
dull, כָּבֵד, כֵּהָה f. (only.)
eyes, עֵינַיִם רַכּוֹת.

dull, to be, כָּהָה, כָּבֵד, כָּסַל (once), סָכַר Hi.
to become, קָהָה K. Pi.
to make, כָּבֵד Hi.
dullness, פְּצִירָה f.
dumb, אִלֵּם.
struck, נִדְהָם.
to be, אָלַם Ni., דָּמָה II, דָּמַם, חָרַשׁ.
to be struck, דָּמַם.
dumbness, אֵלֶם m., דּוּמָם.
dung, גָּלָל m., גֵּלֶל m., דֹּמֶן m., חֲרָאִים plu., סוּחָה f., פֶּרֶשׁ m., see פַּרְשְׁדוֹן, צְפִיעַ plu. constr. only.
balls of, גְּלָלִים.
dung-gate, שַׁעַר הָאַשְׁפֹּת.
dungeon, בּוֹר I m., more fully בֵּית הַבּוֹר.
dunghill, אַשְׁפֹּת m., מַדְמֵנָה f. (Ch. נְוָלוּ f. and נְוָלִי.)
dunghills, אַשְׁפַּתּוֹת.
dupe, to, תָּלַל Hi. c. בְּ of pers.
duplicate, מִשְׁנֶה m.
durable, אָמַן I Ni.
to make, מָשַׁךְ.
duration, עוֹלָם m.
during, בֵּן m. w. gen. of time, בַּת I f. w. gen. of time, עַד. (Ch. עַד.)
dusky color, to be of a, קָדַר.
dust, אָבָק m., אֲבָקָה f., דַּכָּא (poet.), עָפָר m., שַׁחַק m. (poet.)
at, to throw, עָפַר Pi.
cloud of, עָשָׁן m. (poet.)
fine, עָפָר m.
small, דַּק m.
to, עָפַר Pi.
to vanish in, מָלַח I Ni. (once.)
duty, יֹשֶׁר m.
to (any one), to keep one's, שָׁמַר מִשְׁמֶרֶת פ׳.
dwarf, קָלוּט (participle.)
dwell, to, גּוּר I, דּוּר, זָבַל, חָנָה (poet.), לוּן and לִין K. Hithpal., נָוָה, יָשַׁב, שָׁכַן also שְׁכַן. (Ch. דּוּר, יְתִב, שְׁרָא, רְעָה also שְׁרֵא, שְׁכַן.)
at, by, near, to, יָשַׁב c. acc.
in, to, יָשַׁב.
in, to cause to, שָׁכַן Pi. w. acc. of pers., בְּ of place.

dwell in the earth, to, שָׁכַן אֶרֶץ.
quietly, to, רָגַע Hi.
to be made to, יָשַׁב Ho.
to cause to, (Ch. יְתַב Aph., שְׁכַן Pa.)
with one's self, to let, יָשַׁב Hi.
dweller, a, יוֹשֵׁב, שָׁכֵן m., תּוֹשָׁב m. concr.
dwellers, מוֹשָׁב m. concr.
dwelling, (adj.), שָׁכוּן, נָוֶה.
a, אֹהֶל, בַּיִת m., דּוֹר m., זְבוּל m., מָגוֹר m. (once sing.), מוֹשָׁב m., מָכוֹן m., מְכוֹנָה f., מִשְׁכָּן m., נָוֶה m. (only poet.), נָוָה f., קֵן m., שֹׁךְ m., שִׁיבָה II f., שָׁכֵן m. (once), שֹׁרֶשׁ m., תְּכוּנָה I f. (Ch. מִשְׁכַּן, מְדָר.)
dwelling, in one's, סָכוֹן.
in quiet, שַׁאֲנָן.
near, one, שָׁכֵן m.
quiet, רֶבֶץ m.
dwelling-house, בֵּית מוֹשָׁב.
dwelling-place, חָצִיר m. (poet.), מָקוֹם com.
dwellings, נְאוֹת only plu. constr. (poet.), תְּנוֹת (once.)
dwelt in, to be, שָׁכַן also שָׁכֵן.
dye, פּוּךְ m.
dyed garments, צֶבַע m. concr.
garments of double embroidery, צֶבַע רִקְמָתַיִם.
something, צֶבַע m. concr.
twice, see שָׁנִי.
dyeing, (of garments), צֶבַע m.

E

each, אִישׁ m., גֶּבֶר m. (poet.). Note.—Each is indicated by repeating the noun with the insertion of the copula.
eager, see חָמֵשׁ II part. pass., חָרוּץ II.
to be, חָרַץ (once), שָׁקַק.
eagle, נֶשֶׁר m. (Ch. נְשַׁר.)
(a species of), עָזְנִיָּה f., פֶּרֶס m.
ear, אֹזֶן f.
to give, אָזַן I Hi.
ear, a green, אָבִיב m.
(of grain), אָבִיב m., מְלִילָה f. (once), סִבֹּלֶת (dialect of Ephraimites), שִׁבֹּלֶת f.
ear-drops, נְטִיפוֹת.
ear-ring, נֶזֶם m., עָגִיל m.
ear-rings, see לַחַשׁ 3.
ear-witness, to be an, שָׁמַע.
earlier, the, רִאשׁוֹן m.
earliest, רִאשׁוֹן m., רִאשֹׁנָה f.
early, לַבֹּקֶר, בַּבֹּקֶר, אוֹר בֹּקֶר, oftener (poet.), עַד בֹּקֶר, בֹּקֶר, שָׁכַם Hi. w. another verb in infin., הַשְׁכֵּים.
fruit, to bear, בָּכַר Pi.
to do, קָדַם Pi. w. infin., שָׁכַם Hi. w. an infin.
to rise, שָׁכַם Hi.
early to, to get up, שָׁכַם Hi. w. לְ.
earnest, an, עֵרָבוֹן m.
earnestly, to do, שָׁכַם Hi. before another verb.
earnings, יְגִיעַ m., יֶגַע m., עִזְבוֹנִים.
ears, to point, to prick up the, אָזַן I Hi.
earth, אֲדָמָה f., אַם f. (poet.), אֶרֶץ com., תֵּבֵל f. (poet.). (Ch. אֲרַע, אֲרַק.)
clods of, עֲפָרוֹת m. plu.
dry, עָפָר m.
the whole, תֵּבֵל f. (poet.)
upon the, עַל עָפָר.
earthen vessel, כְּלִי חֶרֶשׂ, עָצֶב m.
vessels, נִבְלֵי חֶרֶשׂ.
ware, (Ch. חֲסַף טִינָא.)
earthy particles, אֶרֶץ com.
ease, at, (adj.), שָׁלֵו.
living at, שַׁאֲנָן.
ease one's self, to, הֵסֵךְ רַגְלָיו.
easily enticed and seduced, פֶּתִי m. concr.
East, the, מוֹצָא m., מִזְרָח m., מוֹצָאֵי plu., קֶדֶם m., קָדִים m.
at the, מִקֶּדֶם, כְּמִזְרָח.
of, at the, מִקֶּדֶם לְ.

East of, on the, קִדְמַת , מִקֶּדֶם .
of, to the, עַל־פְּנֵי .
on the, מִמִּזְרָח .
side, פְּאַת קָדִים .
towards the, מִזְרָחָה , מִזְרָח , לְמִזְרָח ,
קֵדְמָה .
wind, קָדִים m.
eastern, קַדְמֹנִי , קַדְמוֹן .
quarter, קֶדֶם m.
eastward, קָדִים , מִקֶּדֶם , מִזְרָחָה , מִזְרָח ,
קֵדְמָה .
of, קִדְמַת , מִקֶּדֶם לְ , עַל־פְּנֵי , לִפְנֵי .
the east side, פְּאַת קֵדְמָה מִזְרָחָה .
easy, to be, קָלַל Ni.
eat, to, אָכַל , בָּרָה K. Pi., גָּזַר (fut. O.),
לָחַם (poet.). (Ch. אֲכַל .)
a little, to, טָעַם .
off, to, אָכַל , חָסַל .
to cause to, בָּרָה Hi. w. two accs.,
בָּרָה Hi. (Ch. טְעַם Pa.)
eat, to give to, אָכַל Hi., בָּרָה Hi. w. two
accs., לָעַט Hi. (once.)
up, to, אָכַל K. Pi., בָּלַע Pi. Hi.
eating, an, אֲכִילָה f., אֹכֶל m.
ebony, ebon-wood, הָבְנִים (Keri.), הוֹבְנִים
(Cheth.)
ebullition, פַּחַז m.
Ecclesiastes, see קֹהֶלֶת .
Eden, עֵדֶן .
edge, גְּבוּל m., פֶּה m., פֵּאָה m., פָּנִים
plu., צוּר m., שָׂפָה f.
edges, פִּיפִיּוֹת .
having, בַּעַל פִּיפִיּוֹת .
edict, דָּת f. (later Heb.), מַאֲמָר m.
(later Heb.), מִכְתָּב m. (Ch. דָּת f.,
טְעֵם m., מֵאמַר , פִּתְגָם m., קְיָם m.)
to set forth an, (Ch. שׂוּם טְעֵם .)
edifice, בִּנְיָן m., הֵיכָל com., מִבְנֶה m.
(Ch. בִּנְיָן .)
Edom, אֱדֹם .
effatum, דָּבָר m., מַשָּׂא m., מַשְׂאֵת f.,
נְאֻם m.
effect, מַעֲשֶׂה m.
to, עָשָׂה I.
effects, (goods), מַעֲשֶׂה m.
effeminate, עָדִין .
effete, see בָּלָה .

effusion, see שִׁכְבָה .
eggs, בֵּיצִים f. plu. (not found in sing.)
to lay, מָלַט , יָלַד Pi.
Egypt, see חָם II b., מָצוֹר II, מִצְרַיִם ,
see רַהַב .
Lower, see מָצוֹר II.
Upper, פַּתְרוֹס .
Egyptians, see סִינִים at end.
eight, שְׁמֹנָה w. f., שְׁמֹנֶה w. m.
eighteen, eighteenth, שְׁמֹנֶה עֶשְׂרֵה f.,
שְׁמֹנָה עָשָׂר m.
eighth, the, שְׁמִינִי m., חֲשְׁמִינִית f.,
שְׁמֹנֶה w. f., שְׁמֹנָה w. m.
eighty, שְׁמֹנִים .
either, אוֹ .
eject, to, נָשַׁל , שָׁלַח Pi.
elaborately shaped, to be, רָקַם Pu.
wrought, to be, רָקַם Pu.
elated, גֵּא , גֵּאֶה , יָהִיר .
to be, see גָּבַהּ 3., עָפַל Pu.
elation, מָרוֹם m., רוּם m., שְׂאֵת f., שַׁחַץ
m.
elder, גָּדוֹל , רַב .
elders, זְקֵנִים . (Ch. שָׂבַיָּא plu. emphat.)
eldest, גָּדוֹל .
elegance, חֵן m., חֶסֶד (once), חֵפֶץ m.
elegy, נְהִי m.
elephant, see בְּהֵמוֹת .
elephantiasis, see שְׁחִין .
elevate, to, נוּף .
elevated, one, נָשִׂיא m.
seat, כִּסֵּא m.
stage, מִגְדָּל m.
state, נְדִיבָה .
to be, נָבַהּ , נָשָׂא Ni. Hithp.
elevating, an, מַשָּׂא m.
elevation, מָרוֹם m., נוֹף m., רוּם m.,
רוֹם m., רוֹמָה f., שְׂאֵת f.
eleven, eleventh, אַחַד עָשָׂר m., אַחַת
עֶשְׂרֵה f., עַשְׁתֵּי עָשָׂר m., עַשְׁתֵּי עֶשְׂרֵה
f.
Eli, עֵלִי .
Eliezer, אֱלִיעֶזֶר .
Elijah, אֵלִיָּה .
Elisha, אֱלִישָׁע .
elm, see תִּדְהָר .
elongate, to, נָטָה .

Elul, (month), אֱלוּל m.
embalm, to, חָנַט.
embalming, חֲנֻטִים plu.
embittered, to be, חָמֵץ Hithp.
embolden, to, רָהַב Hi.
embrace, to, חָבַק K. Pi.
embroidered festive garment, see פַּתִּיגִיל.
garments, בִּגְדֵי רִקְמָה.
with colors, cloth, רִקְמָה f.
embroiderer, רֹקֵם.
embroidery, רִקְמָה f.
dyed garments of double, צֶבַע רִקְמָתַיִם.
emerald, see בָּרֶקֶת.
emigrate, to, גָּלָה.
out of, to, see יָצָא K. a.
emigration, גּוֹלָה f.
eminency, שִׂיא m.
eminent, something, גַּב m.
eminently, הַפְלֵא.
emission, זִרְמָה f.
emit a stench, to, זָנַח Hi.
rays, to, קָרַן.
saliva, to, רוּר.
emolument, יִתְרוֹן, יוֹתֵר m.
empire, מַמְלָכָה m., מִשְׂרָה f., מִמְשָׁל m. (Ch. שָׁלְטָן m.)
employ, to, עָנָה II Hi.
employment, עִנְיָן m. (only in Eccle.)
emporium, סַחַר m.
emptied out, מְבֻלָּקָה f.
emptily, רֵיקָם.
emptiness, בֹּהוּ m., בּוּקָה f. (once), יֶשַׁח m. (once), מְבוּקָה f., רִיק m., שָׁוְא m., תֹּהוּ.
empty, אֱלִיל, בֹּהוּ concr., בַּר II. לֹא כֵן, רֵק, רִיק, נָבוּב.
out, to, בָּלַק.
room, מֵצַר m.
(something), הֶבֶל.
talk, בַּד II m.
to, בָּקַק K. Po., עָרָה Pi., רוּק Hi.
to be made, נָקָה Ni.
to leave, רוּק Hi.
to make, בָּלַק.
(vessel), with, רֵיקָם.
words, שָׂפָה f.

emulate, to, חָרָה Tiph., קָנָא Pi. c. בְּ.
encamp, to, חָנָה, נָפַל, שָׁכַן also שָׁכֵן.
encampment, גֵּוָה f., טִירָה f., מַחֲנֶה usually m., עִיר I f., תַּחֲנוֹת m. plu.
enchanter, בַּעַל לָשׁוֹן, אַשָּׁף. (Ch. אָשַׁף.)
enchanters, מְלַחֲשִׁים.
enchantment, חֶבֶר m., נַחַשׁ m.
enchantments, לְהָטִים.
enchased, to be, שָׁבַץ Pu.
encircle, to, נָקַף Hi.
with a crown, to, עָטַר Pi. w. לְ of pers.
enclose, to, כָּלָא, סוּג II.
enclosure, גָּדֵר com., גְּדֵרָה f., גִּזְרָה f. (prob.), טוּר m., טִירָה f., סָגוּר m., see שׂוּךְ.
a double, שְׁפַתַּיִם m. du.
enclosures, מִשְׁפְּתַיִם du., שְׁפַתַּיִם m. du.
encompass, to, אָפַף (poet.), סָבַב K. Po.
encounter, קְרָב m. (poet.). (Ch. קְרָב m.)
hostile, קְרִי m.
to, קָדַם Pi., קָרָא II.
with, to go into, הָלַךְ קְרִי עִם.
encourage, to, אָמֵץ Pi., חָזַק Pi., עָטַר c. אֶל.
end, אַחֲרִית f., אֶפֶס m., זָנָב m., פִּנָּה f., סוֹף m. (later Heb.), קֵץ m., קָצֶה m., see קָצָה, תּוֹצָאוֹת plu., תַּכְלִית f., תְּקוּפָה m. (Ch. סוֹף m., קְצָת m.)
even to the, עֵקֶב.
in the, perh. (Ch. אַפְּתֹם.)
of, at the, מִקְּצָת, מִקֵּץ.
of, to make an, דָּבָה II, כָּלָה Pi., סוּף Hi., שָׁלַם Hi. (Ch. סוּף Aph., שְׁלַם Aph.)
to, כָּלָה Pi.
to bring to an, בָּצַע Pi., גָּמַר. (Ch. גְּמַר.)
to come to an, גָּמַר, see יָצָא, s., שָׁבַת. (Ch. גְּמַר.)
to have an, אָפֵס, סוּף, שָׁבַת Ni., תָּמַם. (Ch. סוּף.)
to, to put an, שָׁבַת Hi.
endamage, to, (Ch. נְזַק Aph.)

endangered, to be, סָכַן Ni.
endearments, הֹדִים only in plu.
ended, to be, כָּלָה, שָׁלֵם or שָׁלַם, תָּמַם.
endow, to, זָבַד (once.)
ends, קְצוֹת plu. constr.
  of the earth, קַצְוֵי אָרֶץ.
endure, to, יָצַב Hithp., כּוּל Pilp. Hi., נָשָׂא, עָמַד I, קוּם. (Ch. קוּם.)
enduring, (Ch. קַיָּם.)
enemies, אוֹיֶבֶת f. coll., צְדִים, see קִים.
enemy, אוֹיֵב m., זָר, לֹחֵם, עָר II m., מְפַגֵּעַ, צַר m. (poet.), צֹרֵר, שָׂטָן m., שׂוֹנֵא, מְשַׂנֵּא, שׁוֹר m., שֹׁרֵר. (Ch. עָר, שָׂנֵא.)
  to be an, אָיַב.
  to treat as an, שָׁרַר (Cheth.)
enfeebled, נֶחֱשָׁלִים plu.
  to be, דָּלַל Ni.
enfold, to, לָפַת.
engines, warlike, חִשְּׁבֹנוֹת.
engrave, to, פָּתַח Pi.
engraved, מְחֻקֶּה.
engraver, חָרָשׁ m.
engraving, פִּתּוּחַ.
enigma, חִידָה f., מְלִיצָה f. (Ch. אֲחִידָה.)
enjoin solemnly, to, עוּד Hi.
  upon, to, פָּקַד w. עַל of pers., קוּם Pi. w. עַל.
enjoy, to, אָכַל c. בְּ., see רָאָה K. 3. b., רוּחַ Hi. w. בְּ.
  one's self, to, עָלַס Hithp., עָנַג Hithp. c. בְּ, עַל.
  the light, to, רָאָה.
enjoyment, תַּעֲנוּג m.
enlarge, to, יָסַף K. Hi. (both defect.), רָבָה Hi., רָחַב Hi.
  for, to, פָּתָה Hi. c. dat.
enlarged to me, it is, רָוַח לִי.
enlargement, מַרְבֶּה m., רֶוַח m.
enlighten, to, אוֹר Hi., זָהַר Hi., נָגַהּ.
enliven, to, בָּלַג Hi.
enmity, אֵיבָה f., תְּנוּאָה f.
Enoch, חֲנוֹךְ.
enough, (adj.), רַב.
  (adv.), רַבַּת, הוֹן, דַּי.
  (sub.), דַּי.
enough, it is, רַב.
  to be, סָפַק II and שָׂפַק, שָׁוָה c. לְ of pers.
  to be more than, עָדַף Hi.
  to gather more than, עָדַף Hi.
enrich, to, עָשַׁר Hi., שׁוּק Pil.
enroll, to, עָלָה Hi.
  one's name in the genealogical tables, to, הִתְיַחֵשׂ.
ensign, אוֹת I com.
ensnared, to be, יָקֹשׁ Ni.
entangle, to, עָבַת Pi., שָׂרַךְ Pi.
enter, to, בּוֹא, דָּרַךְ בְּ, הָלַךְ, עָבַר w. בְּ. (Ch. עֲלַל.)
  in with, to, בּוֹא w. בְּ.
  to cause to, עָלַל II Po.
  to make, עָבַר Hi. c. בְּ.
entering, an, מָבוֹא m.
enterprise, תּוּשִׁיָּה f.
enthroned, to sit, יָשַׁב.
entice, to, פָּתָה Pi.
  away from, to, סוּת Hi. w. מִן.
enticed and seduced, easily, פְּתִי m. concr.
  to let one's self be, פָּתָה K. Ni. c. עַל to.
enticement, see מִכְשׁוֹל.
entire, תָּמִים.
  to make, שָׁלֵם Pi.
entirely, see נֵצַח I, 4.
entireness, תֹּם m.
entrance, אִיתוֹן m. (Keri), בִּאָה f., מָבוֹא m., מוּבָא m., פֶּה m., פֶּתַח. (Ch. פּוּם m.)
entreat, to, חָנַן w. לְ of pers., אֶל, לִפְנֵי., פָּגַע K. Hi. c. בְּ, לְ for., שָׁאַל. (Ch. בְּעָא c. מִן., חֲנַן Ithpa.)
  for, to, בָּקַשׁ Pi. w. עַל., עָתַר I Hi. w. לְ, בְּעַד.
entreated, to let one's self be, עָתַר I Ni. c. dat.
entreaty, בִּי, בְּעִי m., בַּקָּשָׁה f., perh. הַוָּה f.
  with, בִּי.
entrust to, to, עָזַב בְּיַד פ׳.
entry, an, בִּאָה f.
enumerated by name, to be, בּוֹא בְשֵׁמוֹת.

enumeration, פְּקֻדָּה f.
envious, עֹוין (Keri.)
to be, רָצַץ c. בְּ.
environs, סְבִיבִים and סְבִיבוֹת.
envy, קִנְאָה, חֶסֶד f.
to, קָנָא Pi. w. בְּ.
ephah, אֵיפָה f.
a double, אֵיפָה וְאֵיפָה.
ephod, אֵפוֹד m.
Ephraim, אֶפְרַיִם.
epistle, אִגֶּרֶת f. (later Heb.), מִכְתָּב m., נִשְׁתְּוָן m., סֵפֶר m. (Ch. אִגְּרָא, נִשְׁתְּוָן.)
equal, to be, שָׁוָה c. לְ of pers., בְּ of thing, תָּכַן Ni.
to, to be, בּוֹא w. עַד., שָׁוָה c. לְ of pers., בְּ of thing.
with, to make, see שִׁית 1 b.
equally with, see עִם A. 1. f., לְעֻמַּת.
equipage, splendid, תְּבוּנָה II f.
equipment, כְּלִי m., עֵרֶךְ m.
equity, יֹשֶׁר m., מִישׁוֹר m., מֵישָׁרִים only plu.
to do, שָׁפַט צֶדֶק, שָׁפַט מֵישָׁרִים.
ere, (Ch. עַד דִּי.)
erect, קוֹמְמִיּוּת (adv.)
to, בָּנָה (material in acc., more rarely w. בְּ), נָצַב Hi., עָשָׂה I, קוּם Hi., רוּם Hi., שׂוּם and שִׂים. (Ch. קוּם Aph.)
erected, to be, (Ch. סְבַל Poal.)
err, to, שָׁגַג, שָׁגָה, תָּעָה K. Ni. Hi.
erratic ode, שִׁגָּיוֹן m.
error, מִשְׁגֶּה m., מְשׁוּגָה f., שְׁגָגָה f., שְׁגִיאָה f. (once), שַׁל m., תּוֹעָה f. (Ch. שָׁלָה f. (Cheth.), שָׁלוּ f.)
through, בִּשְׁגָגָה.
to commit an, שָׁגַג שְׁגָגָה.
Esau, עֵשָׂו.
escape, מַחְלֹקֶת f., מִפְלָט m., פְּלֵיטָה, תּוֹצָאוֹת plu.
to, מָלַט Ni. Hithp., נוּס, נָצַל Ni., סוּר, פָּלַט, שָׂרִיד II.
to let, מָלַט Pi., פָּלַט K. Pi.
wholly, to, פָּלַט Pi. c. מִן.
escaped, פָּלֵט, פָּלִיט.
one, שָׂרִיד m.

escaped, the, פְּלֵטִים only plu., הַפָּלִיט coll.
escapes, that which, פְּלֵיטָה.
espousals, חֲתֻנָּה f.
establish, to, יָצַג Hi., כּוּן Pil. Hi., נָצַב Hi., עָמַד I Hi., קוּם Pi. Hi., רָגַע Hi., שׂוּם and שִׂים c. לְ. (Ch. קוּם Aph.)
established, (Ch. יַצִּיב.)
to be, חָזַק, הָיָה K. Hithp., כּוּן Pol. Ho. Ni. Hithpal., קוּם. (Ch. תְּקַן Hoph. w. Heb. flexion.)
estate, נַחֲלָה f.
real, נַחֲלָה f.
to inherit one's, יָרַשׁ also יָרֵשׁ w. acc. of pers.
esteem, to, חָשַׁב, עָרַךְ.
lightly, to, נָפַח Hi.
to lightly, זָלַל Hi. w. Chald. flexion, נָבֵל Pi., קָלָה II Hi.
esteemed, יָקָר.
to be lightly, קָלַל K. Ni.
Esther, אֶסְתֵּר.
estimate, עֵרֶךְ m.
to, עָרַךְ K. Hi., עָשַׂר I.
estimated, to be highly, יָקַר w. מֵעַל by.
estimation, עֵרֶךְ m.
eternity, נֵצַח I m., עַד m, עוֹלָם m., see עַלְמוּת. (Ch. עִילוּם m., עָלַם m.)
Ethiopia, כּוּשׁ.
eunuch, סָרִיס m.
Euphrates, יְאֹר (in two places, see Addenda), פְּרָת, הַנָּהָר. (Ch. נְהַר.)
evade, to, see יָמַן Hi.
Eve, חַוָּה.
even, אַף I, גַּם, וְ, וּ and וָ (occasionally.)
(adj.), יָשָׁר.
as, גַּם, לְעֻמַּת, כַּאֲשֶׁר.
as — so, כֵּן — כַּאֲשֶׁר.
for, וְ, וּ and וָ (peculiar to Pent. and Josh.)
if, אִם I, בְּ (w. infin.), כִּי I, גַּם, כִּי גַם.
now, עַתָּה זֶה.
one, מֵאֶחָד.

even out of, אֶל־מִן.
so that, עַד.
though, אַף I.
to, עַד לְ, עַד, לְ, עַד אֲשֶׁר, אֶל, עַל (in a few examples.)
until, (Ch. עַד.)
unto, אֶל, לְ, עַד לְבֹא (in geographical description.)
upon, עַל.
when, כִּי I, כִּי גַּם, גַּם, גַּם כִּי.
even, to be, יָשַׁר.
to make, יָשַׁר Pi. Hi., פָּלַס Pi., שָׁוָה Pi.
even-tide, עֶרֶב m.
evening, נֶשֶׁף m., עֶרֶב m.
(approach of), צֵל m. (once.)
at the, לָעֶרֶב, בָּעֶרֶב, הָעֶרֶב (poet.)
in the, לָעֶרֶב, בָּעֶרֶב (poet.)
to do at, עָרַב II Hi.
to draw towards, עָרַב II.
twilight, נֶשֶׁף f.
evenings, between the two, בֵּין הָעַרְבַּיִם.
evenness, יֹשֶׁר m., מִישׁוֹר m., מֵישָׁרִים (only plu.)
event, אַחֲרִית f., מִקְרֶה m., see עִנְיָן, פֶּגַע m., קֵץ m.
ever, see יָד 1, h., נֶצַח I m., עוֹלָם m., תָּמִיד, עֵקֶב. (Ch. עָלַם.)
since, מֵעוֹד.
everlasting, נֶצַח I m., עַד m., עוֹלָם m. (Ch. עָלַם m.)
to, עֲדֵי עַד, לָנֶצַח, עַד נֶצַח.
to everlasting, from, מֵעוֹלָם וְעַד עוֹלָם. (Ch. מִן־עָלְמָא וְעַד עָלְמָא.)
evermore, עוֹלָם.
every, כֹּל. (Ch. כֹּל.). Note.—Every is indicated by repeating the noun, with the insertion of the copula.
day, בְּכָל־יוֹם, כָּל־הַיּוֹם.
kind and sort, of, כֹּל.
one, אִישׁ m., אִשָּׁה f., גֶּבֶר m. (poet.), כֹּל.
side, on, מִכָּל־עֲבָרָיו, מִסָּבִיב.
evil, (sub.), אָוֶן m., see בְּלִיַּעַל, חֳלִי m., מִסָּה f., see עָוֶל, עַוְלָה, רַע m., רֹעַ m., רָעָה f., שָׁוְא m.
(adj.), סַר, רַע.

evil deed, מַעֲשֶׂה m., פֹּעַל m. (poet.). (Ch. חֲבוּלָה f.)
to be, רָעַע. (Ch. בְּאֵשׁ.)
to become, רוּעַ Ni.
to do, עָלַל I Po. c. לְ of pers., רָעַע Hi., רָשַׁע K. Hi.
to make, רָעַע Hi.
to suffer, רוּעַ Ni.
upon, to bring, עָבַר.
evil-doer, מֵרַע, רָשָׁע m.
evil-doers, פֹּעֲלֵי אָוֶן, עֹשֵׂי רַע, פֹּעֲלֵי רַע.
evil-eyed, רַע עַיִן.
ewe, a, רָחֵל f.
ewe-lamb, כִּבְשָׂה f.
ewes, see עַשְׁתָּרֹת plu. 2.
exact, to, יָצָא Hi., נָגַשׂ, נָשָׁא II Hi. c. בְּ of pers.
exaction, גְּרֻשָׁה f.
exactions, מַעֲשַׁקּוֹת.
exactor, נֹגֵשׂ.
exalt, to, גָּבַהּ Hi., נָשָׂא Pi., see סָלַל Pilp., רוּם Pil. Hi., שָׂגַב Pi. (Ch. רְבָה Pa., רוּם Pal. Aph.)
one's self, to, נָשָׂא Hithp., רוּם, שָׂגַב Hi.
exaltation, גֵּוָה I f., רוֹמָם m., שְׂאֵת f.
exalted, מָרוֹם, רוֹמֵמָה f.
one, נָשִׂיא m.
to be, גָּאָה (poet.), גָּבַהּ, נָשָׂא K. Hithp. c. לְ., עָלָה Ni., רוּם K. Polal., רָמַם I, שָׂגַב K. Ni.
to show one's self, שָׂגַב Hi.
examination, חֵקֶר.
examine, to, בּוּר (once), בָּחַן (later Heb.), בָּרַר, חָקַר K. Pi., see בָּקַר, תּוּר, שָׂכַל. (Ch. בְּקַר Pa.)
example, מוּסָר m.
exasperated, to be, מָרַר Hithpalp. w. אֶל of pers.
excavate, to, חָפַר I.
exceed, to, יָסַף K. Hi. (both defect.)
exceedingly, מְאֹד, יָתֵר. (Ch. יַתִּירָה.)
too, עַד מְאֹד.
very, בִּמְאֹד מְאֹד, עַד מְאֹד, עַד, לִמְאֹד (later Heb.)
excel, to, יָתַר Hi. Ni., עָלָה עַל פ'. (Ch. נְצַח Ithpa. c. עַל.)

excellence, גָּאוֹן m., יֶתֶר m., יִתְרוֹן m., מוֹתָר m.
excellency, גַּאֲיָה f., see גָּאוֹן 2, גֵּאוּת f., נְדִיבָה f.
excellent, אַדִּיר, בָּחוּר, נִבְחָר, יָפֶה. (Ch. יַתִּיר.)
something most, מֶגֶד m.
the most, רֵאשִׁית f.
except, בִּלְתִּי (when a neg. precedes), זוּלַת, חוּץ מִן, כִּי אִם (after a neg.), רַק. (Ch. לָהֵן.)
that, זוּלַת, בִּלְתִּי אֲשֶׁר (once.)
exchange, חֲלִיפָה f., תְּמוּרָה f.
for, in, חֵלֶף.
to, יָמַר Hi., מוּר Hi. w. בְּ for which, עָרַב I.
excise, prob. (Ch. בְּלוֹ.)
excite, to, עוּר I Pil. Hi., קוּם Hi. c. עַל against.
(strife), to, גָּרָה Pi.
exclaim, to, זָעַק, צָעַק Pi.
excluded, to be, גָּזַר Ni.
excrement, גֵּלָה f., פֶּרֶשׁ m., צֵאָה f., צוֹאָה f.
excrements, חֲרָאִים, מַחֲרָאוֹת plu. constr. only.
excrescences, צַמֻּקִים only plu.
execration, אָלָה f., מְאֵרָה f.
execute, to, see בָּצַע Pi., עָשָׂה I, קוּם Hi., שָׁלַם Hi., תָּמַם Hi.
executioner, טַבָּח m., כָּר m., כְּרֵתִי m. (Ch. טַבָּח.)
exercise one's self in, to, עָנָה II c. בְּ.
exert one's might, to, עָלַל I Hithp. c. בְּ.
one's self, to, (Ch. שְׁדַר Ithpa. c. לְ.)
exhalation, הֶבֶל.
exhale, to, נָבַע Hi.
exhausted, יָגֵעַ, Ho. particip. of יָגַע, מָזֶה once in plu.
to be, לָאָה K. (only fut.), Ni., לָהַהּ, פָּגַר Pi., תָּמַם.
exhilaration, מַבְלִיגִית f.
exhort, to, אָמַר (sometimes), יָסַר Pi., עוּד K. (once) Cheth.
solemnly, to, עוּד Hi.
exile, גּוֹלָה f., גָּלוּת f. (Ch. גָּלוּת.)
exile, to carry into, גָּלָה Hi.
to go into, גָּלָה.
exiles, גּוֹלָה f. coll., בְּנֵי הַגּוֹלָה, גָּלוּת f. coll. (Ch. בְּנֵי גָלוּתָא.)
company of, גּוֹלָה f.
exist, to, הָוָה (rare and poet.), הָיָה, מָצָא Ni. (Ch. קוּם.)
existence, to be in, הָיָה.
exists, whatever, יְקוּם m.
exit, מוֹצָא m., תּוֹצָאוֹת plu.
place of, תּוֹצָאוֹת plu.
expand, to, טָפַח Pi., נָבָה, פָּסַס, פָּרַד, פָּרַשׂ K. Pi., פָּשַׂט, פִּרְשֵׁז (everywhere intrans.), פָּתָה, רָדַד Hi., רָקַע, שָׁטַח.
by beating, to, רָקַע K. Pi.
expansion, מֻטֶּה m., מִמְשַׁח m., מִפְרָשׂ m.
expect, to, יָחַל Pi. w. acc. of time, לְ of pers. and of thing, קָוָה Pi., שָׂבַר Pi.
expectation, מַבָּט m., תִּקְוָה m., also מִקְוֶא, שֵׂבֶר m., תּוֹחֶלֶת f., תִּקְוָה f.
expedite (for war), חָלוּץ.
one's self, to, חָלַץ Ni.
expel, to, גָּרַשׁ K. Pi., יָרַשׁ Hi., נָדַח K. c. מִן, Hi., נָחַשׁ, שָׁלַח Pi.
expelled, one, נִדָּח.
to be, נָדַח Ni.
expended, to be profusely, שָׁפַךְ Ni.
expense, (Ch. נִפְקָא f.)
experience, to, חָזָא, יָדַע, רָאָה Hi., see also Kal. 3. b.
to be taught by, יָדַע Ni.
expert, לִמּוּד.
expiate, to, חָטָא Pi., כָּפַר Pi., נָשָׂא.
expiated, to be, כָּפַר Pu. Hithp. Nithpa.
expiation for, to make, כָּפַר Pi.
expiations, כִּפֻּרִים.
expiator, see עֲזָאזֵל.
expiration, מַפָּח m.
expire, to, גָּוַע (mostly poet.)
explain, to, בִּין Hi., שׂוּם and שִׂים w. אֶל. (Ch. פְּשַׁר Pe. Pa.)
one's self, to, פָּאַר II Hithp.
explanation, see פָּרַשׁ in Pu., פֵּשֶׁר. (Ch. פְּשַׁר m.)
explore, to, חָפַר I, חָקַר K. Pi.
exportation, מוֹצָא m.

exported, see יָצָא I.
exposition, פָּרָשָׁה f.
expound, to, בָּאֵר Pi.
expulsion, גְּרֻשָׁה f., נֵצֶר II m.
extend, to, אָרַךְ Hi., יָשַׁט only Hi. c. acc. et לְ., כָּהַח, נָטָה K. Hi., שָׁלַח K. Pi., תָּאַר K. Pu.
to, to, מָתַח c. עַל.
extended, סָרוּחַ.
to be, מָדַד Pi.
extension, מִדָּה f., מָדוֹן II m.
exterior, חִיצוֹן.
exterminate, to, חָרַם Hi.
extinct, to be, זָעַךְ Ni. (once.)
to become, דָּעַךְ Ni., צָמַת Ni.
extinction, צְמִיתֻת.
until, לַצְּמִיתֻת, לִצְמִיתֻת.
extinguished, to be, דָּעַךְ, זָעַךְ Ni. (once.)
extirpate, to, שָׁרַשׁ Pi.
extol, to, גָּדַל Pi., רוּם Pil. (Ch. רוּם Pal.)
one's self, to, רוּם.
extolled, to be, גָּדַל, רוּם.
extort, to, עָשַׁק.
extorted, (any thing), עֹשֶׁק m.
extortion, גְּרֻשָׁה f.
extraordinary, to be, פָּלָא Ni.
to make, פָּלָא Hi.
extreme part, אַחֲרִית f., פֵּאָה f.
the, קִיצוֹנָה only f.
extremities, קְצוֹת plu. constr., קַצְוֹת.
of the earth, יַרְכְּתֵי אֶרֶץ.
extremity, אֶפֶס m., פִּנָּה f., פֵּאָה f., פֵּה m., קֵץ m., קָצֶה m., תּוֹצָאוֹת plu., תַּכְלִית f., תָּוֶךְ m.
at the, מִקְצָה.
exult, to, גִּיל, rarely גּוּל or גִּיל, סָלַד Pi. (once), עוּר I Hithpal., עָלַז, עָלַס K. Ni., עָלַץ, שׂוּשׂ and שִׂישׂ w. עַל at.
to cause to, נָזָה Hi.
exultation, גִּיל m., גִּילָה f., עֲלִיצוּת f.
exulting, (one), עָלֵז m., עַלִּיז m.
(one) proudly, עַלִּיז m.
eye, עַיִן f. (Ch. עַיִן m., see Addenda.)
pupil of the, אִישׁוֹן w. עַיִן added.
the gate (pupil) of the, בָּבַת עַיִן.
to eye, עַיִן בְּעַיִן.
eye-ball, see אִישׁוֹן 2.
eye-brow, גַּב.
eye-lashes, עַפְעַפַּיִם m. du.
eye-lids, שְׁמֻרוֹת (once.)
eye-lids with the eye-lashes, עַפְעַפַּיִם m. du.
eye-paint, see פּוּךְ.
eyes of, before the, לְעֵינֵי פ׳.
of, in the, לִפְנֵי.
upon, to feast the, חָזָה c. בְּ.
eying, עוֹיֵן (Keri.)
Ezekiel, יְחֶזְקֵאל.
Ezra, עֶזְרָא.

F

fabricate, to, חָרַשׁ.
face, אַפַּיִם du., פָּנִים plu.
(surface), עַיִן f., פָּנִים plu.
of, at the, before the, עַל־פְּנֵי.
to one's, עַל־פְּנֵי פ׳.
to the, עַל־פְּנֵי.
faculty, אוֹן I m.
fade, to, see בָּלַל Hi.
and fall away, to, נָבֵל.
fæces, פֶּרֶשׁ m.
faggot, מוֹקֵד m.
fail, to, אָפֵס, בָּלָה, גָּמַר, גָּזַר, חָדַל and חָדֵל, חָסֵר w. לְ of pers., כָּחַשׁ K. Pi., כָּלָה, כָּשַׁל, נָבַל, נָשָׁה I, see נָשַׁת, פּוּג (once), see פָּסַס, פָּרַר I Hi., שָׁבַת Hi., see תָּמַם K. 2.
in duty, to, אָשַׁם also אָשֵׁם.
to cause to, כָּלָה Pi.
failing, (adj.), כָּלֶה.
torrent, a, נַחַל אַכְזָב.
failure, בְּלִי.
faint, דָּוֶה, דַּוָּי, יָגֵעַ, Hoph. particip. of יָעֵף, יָעֵף, כֵּהֶה f. only, עָיֵף, עָיֵף.

faint away, to, עוּף.
  to, כָּשַׁל K. Ni., לָאָה K. (only fut.), Ni., see לָהָה, מָסַס Ni., נָבֵל, עוּף, נָטָה K. Ni. Hithp., עָיֵף (once), עָלַף Pu. Hithp.
  to be, דָּוָה, כָּהָה, יָעֵף, יָגַע, פָּגַר Pi.
  to become, כָּהָה Pi., רָכַךְ.
  to make, יָגַע Pi.
faint (color, of a), כֵּהֶה f. only.
faint-hearted, רַךְ לֵבָב.
  to be, חָתַת coupled with בּוֹשׁ, הוֹבִישׁ., כָּהָה Pi.
  to make, מָסַס Hi.
faintness, דְּאָבוֹן m., רִפְיוֹן w. יָדַיִם added.
fair, טוֹב, יָפֶה. (Ch. שַׁפִּיר.)
  to be, טוֹב, יָפָה. (Ch. שְׁפַר.)
  to make, טוֹב Hi., חָנַן Pi.
fair, a, מִזְבּוֹנִים only plu.
fairish, יְפֵה־פִיָּה.
fairness, טוּב m.
faith, אֱמוּנָה f.
  good, אֱמֶת f.
faithful, אָמֵן, נֶאֱמָן. (Ch. מְהֵימַן.)
  the, אֱמוּנִים.
  to be, אָמַן I K. Ni.
faithfulness, אֵמוּן m., אֱמוּנָה f., אָמֵן abstr., אֹמֶן m., אֱמֶת f.
faithless, בָּגוֹד.
  to be, מָעַל.
faithlessly, to deal, בָּגַד constr. absol., oftener w. בְּ of pers., מָעַל w. בְּ of pers. with.
faithlessness, בֶּגֶד m.
falcon, see אַיָּה, see דַּיָּה.
fall, a. דְּחִי m., הֹוָה, חַוָּה f. (Cheth.), מִכְשׁוֹל m., מַפֶּלֶת f., צֶלַע m.
  a letting, רְמִיָּה f.
  at the feet of, to, נָפַל עַל רַגְלֵי פ׳,
  away, to, בָּלָה, see מָרַד, מָסַר, נָבֵל, נָפַל, פָּשַׁע, פָּשַׁע c. בְּ, מְחִתָּה., שׁוּב Pil. (once.)
  away from, to, see נָזַר Ni.
  below, to, נָפַל w. מִן comparat.
  down, to, נָפַל. (Ch. נְפַל.)
  down (in adoration), to, סָגַד c. לְ (later Heb.). (Ch. סְגִד c. לְ.)
fall down prostrate, to, נָפַל Hithp.
  headlong, to, הָיָה (rare and poet.)
  in, to, עָשֵׁשׁ.
  in drops, to, נָטַף.
  in drops, to let, נָטַף K. Hi.
  in ruins, to, מָכַךְ Ni.
  in with, to, פָּגַשׁ, קָרָה Ni. c. עַל.
  in with, to let, אָנָה II Pi.
  into, to, נָפַל.
  more than, to, נָפַל w. מִן comparat.
  off, to, נָשַׁל.
  off, to make, סָפַח and שָׁפַח Pi.
  out, to, נָפַל. (Ch. נְפַל.)
  prostrate, to, (Ch. נְפַל.)
  ready to, נָפַל.
  sick, to, חָלָה Hithp., נָפַל.
  suddenly upon, to, צָלַח I and צָלֵחַ c. אֶל, עַל.
  to, הָיָה (rare and poet.), יָרַד, see כָּשַׁל Ni., לָבַט Ni., נָפַל K. Pilp. (once). (Ch. נְפַל.)
  to be made to, דָּחָה Pu.
  to cause to, כָּשַׁל Hi.
  to let, יָרַד Hi., נָטַשׁ, נָפַל Hi., רָפָה Pi., שָׁמַט.
  to let one's self, נָפַל Hithp.
  to make, נָפַל Hi.
  to the ground, to, נָפַל, fully נָפַל אַרְצָה.
  upon, to, בּוֹא w. עַל., נָפַל K. c. בְּ, Hithp. w. עַל., פָּגַע K. w. בְּ, Hi., פָּגַשׁ, פָּקַד, קָדַם Hi. c. בְּיַד. (Ch. שְׁלֵט w. בְּ.)
  upon, to cause to, טוּשׂ Hi.
  upon, to let, נוּחַ Hi.
  upon the knees, to, (Ch. בְּרַךְ.)
  with a crash, to, שָׁאָה I.
fallacious, to be proved, כָּזַב Ni.
fallen, נֵפֶל.
  buildings, מַפָּלָה and מַפֵּלָה f.
falling, a, דְּחִי m., מַפָּל.
  cause of, מִכְשׁוֹל.
fallow ground, נִיר II m.
fallow-deer, prob. יַחְמוּר.
false! שֶׁקֶר.
false, (adj.). חָלָק, כָּחַשׁ, עִקֵּשׁ.
  to be, see שָׁקַר Pi.

false, to be proved, כָּזַב Ni.

falsehood, אָוֶן m., אַכְזָב (but everywhere concr.), כָּזָב m., מָזוֹר II m., רֶשַׁע m., רְמִיָּה f., שָׁוְא m., שֶׁקֶר m., תַּהְפֻּכוֹת plu. (Ch. כִּדְבָה f.)

to speak, כָּזַב K. (only part.), Pi.

falsely, עַל שֶׁקֶר.

to deal, בָּגַד constr. absol., oftener w. בְּ of pers.

to swear, נִשְׁבַּע לַשָּׁקֶר.

falter, to, כָּשַׁל K. Ni.

to make, כָּשַׁל Pi. (Cheth.)

fame, שֵׁם m.

familiar, אַלּוּף.

converse, סוֹד m.

friends, my, מְתֵי סוֹדִי.

to be, סָכַן also שָׁכַן (once.)

families, see שֵׁבֶט 2, תּוֹלְדֹת.

family, אֶלֶף, בַּיִת m., זֶרַע, טַף m. (sometimes), יַחַשׂ m. (silver age), מוֹלֶדֶת f., מִשְׁפָּחָה f., עֵדָה I f., עַם m., see שֵׁבֶט 2.

one of another, זָר.

famine, כָּפָן m., רָעָב m., רְעָבוֹן m.

to suffer, רָעֵב.

famish, to let, רָעֵב Hi.

famished, רָעֵב, גַּלְמוּד.

to be, רָעֵב.

fan, נָפָה f., רַחַת f.

fane, בָּמָה.

far above, רָחוֹק מִן.

away, מֵרָחוֹק (after verbs of motion), עַד רָחוֹק, עַד מֵרָחוֹק, הַרְחֵק.

away, to put, רָחַק Pi. Hi.

away, to be put, רָחַק Ni. (Cheth.)

be it, חָלִילָה w. מִן and inf., w. אִם before a future.

countries, מֶרְחַקֵּי אֶרֶץ.

distant, רָחוֹק.

from, מִן.

off, רָחוֹק, הַרְחֵק. (Ch. רַחִיק.)

off, to be, רָחַק.

fare, שָׂכָר m.

farness, מֶרְחָק m.

farther off than, רָחוֹק מִן.

fascinate, to, חָבַר, שָׁחַר III Pi. inf. c. suff. (once.)

fashion, מִשְׁפָּט m., תְּכוּנָה II f.

to, בָּרָא Pi., יָצַר, עָצַב Pi., also see Hi., צוּר I (only in fut.)

fast, a, צוֹם m.

to, אָכַל w. לֹא., עִנָּה נַפְשׁוֹ, צוּם.

fast, to be bound, חָזַק.

to be made, see שָׁקַר.

to bind, חָבַשׁ K. Pi., חָזַק.

to make, אָחַז, אָסַר, עָצַר, רָתַם, תָּפַשׂ.

to, to bind, חָזַק Hi.

fasten, to, תָּקַע.

by driving, to, תָּקַע.

to, to חָזַק.

together, to, אָחַז, חָשַׁק Pi.

upon, to, חָזַק Hi., עָלָה Hi., שׂוּם and שִׂים w. עַל.

with a bolt, bar, to, נָעַל.

fastened, to be, אָחַז Ho., צָמַד Pu.

together, to be, קָשַׁר Ni.

upon, to be, (Ch. מְחָא Ithpe.)

fasting, a, צוֹם m., תַּעֲנִית f., (Ch. טְוָת f.)

fastness, a, מְצָד, בָּמָה m.

fat, (adj.), מְרִיא, מֵחַ, דָּשֵׁן, בָּרִיא, בְּרִי, שָׁמֵן.

(sub.), דֶּשֶׁן m., חֵלֶב m., פֶּדֶר m., פִּימָה f.

fields, אַשְׁמַנִּים.

heart, חֵלֶב m.

ones, מִשְׁמָן m. concr.

places, מִשְׁמַנִּים.

tail (of a sheep), אַלְיָה.

to be, דָּשֵׁן, טָפַשׁ, עָבָה, שָׁמֵן.

to be smeared with, דָּשֵׁן Hothp.

to become, שָׁמֵן, דָּשֵׁן K. Hi.

to cover over with, שָׁמֵן Hi.

to make, בָּרָא Hi., דָּשֵׁן Pi., שָׁמֵן Hi.

to pronounce, to regard as, דָּשֵׁן Pi.

fat-cakes, prob. לְבִיבוֹת.

to make, לָבַב Pi.

fatal, אָנוּשׁ.

pestilence, דֶּבֶר הַוּוֹת.

fate, a strange, נֵכֶר also נֹכֶר.

father, אָב m. (Ch. אַב m.)
father-in-law, חָם I m. (only c. suff.), חֹתֵן m.
fatherless (child), a, יָתוֹם m.
fatigue, יְגַע m.
to, כָּבֵד Hi.
fatling, מְרִיא m.
fatlings, the, הַבְּרִיאָה f. coll.
fatness, דֶּשֶׁן m., חֵלֶב m., מִשְׁמָן m., פִּימָה f., שֶׁמֶן m., שְׁמַנִּים plu.
fatnesses, מַשְׁמַנִּים.
fatted, בָּרִיא, מְרִיא.
fatten, to, אָבַס (only part. pass.), בָּרָא Hi.
fatuity, see הַלָּמוּת.
fault, אָשָׁם m., אַשְׁמָה f., חֵטְא m., סָרָה f., see עָמָל, פֶּשַׁע m., שַׁל m.
a being in, אַשְׁמָה f.
in, אָשֵׁם (adj.)
faulty, רָשָׁע.
favor, חֵן m., חִנָּה f., חֲנִינָה f., חֶסֶד, חֵפֶץ m., נֹעַם m., רָצוֹן m., תְּחִנָּה f.
to, הָדַר w. פְּנֵי פ׳., חָפֵץ c. בְּ.
to be shown, חָנַן Ho.
to implore, חָנַן Hithpa.
to receive into, רָצָה.
to regard with, חָנַן.
favorable towards, to be, רָצָה.
favorably disposed, to be, חָנַן, חָפֵץ.
favors, בְּרָכוֹת.
fawn, a, עֹפֶר m.
fawn upon, to, כָּחַשׁ Pi. Ni. Hithp. c. לְ.
fear, דְּאָגָה f., חֲרָדָה f., יִרְאָה f., מָגוֹר m., מְגוֹרָה f., מְגוּרָה f., מוֹרָא m., מוֹרָה II (Cheth.), מֹרֶךְ m., פַּחַד m., פַּחְדָּה f. (Ch. דְּחַל c. קֳדָם, מִן.)
and amazement, to be struck with, תָּמַהּ K. Hithp.
and shame, to put to, חָתַת Hi.
continually, to, פָּחַד Pi. c. מִפְּנֵי.
holy, יִרְאָה f.
object of, מְגוּרָה f., מוֹרָא m., פַּחַד m.
to, גּוּר I w. מִן, מִפְּנֵי, גִּיל., rarely גּוּל or גִּיל (poet.), דָּאַג, זָחַל, חָרַג (once), יָגֹר only 1 and 2 pers., יָרֵא, יָרַע (once pret.), עָרַץ K. Hi., פָּחַד, קוּץ I c. מִפְּנֵי., שָׂעַר. (Ch. זוּעַ c. מִן.)
fear, to be broken with, חָתַת.
to be without, בָּטַח I.
to do, to, יָרֵא w. לְ and מִן, c. inf.
to put in, קוּץ I Hi.
fearful, חָרֵב w. עַל for which, נוֹרָא, נַעֲרָץ, יָרֵא. (Ch. דְּחִיל.)
and wonderful deed, a, מוֹרָא m.
fearing, חָרֵב w. עַל for which, יָגוֹר (used w. pers. pron. for finite verb), יָרֵא (w. pers. pron. for finite verb.)
fearlessness, בֶּטַח m.
feast, a, חַג m., כֵּרָה II f., לֶחֶם com., מִשְׁתֶּה m. (Ch. לְחֶם.)
the eyes upon, to, חָזָה c. בְּ.
to, אָכַל.
to give a, כָּרָה II.
upon, to, רָעָה.
fed horses, סוּסִים מְיֻזָּנִים (Cheth)
feeble, אֲמֵלָל, דַּל, חָלָשׁ, כֵּהָה f. only, רָפֶה, רַךְ, עָטוּף.
knees, בִּרְכַּיִם כֹּרְעוֹת.
to be, דָּלַל, כָּהָה, כָּשַׁל, see רָפָה I.
to become, כָּשַׁל.
feebly, to act, עָטַף Hi.
feed, מִרְעֶה m.
down, to, רָעָה.
(largely), to, אָבַס (only part. pass.)
off, to, לָחַךְ (once.)
to, בָּרָא Hi., טָרַף Hi., לָחַךְ Pi., רָעָה K. Hi. (Ch. זוּן, טְעַם Pa.)
upon, to, בָּעַר Pi. Hi., רָעָה.
upon with relish, to, מָתַק.
with, to, אָכַל Hi. w. two acc., of pers., of thing.
feeder, יֶלֶק m.
feeding, a, יֶלֶק m., מַרְעִית f.
feeding-place, מִרְעֶה m.
feel, to, בִּין, נָשַׁשׁ only in Pi., חוּשׁ, יָמַשׁ Hi., מוּשׁ II K. Hi., מָשַׁשׁ, טָעַם K. Pi. Hi.
out, to, חָשַׁשׁ Pi. Hi.
feet, (Ch. רַגְלַיִן m. du.)
at the, מַרְגְּלוֹת, בְּרַגְלֵי פ׳, עַל רַגְלַיִם.

feet, place at the, מַרְגְּלוֹת plu.
feign, to, בָּדָא w. מִלִּבּוֹ., פָּחַשׁ Pi. Ni. Hithp. c. לְ., נָכַר Ni. Hithp.
not to know, to, נָכַר Pi.
fell, to, גָּדַע, כָּשַׁל Hi., נָפַל Hi., נָקַף Pi.
felling, a, מַפֶּלֶת f.
fellow, see רֵעַ, חָבֵר II m. (Ch. חַבְרָה f.)
fellow-countryman, אָח I m.
fellow-man, אָח I m., עָמִית f. concr.
fellowship, see עָמִית.
female, אִשָּׁה f., נְקֵבָה f., רַחַם f. (poet.)
females (of the flock), see עַשְׁתֹּרֶת plu. 2.
fen, בִּצָּה f.
fence around, to, סָכַךְ Hi. c. בְּעַד.
ferment, to, חָמַר.
to be in a. חָמַר Poalal.
ferry-boat, עֲבָרָה f.
fertile, שָׁמֵן, דָּשֵׁן.
fields, see אַשְׁמַנִּים, see in שְׁמָנִים.
hill, קֶרֶן בֶּן־שָׁמֶן.
fertility, דֶּשֶׁן m., שֶׁמֶן m.
fervent cry, הָגִיג m.
fervor, הָגִיג m.
festival, חַג m., מוֹעֵד m.
day, יוֹם m. rarely f., w. gen. of pers., מוֹעֵד m.
sacrifice, חַג m.
to keep a, עָשָׂה חַג, חַג חָג, חָגַג.
festivals, thanksgiving, הִלּוּלִים.
festive offering, מוֹעֵד m.
festivity, שִׂמְחָה f.
festoons, גְּדִלִים (only plu.), לֹיוֹת (only plu.), מַעֲשֵׂה מוֹרָד.
fetch, to, לָקַח.
fetched, to be, לֻקַּח Pu. pret. and Ho. fut.
fetter, כֶּבֶל m., נְחשֶׁת com., עֶכֶס m.
to, (Ch. כְּפַת Pe. Pa.)
fetters, נְחֻשְׁתַּיִם du., זִקִּים, עֲבֹתִים, עֲבֹתוֹת.
fever, דַּלֶּקֶת f., רֶשֶׁף m.
burning, חַרְחֻר m., קַדַּחַת f.
few, a, אֲחָדִים plu., מְעַט, see שָׁנִים at end.

few, (adj.), מְעַט (rarely), מִצְעָר.
to be, מָעַט, קָלַל.
to be made, מָעַט.
to become, מָעַט Pi., קָלַל.
to give, מָעַט Hi.
to make, מָעַט Hi.
very, כִּמְעַט.
fewness, מִזְעָר m.
fickle, שׁוֹנִים plu.
fidelity, אֵמוּן m., אֱמוּנָה f., אָמֵן abstr., אֱמֶת f.
field, אֶרֶץ com., גַּב m., כֶּרֶם m., מִזְרָע m., שָׂדֶה m., שָׂדַי m. (poet.)
open, (Ch. בַּר II m.)
field-keeper, שֹׁמֵר שָׂדַי.
fields, חוּץ m., חֵלֶק m., שְׁדֵמוֹת (only plu.), see שְׁדֵמוֹת.
fat, אַשְׁמַנִּים.
fertile, see אַשְׁמַנִּים, see in שְׁמָנִים.
open, בַּר III m., שָׂדֶה m.
produce of the, שָׂדֶה m.
fierce, אַכְזָרִי, see חָמַשׁ II part. pass., see in יָעַז Ni., מַר, see in מָרַט Pu. 3., עָרִיץ, עַז.
to be, חָדַד.
to make, רָהַב Hi.
fierceness, אַכְזְרִיּוּת f.
fiery, (of serpents), שָׂרָף.
darts, זִיקוֹת, זִקִּים.
fifth, חֲמִישִׁי and חֲמִשִׁי.
the, חֲמִישִׁית f., חֹמֶשׁ I m.
to, חִמֵּשׁ Pi.
to exact the, חִמֵּשׁ Pi.
fifty, חֲמִשִּׁים.
fig, a, תְּאֵנָה f.
early, first-ripe, בִּכּוּרָה f., בַּכּוּרָה.
fig-harvest, קַיִץ m.
fig-tree, תְּאֵנָה f.
fight, מִלְחָמָה f.
to, לָחַם K. Ni.
fighting, (sub.), מִלְחָמָה f.
figs, קַיִץ m.
to cultivate, to gather, בָּלַס.
unripe, פַּגִּים.
figure, (form), גִּזְרָה f., מַשְׂכִּית f., תֹּאַר m.
good, תֹּאַר m.

figure, of a beautiful, יְפֵה תֹאַר m., יְפַת תֹּאַר f.

fill, to, מָלֵא K. Pi. w. acc. with which. (Ch. מְלָא.)

out, to, מָלֵא K. Pi.

up, to, see כָּפַשׁ, מָלֵא K. Pi.

with, to, מָלֵא.

filled, מָלֵא.

to be, מָלֵא K. Ni. w. acc. with which, שָׂבַע also שָׂבֵעַ.

to become, שָׂבַע also שָׂבֵעַ.

fillets, טוֹטָפוֹת.

filling, (adj.), מָלֵא.

(sub.), מְלֵאָה f.

filth, נִדָּה f., סוּחָה f., פִּגּוּל m., צוֹאָה f.

filthiness, עֶרְוָה f.

filthy, צוֹא.

thing, דְּבַר רַע.

thing, any, עֶרְוַת דָּבָר.

to regard as, זָהַם Pi.

fin, סְנַפִּיר.

final lot, אַחֲרִית f.

find, to, מָצָא. (Ch. שְׁכַח Aph.)

out, to, חָפַשׂ, מָצָא, תּוּר c. acc. of thing, לְ of pers.

to try to, מָצָא.

finding-place, מָקוֹם com.

fine, a, עֹנֶשׁ m. (Ch. עֲנָשׁ m.)

to impose a, עָנַשׁ.

fine, (adj.), דַּק.

(adv.), הָדֵק.

cloth, דֹּק m.

to be made, דָּקַק.

to beat, (Ch. חֲבַל.)

fined, to be, (wines), זָקַק Pu.

fineness, דֹּק m.

finger, אֶצְבַּע f. (Ch. אֶצְבַּע f.)

the little, see זֶרֶת, קֹטֶן m.

fingers (thick, four), אֶצְבָּעוֹת.

fining-pot, מַצְרֵף m.

finish, to, בָּצַע Pi., חָתַם, כָּלָה Pi., see נָלָה Hi., שָׁלַם Pi., תָּמַם K. Hi. (Ch. כְּלַל Shaph., שְׁלֵם Aph.)

happily, to, צָלַח I Hi.

finished, כָּלִיל, שָׁלֵם. (Ch. שֵׁיצִיא, גְּמִיר, שְׁלִים (once).)

to be, כָּלָה K. Pu., שָׁלֵם or שָׁלַם, תָּמַם.

fir, see בְּרֹשׁ.

fire, אוּר m., אֵשׁ com., אֶשָּׁה f. (Cheth.), בְּעֵרָה f., שְׂרֵפָה f. (Ch. אֵשׁ, נוּר f.)

flame of, לְשׁוֹן אֵשׁ.

to be consumed with, בָּעַר.

to be set on, בָּעַר.

to consume with, בָּעַר mostly w. בְּ., שָׂרַף I.

to set on, יָצַת K. (only in fut.) c. בְּ, Hi., יָקַד, לָהַט I Pi., נָשַׂק Hi., צוּת Hi. (once). (Ch. יְקַד.)

to, to set, בָּעַר mostly w. בְּ, הִצִּית אֵשׁ בְּ.

fire-brand, אוּד m.

fire-pan, כִּיּוֹר m., כִּיּוֹר אֵשׁ, מַחְתָּה f.

fire-pot, כִּיּוֹר m.

fire-shovel, מַחְתָּה f.

firm, אָמֵן, see אֵיתָן, חָזָק, see יָצַג Ni., שְׁרִירֵי, קָשֶׁה, סָמוּךְ, מָצָק, יָצוּק plu. constr. only.

parts of the belly, שְׁרִירֵי בֶטֶן.

to be, אָמַן I K. Ni., אָמֵץ, חוּל and and חִיל, חָזַק, כּוּן Ni., עָזַז II K. (once in fut.)

to be made, כּוּן Hithpal.

to become, (Ch. תְּקֵף and תְּקַף.)

to make, אָמֵץ Pi., חָזַק K. Pi. Hi., עָצָה, סָמַךְ.

to make one's self, אָמֵץ Hithp.

to make strong and, עָזַז.

firmament, רָקִיעַ m.

firmly, הָכִין, הָכֵן, אָכֵן.

firmness, אֵיתָן, אֱמוּנָה f., אֱמֶת f., עֹז m., שְׁרִירוּת f. (Ch. נִצְבָּא f.)

first, (adj.), אֶחָד (only w. days of the month), רִאשׁוֹן, רִאשֹׁנִי. (Ch. חֲדָה f., קַדְמַי.)

(adv.), כַּיּוֹם, רִאשֹׁנָה, בָּרִאשֹׁנָה, תְּחִלָּה.

as at the, כְּבָרִאשֹׁנָה, כָּרִאשֹׁנָה.

at the, בָּרִאשֹׁנָה, לָרִאשֹׁנָה.

child, one bearing her, מַבְכִּירָה f.

part, רֹאשׁ I m., רֵאשָׁה f.

place, perh. אֻוֶּלֶת f.

(place), in the, רִאשֹׁנָה.

shoots, דֶּשֶׁא m.

state, רֵאשִׁית f.

first, the, בְּכוֹר m., רִאשׁוֹן m., רֵאשִׁית f.
 time, the, הַתְּחִלָּה , בָּרִאשֹׁנָה.
 (what is), רֹאשׁ I m.
first-born, (adj.), בְּכוֹרָה f.
 (sub.), בְּכוֹר m., בְּכִירָה f., פֶּטֶר m., פֶּטֶר , רֶחֶם m.
 to make, constitute, as, בִּכֵּר Pi.
first-fruits, see אוֹן I, בִּכּוּרִים , רֵאשִׁית f.
firstling, (adj.), בְּכוֹרָה f.
 (sub.), see אוֹן I, בְּכוֹר m., פֶּטֶר , פֶּטֶר , רֶחֶם m.
 to be treated, devoted, as a, בֻּכַּר Pu.
firstlings, רֵאשִׁית f.
fish, דָּאג , דָּג m., דָּגָה f. (mostly coll.)
 to, דִּיג and דִּיג.
fish-hooks, סִירוֹת דּוּגָה.
fish-net, מִכְמֹרֶת.
fish-spear, צִלְצַל m.
fisher, fisherman, דַּוָּג m., דַּיָּג m.
fishery, דּוּגָה f.
fishing, a, דּוּגָה f.
fissure, מְחִתָּה f. (once), נְקָרַת (constr. only), סְעִיף m., פֶּטֶר m., פִּטְרָה f., שֶׁסַע m.
fissures, בְּקִיעִים.
fist, אֶגְרֹף f.
fists, the two, חָפְנַיִם du. only.
fit, (adj.), עִתִּי. (Ch. אֲרִיךְ.)
 for, to be, צָלַח I and צָלַח w. לְ.
 to, כּוּן Pil. (Ch. אֲרַךְ.)
 to be, כּוּן Ni., שָׁוָה c. לְ of pers.
fitted, see כָּלַב Pu. part.
five, חֲמִשָּׁה m., חָמֵשׁ III f.
fix, to, יָעַד w. לְ., יָצַב , נָצַב Hi., שָׁפַת, הֵכִין Pi.
 the mind (or) purpose upon, to, צָדָה II.
 upon, to, יָעַד w. לְ., שׂוּם and שִׂים w. עַל.
fixed, קָשֶׁה. (Ch. יַצִּיב.)
 (something), אֲמָנָה f.
 to be, יָעַד Ho., כּוּן Ni., see קוּם 2. at end.
flaccid, to be, to become, רָפָה.

flag, אוֹת I com., דֶּגֶל m., נֵס m., שְׂכִיָּה f.
flag, sweet, קָנֶה m.
flame, אַגּוּר m., לַבָּה f., לַהַב m., לֶהָבָה f., לַפִּיד m., רֶשֶׁף m., שָׁבִיב m., שַׁלְהֶבֶת. (Ch. שְׁבִיב.)
 of fire, לְשׁוֹן אֵשׁ.
 to, דָּלַק , לָהַט I.
flames, to give, to commit, to the, שִׁלַּח ד׳ בָּאֵשׁ.
flaming, (Ch. יְקִדְתָּא f. emphat.)
flank, כֶּסֶל m.
flap, a, כָּנָף f., מַפָּל m.
 to, נָדַד.
flash of lightning, בָּזָק m. (once.)
flashing, a, אֵשׁ com.
 dark, (adj.), חַכְלִילִי.
 dark, (sub.), חַכְלִלוּת f.
flask, נֵבֶל and נֶבֶל m., פַּךְ m., צַפַּחַת f., קֶרֶן f.
flat-nosed, חָרֻם.
flattened gold, זָהָב מוּפָז.
flatter, to, חָנַף פְּנֵי פ׳ , חִלָּה , חָלַק Hi., כִּחֵשׁ Pi. Ni. Hithp. c. לְ., כָּנָה Pi.
flatteries, חֲלַקְלַקּוֹת , חֲלַקּוֹת , חֲלָקוֹת.
flattering, חָלָק.
 to be, חָלַק.
flattery, חֵלֶק m., חֶלְקָה f.
flavor, טַעַם m. (Ch. טְעֵם m.)
 to try the, טָעַם.
flax, פֵּשֶׁת f., פִּשְׁתָּה f.
 the stalks of, פִּשְׁתֵּי הָעֵץ.
flay, to, גָּזַל I, פָּשַׁט Hi.
flea, a, פַּרְעֹשׁ m.
flee, to, נָדַד , הָפַךְ , בָּרַח K. Hithpo., נוּד , נוּס K. Hithpal., נוּץ , נָצָה , see פָּנָה , עָרַק Hi., שָׂרַר II. (Ch. נְדַד , נוּד.)
 away, to, חָפַז Ni., נָדַד K. Poal., נוּס.
 hastily, to, חוּשׁ Hi.
 in trepidation, to, בָּהַל Ni.
 to make, בָּרַח Hi.
 to, to, חָסָה w. בְּ of place., נוּס w. עַל of place.
fleece, גֵּז m., גִּזָּה f., more fully גִּזַּת הַצֶּמֶר.

fleeing, בָּרִחַ .
fleet, a, אֳנִי com.
fleet, (adj.), אָמִיץ .
horse, a, קַל m. (poet.)
the, בָּרִחַ .
to be, קָלַל .
flesh, בָּשָׂר m., זֶבַח m., לְחוּם or לָחוּם m., שְׁאֵר m. (Ch. בְּשַׂר .)
flesh-hook, מִזְלֵג m., מִזְלָגָה f.
flies, divers sorts of, see עָרֹב .
flight, מִגֵּר m., מָנוֹס m., מְנוּסָה f., נִיד m.
hasty, חִפָּזוֹן m.
to be put to, נָדַד Ho.
to betake one's self to, נוּס Hithpal.
to put to, בָּזַר Pi., בָּרַח Hi., נָדַף, נוּס Hi., נָגַח Hi., פּוּץ Hi., רָדַף .
to save by, עוּז Hi.
flint, חַלָּמִישׁ m., צַר m.
float, to cause to, צוּף Hi.
floating, a, see צָפָה .
floats, דֹּבְרוֹת, רַפְסֹדוֹת (later Heb.)
flock, חֲשִׂיף m., מַרְעִית f., עֵדֶר m., פֶּם m. (poet.), צֹאן com.
a little, חֲשִׂיף m.
one of a, שֶׂה com.
flocks, צֹאן com., צֹנֶא also צֹנֶה com.
torn (by wild beasts), טְרֵפָה f.
flood, see מַבּוּל, נָהָר m., סָפִיחַ m., שִׁבֹּלֶת f., שֶׁטֶף and שֶׁטֶף m., see תְּהוֹם .
gates of heaven, אֲרֻבּוֹת הַשָּׁמַיִם .
to bring in as with a, שָׁטַף .
floor, a, יָצוּעַ m., קַרְקַע m.
flour, קֶמַח m.
fine, סֹלֶת f.
flourish, to, see חָלַף K. 1., פּוּץ Ni., see נוּץ, נוּץ Hi., פָּרַח K. Hi., צוּץ, צָלַח I and צָלַח .
again, to, חָלַף Hi.
again, to make, חָלַף Hi.
flourishing, חַי .
flow, to, הָלַךְ and יָלַךְ K. Pi. (only poet.), Hithp., זוּב, זָרַם, מָקַק Ni., נָבַע, נָהַר I (only of nations, trop.), נָזַל, סָבָה Pi., צוּף c. עַל . (Ch. נְגַד .)
abundantly, to, שָׁטַף .
flow away, to, זוּב, זָרַב Pu. (once.)
down, to, מוּג K. Hithpal., מָסַס in K. (once.)
down, to be made to, see צָבַב Ho.
down, to let, יָרַד Hi.
forth, to let, קוּר Hi.
off, to, זָרַב Pu. (once.)
off, to cause to, הָלַךְ and יָלַךְ Hi.
out, to, נָגַר Ni.
out, to cause to, הָלַךְ and יָלַךְ Hi.
out, to make, סָפַח and שָׁפַח Pi.
out in drops, to, פָּכָה Pi.
softly, to, דָּבַב .
spontaneous, דְּרוֹר m.
to be made to, נָתַךְ K. fut. Ni. pret. Ho.
to cause to, מוּג Pil., מָסָה Hi.
to make, זָקַק, נָתַךְ Hi.
together, to, נָהַר I (only of nations. trop.)
with, to, הָלַךְ and יָלַךְ w. acc. (poet.), זוּב w. acc.
flower, נֵץ m., נִצָּה f., נִצָּן m., פֶּרַח m., צִיץ m., צִיצָה f.
to, צוּץ .
flower-buds, opening, פְּטוּרֵי צִצִּים .
flower-month, see זִו .
flowing, a, הֵלֶךְ m., זוֹב m., זִרְמָה f.
(adj.), יָבָל .
flush, a, פָּארוּר m.
flutes, prob. נְחִילוֹת .
flux, זוֹב m.
fly, a, זְבוּב m.
fly about, to, עוּף Pil.
away, to, נָדַד K. Poal., עוּף K. Hithpal.
away, to make, עוּף Hi.
swiftly, to, טוּשׂ .
to, דָּאָה, הָלַךְ and יָלַךְ Pi. (only poet.), נוּס, נוּץ, נָצָה, עוּף K Pil.
upon, to, עִיט constr. בְּ, אֶל .
flying, מְעוֹפֵף .
the, בְּרִיחַ .
foam, זַעַם m., see קֶצֶף .
to, חָמַר .
foaming, a, חֹמֶר m.

fodder, מִסְפּוֹא m.
to, אָבַס (only part. pass.), בָּלַל.
foe, לֹחֵם.
fœtus, שֶׁגֶר and שְׁגַר m.
fold, בָּצְרָה f., גְּדֵרָה f., מִכְלָה II f.
around, to, נָקַף Hi.
in one's arms, to, חָבַק.
in the arms, to, קָבַץ Pi.
(the hands), to, חָבַק.
to, גָּלַם (once), כָּפַל.
together, to, prob. נָקַף.
up, to, עָטָה.
folding (of the hands), חִבֻּק m.
folding-doors, דְּלָתַיִם du.
folds, מִשְׁפְּתַיִם du., שְׁפַתַּיִם m. du.
double, כִּפְלַיִם du.
foliage, יֶרֶק m., עָלֶה m., עֳפִי m., פֹּארוֹת only plu., צַמֶּרֶת f., קָצִיר m. coll. (Ch. עֳפִי.)
branch with thick, עֲבֹת com.
fresh, טֶרֶף m.
follies, חֲלוֹמוֹת m. plu.
follow, to, עָבַר w. הָלַךְ אַחֲרֵי, דָּרַשׁ, אַחֲרֵי., see רָגַל 3., רָדַף Pi. (poet.), תּוּר w. אַחֲרֵי.
after, to, רָדַף K. (poet. in Pi.)
close, to, דָּבַק Hi. w. acc. and אַחֲרֵי.
eagerly, to, רָדַף.
on continually, to, טָרַד (only participle.)
the party of, to, שָׁמַר מִשְׁמֶרֶת פ׳.
trembling, to, חָרַד w. אַחֲרֵי.
follower, לִמּוּד.
followers, אִישׁ m. coll. (w. gen. of king, leader, etc.), עַם m.
following, אַחֲרוֹן.
folly, אִוֶּלֶת f., הוֹלֵלָה f., הוֹלֵלוּת f., see כִּסְלָה f., כְּסִילוּת f, כֶּסֶל m., חַלָּמוּת, נְבָלָה f., סֶכֶל m., סִכְלוּת f. (only in Eccle.), פֶּתִי m., פְּתַיּוּת f., שִׂכְלוּת f., תָּהֳלָה f. (once), תַּהְפֻּכוֹת plu., תִּפְלָה f.
food, אֹכֶל m., אָכְלָה f., see בַּג, בָּרוּת f., בִּרְיָה f., טֶרֶף m., לְחוּם or לָחוּם m., לֶחֶם com., מַאֲכָל m., מַאֲכֶלֶת f., מָזוֹן m., מַכֹּלֶת f. (once), צַיִד m., צֵידָה f., שְׁאֵר m. (Ch. לְחֶם, מָזוֹן.)
food, delicate, פַּתְבַּג m.
insipid, see חַלָּמוּת.
savory, לֶחֶם חֲמוּדוֹת.
tasteless, חַלָּמוּת.
to provide one's self with, צוּד Hithp.
to set on, שִׂים לֶחֶם.
to take, אָכַל לֶחֶם.
fool, אֱוִיל m., כְּסִיל m.
foolish, אֱוִיל, אֱוִילִי, נָבוּב, נָבָל, סָכָל, פֹּתֶה, פְּתִי m. concr., פְּתַיּוּת f. concr., תָּפֵל.
(any thing), see חַלָּמוּת.
man, אֱוִיל m.
to be, הָלַל Hithpo., see טָמָה Ni., נָבֵל.
to become, יָאַל I Ni.
to make, הָלַל Poel, סָכַל Pi.
to show to be, הָלַל Poel.
foolishly, to act, יָאַל I Ni., נָבַל, סָכַל Ni. Hi.
fools, סֶכֶל m. concr.
foot, פַּעַם f., רֶגֶל f., רַגְלִי m. (only military sense), כַּף (of quadrupeds). (Ch. רְגַל and רְגַל m.)
on, בְּרֶגֶל.
foot-path, נָתִיב m. (poet.)
foot-soldier, רַגְלִי m.
footman, רַגְלִי m. (only military sense.)
footstep, פַּעַם f., רֶגֶל f.
footsteps, עֲקֵבִים and עִקְּבוֹת m. plu.
footstool, הֲדֹם everywhere w. רַגְלַיִם (only trop.), כֶּבֶשׁ m.
for, (conj.), אֲשֶׁר, וְ, ו and וָ (before causal clauses), כִּי I, כִּי אִם, שֶׁ.
(prep.), see אֵל III, A, 7., בְּ, בְּעַד and בַּעַד, בְּדֵי, חָלִילָה, לְ, מִן, לְנֶגֶד, לִפְנֵי (after a verb of interceding), תַּחַת, עַל, בַּעֲבוּר. (Ch. עַל, עַד.)
—and, כִּי—וְכִי, כִּי—כִּי.
certainly, כִּי I.
ever, לָנֶצַח, כִּי נֶצַח, כָּל־הַיָּמִים, לְעוֹלָם, עוֹלָם, עֲדֵי עַד, לָעַד, לִצְמִיתֻת, לִצְמִיתֻת, עֵקֶב, עַד עוֹלָם. (Ch. לְעָלְמִין, לְעָלְמִין.)
ever and ever, לְעוֹלָם, לָנֶצַח נְצָחִים, עַד עוֹלְמֵי עַד, עוֹלָם וָעֶד, וָעֶד.

for if, כִּי אִם.
indeed, כִּי I.
surely, כִּי I.
the sake of, בְּ, עַל דְּבַר, עַל דִּבְרֵי, בַּעֲבוּר, לְמַעַן.
this cause, עַל כֵּן, בַּעֲבוּר. (Ch. כָּל־קֳבֵל דְּנָה.)
whether? כִּי אִם.
which cause, (Ch. כָּל־קֳבֵל דִּי.)
forasmuch as, (Ch. כָּל־קֳבֵל דִּי.)
forbear, to, חָדַל and חָדֵל, חָשַׂךְ.
forbearing, חָדֵל.
forbid, to, (Ch. בְּטֵל Pa.)
force, חָזְקָה f., see עֹצֶם.
(a woman), to, כָּבַשׁ.
armed, יָד חֲזָקָה.
by, בְּחָזְקָה.
military, זְרוֹעַ f., rarely m.
one's self, to, אָפַק Hithp.
to take by, גָּזַל I.
forceps, מְזַמְּרוֹת only plu.
forces, חַיִל m. (Ch. חַיִל m.)
ford, מַעְבָּרָה, מַעֲבָר f.
to, צָלַח I and צְלַח.
fore-arm, חֵצֶן, אַמָּה m.
fore-leg, זְרוֹעַ f., rarely m., שׁוֹק f.
foreboding demon, אוֹב.
forefather, אָב m.
forehead, מֵצַח m.
upon the, בֵּין עֵינַיִם.
forehead-bald, גִּבֵּחַ.
foreign, נָכְרִי, רָחוֹק.
nations, גּוֹיִם.
tongue, speaking in a barbarous or, לָעֵג.
tongue, to speak in a barbarous or, לָעַג Ni., לָעַז.
foreigner, גֵּר, זָר, מְמַזֵּר m., בֶּן־נֵכָר, אִישׁ נָכְרִי.
foreignness, נֵכָר m.
forelock, צִיצִת f.
forelocks, קְוֻצּוֹת.
foremost, רִאשׁוֹן m., רִאשֹׁנָה f.
(what is), רֹאשׁ I m.
forepart, פָּנִים plu.
on the, מִמּוּל w. פְּנֵי.
foreskin, עָרְלָה f.
foreskin, to, עָרַל.
to remove as, עָרַל.
forest, חֹרֶשׁ, יַעַר m.
forests, יְעוֹרִים (Cheth.)
foretell, to, נָגַד Hi.
forfeit, to, חָטָא.
to cause to, חוּב Pi.
forge, (devise), to, טָפַל.
forge, (hammer), to, פָּתַח K. Pi., לָטַשׁ.
forget, to, נָשָׁה I, שָׁכַח and שְׁכַח.
to cause to, נָשָׁה I Pi. Hi.
forgetful, שָׁכֵחַ.
forgetfulness, נְשִׁיָּה f.
forgetting, שָׁכֵחַ.
forgive, to, כָּסָה Pi., כָּפַר Pi., נָקָה Pi., נָשָׂא w. dat. of pers., סָלַח, עָבַר K. c. dat., Hi., רָפָא.
forgiven, to be, כָּפַר Nithp.
forgiveness, סְלִיחָה f.
forgiving, סַלָּח.
forgotten, to be, שָׁכַח, עָבַר Ni. Hithp.
to cause to be, שָׁכַח Pi.
fork, מִזְלָג m., מִזְלָגָה f.
(of two ways), פֶּרֶק m.
three-pronged, שְׁלֹשׁ הַשִּׁנַּיִם.
winnowing, מִזְרֶה m., רַחַת f.
forlorn, עַרְעָר, עֲרִירִי.
form, גִּזְרָה f., דְּמוּת f., זַן m., מַרְאֶה m., צוּר m. (Keri), צוּרָה f., צִיר II m. (Cheth.), קֶצֶב m., תֹּאַר m., תַּבְנִית f., תְּמוּנָה f. (Ch. זַן, רֵו.)
by breaking through (or) into, to, פָּרַץ.
comely, תֹּאַר m.
for one's self, to, כּוּן Pil.
in mind, to, יָצַר w. עַל.
of a beautiful, יְפֵה תֹאַר m., יְפַת תֹּאַר f.
to, בָּנָה w. לְ., בָּרָא K. Pi., חוּל Pil., חָרַשׁ, יָצַר, כּוּן Pil., עָצַב Pi., עָשָׂה I, פָּסַל (poet.), צוּר I (only in fut.)
formation, יֵצֶר m.
formed, thing, יֵצֶר m.
to be, יָצַר Ni. Ho.
former, רִאשׁוֹן, קַדְמֹנִי.

former condition, רֵאשִׁית f.
  state, קַדְמָה f.
  things, רִאשֹׁנוֹת , קַדְמֹנִיּוֹת.
  time, בָּרִאשֹׁנָה , רֵאשִׁית f. (Ch. קַדְמָה.)
  times, קֶדֶם m.
  times, in, (Ch. מִקַּדְמַת־דְּנָא.)
formerly, כְּבָר (later Heb., only in Eccle.), לָרִאשֹׁנָה , גַּם אֶתְמוֹל גַּם שִׁלְשׁוֹם.
  as, כִּתְמוֹל שִׁלְשׁוֹם.
formidable, אָיֹם.
fornication, זְנוּנִים plu., זְנוּת f. (only trop.), תַּזְנוּת f.
  to commit, זָנָה K. Hi.
  to seduce to, זָנָה Hi.
forsake, to, נוּחַ Hi., see נָטַשׁ d., עָזַב, רָפָה I Hi. w. מִן., see עָרָה.
forsaken, יָחִיד , חָדֵל , אַלְמָן.
  one, עֲזוּבָה f.
  to be, see נָטַשׁ Pu., עָזַב Ni. Pu., שָׁלַח Pu.
forth, חוּץ.
  abroad, הַחוּץ , הוּצָה , חוּץ.
  without, אֶל־מִחוּץ לְ.
fortification, חֵיל m., מִבְצָר m., מָצוֹר I m., מְצוּרָה f.
fortified, בָּצוּר.
  city, מִבְצָר m., עִיר מָצוֹר , מְצוּרָה f.
  place, מָעוֹז m.
fortify, בָּצַר Pi., חָזַק Pi.
fortitude, לֵב m., לֵבָב m.
fortress, אַרְמוֹן m., בִּירָה f. (later Heb.), בִּצָּרוֹן m., הַרְמוֹן , טִירָה f., מִבְצָר m., מִגְדָּל m., מִלּוֹא m., מָעוֹז m., מָצוֹר m., מְצִדָה f., מְצוּדָה f., מָצוֹר I m., מְצוּרָה f., סֹחֵר m., קִיר m. (Ch. בִּירָה f.)
fortresses, בִּירָנִיּוֹת.
fortunately, בְּגָד (Cheth.)
fortune, גַּד m., מִקְרֶה m.
  good, טוֹב , טוּב m.
  the god, גַּד w. the art.
forty, אַרְבָּעִים.
forum, רְחוֹב f.
forward, מַעְלָה , הָלְאָה.
forwards, קָדִימָה , לְפָנִים , אֶל־עֵבֶר פָּנָיו.
  straight, עַל , אֶל־עֵבֶר פָּנָיו , לְנֹכַח , לְעֶבְרוֹ , עֵבֶר פ׳.
fosse, יְאֹר m. (Egyptian word.)
foster-child, see אָמוֹן I.
foster-daughter, בַּת I f.
foster-father, אֹמֵן m.
foster-son, בֵּן m.
foul, שֹׁעָר.
  to be, קָדַר.
found, to, אָמַן I, אָמֵץ Pi., יָסַד K. Pi., כּוּן Pil. Hi., קָנָה , רָגַע Hi., שׁוּם and שִׂים , שִׁית.
found (metals), to, נָסַךְ I.
found, to be, קָרָא II Ni. (Ch. שְׁכַח Ithpe.)
  among, to be, מָצָא Ni. w. מִן.
foundation, אֶדֶן m., אַמָּה , הוּסַד , יְסֹד m., יְסוֹד m., יְסוּדָה f., מוּסָד m., מוּסָדָה f. (Keri), מָכוֹן m., מַסַּד m., מַעֲמָד m., קַרְקַע m.
foundations, אֲשִׁישִׁים plu. only, מוֹסָדוֹת m., only in plu., see שֵׁת in end. (Ch. אֻשַּׁיָּא.)
founded, מוּסָד.
  to be, יָסַד Ni. Pu. Ho., כּוּן Ni.
founder, אָב m.
fountain, גַּל m., גֻּלָּה f., מַבּוּעַ m., see מוֹצָא , מַעְיָן m., מָקוֹר m., עַיִן f., see תּוֹצָאוֹת.
fountains, a place of, מַעְיָן m.
four, אַרְבָּעָה m., אַרְבַּע f. (Ch. אַרְבְּעָה , אַרְבַּע.)
four-fold, אַרְבַּעְתַּיִם.
four-square, רָבוּעַ , מְרֻבָּע.
fourteen, fourteenth, אַרְבָּעָה עָשָׂר.
fourth, רְבִיעִי. (Ch. רְבִיעָי.)
  a, רְבִיעִית f., רֹבַע m.
  generation, descendants of the, רִבֵּעִים only plu.
  part, a, רְבִיעִית f., רֶבַע II m., רֹבַע m.
fowl, עוֹף m., coll., צִפּוֹר com. coll. (Ch. עוֹף.)
fowler, יָקוּשׁ m., also יָקוֹשׁ , יוֹקֵשׁ.
fowls, בַּרְבֻּרִים.
fox, שׁוּעָל m.

fox-colored, שָׂרֹק.
fracture, a, מִבְטַחַת f., שֶׁבֶר and שֶׁבֶר m., שִׁבָּרוֹן m.
fragile, (Ch. תְּבִיר.)
fragment, רִין m.
fragments, שְׁבָבִים.
fragrance, בֶּשֶׂם and בֹּשֶׂם m.
fragrant, טוֹב.
  incense, קְטֹרֶת סַמִּים.
frail, חָדֵל. (Ch. תְּבִיר.)
  to be, חָלַשׁ.
frame, יֵצֶר m., מִיט m., מְקָרֶה m.
  to, צָמַד Hi. w. מִרְמָה., קָרָה Pi.
frame-work, מְקָרֶה m., see מִשְׁכָּן.
frankincense, לְבֹנָה f.
fraud, כָּזָב m., מִרְמָה f., עָקְבָה or better עָקְבָה f., רְמִיָּה f., רֶשַׁע m., רִשְׁעָה f., שֶׁקֶר m., תַּחְבֻּלוֹת plu., תָּרְמָה f., תַּרְמִית f.
  and violence, any thing got by, עֹשֶׁק m.
  wealth got by, מִרְמָה f.
fraudulent, עָקֹב.
fraudulently, to deal, נָבַל K. Pi. w. לְ of pers., Hithp. c. בְּ.
free, חָפְשִׁי, נָקִי c. מִן., סְטִיר (Cheth.)
  a letting go, דְּרוֹר m.
  from blame, נָקִי.
  from guilt, to, כִּפֶּר Pi.
  (from labor), to be, בָּטַל. (Ch. בְּטַל.)
  from punishment, to be, נָקָה Ni.
  the, פְּטוּרִים (Keri.)
  to be, נָקָה Ni.
  to be set, חֻפַּשׁ Pu.
  to go out, יָצָא לַחָפְשִׁי, יָצָא חָפְשִׁי.
  to let go, שִׁלַּח חָפְשִׁי, שִׁלַּח לַחָפְשִׁי, שָׁרָה, פָּטַר, פָּדָה w. מִן., עָזַב I Pi. (Keri.)
  to set, דָּלָה Pi., חָלַל Hi., נָתַר Hi., פָּדָה w. מִן., שָׁלָה and שָׁלוּ, שִׁלַּח Pi.
free-born, חֹרִים only plu.
free-will offering, נְדָבָה f. (Ch. הִתְנַדָּבוּת.)
freed, to be, חֻפַּשׁ Pu.
freedom, דְּרוֹר, חֻפְשָׁה f.
frenzied, one, מְשֻׁגָּע.

frequent, to, דָּרַשׁ.
fresh, טָרָף, טָרִי, חַי, חָדָשׁ, דָּשֵׁן, לַח.
freshness, לֵחַ m.
fret one's self, to, חָרָה Hithp., קָצַף Hithp.
fretted ceiling, רָחִיט (Keri.), רָחִיט (Cheth.)
fried things, חֲבִתִּים.
friend, אֹהֵב, מְאַהֵב, אָח I m., אַלּוּף m., הוֹד m., יָדִיד m., מֹדָע m., מוֹדַעַת f., מְפַר m., מֵרֵעַ m. (always c. suff.), מְשֻׁלָּם, רֵעַ II m., רֵעֶה m., סֹכֵן.
  female, סֹכֶנֶת f., רְעוּת f., רַעְיָה f.
  my, אִישׁ שְׁלוֹמִי, שְׁלֹמִי.
  of, to become the, שָׁלַם Ho. c. לְ.
  of, to make a, שָׁלַם Hi.
  to treat as a, רָעָה Pi.
friendly, שָׁלוֹם, שָׁלֵם.
friends, perh. אֲנָשִׁים (once), see קָרוֹב b.
  my familiar, מְתֵי סוֹדִי.
friendship, שָׁלוֹם m.
  living in peace and, שָׁלֵם.
  to live in, שֻׁלַּם Pu.
  to make, רָעָה Hithp. c. אֶת with.
  (with), to be in, שָׁלֵם or שָׁלֵם.
frighten, to, בִּלָּה Pi. (Cheth.), עָרַץ.
fringe, גְּדִילִים only plu., צִיצִת f.
frog, צְפַרְדֵּעַ m.
frogs, צְפַרְדֵּעַ m. coll.
from, מֵעִם, מֵעַל, מֵאֵת, לְמִן, מִן, מִתּוֹךְ. (Ch. מִן קֳדָם, מִן.)
  above, מִלְמַעְלָה, מִמַּעַל.
  ancient time, מֵאָז, מִן אָז, מִקֶּדֶם.
  between, (where two things are mentioned), מִבֵּין (repeated), מִבֵּין — וּמִבֵּין.
  beyond, מֵעֵבֶר, מֵעֵבֶר לְ.
  day to day, מִיּוֹם אֶל־יוֹם, לְיוֹם בְּיוֹם.
  — even to, מִן — וְעַד, מִן — עַד, לְמִן — עַד, לְמִן וְעַד.
  morning till night, מִיּוֹם עַד לַיְלָה.
  on high, מִמַּעַל.
  one's house, mind, power, מֵעִם.
  out of, (Ch. מִן.)
  that thing, מִשָּׁם.

from the time that, מִן אָז , מֵאָז .
time to time, מֵעֵת אֶל (עַל) עֵת .
—to, מִן—עַד , מִן—וְעַד , מִן—אֶל ,
לְמִן — עַד , מִן—ה , מִן — לְ ,
לְמִן — וְעַד .
what? אֵי מִזֶּה .
when, מִן אָז , מֵאָז .
front, the, נֹכַח c. suff., פָּנִים plu., קָדִים m., ראשׁ I m., ראשָׁה f.
from the, מִפְּנֵי .
in, (adj.), נָכֹחַ .
in, לִפְנֵי , מִמּוּל w. פְּנֵי ., פָּנִים , רִאשֹׁנָה , בְּפָנִים .
of, from the, מִמּוּל , מֵאֵת פְּנֵי .
of, in, מוּל , נֶגֶד , לְנֹכַח , נֹכַח , פָּנִים , עַל־פְּנֵי , לִפְנֵי , בִּפְנֵי , אֶת־פְּנֵי .
of, to the, עַל־פְּנֵי .
of, unto the, עַד נֹכַח .
frontlets, מִצְחָה f.
frost, חֲנָמַל .
frowardness, לְזוּת f.
fruit, חַיִל m. (poet.), מֶגֶשׁ m., נִיב m., פְּרִי m., קַיִץ m. (Ch. אֵב m.)
to bear early, בָּכַר Pi.
fruit-basket, see אֲגַרְטָל .
fruit-harvest, קַיִץ m.
fruit-tree, עֵץ פְּרִי , פֹּרָה f.
fruit-trees, עֵץ פְּרִי coll.
fruitful, to be, זָרַע Hi., פָּרָה .
to make, יָלַד Hi., פָּרָה Hi.
fruitless, (something), הֶבֶל .
fruits, אֹכֶל m., כֹּחַ m., צֶמַח m.
to gather the late, לָקַשׁ Pi.
frustrate, to, בּוֹשׁ Hi., סָכַל Pi., פּוּר Hi., פָּרַר I Hi.
frying-pan, מַחֲבַת f., מַשְׂרֵת .
fuel, אָכְלָה f., מוֹקֵד m., מוֹקְדָה f.
fugitive, בָּרִיחַ , מִבְרָח m. concr., נוֹדֵד , נִיס (Cheth.)
to be a, נוּד .
fugitives, נִדָּח m. coll., נִדָּחָה f. coll.
fulfil, to, בּוֹא Hi., see בָּצַע Pi., מָלֵא Pi., קוּם Pi. Hi.

fulfilled, to be, בּוֹא , כָּלָה , מָלֵא . (Ch. סוּף .)
-full,—indicated by מְלֹא w. gen. of space or measure.
full, מָלֵא , שָׂבֵעַ .
in, (adj.), שָׁלוֹם .
measure, in, כְּהָמֵם .
number, in, מָלֵא .
streams, מְלֵאת f. concr.
to be, מָלֵא K. Ni. w. acc. with which.
to make, מָלֵא K. Pi.
to the, לְשָׂבָע , לְשָׂבְעָה .
weight, אֶבֶן שְׁלֵמָה .
fuller, a, כּוֹבֵס , רֶגֶל m.
fully, מָלֵא joined w. another verb, מָלֵא (adv.)
fulness, מָלֵא m., מְלֹא m., מְלֵאָה f., שֹׂבַע m., שָׂבְעָה f., שִׂבְעָה f., תֹּם m.
furbish, to, see מָרַק .
furious, one, מְשֻׁגָּע .
furnace, כִּבְשָׁן m., כּוּר m., תַּנּוּר . (Ch. אַתּוּן com.)
(portable), אָח III f.
furnish, to, פּוּק II Hi.
furnished with banners, to be, דָּגַל Ni.
with provisions, to be, כּוּל Polp.
furniture, אָזֵן m., כְּבֻדָּה f.
costly, תְּכוּנָה II f.
furrow, a, גְּדוּד m., מַעֲנָה f., מַעֲנִית (Keri), תֶּלֶם m.
to, פָּתַח , פָּלַח Pi.
further, הָלְאָה , יוֹתֵר , עוֹד .
off than, מֵהָלְאָה לְ .
to, פּוּק II Hi.
to go, עָבַר .
fused, something, מוּצָק m.
fusion, מוּצֶקֶת f., מַסֵּכָה I f.
future (time), עוֹלָם m.
the, אָחוֹר m., אַחֲרִית f. (Ch. אַחֲרִית f.)

G

Gabriel, גַּבְרִיאֵל.
Gad, גָּד.
gad-fly, עָרֹב m.
gain, בֶּצַע m., יְגִיעַ m., יוֹתֵר, יִתְרוֹן m., מוֹתָר m., מַעֲרָב I m. (only in Ez.), מָצוֹר m., סַחַר m., שָׁלָל m., תְּבוּאָה f.
his cause, to make one, צָדַק Hi.
one's cause, to, רָשַׁע, צָדַק Hi.
the victory, to, יָשַׁע Ni.
to, מָצָא, נָחַל, קָנָה. (Ch. זְבַן.)
to be greedy after, בָּצַע בֶּצַע.
to get unlawful, בָּצַע בֶּצַע.
to try to, בָּקַשׁ Pi.
unjust, בֶּצַע m., עֹשֶׁק m.
unrighteous, עָוֶן m.
gains, עִזְבוֹנִים only plu.
galbanum, חֶלְבְּנָה f.
Galilee, הַגָּלִילָה, הַגָּלִיל, גְּלִיל הַגּוֹיִם, אֶרֶץ הַגָּלִיל.
gall, מְרֵרָה f., מְרֹרָה f.
gallery, אַתִּיק m.
game, (food), צַיִד m.
gang, עֵדָה I f.
Ganges, see פִּישׁוֹן.
gannet, the, prob. שָׁלָךְ m.
gap, a, בֶּדֶק m.
gape, to, פָּטַר Hi., פָּטַר constr. only w. פֶּה, once בְּפֶה.
upon, to, פָּצָה c. עַל.
garden, גַּן com., גַּנָּה f., גִּנָּה f. (chiefly later Heb.), כַּרְמֶל m.
garden-fruits, see כַּרְמֶל 2.
garden-house, בֵּית הַגָּן.
garland, לִוְיָה f.
garlic, שׁוּמִים only plu. (once.)
garment, בֶּגֶד m., כְּסוּת f., לְבוּשׁ m., מַד m., מִדָּה f., מֶדֶו m., מַלְבּוּשׁ m., מַעֲטֶה m., כּוּת m. (once), שַׂלְמָה f., שִׂמְלָה f., תַּלְבֹּשֶׁת f. (Ch. לְבוּשׁ.)
an embroidered festive, see תַּכְרִיךְ.
of silk, see מֶשִׁי.
outer, שִׂמְלָה f.
splendid, לְבוּשׁ m.
garment, upper, מְעִיל m.
garments, כֶּלִי m.
costly, מַחֲלָצוֹת.
dyed, צֶבַע m. concr.
embroidered, בִּגְדֵי רִקְמָה.
festive, מַחֲלָצוֹת.
linen, בַּדִּים I.
splendid, מִכְלָלִים.
to go about in dirty, קָדַר.
worn out, מְלָחִים only plu.
garner, אוֹצָר m.
garners, מַמְּגֻרוֹת, מְזָוִים.
garnet, perh. אֹדֶם.
garnish, to, see in שִׁפְרָה.
garrison, מַצָּב m., see מַצָּב, נְצִיב m.
gash, a, שֶׂרֶט m., שָׂרֶטֶת f.
(one's self), to, שָׂרַט.
gate, דְּלָתוֹת plu., מוֹצָא m., פֶּתַח m. (poet.), שַׁעַר com. (Ch. תְּרַע m.)
For gates of Jerusalem, see in שַׁעַר.
gate-keeper, שׁוֹעֵר m.
gates, דְּלָתַיִם f. du.
gather, to, אָגַר, אָסַף K. Pi., אָרָה I, קָבַץ K. Pi., קָשַׁשׁ K. Po., רָכַשׁ.
figs, to, בָּלַס.
(grapes), to, בָּצַר.
more than enough, to, עָדַף Hi.
one's self up, to, קָפַץ Ni.
the late fruits, to, לָקַשׁ.
themselves together, to, אָסַף Hithp., גּוּר I K. Hithp., לָקַט Hithp., קָבַץ Ni. Hithp., קָוָה Ni.
to one's self, to, אָסַף.
together, to, אָסַף, see גּוּר I 3., כָּנַס K. Pi., קָבַץ K. Pi. (Ch. כְּנַשׁ.)
up, to, אָסַף, לָקַט K. Pi., עָמַר Pi.
gathered, מִקְוֶצֶת f.
riches, נִגְּרוֹת.
to be, בּוֹא, לָקַט Pu.
together, to be, אָסַף Ni. Pu., גּוּר I. (Ch. כְּנַשׁ Ithpe.)
gathering, a, חַשְׁרָה f., מִכְנָסָה f. (once), קִבּוּץ m., קְבֻצָה f.

gathering together, a, אֲסֵפָה f., מִקְוֶה m., also מִקְוֵא.
gathering-place, מִקְוָה f.
Gaza, עַזָּה.
gaze, to, חָזָה (mostly poet.)
  at, to, רָאָה usually w. בְּ.
  upon, to, חָזָה c. בְּ.
gazelle, see זֶמֶר.
gazing-stock, רֹאִי m.
geese, see בַּרְבֻּרִים.
gem, אֶבֶן com., נֹפֶךְ m.
  (a species of), אֶקְדָּח m. (once), פִּטְדָה f., לֶשֶׁם m., בָּרֶקֶת f.
  (a species of) hard, יַהֲלֹם m.
gems, red, see פְּנִינִים.
gender, to let, רָבַע I Hi.
genealogical table, register, סֵפֶר הַיַּחַשׂ, הִתְיַחֵשׂ.
genealogical tables, to enroll one's name in the, הִתְיַחֵשׂ Hithp.
genealogy, book of, סֵפֶר תּוֹלְדֹת.
generation, (age), גִּיל, דּוֹר m. (Ch. דָּר.)
generations, תּוֹלְדוֹת.
  according to their, לְתוֹלְדֹתָם.
  many, דּוֹר וָדוֹר.
  to come, דֹּרוֹת m. plu.
generous, נָדִיב.
  things, נְדִיבוֹת.
genista, רֹתֶם m.
genitalia muliebra, קֵבָה f. (once.)
genitive case, see אֲשֶׁר A, 3.
  sign of the, לְ. (Ch. דִּי, לְ.)
genius, רוּחַ f.
Gentiles, גּוֹיִם.
gentle, רַךְ, אַלּוּף.
  to be, רָכַךְ.
gently, לָאט, לְאַט, אַט.
genus, מִשְׁפָּחָה f., שֹׁרֶשׁ m.
gerah, (a weight), גֵּרָה f.
get, to, בּוֹא Hi., לָקַח, מָצָא, נָחַל, נָשָׂא, נָשַׂג Hi., עָשָׂה I, פּוּק II Hi., קָנָה, רָכַשׁ. (Ch. זְבַן, שְׁכַח Aph.)
  before, to, קָדַם Pi.
  for one's self, to, מָצָא, עָשָׂה I.
  out of, to, פָּטַר.
  out (stones), to, נָסַע Hi.

get one's self up (or) away from, to, עָלָה Ni. w. מִן.
  together, to, קָבַץ Pi.
getting, a, קִנְיָן m.
ghost, לִילִית f.
giants, נְפִילִים only in plu.
gibbous, גִּבֵּן.
giddiness, שָׁבָץ m. (once c. art.)
giddy, to be, חָגַג.
Gideon, גִּדְעוֹן.
gift, אֶשְׁכָּר m., אֶתְנָה f., אֶתְנַן and אֶתְנָן m., בְּרָכָה f., זֶבֶד m., מִנְחָה f., מַשָּׂא m., מַשְׂאֵת f., מַתָּן m., מַתָּנָה f., מַתַּת f., נְשֵׂאת f., שֹׁחַד m., שַׁי m., שִׁלֻּם m., תְּשׁוּרָה f. (Ch. מַתְּנָא f., נְבִזְבָּה f.)
  voluntary, נְדָבָה f.
gifts, שַׁלְמֹנִים, הַבְהָבִים, בְּרָכוֹת.
  to distribute, תָּנָה I K. (once) Hi. (once.)
  to make, to offer, נָשָׂא Pi. c. לְ.
gin, a, חֶבֶל m.
gird, to, אָזַר K. Pi., חָגַר, חָזַק Pi., כִּרְבֵּל.
  on, to, אָפַד.
  one's self, to, אָזַר K. Hithp., חָגַר.
  tight, to, חָזַק.
  up, to, חָגַר, שָׁנַס Pi.
girded, נֶאְזָר, זַרְזִיר (once), חָגוּר, מְכֻרְבָּל.
  to be, אָזַר.
girding on, a, אֲפֻדָּה f.
girdle, אַבְנֵט m., אֵזוֹר m., חֲגוֹר m., חֲגוֹרָה f., חֵשֶׁב m., מֵזַח m., מְזִיחַ m., מַחֲגֹרֶת f.
  to bind, a, חָזַק Pi.
girdles, קִשֻּׁרִים.
girl, יַלְדָּה f., see נַעַר I 2., נַעֲרָה f., עַלְמָה f.
give, to, זָבַד (once), יָהַב (def. and rare), נָתַן, see פָּנַק Hi., שׂוּם and שִׂים, שָׁחַד, שִׁית w. acc. and לְ of pers., שָׁפַת w. acc. of thing and לְ of of pers., תָּנָה I K. (once), Hi. (once). (Ch. יְהַב, נְתַן only in fut.)
  back, to, perh. נָתַן. (Ch. שְׁלֵם Aph.)

give graciously, to, חָנַן w. two acc. of pers. and thing.
in charity, to, חָנַן.
in marriage, to, חָתַן.
into one's power, to, נָתַן לִפְנֵי פ׳.
more, to, יָסַף K. Hi. (both defect.)
out, to, נָבַע Hi., פּוּק II Hi.
over, to, נָגַר Hi., נָתַן w. acc. of pers., סָגַר Hi. c לְ. (Ch. יְהַב.)
over into the power of, to, שָׁלַח Pi. w. acc. of pers. and בְּיַד.
over to, to, נוּחַ Hi.
place to, to, see נָגַשׁ 3., שׂוּם יָדַיִם לְ.
up, to, חָדַל and חָדַל, נָתַן, סָגַר Hi.
up in the presence of, to, נָתַן לִפְנֵי פ׳.
way, to, מוּשׁ I K. Hi.
given over, to be, (Ch. יְהַב Ithpe.)
to be, נָתַן Ni. Ho. (only fut.). (Ch. יְהַב Ithpe., שׂוּם Ithpe.)
giving willingly, נָדִיב.
glad, טוֹב, שָׂמֵחַ c. מִן because of, in.
to be, בָּלַג Hi., חָדָה, שׂוּשׂ and שִׂישׂ w. עַל at which, שָׂמַח also שָׂמֵחַ c. בְּ in, at which. (Ch. טְאֵב c. עַל.)
to become, בָּלַג Hi
to make, חָדָה Pi.
tidings, בְּשׂוֹרָה f.
tidings, to bring, בָּשַׂר Pi.
gladden, to, אוֹר Hi., שָׂמַח Pi. Hi.
gladness, גִּיל m., גִּילָה f., חֶדְוָה f., שִׂמְחָה f., שָׂשׂוֹן m.
of heart, טוּב לֵב.
glance, a, עַיִן f.
forth, to, צוּץ Hi.
glass, זְכוּכִית f. (once.)
glean, to, לָקַט K. Pi., see לָקַשׁ Pi., עָלַל I Po.
gleaning, a, לֶקֶט m.
gleanings, עוֹלֵלוֹת.
glide, to, חָלַף.
along, to, חָלַף.
glitter, to, נָצַץ (only participle plu.)
glittering, (participle), מֻצְהָב.

glittering blade, לַהַט m.
brightness, לַהַב m.
sword, בָּרָק m. (poet.)
gloat upon, to, רָאָה usually w. בְּ.
globe, גֻּלָּה f., כּוּמָז m.
the habitable, תֵּבֵל f. (poet.)
globule, כּוּמָז m.
globules, perh. כּוּמָז m. coll.
gloom, אֹפֶל m. (poet.), עֲרָפֶל m.
gloomy, to be, זָעַף.
glorified, to be, כָּבֵד.
glorify, to, כָּבַד Pi.
himself, to, פָּאַר I Hithp.
glorious, אַדִּיר, נָאוֹר, נִכְבָּד, see תִּפְאָרָה.
deeds, נוֹרָאוֹת.
things, נִכְבָּדוֹת.
to be, אָדַר Ni., גָּאָה (poet.)
to show one's self, קָדַשׁ Ni.
to show one's self great and, כָּבַד Ni.
glory, אַדֶּרֶת f., גַּאֲוָה f., כָּבוֹד m., נֵצַח I m., נֵר m., עֹז m., צְבִי m., תְּהִלָּה f., תִּפְאָרָה elsewhere תִּפְאֶרֶת f.
in, to, שָׁבַח Hithp. c. בְּ.
object of one's, תְּהִלָּה f.
to, הָלַל K. Pi. Hithp., כָּבַד Hithp., פָּאַר I Hithp. c. עַל against, רוּם.
glorying, a, תִּפְאָרָה elsewhere תִּפְאֶרֶת f.
glow, זַלְעָפָה and זִלְעָפָה, פָּרוּר m.
(of anger), חֳרִי m.
to, חָרָה (only of anger), חָרַר.
glued, to be, דָּבַק and דָּבֵק constr. בְּ, לְ, אֶל. (Ch. דְּבַק.)
together, to be, דָּבַק Pu.
glutted, to be, שָׂבַע also שָׂבֵעַ.
gnash, to, חָרַק.
gnat, כֵּן III m. (once sing.)
gnats, כִּנִּם.
(a species of small), כִּנִּים.
gnaw, to, גָּרַם Pi., עָרַק.
the bones, to, עָצַם Pi.
go! לְכָה.
about, to, הָלַךְ and יָלַךְ Pi. (poet.), Hithp., חָמַק Hithp., סָבַב K. Po., רָגַל Pi., שׁוּר II, סָחַר.
about after, to, תּוּר w. אַחֲרֵי.

go about in, to, סָבַב Po. c. בְּ, Hi. c. acc.
abroad, to, תּוּר.
aside, to, סָרַר.
astray, to, שָׁלָה, שָׁגָה and שָׁלוּ Ni., תָּעָה. (Ch. שְׁלָה.)
away, to, אָזַל, בָּדַל Ni. w. מִן., עָבַר, נָגַה, חָמַק, יָלַךְ and הָלַךְ w. מִן, מֵאֵת., שׁוּט, שׁוּר III (once). (Ch. אֲזַל, אֲזַד.)
before, to, עָבַר w. לִפְנֵי., פָּרַץ, קָדַם Pi.
by steps, to, צָעַד.
down, to, בּוֹא, יָרַד, נָחַת K. Ni. (only poet.), see נָחַת. (Ch. צְלַל.)
down, to make, יָרַד Hi.
far away, to, רָחַק K. c. מֵעַל מִן, Hi.
first, to, עָבַר w. לִפְנֵי.
forth, to, הָלַךְ and יָלַךְ, יָצָא. (Ch. נְפַק.)
forth free, to, יָצָא.
forth, to cause to, נָסַע Hi., עָבַר Hi.
forth to war, to, צָבָא, צָבָה.
from, to, (Ch. עֲדָה c. מִן.)
further, to, עָבַר.
hither and thither, to, שׁוּט I K. Pil. Hithpal.
in, to, בּוֹא, עָבַר w. בְּ. (Ch. עֲלַל.)
in company with, to, הָלַךְ עִם, אֵת.
in peace, לֵךְ לְשָׁלוֹם.
in unto a woman, to. בּוֹא אֶל־אִשָּׁה.
into, to, הָלַךְ בְּ.
off, to, זוּר II K. w. מִן from, Ni., סוּר c. מִן, מֵעַל, מֵעִם, מֵאַחֲרֵי.
off from, to, סוּג I c. מִן, שׁוּג I.
on, to, אָשַׁר or אָשַׁר K. Pi., נָחַל Hithp.
on well, to, צָלַח I and צָלֵחַ.
on well, to cause one to, (Ch. צְלַח Aph. after Heb. form.)
out, to, פּוּק II, דָּבָה, יָצָא, דָּבַק. (Ch. נְפַק.)
out and in, to, צֵאת וָבוֹא.
over, to, סָבַב K. Po. c. בְּ., צָלַח I and צָלֵחַ, see שׁוּט I.

go round, to, סָבַב Po., שׁוּר II.
round about, to, סָבַב.
round, to let, נָקַף.
softly, slowly, to, דָּדָה Hithp.
straight forward, to, אָשַׁר and אָשֵׁר.
straight, to cause to, אָשַׁר Pi.
swiftly, to, הָלַךְ and יָלַךְ K. (in Pi. poet.)
through, to, הָלַךְ and יָלַךְ w. acc., עָבַר, צָלַח I and צָלֵחַ.
to! הָבָה, לְכָה, לֵךְ, לְכוּ.
to, אָרַח I (once as finite verb), אָתָה (poet.), בָּדַל Ni., בּוֹא (rarely), הָלַךְ and יָלַךְ K. (in Pi. only poet.), Hithp., נָגָה, פָּסַע, רָדָה. (Ch. אֲזַל, הֲלַךְ, הוּךְ Pa. Aph.)
to and fro, to, שׁוּט I K. Pil. Hithpal.
to be let, שָׁלַח Pu.
to cause to, עָבַר Hi.
to command to, צָוָה Pi.
to let, מוּשׁ I Hi., עָזַב, פָּרָה, רָפָה I Hi., שָׁלַח K. Pi.
to see, to, רָאָה, פָּקַד.
to, to, הָרַשׁ c. אֶל., עָבַר c. אֶל., פָּקַד. (Ch. עֲדָה c. בְּ.)
up, to, נָסַק (once), עָלָה K. Ni., צָעַד. (Ch. נְסַק, סְלַק or סְלִק.)
up, to be made to, עָלָה Ni. Ho.
up, to make, עָלָה Hi.
upon, to, דָּרַךְ עַל. (Ch. עֲדָה c. בְּ.)
with, to, שׁוּר II w. בְּ (once.)
go-between, a, אִישׁ הַבֵּנַיִם.
goad, a, דָּרְבָן m.
goads, דָּרְבֹנוֹת only in plu.
goat, עֵז f., בְּנֵי עִזִּים, שֶׂה com.
wild (or) mountain, יָעֵל m.
goat's hair, עִזִּים f. plu.
goats, sheep and, צֹאן com.
goblet, גָּבִיעַ m., כְּפוֹר m., קֻבַּעַת f.
God, אֵל I m., אֱלוֹהַּ m., אֱלֹהִים, הָאֱלֹהִים.
Note.—For usage of the names of God, see in אֵל I, 3.
forbid, חָלִילָה with מֵיְהוָה added.

god, אֵל I m., אֱלוֹהַּ m. (Ch. אֱלָהּ m.)
goddess, אֱלֹהִים.
godless, one, חָנֵף.
godlike shape, אֱלֹהִים.
godly, יְרֵא יְהוָֹה, יְרֵא אֱלֹהִים, חָסִיד, מַשְׂכִּיל.
gods, אֵלִים, אֱלֹהִים. (Ch. אֱלָהִין.)
household, תְּרָפִים.
goes forth, that which, מוֹצָא m.
going, a, אֲשׁוּר or אַשּׁוּר m., הֶלֶךְ com., הָלִיךְ or הֲלִיךְ m., צְעָדָה f.
down (of the sun), (Ch. מֶעָל m.)
down of the sun, מְבוֹא הַשֶּׁמֶשׁ.
far away, (adj.), רָחֵק.
forth, a, מוֹצָא m., תּוֹצָאוֹת plu.
forth, place of, מוֹצָא m., תּוֹצָאוֹת plu.
out, a, מוֹצָא m.
softly, a, אַט m.
up, a, מַעֲלָה f.
goings, הֲלִיכוֹת only in plu.
gold, זָהָב m., חָרוּץ m. (poet.), פֶּתֶם m. (poet.), see מַדְהֵבָה. (Ch. דְּהַב m.)
exactress of, see מַדְהֵבָה.
heap, treasury of, see מַדְהֵבָה.
fine, pure, פָּז m.
massive, solid, see פָּז.
mixed, beaten, see in שָׁחַט 3.
gold-colored, צָהֹב.
golden brightness, oil, זָהָב m.
goldsmith, צֹרֵף, מְצָרֵף.
Goliath, גָּלְיָת.
Gomorrah, עֲמֹרָה.
gone, to be, הָלַךְ and יָלַךְ K. Ni.
forth, יָצִיא.
good, (sub.), טוֹב, טוֹבָה f., מֵיטָב m., שְׁלָמִים m.
(adj.), טוֹב, יָפֶה, צַדִּיק, תָּמִים.
(adv.), טוֹב.
deeds, חֲסָדִים.
faith, אֱמֶת f.
fortune, טוֹב m., טוּב m.
news, בְּשׂוֹרָה f.
qualities, טוֹבוֹת.
quality, חַיִל m.
reputation, שֵׁם m.
thing, טוֹב m., טוֹבָה f.
things, טוּב m. concr.
good, to be, טוֹב (always impers.), יָטַב K. Hi., צָלַח, צָדַק I and צָלֵחַ w. לְ for. (Ch. יְטַב.)
to make, (compensate), שׁוּב Hi., שִׁלֵּם Pi.
to seem, (Ch. יְטַב w. עַל.)
good-will, חֶסֶד, רָצוֹן m.
goodly, טוֹב.
raiment, בִּגְדֵי חֲמֻדוֹת.
to be, טוֹב.
to make, טוּב Hi.
goodness, חֶסֶד, חֲסָדִים plu., טוּב m., טוֹבָה f.
constant, חֶסֶד coupled with אֱמֶת.
goods, בַּיִת m., טוּב, טוֹבָה f., מְלָאכָה f., מַעֲשֶׂה m., נֶכֶס m. (later Heb.). (Ch. נְכַס m.)
household, רְכוּשׁ m.
gorge, מַעֲבָר m., מַעְבָּרָה f.
gorgeous, חָמוּץ.
gorget, חֹשֶׁן m.
gourd, see קִיקָיוֹן.
govern, to, דִּין, חָבַשׁ, שָׁפַט. (Ch. דִּין and דּוּן.)
governor, פֶּחָה II c. suff. (once), פֶּחָה. (Ch. סְגַן m., פֶּחָה.)
a military, טִפְסַר m.
governors, אֲחַשְׁדַּרְפְּנִים, סְגָנִים only plu. (Ch. אֲחַשְׁדַּרְפְּנִין.)
grace, (beauty), חִין m., חֵן m., חֶסֶד (once.)
(favor), חֵן m., חִנָּה f., חֲנִינָה f., חֶסֶד, נֹעַם m., רָצוֹן m.
gracefulness, חֵן m.
gracious, חַנּוּן, חָסִיד, נְעִימִים.
to be, חָנַן.
to make, חִנֵּן Pi.
towards, to be, רָצָה.
graciously received (or) accepted, to be, רָצָה Ni.
to give, חָנַן.
to receive, רָצָה.
grain, אֹכֶל m., בַּר III m., דָּגָן m., לֶחֶם com., עֲבוּר m., קָצִיר m., שֶׁבֶר and שֶׁבֶר m.
a, גֵּרָה f., see צְרוֹר m.
(a species of), כֻּסֶּמֶת f.

grain, bundle of, אֲלֻמָּה f.
early, see כַּרְמֶל 2.
field of, זֶרַע.
parched, קָלִי m.
pounded, רִיפוֹת m.
roasted, קָלִי m.
standing, קָמָה f. coll.
to buy, שָׁבַר w. שֶׁבֶר added.
to sell, שָׁבַר K. Hi.
grains, פְּרֻדוֹת.
granary, מַאֲבוּס m.
grand-daughter, בַּת I f.
grand-mother, אֵם f.
grand-son, בֵּן m. (Ch. בַּר I m.)
grandeur, גָּאוֹן m., גֹּבַהּ m.
grant, to, נָתַן, שׂוּם and שִׂים.
(a request), to hear and, נָשָׂא פְנֵי פ׳.
grape, עֵנָב m. once sing., elsewhere only plu.
grape-gatherer, a, בּוֹצֵר.
grape-kernels, -stones, חַרְצַנִּים (once.)
grape-vine, גֶּפֶן com., fully גֶּפֶן הַיַּיִן.
grapes, עֲנָבִים.
bad, בְּאֻשִׁים only in plu.
dried, צִמּוּקִים only plu.
sour, בֶּסֶר and בֹּסֶר m., see חֹמֶץ, see חַרְצַנִּים.
unripe, בֶּסֶר and בֹּסֶר m.
wild, בְּאֻשִׁים only in plu.
young, see סְמָדַר.
grasping, a, רְעוּת f.
grass, חָצִיר m.
dry, חֲשַׁשׁ m.
latter, לֶקֶשׁ m.
tender, דֶּשֶׁא m. (Ch. דְּתֵא.)
grasshopper, צְלָצַל.
grassy place, prob. אָבֵל II m.
grate, a, מִכְבָּר m.
grate, to, חָרַק.
grateful, נֶחְמָד.
to be, הָיָה עַל־רָצוֹן, הָיָה לְרָצוֹן.
gratify, to, אוֹת or אוּת Ni. w. dat. of pers.
gratis, חִנָּם.
gratuitously, חִנָּם.
grave, (adj.), יַקִּר (Keri.)
grave, (sub.), בּוֹר I m., קֶבֶר m., שַׁחַת (sometimes.)
in the, לֶעָפָר, עַל עָפָר.
grave, to, בָּאַר Pi. c. עַל., חָקַק, חָרַשׁ, חָרַת (once.)
in, to, חָקַק.
graved in, to be, חָקַק Ho.
gravel, חָצָץ m. coll.
gravel-stone, חָצָץ m.
graven, to be, חָצַב Ni.
graver, (instrument), חֶרֶב f., חֶרֶט m., חֹרֵשׁ m., שָׂמִיר m.
(workman), חָרָשׁ m.
gravid, מְסֻבָּלִים plu.
gray, to be, שִׂיב. (Ch. שִׂיב.)
hair, to have, שִׂיב.
gray-haired, to be, שׂוּב.
gray-headed, שָׂב.
grayness, שֵׂיב m., שֵׂיבָה f.
graze, to, רָעָה.
grease, פֶּדֶר m.
great, צָבַר, אַדִּיר, גָּדוֹל, גָּדֹל, נוֹרָא, כַּבִּיר (poet.), רַב, שַׂגִּיא. (Ch. רַב, שַׂגִּיא.)
and glorious, to show one's self, כָּבַד Ni.
and powerful, to show one's self, גָּדַל Hithp.
becoming, גָּדַל.
in age, רַבִּים plu.
man, רַב m.
number, כֹּבֶד.
(one), רַב m.
things, גְּדֻלָּה, גְּדוֹלוֹת f. concr. (later Heb.)
things, to do, הִגְדִּיל לַעֲשׂוֹת.
things, to speak, הִגְדִּיל פֶּה, בְּפֶה.
(Ch. מַלִּל רַבְרְבָן.)
to be, גָּדַל, כָּבֵד, פָּלָא Ni., רָבָה.
(Ch. שְׂגָא, תְּקֵף and תְּקֵף.)
to be made, אָדַר Ni.
to become, גָּדַל, רָבָה, שָׂגָה. (Ch. תְּקֵף, שְׂגָא, רְבָה and תְּקֵף.)
to make, גָּדַל Pi. Hi., פָּלָא Hi., פָּלָה Hi., רָבָה Hi., שָׂגָא Hi. c. לְ.
(Ch. רְבָה Pa.)
great-grandchildren, see in שִׁלֵּשׁ.

greatly, רַבָּה, חָזְקָה, רָבָה Hi. w. לְ and infin. of another verb, הַרְבֵּה. (Ch. שַׂגִּיא.)
 to value, גָּדַל Pi.
 valued, to be, גָּדַל.
greatness, אֶדֶר m., see גָּדוֹל, גֹּדֶל m., גְּדֻלָּה f. (later Heb.), מַרְבֶּה m., מַרְבִּית f., רֹב m. abstr., רַב m. (Ch. רְבוּ f.)
greave, greaves, מִצְחָה f.
Greece, see יָוָן, see כִּתִּים 2.
greedy, to be, see בָּחַל, שָׁקַק.
 after gain, to be, בָּצַע בֶּצַע.
 man, בַּעַל נֶפֶשׁ.
green, יָרֹק, לַח, רַעֲנָן, יֶרֶק. (Ch. רַעֲנַן.)
 again, to grow, רֻטֲפַשׁ.
 branches, פֹּארוֹת.
 herb, יָרוֹק m., עֵשֶׂב m. (Ch. עֲשַׂב m.)
 herbage, יֶרֶק m.
 herbs, אוֹרוֹת, עֵשֶׂב m. coll.
 in full, רָטֹב.
 leaf, עָלֶה m.
 something, יָרָק.
 the, יֶרֶק m. concr.
 thing, יָרִיק m.
 to be, דָּשָׁא, רָעַן Pil.
 to grow, חָלַק.
greenish, יְרַקְרַק.
greenness, אֵב m., יֶרֶק m., יֵרָקוֹן m.
greens, see אֵב, אוֹרוֹת, זֵרֹעִים and זֵרְעֹנִים, יָרָק m., עֵשֶׂב m.
greet, to, בֵּרֵךְ Pi., שָׁאַל לִפְ׳ לְשָׁלוֹם.
greyhound, see זַרְזִיר.
grief, חֳלִי m., see חָרִי, יָגוֹן m., כְּאֵב m., כַּעַס m., כַּעַשׂ m. (only in Job), מַכְאוֹב m., מֶמֶר m., מָרָה f., מֹרָה f., תּוּגָה f.
 bitter, מְרִירוּת f.
 cause of, תּוּגָה f.
grieve to, חָלָה Hi., יָגָה I Pi. Hi., כָּאַב, כָּעַס Hi., מָרַר K. (impers.), Hi. c. עַל., נָחַם Ni. Hithp., פָּגַע c. לְ for., עָצַב K. Pi. Hi., תָּוָה II Hi.
 for, I, צַר לִי w. עַל.
 for, to, חָנַן Poel.
grieved, נוּגָה. (Ch. עֲצִיב.)
 for, to be, חוּס c. עַל.
grieved, to be, חִיל and חִיל Hithpalp., חָלָה K. Ni. c. עַל., יָצַר, לָאָה Ni. w. infin., עָצַב Ni., רָגַז. (Ch. כְּרָא Ithp.)
grievous, כָּבֵד.
 to be, כָּבַד w. עַל.
grind, to, טָחַן.
grinders, (teeth), טֹחֲנוֹת, מַלְתָּעוֹת.
grit, חָצָץ m. coll.
grits, כְּרִיסוֹת only plu., רִיפוֹת.
groan, to, אָנָה I, אָנַח Ni., אָנַק K. Ni., נָאַק, see נָהַם, שָׁאַג.
groaning, a, אֲנָחָה f., נְאָקָה f., נְהָמָה f., שְׁאָגָה f.
groats, כְּרִיסוֹת only in plu.
grope, to, מָשַׁשׁ Pi. Hi.
 for, to, גָּשַׁשׁ Pi.
ground, the, אֲדָמָה f., אֶרֶץ com. (Ch. אֲרַעִית, אֲרַע f.)
 fallow, נִיר II m.
 habitable, אִי I.
 to the, אַרְצָה.
 upon the, עַל עָפָר.
grove, אֵשֶׁל, גַּנָּה f., גִּנָּה f. (chiefly later Heb.)
grow, to, גָּדַל, יָסַד Ni., יָצָא, נוּב (only trop.), רוּם (once), עָנָה. (Ch. רְבָה.)
 long, to let, שָׁלַח Pi. (once.)
 to cause to, גָּדַל Pi.
 to let, גָּדַל Pi.
 to make, צָמַח Hi., רוּם Pil.
 up, to, רָבָה, עָלָה.
 up, to let, רָבָה Pi.
 up, to make, קוּם Hi.
growing up, (adj.), גָּדֵל.
growl, to, הָגָה I, הָמָה, נָהַם.
growling, a, נַהַם m.
 (of thunder), הֶגֶה m.
grows of itself, what, סָפִיחַ m.
 of itself the second year after sowing, (that) which, שָׁחִיס m.
 of itself the third year after sowing, that which, סָחִישׁ (once.)
growth, צֶמַח m.
 slow of, אָפִיל.
guard, מִשְׁמָר m., מִשְׁמֶרֶת f., נְצֻרָה f., צְפִרָה f., שִׁמְרָה f.
 place of, מַצָּבָה f., also מַטָּרָא.

guard, to, נָצַר, נָטַר I, שָׁמַר.
guarded, what is, מִשְׁמָר m.
guards, מִשְׁמָר m. concr., מִשְׁמֶרֶת f. concr., נֹצְרִים.
guests, קְרוּאִים.
guidance, תַּחְבֻּלוֹת plu.
guide, מְאַשֵּׁר.
right to, אָשַׁר Pi.
to, דָּרַךְ Hi. w. בְּ., נָחָה, תּוּר Hi.
guided, to be, אֻשַּׁר Pu.
guiding, art of, תַּחְבֻּלוֹת plu.
guile, כָּזָב m., מִרְמָה f.
guilt, אָשָׁם m., אַשְׁמָה f., דִּין m., מִשְׁפָּט m., עָוֹן m.
laden with, וָזָר.
to be laden with, וָזַר.
to bear one's, אָשַׁם.
guilt, to free from, כִּפֶּר Pi.
guilty, אָשֵׁם.
of God, to be held, רָשַׁע w. מֵאֱלֹהִים.
one held, חַיָּב m.
to acknowledge one's self, see אָשַׁם.
to be, אָשֵׁם, אָשַׁם also, רָשַׁע.
to pronounce, חָבָא Hi., רָשַׁע Hi.
guitar, מַחֲלַת m.
gullet, לֹעַ m.
gum, (an aromatic), נְכֹאת m.
fragrant, see לֹט.
gush out, to, נָבַע, שָׁטַף.
out with, to, נָבַע Hi.
gushing, a, שֶׁטֶף and שֵׁטֶף m.

H

Habakkuk, חֲבַקּוּק.
habitable globe, תֵּבֵל f. (poet.)
ground, אִי I.
to be, יָשַׁב (poet.)
habitation, אֹהֶל, בַּיִת m., גֵּרוּת f., דּוֹר m., זְבוּל m., חָצֵיר m. (poet.), see מָקוֹם, מָעוֹן m., מְעוֹנָה f., מְכוּרָה com., מִשְׁכָּן m., נָוֶה m. (only poet.). (Ch. מְדוֹר.)
habitations, נְאוֹת only plural constr. (poet.)
hack up, to, חָקָה Hithp.
hackled, שָׂרִיק.
Hades, חֶדֶל m., לַיִל, מָוֶת m., שְׁאוֹל com.
haft, נִצָּב m.
Hagar, הָגָר.
Haggai, חַגַּי.
hail, אַבְנֵי אֶלְגָּבִישׁ, בָּרָד m., קֶרַח m. (poet.)
to, בָּרַד.
to scatter, בָּרַד.
hail-storm, זֶרֶם בָּרָד.
hail-stones, אַבְנֵי בָרָד, אֶבֶן בָּרָד, אַבְנֵי אֶלְגָּבִישׁ.
hair, נַפַּח f., פֶּרַע m., שֵׂעָר m., שַׂעֲרָה f. (Ch. שְׂעַר m.)
hair, long, unshorn, נֵזֶר m.
to tear out the, מָרַט.
hair-cloth, perh. מַכְבֵּר m.
hairy, שָׂעִיר.
half, בֶּקַע m., חֲצִי m., מֶחֱצָה f., מַחֲצִית f. (Ch. פְּלַג.)
a shekel, בֶּקַע m. (spec.)
part, חֲצִי m.
half-cooked, נָא II.
hallow, to, קָדַשׁ Pi. Hi.
hallowed, anything, מִקְדָּשׁ m.
to be, קָדַשׁ Ni. c. בְּ.
halt, the, הַצֹּלֵעָה f. coll.
to, פָּסַח, צָלַע.
halter, יֶתֶר m., רֶסֶן m.
halting, a, צֶלַע.
halve, to, חָצָה.
Ham, חָם II.
ham, יָרֵךְ f.
hamlet, חָצֵר com., טִירָה f., כָּפָר m., כֹּפֶר m., see עִיר I.
hammer, הַלְמוּת f., מַקֶּבֶת f., מַקָּבָה f., פַּטִּישׁ m.
to, פָּתַח K. Pi., לָטַשׁ.
hammered bar, מְטִיל m. (once.)
hammock, מְלוּנָה f.

hamstring, to, עִקֵּר Pi.
hand, יָד f., כַּף f. (Ch. יַד.)
  at, בְּעַד יַד.
  hollow of the, כַּף f., שֹׁעַל m.
  palm of the, (Ch. פַּס יְדָא.)
hand-breadth, טֶפַח m., טֹפַח m.
hand-mill, טְחוֹן m., טַחֲנָה f., רֵחַיִם only du.
handful, see חָפְנָה, קֹמֶץ m., שֹׁעַל m.
  (of grain), עָמִיר m., עֹמֶר m.
handfuls, צְבָתִים (once.)
  by, לִקְמָצִים.
handle, a, נִצָּב m.
  (the breasts of an immodest woman), to, עָשָׂה I Pi.
  to, תָּפַשׂ.
handles (of a bolt), כַּפּוֹת.
handmaid, אָמָה f., נַעֲרָה f., שִׁפְחָה f.
hands, the two, יָדַיִם f. du., כַּפַּיִם f. du.
hang, to, שׂוּם and שִׂים.
  down, to, דָּלַל, רָפָה I.
  down, to let, שִׁלַּח Pi. (once.)
  down, to make, רָפָה I Pi.
  one's self, to, חָנַק Ni.
  over, to, סָרַח.
  up, to, תָּלָא, תָּלָה K. Pi. (Ch. זְקַף.)
  up (on stake or cross), to, יָקַע Hi.
  upon, to, דָּבַק and דָּבֵק w. בְּ, לְ., תָּלָה K. Pi. c. עַל.
  upon a stake (or) cross, to, תָּלָה פ' עַל הָעֵץ.
hanging, a, קֶלַע, יְרִיעָה m.
  after, תְּלוּא w. לְ.
hanging-bed, מְלוּנָה f.
hanging-work, מַעֲשֵׂה מוֹרָד.
Hannah, חַנָּה.
hap, מִקְרֶה m., קָרֶה m.
happen, to, הָיָה K. Ni. (only in pret. and part.), נָפַל, קָרָא II Ni., קָרָה Ni. (Ch. נְפַל.)
  to be, to, קָרָא II Ni.
  to cause to, קָרָא II Hi. c. dupl. acc.
happen, to, to, אָתָה (poet.), מָצָא, נָגַע Hi. w. אֶל., קָרָא II, קָרָה. (Ch. מְטָה, מְטָא w. עַל.)
  to, to let, קָרָה Hi. c. לִפְנֵי.
happiness, אוֹר m., אַשְׁרֵי only plu. const., אֹשֶׁר, חַיִּים plu., טוֹבָה f., נֵר m., צֶדֶק m.
happy, טוֹב.
  am I, בְּאָשְׁרִי.
  one prosperous and, בְּרָכָה f. concr.
  to be made, אֻשַּׁר Pu.
  to pronounce, אִשַּׁר Pi., שִׁבַּח Pi.
harass, to, צָרַר Hi., רָעַץ.
  one another, to, נִגַּשׂ Ni.
harassed, to be, נִגַּשׂ Ni.
harbor, מָחוֹז m., מִפְרָץ m.
hard, גַּלְמוּד, יָצוּק, כָּבֵד, עַז, קָשֶׁה, שָׁלִיט, שְׁרִירֵי only plu. constr. (Ch. יַקִּיר.)
  bestead, נִקְשֶׁה.
  labor, to have, see in קָשָׁה I Pi.
  to be, פָּזַז II once in fut., פָּלָא Ni., קָשָׁה I.
  to be too, פָּלָא Ni. w. מִן.
  to make, קָשָׁה I Hi.
hard-faced, קְשֵׁה פָנִים.
hard-hearted, קְשֵׁה לֵב.
harden, to, אִמֵּץ Pi., כָּבֵד Pi. Hi., קָשָׁה I Hi., קָשַׁח Hi.
  one's face, to, חִזֵּק פָּנָיו.
  one's heart, to, חִזֵּק Pi. w. לֵב., הִקְשָׁה לִבּוֹ.
hardened, חָזָק.
  to be, כָּבֵד, חָזַק.
  to become, (Ch. תְּקֵף and תְּקִף.)
hardness, קְשִׁי m., שְׁרִירוּת f. (Ch. נִצְבָּא f.)
hare, אַרְנֶבֶת f.
harlot, זוֹנָה f., נָכְרִיָּה f., קְדֵשָׁה f.
  to play the, זָנָה.
harm, אָסוֹן m., דְּבַר רַע. (Ch. חֲבָל m.)
  to, כָּלַם Hi. (Ch. חַבֵּל Pa.)
harmful, רַע.
harness, to, אָסַר.
harp, (Ch. see סַבְּכָא, קִיתָרֹס (Cheth.), קַתְרֹס (Keri).)

harp, (a species of), כִּנּוֹר m., נֵבֶל and נֶבֶל m.
harpoon, צִלְצַל m.
harpoons, סִירוֹת דּוּגָה.
harrow, to, שִׂדֵּד Pi.
harsh, עַז, קָשֶׁה.
harshly oppressed, נִקְשָׁה.
to treat, קָשָׁה Hi.
hart, a, אַיָּל m.
harvest, אָסִף, זֶרַע, קַיִץ m., קָצִיר m.
to, קָצַר K. Hi. (Cheth.)
harvest-men, אַנְשֵׁי קָצִיר.
harvest-time, קַיִץ m., עֵת הַקָּצִיר, יְמֵי קָצִיר, יוֹם קָצִיר, קָצִיר m.
harvestman, קוֹצֵר.
haste, חִפָּזוֹן m., מְהֵרָה f. (Ch. בְּהִילוּ, הִתְבְּהָלָה)
in, (Ch. הִתְבְּהָלָה w. pref. בְּ.)
to, חוּשׁ K. Hi., נוּס.
to do, to make, חוּשׁ w. inf. and לְ.
to let make, מָהַר I Pi., רוּץ Hi.
to make, אוּץ, חוּשׁ K. Hi., חִישׁ, מָהַר I Pi., see עוּשׁ.
hasten, to, אוּץ K. Pi. Hi., בָּהַל Ni., דָּחַק Ni., חוּשׁ Hi., חָרַד, חִישׁ w. מִן from, מָהַר I K. (once), Pi., see עוּשׁ, פּוּחַ Hi., שָׁאַף.
away, to, מָלַט Ni.
to do, to, בָּהַל Pi. w. inf. c. לְ.
hastened, Kal. pass. participle of דָּחַף, מְבֹהָל.
to be, בָּהַל Pu. (Keri.)
hastily, חִישׁ, מָהַר I Pi. (coupled w. another verb), מַהֵר.
to come, חוּשׁ.
to do, בָּהַל Pi. w. inf. c. לְ., קָדַם Pi. w. inf.
to flee, חוּשׁ Hi.
to lead up, רוּץ Hi.
hasting, חָשִׁים part. plu.
hasty, חָשִׁים part. plu., נִמְהָר.
flight, חִפָּזוֹן m.
hatch, to, בָּקַע K. Pi.
hatched, to be, בָּקַע Ni.
hatcheled, שָׂרִיק.
hate, to, אָיַב, שָׂנֵא.
hated, שְׂנִיאָה only f.
hateful, K. pass. participle of שָׂנֵא.
to be, בָּאַשׁ Hi. c. בְּ.
to become, בָּאַשׁ Ni. w. בְּ and אֵת of pers., Hithp. c. עִם.
to make, בָּאַשׁ Hi. w. בְּ of pers.
hater, מְשַׂנֵּא, שֹׂנֵא. (Ch. שָׂנֵא.)
hatred, שִׂנְאָה f.
haughtiness, גַּאֲוָה f., גֵּאָה f., גָּאוֹן m., גַּאֲוֹת f., גֹּבַהּ m., גַּבְהוּת f., גֵּוָה I f., זָדוֹן m., עֶבְרָה f.
haughty, גֵּא, גֵּאֶה, גַּאֲיוֹן (Cheth.), גָּבֹהַּ, גָּדוֹל.
to be, גָּבַהּ, עָבַר Hithp.
haunch, יָרֵךְ f.
haunt, מִשְׁכָּן m.
have, to, הָיָה לְ w. a pers. subject, יֵשׁ לְ, נָשַׂג Hi.
haven, מָחוֹז m., מִפְרָץ m.
hawk, see אַיָּה, prob. נֵץ m.
hay, חָשַׁשׁ m.
hazel, see לוּז.
he, הוּא m. (often implying the substantive verb). (Ch. הוּא often impl. the sub. verb.)
he who, .שֶׁ (later books). (Ch. דִּי.)
head, אָבָה, גֻּלְגֹּלֶת f., מְרַאֲשָׁה f. (poet.), רֹאשׁ I m. (Ch. רֵאשׁ.)
at the, מְרַאֲשׁוֹת.
of a family (or) tribe, אַלּוּף m.
under the, מְרַאֲשׁוֹת.
upon the front part of the, בֵּין עֵינַיִם.
head-band, אֲפֵר m.
head-bands, עֲבוֹתִים.
head-dress, פְּאֵר m.
headlong, נִמְהָר.
to be, יָרַט (once.)
to throw, יָרַט (once.)
heal, to, חָזַק Pi., חָלַם Hi., רָפָא K. Pi., רָפָה II.
healed, to be, רָפָא Ni.
to cause to be, רָפָא Pi.
to let one's self be, רָפָא Hithp.
healing, a, אֲרוּכָה f., גֵּהָה f., מַרְפֵּא m., רִפְאוּת f.
health, אֲרוּכָה f., מַרְפֵּא m., רִפְאוּת f., שָׁלוֹם m.

health, in, (adj.), תָּמִים.
heap, גַּל m., חֲמֹור m., חֲמוֹרָה f., חֹמֶר m., בְּרֵכָה f., עֲרֵמָה f., קְבֻצָה f., רִגְמָה f., see רְגָּם.
of rubbish, מְדִי m., תֵּל m.
(of sheaves), גָּדִישׁ m.
(of stones), גַּל mostly w. אֲבָנִים added, מַרְגֵּמָה f. (Ch. יְגַר m.)
of straw, מַתְבֵּן m. coll.
(of waves), נֵד m. (only poet.)
together, to, עָמַר Pi.
up, to, כָּבַר Hi., כָּנַס, סָפָה Hi., חָלַל, שִׂים and שׂוּם, צָבַר.
heaped up, to be, עָרַם II Ni., צָבַר.
heaps, צִבֻּרִים.
hear, to, אָזַן I Hi., בִּין K. Hithpal., שָׁמַע. (Ch. שְׁמַע.)
a causing to, הַשְׁמָעוּת.
and answer, to, דָּרַשׁ Ni., עָנָה I, עָתַר I Ni. c. dat., שָׁמַע.
(and) grant, to, נָשָׂא פְּנֵי פ׳.
and obey, to, שָׁמַע.
distinctly, to, שָׁמַע.
to cause one to, שָׁמַע Hi. c. אֶל of pers.
to let, שָׁמַע Hi.
with pleasure, to, שָׁמַע.
heard, to let one's self be, שָׁמַע Hi.
hearing, (sub.), מִשְׁמָע m., מִשְׁמַעַת f., שֵׁמַע m.
hearken, to, קָשַׁב K. (once), Hi. w. אֹזֶן., שָׁמַע.
to, to, שָׁמַע.
heart, אַבִּיר m. (poet.), לֵב m., לֵבָב m., לִבָּה f., קֶרֶב m., שֶׂכְוִי m. (Ch. בָּל m., לֵב and לְבַב m.)
fat, חֵלֶב m.
stout of, אַבִּירֵי לֵב.
to be without, לָבַב Ni.
to ravish the, לָבַב Pi.
to rob one of his, לָבַב Pi.
hearth, אֲרִיאֵל.
heat, אֵשׁ com., חֹם m., חַמָּא (once), חַמָּה f., חֵמָה I f., חֹרֶב m., חַרְבוֹן m., כִּיר II f., פְּרוּר m., קִנְאָה f., שָׁרָב m. (Ch. חֲמָא, חֶמָא.)
(of anger), אֵשׁ com., חֵמָה I f., חֳרִי m.
heat, (of lust), תַּאֲנָה f. (once.)
(of mind), הָגִיג m.
to, קִיר.
to be in, יָחַם Pi.
violent, זַלְעָפָה and זִלְעָפָה.
heathen, גּוֹיִם.
heave, to, נָשָׂא.
heaven, שָׁמַיִם plu. (Ch. שְׁמַיִן plu.)
in, הַשָּׁמַיִם.
towards, הַשָּׁמַיְמָה, שָׁמַיִם, הַשָּׁמַיִם.
עַל־הַשָּׁמַיִם.
heavens, the, הֵיכָל m. (poet.), עֲרִיפִים (poet.), שַׁחַק m. (poet.), rarely in sing., oftener in plu. שְׁחָקִים, שָׁמַיִם. (Ch. שְׁמַיִן.)
heavenward, הַשָּׁמַיְמָה, שָׁמַיִם, הַשָּׁמַיִם, עַל־הַשָּׁמַיִם.
heaviness, כֹּבֶד m., כְּבֵדוּת f.
heavy, כָּבֵד.
to be, כָּבֵד K. Ni.
to make, כָּבֵד Hi., קָשָׁה I Hi.
heavy-mouthed, כְּבַד פֶּה.
Hebrew, יְהוּדִי (later Heb.), עִבְרִי.
hedge, מְסוּכָה f., מְשׂוּכָה f., see שׂוֹךְ.
about, to, סוּג II, שׂוּג II Pilp., שׂוּךְ.
in, to, סָכַךְ Hi., שׂוּךְ.
to, שׂוּךְ.
hedgehog, קִפֹּד m., see שָׁפָן.
heed, קֶשֶׁב m.
to do, to take, שָׁמַר Ni. w. inf. c. לְ (once.)
to give, בִּין.
to one's self, to take, שָׁמַר Ni. Hithp. c. מִן.
to, to give, בִּין c. acc., בְּ, אֶל, לְ, נָתַן לֵב לְ., עַל.
heel, עָקֵב m.
to take (or) seize by the, עָקַב.
he-goat, צָפִיר m. (later Heb.), שָׂעִיר m., תַּיִשׁ m. (Ch. צְפִיר.)
he-goats, עַתּוּדִים only plu.
heifer, עֶגְלָה f., פָּרָה f.
heifer-calf, עֶגְלָה f.
height, בָּמָה, גֹּבַהּ m., גַּבְהוּת, טַבּוּר m., מָרוֹם m., מִשְׂגָּב m., נוֹף m., נָפָה f., נֶפֶת f. (only in Josh.), תֵּל m.,

קוֹמָה m., רוּם m., רוֹם m., רָמָה f. (Ch. רוּם m.)

heights, גַּבְנֻנִּים, רָאמוֹת, see תּוֹעָפוֹת Note.

of heaven, רָמִים.

heir, יוֹרֵשׁ.

to be one's, יָרַשׁ also יָרַשׁ w. acc. of pers.

to leave as, נָחַל Hi.

he-lamb, כֶּבֶשׂ m.

Heliopolis, אוֹן II.

helmet, כּוֹבַע m., קוֹבַע m.

help, אֱיָלוּת f., זְרוֹעַ f., rarely m., יָד f., יְשׁוּעָה f., יֵשַׁע and יֶשַׁע m., מַרְפֵּא m, עֵזֶר m., עֶזְרָה f., תּוּשִׁיָּה f., תְּשׁוּעָה f.

to, חָזַק K. Pi. Hi. Hithp., יָעַל Hi., יָשַׁע Hi., נָשָׂא Pi., עוּת (once), עָזַר K. Hi. (Ch. סְעַד c. לְ.)

to cry for, קָרָא I., שָׁוַע Pi.

up, to, קוּם Hi.

helped, to be, יָשַׁע Ni.

to be wonderfully, הִפְלִיא לְהֵעָזֵר.

helper, זְרוֹעַ f., rarely m., עוֹזֵר, עֵזֶר m. concr., עֶזְרָה f. concr.

female, עֵזֶר m. concr.

my, יִשְׁעִי concr.

helpers, עֶזְרָה f. concr.

hem, שׁוּל m.

hemorrhoids, טְחוֹרִים.

hence, מִפֹּה, מִזֶּה.

herald, כָּרוֹז m.

herb, green, עֵשֶׂב m., יָרוֹק m. (Ch. עֲשַׂב m.)

herbage, חָצִיר m. (Ch. עֲשַׂב m.)

green, יֶרֶק m.

young, דֶּשֶׁא m. (Ch. דֶּתֶא.)

herbs, see in אוֹרָא, יָרָק m.

aromatic, מֶרְקָחִים.

bitter, מְרֹרִים.

green, אוֹרוֹת, עֵשֶׂב m. coll.

herd, בָּקָר com., עֵדֶר m., rarely שׁוֹר m. coll.

herdsman, נֹקֵד, רֹעֶה.

here, see אַחַר, הֲלֹם, הֵנָּה II, זֶה, בָּזֶה, כֹּה rarely, כָּכָה, כָּהֵנָּה, פֹּה or פּוֹ once פֹּא.

and there, הֵנָּה וָהֵנָּה.

— there, הֵנָּה repeated, כֹּה — כֹּה, שָׁם — שָׁם.

8

hereafter, לְאָחוֹר, מָחָר, בְּיוֹם מָחָר.

hereditary portion, חֶבֶל m.

heretofore, גַּם אֶתְמוֹל גַּם שִׁלְשׁוֹם.

hero, אֵל I m., see אֲרִאֵל. (Ch. גְּבַר m.)

heroes, see אֲרִאֵל, עַז m. concr.

heron, see יַנְשׁוּף, see תִּנְשֶׁמֶת.

heterogeneous things, כִּלְאַיִם du. (only.)

hew, to, חָטַב, חָצַב and חָצֵב, פָּסַל. (Ch. גְּדַד.)

down, to, גָּדַע, כָּרַת.

in, to, חָקַק.

in pieces, to, שָׁסַף Pi.

out, to, חָצַב and חָצֵב.

hewed beams, כְּרֻתוֹת.

hewers of stone, חֹצְבִים.

of wood, חֹטְבִים.

hewing (of stone), גָּזִית f., מַחְצֵב m.

hewn out, to be, חָטַב Pu., חָצַב Pu.

stones, גָּזִית f., אַבְנֵי גָזִית, אַבְנֵי מַחְצֵב.

Hezekiah, חִזְקִיָּה.

hid, to be, סָתַר Ni.

to lie, חָבָא Ni. Pu. Hithp., סָתַר Ni., עָלַם I Ni.

hidden, סָפוּן, סָתוּם, מִסְתֶּרֶת f., נֶעְלָם, צָפוּן. (Ch. עֲמִיק.)

men, נַעֲלָמִים.

places, מַצְפּוּנִים.

sins, נִסְתָּרוֹת.

something, סֵתֶר m.

thing, תַּעֲלֻמָה f.

things, נִסְתָּרוֹת. (Ch. מְסַתְּרָתָא.)

to be, כָּחַד Ni., עָלַם I Ni.

treasures, מַטְמֻנֵי מִסְתָּר.

hide, (skin), עוֹר.

hide, to, חָבָא Hi., חָבָה K. (once), Ni., טָמַן K. Hi., כָּחַד Pi. Hi., כָּסָה Pi., כָּפַר Pi., נָצַר I, סָכַךְ, סָתַר Pi. Hi., עָלַם I K. (only part. pass.), Hi., כָּמַס, צָפַן K. Hi. (Ch. סְתַר Pa.)

away, to, כָּמַס (once part. pass.)

one's self, to, חָבָא Ni. Pu. Hithp., חָבָה K. (once), Ni., חָפַשׂ Pu. Hithp., טָמַן Ni., כָּנַס Hithp., כָּנָה Ni., סָתַר K. (once Cheth.), Ni. Hithp., צָפַן Hi. (Cheth.)

hide themselves, to, see גּוּר I Kal, 3.
hiding, a, חֶבְיוֹן m., סֵתֶר m.
hiding-place, מַחֲבֵא m., מִסְתּוֹר m., מִסְתָּר m., סֵתֶר m.
hiding-places, מַחֲבֹאִים.
high, בָּצוּר, גֵּאָה, גְּבַהּ (constr. only), גָּבֹהַּ, גָּדוֹל, עַל concr., עֶלְיוֹן, רָם.
anything, גַּאֲוָה f.
from on, מִמַּעַל.
God, Most, (Ch. עֶלְיוֹנִין plu.)
Most, מָרוֹם concr., עַל m. concr. (Ch. עִלָּאָה.)
most, עֶלְיוֹן. (Ch. עִלָּי.)
on, בַּמָּרוֹם, see גָּבַהּ Hi., מָרוֹם, עַל, רוּם.
place, בָּמָה, מָרוֹם m., נָפָה f., נֶפֶת f. (only in Josh.), רָמָה f.
place, in a, מְרוֹם.
place, to be set in a, שָׂגַב Ni.
Priest, כֹּהֵן הָרֹאשׁ, הַכֹּהֵן הַגָּדוֹל, הַכֹּהֵן הָרֹאשׁ, הָרֹאשׁ.
the, בְּנֵי אִישׁ.
things, רָאמוֹת.
to be, גָּבַהּ, רָאַם, רוּם, רָמַם I, שָׂגַב K. Ni. (poet.)
to be made, רוּם.
to make, גָּבַהּ Hi., גָּדַל Hi., רוּם Pil. Hi.
to set on, רוּם Pil. Hi., שָׂגַב Pi.
to set up on, שָׂגַב Pi.
high-priced (things), רָאמוֹת.
higher, עִלִּית f. only, עֶלְיוֹן.
highest part, the, מִבְחָר m.
place, רֹאשׁ I m.
place, in the, רֹאשָׁנָה.
rank, רֹאשׁ I m.
the, רֹאשׁ I m., רֵאשִׁית f.
(what is), רֹאשׁ I m.
highly, עַל.
highway, מְסִלָּה f., מַסְלוּל m.
hill, גִּבְעָה f., עֹפֶל m., קָרֹב m., see חֵל, שְׁפִי m.
a bare, naked, שְׁפִי m.
a fertile, קֶרֶן בֶּן־שָׁמֶן.
hill-chapel, בָּמָה.
hin, (measure), הִין.
hind, a, אַיָּל (once), אַיָּלָה f., אַיֶּלֶת (as a term of endearment.)

hinder, אַחֲרוֹן.
hinder part, אָחוֹר m., יַרְכָה f., יַרְכָתַיִם du.
parts, אַחֲרֵי only constr., יַרְכְּתַיִם du.
side, יַרְכָתַיִם du.
hinder, to, אָחַר Pi., נוּא Hi., עָצַר. (Ch. בְּטֵל Pa.)
hindermost, אַחֲרוֹן.
hindrance, מַעְצוֹר m.
hinge, צִיר I m.
hinges, female, פֹּתוֹת m. plu.
hip-joint, כַּף הַיָּרֵךְ.
hippopotamus, see בְּהֵמוֹת.
hire, perh. אֲגִירָה f., אֶתְנַן and אֶתְנָה m., מְחִיר m., שָׂכָר m., שֶׂכֶר m.
one's self out, to, שָׂכַר Ni. Hithp.
to, סָכַר II, שָׂכַר, תָּנָה I K. (once), Hi. (once.)
hired laborer, שָׂכִיר m.
one, שָׂכִיר m.
hireling, שָׂכִיר m.
hiring, a, שְׂכִירָה f.
hiss, to, שָׁרַק.
for, to, שָׁרַק w. לְ.
to call by a, שָׁרַק w. לְ.
hissing, a, שְׁרֵקָה f.
to become a, הָיָה לִשְׁרֵקָה.
hissings, שְׁרִיקוֹת (Keri), שְׁרוּקוֹת (Cheth)
hist! הַס.
history, תּוֹלְדֹת.
family, תּוֹלְדֹת.
hit, to, נָכָה Hi.
hither, הֲלֹם, הֵנָּה II, עַד־הֵנָּה, כֹּה (after verbs of motion), פֹּה.
and thither, הֵנָּה וָהֵנָּה, אָנֶה וָאָנָה, כֹּה וָכֹה.
and thither, to go, שׁוּט I K. Pil. Hithpal.
hitherto, עַד־הֲלֹם, עַד־הֵנָּה, עַד־כֹּה, עַד־כֵּן, עַד־עַתָּה, קֳרֶנָה. (Ch. עַד־כָּה.)
ho! הוֹי.
hoar-frost, כְּפוֹר m.
hoard, a, קְבֻצָה f.
to, צָפַן.
up, to, טָמַן w. לְ.
hoarded, to be, חָסַן Ni.
hoards, צְפוּנִים.

hoariness, שֵׂיבָה f.
hoary, to be, שִׂיב. (Ch. שִׂיב.)
hoe, מַעְדֵּר m.
to loosen with a, עָזַק only Pi.
hold, to, אָחַז c. acc. or בְּ., חָזַק Hi., כּוּל Pilp. Hi., מָשַׁךְ c. בְּ., עָשָׂה, חָשַׂךְ I, תָּמַךְ, תָּפַשׂ.
as, to, חָשַׁב c. acc. et לְ., נָתַן כְּ.
back, to, חָשַׂךְ w. מִן from., עָצַר, צָפַן.
fast, to, אָחַז c. acc. or בְּ., חָזַק Hi., תָּמַךְ.
fast to, to, חָזַק K. Hi.
fast together, to, לָכַד Hithp.
of one another, to take, לָכַד Hithp.
of, to be laid fast, קָמַט Pu.
of, to lay, אָחַז often c. בְּ., חָזַק Hi. c. בְּ, לְ, עַל, (poet. c. acc.), חָתָה (once of a pers., elsewhere always of taking up coals, fire), לָקַח, מָשַׁךְ c. בְּ., תָּמַךְ, תָּפַשׂ.
of, to lay fast, קָמַט.
of, to take, see אָחַז, see תָּמַךְ.
to lay, תָּפַשׂ Pi.
to take, תָּפַשׂ Pi.
together, to, אָחַז.
up, to, כּוּל Pilp. Hi., תָּמַךְ c. בְּ.
holding back, a, תְּנוּאָה f.
hole, חוּר II m., חוֹר II m., מְאוּרָה f.
holiday, to celebrate a, חָגַג.
hollow, נָבוּב.
a, פְּחֶתֶת f., תֹּךְ m.
of the hand, כַּף f., שֹׁעַל m.
vessel, כַּף f.
hollows, שְׁקַעֲרוּרוֹת.
holm, see תִּרְזָה.
holocaust, כָּלִיל m., עֹלָה f. (Ch. עֲלָה f.)
holy, נוֹרָא, קָדוֹשׁ, קֹדֶשׁ in gen. after another noun. (Ch. קַדִּישׁ.)
fear, יִרְאָה f.
oil, ointment, see שֶׁמֶן 3.
One, קָדוֹשׁ.
place, מִקְדָּשׁ m., קָדוֹשׁ, קֹדֶשׁ m.
place, most, קֹדֶשׁ הַקֳּדָשִׁים m.
something most, קֹדֶשׁ קֳדָשִׁים.
the Most, קְדוֹשִׁים.

holy thing, קֹדֶשׁ m.
thing, to institute any, קָדַשׁ Pi.
things, the most, קָדְשֵׁי הַקֳּדָשִׁים.
to be, קָדַשׁ and קָדֵשׁ.
to be regarded and treated as, קָדַשׁ Ni.
to keep, קָדַשׁ Pi.
to make, קָדַשׁ Pi.
to pronounce, קָדַשׁ Pi. Hi.
to regard and treat as, קָדַשׁ Pi.
to show one's self, קָדַשׁ Ni. Hithp.
holyday, to keep, שָׁבַת.
homage, to do, שָׁחָה Hithpal.
home, מָקוֹם com., נָוֶה m. (only poet.), נָוָה f.
at, מָעוֹן.
to bring, בּוֹא Hi.
home-born servant, slave, יְלִיד בַּיִת.
homer, (measure), חֹמֶר m.
honest, see חַיִל 4., כֵּן I.
honey, דְּבַשׁ m., יַעְרָה f.
honey-comb, צוּף m.
honor, הָדָר m., יְקָר m., כָּבוֹד m., תִּפְאָרָה f., elsewhere תִּפְאֶרֶת. (Ch. הֲדַר, יְקָר m.)
one's self, to, כָּבַד Hithp.
to, הָדַר, יָרֵא, כָּבַד Pi. Hi., פָּאַר I Pi., שָׁמַר. (Ch. הֲדַר.)
to acquire, כָּבַד Hi.
to be held in, כָּבַד Ni.
to do, כָּבַד Pi.
to enjoy, כָּבַד Ni.
to one's self, to get, כָּבַד Ni.
with, כָּבוֹד.
honorable, כַּבִּיר, נָגִיד, נִכְבָּד.
to make, אָדַר Hi.
honored, נִכְבָּד. (Ch. יַקִּיר.)
to be, כָּבַד K. Pu. Ni., פָּאַר I Hithp.
to cause to be, כָּבַד Hi.
hoof, עָקֵב m., פַּרְסָה f. (Ch. טְפַר m.)
hook, וָו m. (spoken of tabernacle curtains only), חוֹחַ m., חָח m., חָחִי (Cheth.), חַכָּה f., קֶרֶס m., שְׁפַתַּיִם m. du.
hooks, סִירִים, דְּחַבְּרוֹת and סִירוֹת m.
(for fishing), צִנּוֹת.

hoopoe, see הַדּוּכִיפַת.
hope, בִּטָּחוֹן m., כֶּסֶל m., כִּסְלָה f., מִבְטָח m., מִקְוֶה m., also מִקְוֵא, שֶׂבֶר m., תּוֹחֶלֶת f., see תִּכְלָה, תִּקְוָה f.
  for, to, קִוָּה Pi.
  in (anything), תּוֹחֶלֶת f. w. לְ.
  there is no, יָאַשׁ Ni. impers.
  to, יָחַל Pi. Hi., קָוָה, שָׂבַר Pi. c. לְ, אֶל. (Ch. סְבַר once.)
  to cause to, יָחַל Pi.
hopes, to cherish vain, הָבַל.
hoping, יָחִיל.
horn, קֶרֶן f. (Ch. קֶרֶן f.)
  (musical instrument), קֶרֶן f., שׁוֹפָר m. (Ch. קֶרֶן f.)
hornet, צִרְעָה f.
hornets, צִרְעָה f. w. art. coll.
horns, to have, קָרַן Hi.
horrible, see in שָׁמַם Po., שַׁעֲרוּר, שַׁעֲרוּרִי, שַׁעֲרִירִי (Cheth.)
  something, שַׁעֲרוּרָה f.
  the setting up of the, see in שָׁמַם Po.
horrid, שֹׂעָר.
horror, זַרוּץ m., in other MSS. זָרוֹץ, פַּלָּצוּת f., see קְפָדָה, שַׂעַר m.
horse, אַבִּיר (only in Jer.), סוּס m., פָּרָשׁ m., רֶכֶשׁ m.
  a fleet, קַל m. (poet.)
horseman, סוּס m., פָּרָשׁ m., רֹכֵב סוּס, רַכָּב m.
horsemen, בַּעֲלֵי פָּרָשִׁים.
  pairs of, צֶמֶד פָּרָשִׁים.
horses, סוּס m. coll.
  two pairs of, שְׁנֵי רֶכֶב סוּסִים.
Hosea, הוֹשֵׁעַ.
host, הָמוֹן m., once f., חַיִל m., חֵיל m., מְגַמָּה f. (once), מִסְפָּר m. (poet.), מַחֲנֶה usually m., מִשְׁלַחַת f., צָבָא m., see צָבָה. (Ch. חֵיל m.)
hostages, בְּנֵי הַתַּעֲרֻבוֹת.
hostile encounter, קְרִי m.
  to, to be, צָרַר.
hostility, אֵיבָה f.
hosts, אֲגַפִּים (only in Ezek.)
hot, חָם II.
  to be, to make, עִיר.

hough, to, עִקֵּר Pi.
house, אֹהֶל, בַּיִת m. (Ch. בַּיִת m.)
  common, בֵּית חָבֶר.
  great, בִּיתָן m.
  in the, בַּיִת.
  into the, פְּנִימָה, הַבַּיְתָה.
  of bonds, בֵּית הָאֵסוּר.
  of, in the, עִם, בַּיִת.
  one over the, אֲשֶׁר עַל הַבַּיִת.
household, בַּיִת m., עֲבֻדָּה I f.
  gods, תְּרָפִים.
  goods, רְכוּשׁ m.
hover over, to, רָחַף Pi.
how! אֵיךְ, אֵיכָה, כְּ, כַּאֲשֶׁר. (Ch. כְּמָה.)
how? הֵיךְ, אֵיפֹה, אֵיכָכָה, אֵיכָה, אֵיךְ, מָה.
  exceedingly, (Ch. כְּמָה.)
  great, כְּ.
  great? כַּמֶּה, כַּמָּה.
  great, so great, כְּ — כְּ.
  long? עַד־אָן, עַד־אָנָה, כַּמָּה, כַּמָּה, עַד־מָתַי, עַד־מָה.
  long? after, אַחֲרֵי מָתַי.
  many? כַּמָּה, כַּמֶּה.
  many times? כַּמֶּה פְעָמִים.
  much, מָה (in exclamations.)
  much less, אַף כִּי (preceded by a neg.)
  much more, אַף כִּי (preceded by an aff.)
  often? כַּמָּה, כַּמֶּה.
  so, מַה־זֶּה.
  then, מַה־זֶּה.
howler, the, אִי II concr.
howlets, prob. אֹחִים only plu.
howling, a, יְלֵל m.
  animals, אֹחִים only plu.
human race, the, עַם m.
humble, שָׁפָל, צָנוּעַ, עָנָו, דַּכָּא, נִדְכָּא. (Ch. שְׁפַל.)
  one's heart, to, (Ch. שְׁפֵל Aph. w. לִבְבֵהּ.)
  one's self, to, כָּנַע Ni., עָנָה II Hithp. Ni. c. מִפְּנֵי before., רָפַס and רָפַשׂ Hithp., שָׁחַח.
  the, עָנָו.

humble, to, כָּנַע Hi., עָנָה II Pi. Hi., שָׁפֵל Hi. (Ch. שְׁפַל Aph.)
to be, הוֹן or הִין (once.)
to make, שָׁפֵל Hi.
humbled, to be, דָּכָא Pu., כָּאָה Ni., כָּנַע Ni., עָנָה II, שָׁפֵל.
humbly, to act, צָנַע Hi.
to live, צָנַע Hi.
humility, עֲנָוָה f.
humor, to be in good, טוֹב.
hump (of a camel), דַּבֶּשֶׁת f.
hunch-backed, גִּבֵּן.
hundred, מֵאָה f. (Ch. מְאָה.)
times, מֵאָה.
two, מָאתַיִם du.
hundreds, by, לְמֵאוֹת.
hundredth, the, מֵאָה f.
hunger, יֶשַׁח m. (once), כָּפָן m., רָעָב m.
for, to, רָעֵב w. לְ.
to, see כָּפַן, רָעֵב.
hunger-bitten, רָעֵב.
hungry, רָעֵב.
to be, רָעֵב.
hunt, to, צוּד.
after, to, צָדָה II.
hunter, צַיִד m.
hunter's net, מִכְמָר and מַכְמֹר.
hunting, צַיִד m.
hurl one's self, to, חוּל Hithp.
hurled, to be, הוּל and חִיל.
hurricane, סוּפָה f., רוּחַ f.
hurried, נִמְהָר.
to be, מָהַר I Ni.
hurt, אָסוֹן m., רָעָה f. (Ch. חֲבָל m., חֲבָל m.)
(animal), the, הַנִּשְׁבֶּרֶת f.
one's self, to, עָצַב Ni. (w. בְּ of instrument.)
to, כָּלַם Hi. (Ch. חֲבַל Pa.)
to be, בָּצַע (see Addenda), חָלָה K. Ho.
hurtful, רַע.
husband, אִישׁ m., אַלּוּף הַנְּעוּרִים, בַּעַל.
of, to become the, בָּעַל.
to have a, בָּעַל Ni.
husbandman, אִישׁ אֲדָמָה, אִכָּר m.
husband's brother, יָבָם m.
hush! הַס.
to, חָסָה only in Hi.
to be, חָשָׁה.
hushed, to be, שָׁתַק.
husk, זָג m.
hut, מְלוּנָה f., סֹךְ m., סֻכָּה f., שֹׂךְ m.
hyacinth, see לֶשֶׁם.
hyena, צָבוּעַ m. (once.)
hymn, אֹמֶר (poet.), אִמְרָה f. (poet.), אֶמְרָה f. (poet.), זָמִיר m., שִׁגָּיוֹן m., שִׁיר m., שִׁירָה f., תְּהִלָּה f., תְּפִלָּה f.
hymns, שִׁיר m. coll.
hyssop, אֵזוֹב m.

I

I, אָנֹכִי, אֲנִי.
I pray thee, נָא I.
ibex, יָעֵל m., יַעֲלָה f.
ibis, see יַנְשׁוּף.
ice, אֶלְגָּבִישׁ m., קִפָּאוֹן m. (Keri.), קָרַח m., קֶרַח m.
idle talker, an, בּוֹטֶה.
to be, רָפָה I Ni.
idol, אָוֶן m., בֹּשֶׁת f., גִּלּוּל m., מִפְלֶצֶת f., עֹצֶב m., עַצֶּבֶת f., צִיר II m. (Ch. צְלֵם and צֶלֶם m.)
idol-god, אֱלֹהִים.
idol-image, מַצֵּבָה f.
idol-priests, כְּמָרִים only plu.
idolatry, to commit, זָנָה.
idols, אָוֶן m., אֵימִים, גִּלּוּלִים, הֲבָלִים, חַמָּנִים only plu., עֲצַבִּים only plu., שֵׁדִים, צְלָמִים only plu.
Idumea, אֱדוֹם.
if, אוֹ, אִלּוּ (later Heb.), אִם, אֲשֶׁר, הֵן II (chiefly in later books), כִּי I, לוּא, לוּ. (Ch. הֵן.)
any one, see מִי 2.
indeed, אִם־נָא.
not, אוּלַי I (once), אִם־לֹא, לוּלֵא, לוּלֵי.

if — or, (Ch. הֵן — הֵן.)
perhaps, אוֹ.
that, אֲשֶׁר.
ignoble, נִקְלֶה, צָעִיר.
ignominy, בֹּשֶׁת f., כְּלִמָּה f., קִיקָלוֹן m.
ignorance, חֹשֶׁךְ m.
ignorant of, to be, נָכַר Pi.
ilex, see תִּרְזָה.
ill, (adj.), אָנוּשׁ, רַע.
(sub.), רַע m., רָעָה f.
at ease, to be, נוּשׁ (once trop. of the mind.)
to come off, רוּעַ Ni.
to do, רָעַע Hi.
to take, כָּעַס, לָאָה K. only fut., Ni.
treatment, זְוָעָה f., רָעָה f.
with me, it goes, יֵרַע לִי.
with, to deal, רָעַע Hi. c. לְ.
ill-favored, רַע, רַע תֹּאַר.
ill-gotten wealth, חָמָס m., prob. חָמֵץ m.
ill-will, רַע m.
illuminate, to, אוֹר Hi., נָגַהּ.
illumination, (Ch. נַהִירוּ.)
image, אֵפוֹד m., דְּמוּת f., יֵצֶר m., prob. פִּיּוֹן, מַשְׂכִּית f., סֶמֶל and סֵמֶל m., עֹצֶב m., צִיר II m., צֶלֶם m., תַּבְנִית f., תְּמוּנָה f. (Ch. צְלֵם and צֶלֶם m.)
carved, פֶּסֶל.
molten, נָסִיךְ m., נֶסֶךְ and נֵסֶךְ m.
imagery, see מַשְׂכִּית.
images, חַמָּנִים only plu., עֲצַבִּים only plu.
carved, פְּסִילִים.
of the sun, see in חַמָּן.
imagination, יֵצֶר m., מַשְׂכִּית f.
imbitter, to, מָרַר Pi. Hi.
imbittered, to be, מָרַר Hithpalp. w. אֶל of pers.
imbue one with, to, חָנַךְ.
Immanuel, עִמָּנוּאֵל.
immediately, בַּיּוֹם, כֵּן I (preceded by כְּ of time). (Ch. בֵּאדַיִן.)
after, מִן.
immerse, to, טָבַל. (Ch. צְבַע.)
one's self, to, טָבַל.

immersed, to be, טָבַע K. Pu.
immolate, to, זָבַח.
impale, to, יָקַע Hi.
impart, to, שָׁלַם Pi.
to, to, חָלַק w. לְ.
impatience, קֹצֶר רוּחַ.
impeded, see אָשַׁר.
impel, to, דָּחַק, הָמַם, נָגַשׂ, נָדַב, נָדַח, נוּס Pil., סוּת Hi. c. לְ, acc. and infin., פָּעַם.
away, to, נָדַח Hi.
to labor, to, אָכַף (once.)
impend, to, see עָבַר Ni.
imperious, שַׁלֶּטֶת.
impetuous, נִמְהָר.
impetus, פֶּרֶץ m.
impiety, אִוֶּלֶת f., חֹנֶף m., חֲנֻפָּה f., תּוֹעָה f., תִּפְלָה f.
impinge, to, פָּגַע.
impious, אֱוִיל, נָבָל, כָּשִׁיר, רָשָׁע.
one, חָנֵף.
to be, רָשַׁע.
implement, אָוֶן m., כְּלִי m.
implements, עֲבֹדָה f.
implore, to, צָעַק w. אֶל of pers., שָׁוַע Pi. (Ch. צְלָא Pa.)
aid, to, קָרָא I w. עַל of pers. on account of, against.
impose, to, יָצָא Hi. w. עַל, סָבַב, נָתַן, שִׂים and שׂוּם w. עַל, לִפְנֵי פ'. (Ch. רְמָא, רְמֵה.)
a tribute, to, הֶעֱלָה מַס.
much upon, to, רָבָה Hi. w. עַל.
upon, to, נָשָׂא I Hi., נָטַל w. עַל.
imposed, to be, see עָבַר Pu., שִׁית Ho. c. עַל.
impoverished, רֵיק, מְסֻכָּן.
imprecation, אָלָה f., קְלָלָה f., שְׁבוּעָה f.
improbity, הוֹלֵלָה f., הוֹלֵלוּת f., נְבָלָה f.
impudent, עָתָק.
impudently, to speak, דִּבֵּר עָתָק.
impure, טָמֵא.
to be, to become, טָמֵא.
impurity, טֻמְאָה f., טָמְאָה f., נִדָּה f.
impute, to, חָשַׁב w. acc. of thing, לְ of pers., נָתַן w. עַל of pers. to., שִׁית w. לְ of pers.

impute to, to, שׂוּם and שִׂים w. עַל, לְ, בְּ.

in, אֶל, see אֵת II, 1, c., בְּ, בֵּן m. (w. gen. of time), לְ, בְּמוֹ (poet.), מִן, עַל, בְּקֶרֶב, בְּתוֹךְ. (Ch. בְּ, בְּגוֹ, בְּגוֹא.)

a circuit, מִסָּבִיב.

a little while, כִּמְעַט.

a moment, פֶּתַע, פִּתְאֹם, כְּרֶגַע, רֶגַע, בְּרֶגַע.

amongst, אֶל־בֵּין after verbs of motion.

behalf of, בְּעַד and בְּעַד, לְ, בַּעֲבוּר.

between, אֶל־בֵּין, בְּבֵין, לְ, מִבֵּינוֹת.

company, כְּאֶחָד.

front, (adj.), נֹכַח.

front, (adv.), לִפְנֵי, מִמּוּל w. פְּנֵי., פָּנִים, מִפָּנִים, רִאשֹׁנָה.

front of, נֹכַח, לְנֹכַח, נֶגֶד, מוּל, אֶת־, לִפְנֵי, בִּפְנֵי, אֶת־פְּנֵי., פָּנִים, פָּנֶיהָ, פְּנִימָה.

like manner, כְּמוֹ־כֵן.

not, לְבִלְתִּי c. inf., לְלֹא (once.)

one's mind, body, עִם.

order that, אֲשֶׁר, לְמַעַן אֲשֶׁר, כִּי, וְ and וְ (before final and consecutive clauses), יַעַן אֲשֶׁר w. future, לְמַעַן w. infin., בַּעֲבוּר, לְבַעֲבוּר c. infin.

presence of, נֹכַח.

proportion to, כְּפִי.

respect to, אֶל, בְּ, לְ.

return for, תַּחַת אֲשֶׁר.

some way, כְּ.

that, בַּאֲשֶׁר, בְּ w. an infin.

that not, לְבִלְתִּי c. infin., בְּלֹא.

that place, שָׁם.

the end, perh. (Ch. אָפְּתֹם.)

the eyes of, לִפְנֵי.

the house, בַּיִת, פְּנִימָה.

the house of, עִם, בֵּית.

the manner of, בְּ, לִפְנֵי.

the manner that, (Ch. כָּל־קֳבֵל דִּי.)

the midst of, בְּעַד and בְּעַד, עִם, בְּתוֹךְ. (Ch. בְּגוֹ, בְּגוֹא.)

the presence of, מוּל, נֶגֶד, לְנֶגֶד, לִפְנֵי, אֶל־פְּנֵי.

in the sight of, נֶגֶד, לִפְנֵי, עַל־פְּנֵי.

this manner, כְּ. (Ch. כִּדְנָא.)

this place, הֵנָּה II, פֹּה.

union, יַחַד.

vain, הֶבֶל, חִנָּם, רִיק more fully לַשָּׁוְא, בְּדֵי רִיק, לְרִיק, לָרִיק, לְתֹהוּ, תֹּהוּ, לַשֶּׁקֶר, שָׁוְא.

what manner — so, כַּאֲשֶׁר — כֵּן.

what way, כַּאֲשֶׁר, כְּ.

what way? מָה.

whatsoever, בְּכֹל אֲשֶׁר (later Heb.)

inaccessible, בָּצִיר (Keri), בָּצוּר.

to be, בָּצַר Ni. c. מִן., שָׂגַב (poet.)

to make, בָּצַר Pi.

inactive, to be, חָרַשׁ Hi., חָשָׁה Hi.

incantation, לַחַשׁ m., נַחַשׁ m.

incantations, כְּשָׁפִים.

incense, מְקַטֵּר m., עָתָר m., קְטוֹרֶת f., מִקְטֶרֶת f., מִקְטָר, קְטֹרֶת f. (Ch. נִיחֹחִין.)

altars of, מְקַטְּרוֹת.

fragrant, קְטֹרֶת סַמִּים.

to burn, קָטַר I Pi. Hi.

incident, פֶּגַע m.

incision, גְּדוּד m., שֶׂרֶט m., שָׂרֶטֶת f.

incisions, to make, גָּדַד Hithpo.

incite, to, נָדַב, סוּת Hi. w. acc. of pers. and בְּ against, סִכְסֵךְ Pilp.

away from, to, סוּת Hi. w. מִן.

incitement, מַכְשֵׁלָה f.

inclination, חֵפֶץ m.

incline, to, חָנָה, חָפֵץ, חָנַן, נָטָה K. Hi., צָפָה K. Pi., שָׁבַב Hi.

one's self, to, see קָדַד II, שָׁחָה.

inclined, תָּלוּא w. לְ.

to be, אָבָה, צָפָה.

include, to, כּוּל K. (once.)

in-coming, an, מָבוֹא m., מוֹבָא m.

increase, בּוּל m., יְבוּל m., מַרְבֶּה m., תְּנוּבָה f., תְּבוּאָה m., צֶמַח f., מַרְבִּית f., תַּרְבִּית f.

to, גָּאָה (poet.), גָּדַל Hi., יָסַף K. and Hi. (both defect.), Ni., נוּב (only trop.), פָּרַץ, רָבָה K. Pi. Hi., שָׂגָה Hi.

increased, to be, דָּגָה (once), יָתַר Ni.

increment, (architectural), see אַתִּיק.

inculcate, to, שָׁנַן Pi. c. acc. of thing, dat. of pers.
incur, to, חָטָא.
incurable, אָנוּשׁ.
indeed, אֲבָל, אָמְנָה, אָמְנָם, גַּם.
India, see אוֹפִיר, הֹדּוּ, see חֲוִילָה.
indicate, to, שָׁנַן Pi.
indignant, to be, זָעַם c. acc., עַל, חָרָה Hithp., כָּעַס. (Ch. בְּנַס.)
indignation, see זַעַם, קִנְאָה f.
indiscreetly, בִּבְלִי, בְּלִי דַעַת, לֹא בְדַעַת דָּעַת.
indolence, עַצְלָה f., עַצְלוּת f.
Indus, see פִּישׁוֹן.
infamy, see דִּבָּה.
infant, עוֹלֵל m.
inferior, to be, נָפַל w. מִן comparative.
infirmity, חָפְשִׁית and חָפְשׁוּת f.
inflame, to, בָּעַר, דָּלַק K. w. בְּ, Hi., סָכַךְ Pilp.
inflamed, נֵחָמִים participle plu.
ulcer, שְׁחִין m.
inflammation, דַּלֶּקֶת f., חַרְחֻר m., נִקְלָה.
inflated, זֵד.
to be, עָפַל Pu.
influence, מִשְׁטָר m.
inform against, to, נָגַד Hi. (Ch. אֲכַל קַרְצֵי דִי, קַרְצוֹהִי דִי אֲכַל.)
ingathering, an, אָסִיף m., אֹסֶף.
inhabit, to, יָשַׁב.
the land, to, שָׁכַן אֶרֶץ.
inhabitant, אִישׁ m. w. gen. of city, people, or land., שָׁכֵן m., יוֹשֵׁב, תּוֹשָׁב m concr.
inhabitants, בַּעֲלִים w. gen. of city, בַּת I f. (poet.), יֹשֶׁבֶת f. coll., מוֹשָׁב m. concr., עִיר f., צָבָא 2, a.
of the desert, צִיִּים.
inhabited, to be, יָשַׁב K. (poet.), Ni. Ho., שָׁכַן also שָׁכֵן.
to cause to be, יָשַׁב Hi.
inhabiting, (adj.), נָוֶה.
inherit, to, יָרַשׁ also יָרֵשׁ, נָחַל w. בְּ of place.
one's estate, to, יָרַשׁ also יָרַשׁ w. acc. of pers.
inheritance, גּוֹרָל m., חֵבֶל m., יְרֻשָּׁה f., נַחֲלָה f.
to distribute an, נָחַל Hi.
to get by, נָחַל.
to leave as an, נָחַל Hi.
iniquity, אָוֶן m., עָוֶל m., עַוְלָה f., עָוֹן m., עַלְוָה, see עָמָל, שָׁוְא m.
initiate, to, חָנַךְ.
injure, to, see חָבַר, פָּלַם Hi., נָתַן מוּם בְּ.
injuries, עֲשׁוּקִים.
injury, הַוּוֹת only plu., עֹשֶׁק m.
bitter, לַעֲנָה f.
injustice, רֶשַׁע m., רִשְׁעָה f.
to treat with violence and, עָשַׁק.
ink, דְּיוֹ m.
ink-horn, קֶסֶת הַסֹּפֵר.
ink-horn, a writer's, קֶסֶת הַסֹּפֵר.
ink-stand, קֶסֶת הַסֹּפֵר.
inlaid, רָצוּף.
inmost depth, מֶחְקָר m.
part, בֶּטֶן f., חֵקֶר, מֵעִים plu. only.
inn, מָלוֹן m.
inner, תִּיכוֹן, פְּנִימִי.
part, בַּיִת m., קֶרֶב m., תָּוֶךְ m.
parts, יַרְכָּתַיִם du.
sanctuary, דְּבִיר m., קֹדֶשׁ הַקֳּדָשִׁים.
innocence, בֹּר כַּפַּיִם, בֹּר יָדַיִם, תֹּם m., תֻּמָּה f. (Ch. זָכוּ f.)
innocent, נָקִי, תָּם, תָּמִים.
to be, נָקָה.
to make, צָדַק Pi.
to pronounce, נָקָה Pi. c. מִן, צָדַק Pi. Hi.
innumerable, לְאֵין מִסְפָּר, אֵין מִסְפָּר, עַד־אֵין מִסְפָּר.
inquire, to, בָּעָה, דָּרַשׁ, שָׁאַל. (Ch. בְּקַר Pa.)
after, to, בִּקֵּשׁ Pi.
of, to, בִּקֵּשׁ Pi., דָּרַשׁ, שָׁאַל (often c. בְּ.)
into, to, בִּקֵּשׁ Pi. w. לְ.
insane, one, מְשֻׁגָּע.
to be, שָׁגַע Hithp.
insatiable, to be, לֹא שָׂבַע.
inscribe, to, חָקַק, חָרַשׁ, חָרַת (once), כָּתַב.

inscribed, to be, חָקַק Hoph.
insert, to, שׂוּם and שִׂים w. בְּ.
inserted, to be, בּוֹא Ho.
inside, בַּיִת לְ, מִבַּיְתָה, מִבַּיִת, בַּיְתָה, לִפְנִימָה, לְמִבֵּית לְ, מִבַּיִת לְ.
  and on the outside, on the, מִבַּיִת וּמִחוּץ.
  on the, מִפְּנִימָה, מִבַּיִת.
  the, בַּיִת m.
insight, בִּינָה f., דֵּעָה f., פֶּתַח m., תְּבוּן m., תְּבוּנָה f., תיבנה (Cheth.). (Ch. בִּינָה f.)
insignificant, to be, קָלַל.
insipid, תָּפֵל.
  anything, רִיר m.
insipid food, see חַלָּמוּת.
insipidness, see חַלָּמוּת.
insolence, גֹּדֶל לֵבָב, עֶבְרָה f., רַהַב m.
insolent, גָּדוֹל.
  to be, עָשַׁק.
insolently, to act, גָּדַל Hithp., זוּד Hi.
  to conduct one's self, גָּבַר Hithp. w. אֶל against.
  to speak, הִגְדִּיל פֶּה, בְּפֶה.
inspect, to, see רָאָה K. 2., שָׂבַר w. בְּ.
  carefully, to, בָּקַר Pi. w. לְ, — בִּין לְ.
inspectors, שֹׁטְרִים.
instead of, חֵלֶף, מָקוֹם w. gen., בַּעֲבוּר, תַּחַת אֲשֶׁר, תַּחַת.
institute, to, צִוָּה Pi.
  any holy thing, to, קָדַשׁ Pi.
instruct, to, בִּין Hi., יָסַר Pi., יָרָה Hi., שָׂכַל Hi.
instructed, to be, יָסַר Nithp.
instruction, אוֹר m., לֶקַח m., מוּסָר m., joined usually with דַּעַת, חָכְמָה., מֹסָר m., פֶּתַח m., שְׁמוּעָה f., תּוֹרָה f.
  divine, נֵר m.
  to receive, זָהַר Ni.
instrument, כְּלִי m.
  cutting, חֹרֶשׁ m.
insult, to, כָּלַם Hi.
insulted, to be, כָּלַם Ni.
integrity, אֱמֶת f., חַיִל m., יֹשֶׁר m., יֹשֶׁר m., יְשָׁרָה f., צֶדֶק m., צְדָקָה f., תֹּם m., תֹּם m., תֻּמָּה f., תָּמִים m.

intellect, נְשָׁמָה f. (Ch. לֵב and לְבַב m., מַנְדַּע m.)
intelligence, בִּינָה f., דַּעַת f., חֶשְׁבּוֹן m., מַדָּע also מַדַּע m. (later Heb.), שֶׂכֶל m., הַשְׂכֵּל, שֵׂכֶל also שֶׂכֶל m. (Ch. שָׂכְלְתָנוּ f.)
intelligent, חָכָם, מֵבִין, נָבוֹן.
  one, מַשְׂכִּיל.
  to be, בִּין K. Ni. Hithpal.. שָׂכַל Hi.
  to become, שָׂכַל Hi.
  to make, בִּין Hi.
  words, תְּבוּנוֹת.
intend, to, שׂוּם פָּנָיו w. inf. c. לְ.
intercede for, to, פָּלַל Hithp. c. בְּעַד, עַל, לְ., w. אֶל with whom.
interceding angel, the, מַלְאָךְ מֵלִיץ.
intercession, תְּפִלָּה f.
intercessor, מַפְגִּיעַ, מֵלִיץ.
intercourse, סוֹד m.
  to have, חָבַר, עָרַב I Hithp. c. בְּ, לְ, עִם.
  to hold, רָצָה Hithp. c. אֵת with.
  with, to have, בּוֹא בְּ.
interdict, (Ch. אֱסָר.)
interest, (on money), מַרְבִּית f., נֶשֶׁךְ m., תַּרְבִּית f.
  to exact, נָשַׁךְ Hi.
interior, (adj.), פְּנִימִי.
  (sub.), קֶרֶב m., הֵיקַ m.
interlace, to, סָבַךְ, סָכַךְ.
interlaced, עָבֹת.
  (any thing), עֲבֹת com.
intermeddle, to, עָרַב I Hithp. c. בְּ.
intermingle, to, עָרַב I Hithp. c. בְּ, לְ, עִם.
intermission, הֲפוּגָה f.
intermit, to, שָׁבַת.
interpret, to, נָגַד Hi., פָּתַר. (Ch. פְּשַׁר, תַּרְגֵּם.)
interpretation, פִּתְרוֹן, פֵּשֶׁר m., שֵׁבֶר and שֶׁבֶר m. (Ch. פְּשַׁר m.)
interpreter, מֵלִיץ.
interrogate, to, בָּקַשׁ Pi. w. מִן., אֶל; K. Pi. (Ch. שְׁאֵל w. לְ of pers.)
interrogation, adverb of, הֲ, הַ, הֶ.
interrogative particle, אַל I (once). (Ch. אַל.)

interruption, שֶׁבֶת I f.
intercessor, מֵלִיץ.
interstice, פֹּת m.
intertwine, to, שׂוּךְ Pol.
interval between, בֵּינַיִם du.
interweave, to, שָׂבַךְ, סָבַךְ, סָבַךְ.
themselves, to, שָׂרַג Hithp.
interwoven, עָבֹת.
(any thing), עָבֹת com.
branches, סְבָךְ m.
to be, סָבַךְ Pu., שָׂרַג Pu.
intestines, מֵעִים only plu., קֶרֶב m.
intimacy, סוֹד m.
intimate, אַלּוּף.
to be, שָׁכַן also שָׁכֵן.
into, אֶל, לְ, בְּמוֹ (poet.), בְּתוֹךְ. (Ch. לְ, לְגוֹא, בְּ.)
and through, בְּ.
my power, בְּיָדִי.
the house of, פְּנִימָה, הַבַּיְתָה.
the presence of, אֶת־פְּנֵי, אֶל־פְּנֵי.
intoxicated, שִׁכּוֹר, שְׁכֻרָה.
intoxication, יַיִן m.
intractable, to be, סָרַר (once.)
intrenchment, גַּב m., חֵיל m., prob. כְּלִיא m.
intrepid, חָזָק.
intricate speech, חִידָה f.
introduce, to, (Ch. עֲלַל Aph.)
introduced, to be, (Ch. עֲלַל Hoph. like Heb.)
inundate. to, שָׁטַף.
inundation, זֶרֶם m., מַבּוּל m., נֶפֶץ m., סְפִיחַ m., צָפַת f., שֶׁטֶף and שֶׁטֶף m.
invade, to, גּוּר, פָּשַׁט w. עַל.
invent, to, בָּרָא w. מִלִּבּוֹ., חָשַׁב.
inventor, חֹשֵׁב.
investigate, to, תּוּר.
inveterate, to be, יָשַׁן Ni.
invite, to, קָרָא I.

invoke, to, זָכַר Hi., עוּר Hi. c. בְּ against.
(God), to, בָּרַךְ Pi.
inward, בַּיִת לְ, מִבַּיְתָה, מִבַּיִת, בַּיְתָה, לִפְנִימָה, פְּנִימָה, לְבַבִּית לְ, מִבַּיִת לְ.
part, כְּלָיוֹת plu.
parts, מִסְלִים.
inwardly to, לִפְנִימָה לְ.
inwards, the, רַחֲמִים.
Ionia, יָוָן.
iron, בַּרְזֶל m., פְּלָדָה f. (Ch. פַּרְזֶל m.)
fetters, בַּרְזֶל m., fully כַּבְלֵי בַרְזֶל.
point, רֹמַח m.
point of a spear, see חֵץ 3.
wrought, see in עֶשֶׁת.
irons, בַּרְזֶל m., fully כַּבְלֵי בַרְזֶל.
irrigate, to, שָׁקָה Hi.
irrigated, to be, שָׁקָה Pu.
irritate, to, כָּעַס Pi., מָרַץ Hi., מָרַר Pi., רָעַם Hi.
irritated, to be, גָּלַע Hithp. w. בְּ of thing or cause, גָּרָה Hithp.
is it not? הֲכִי.
it so that? הֲכִי.
not? אִם־לֹא, הַאִם, לֹא in neg. interrogation for הֲלֹא.
Isaac, יִצְחָק.
Isaiah, יְשַׁעְיָהוּ.
Ishmael, יִשְׁמָעֵאל.
island, an, אִי I m.
Israel, יִשְׂרָאֵל.
Israelite, יִשְׂרְאֵלִי.
Issachar, יִשָּׂכָר (Keri.)
issue, צֶאֱצָאִים plu.
to, יָצָא.
issues, צֶאֱצָאִים.
it, אֵת I (in Ezek.), הִיא f.
Italy, see in כִּתִּים.
itch, חֶרֶס m.
itself, אֵת I (in Ezek.)
ivory, שֵׁן f., שֶׁנְהַבִּים plu.

J

jackal, אִי II, שׁוּעָל m.
jackals, see in תַּנָּה, תַּנִּים only plu.
Jacob, יַעֲקֹב.

jail, מַטָּרָה f., also מַטְּרָא.
Japhet, יֶפֶת.
jasper, יָשְׁפֵה.

javelin, כִּידוֹן m., מַקֵּל יָד, שֶׁלַח m.
jaw-bone, לְחִי f.
jaws, חַךְ m., רֶסֶן m.
the two, מַלְקוֹחַיִם m. du.
jealous, קַנָּא, קַנּוֹא.
of, to be, צָרַר.
to be, קָנָא Pi w. בְּ.
jealousy, קִנְאָה f.
to excite to, קָנָא Pi. w. בְּ by or with.
to provoke to, קָנָא Hi. c. בְּ.
jeering, a, שִׁמְצָה f. (once.)
Jehovah, יָהּ (poet.), יְהֹוָה.
Jephthah, יִפְתָּח.
Jeremiah, יִרְמְיָה.
Jericho, יְרִיחוֹ.
Jerusalem, יְרוּשָׁלַיִם, see שָׁלֵם. (Ch. יְרוּשְׁלֶם.)
jest, a, צְחֹק m.
to, צָחַק Pi., [illegible]
jester, לָעֵג.
Jew, יְהוּדִי. (Ch. יְהוּדַי only in plu.)
to become a, יָהַד Hithp.
to make one's self a, יָהַד Hithp.
Jewess, יְהוּדִיָּה f.
Jewish, in, יְהוּדִית.
Jezebel, אִיזֶבֶל.
Jezreel, יִזְרְעֶאל.
Joab, יוֹאָב.
Job, אִיּוֹב.
Joel, יוֹאֵל.
join, to, אָחַז, אָסַר, נָגַשׁ Ni. pret. K. fut. w. בְּ..
in league, to, חָבַר Pi.
one's self, to, יָחַד Ni.
one's self to, to, לָוָה K. Ni. c. עַל, עִם, אֶל.
one's self with, to, חָבַר Hithp. c. עִם.
together, to, אָחַז, חָבַר K. Pi. Hi., חָשַׁק Pi.
joined, see שָׁלַב Pu. participle.
in one, אֲחָדִים plu.
to be, אָחַז Ho., יָחַד.
together, to be, חָבַר K. Pu.
joining, a, חֹבֶרֶת f.
joinings, חֲשֻׁקִים.

joint, אַצִּיל m., קַרְסֹל.
small, קַרְסֹל.
to be out of, יָקַע K. only fut.
joints (of back), (Ch. קִטְרִין only plu.)
(of a coat of mail), דְּבָקִים.
joist, קוֹרָה m.
joists, צְלָעִים and צְלָעוֹת.
a layer of, שְׂקָה m. (once.)
to lay, קָרָה Pi.
Jonah, יוֹנָה.
Jonathan, יוֹנָתָן.
Joppa, יָפוֹ.
Jordan, יַרְדֵּן.
Joseph, יוֹסֵף.
Joshua, יְהוֹשֻׁעַ.
Josiah, יֹאשִׁיָּהוּ.
journey, דֶּרֶךְ com., הֵלֶךְ m., מַהֲלָךְ m.
to, שׁוּר, נָסַע, הָלַךְ דֶּרֶךְ, עָשָׂה דֶּרֶךְ II.
journeying, מַסָּע m.
journeyings, מִגּוּרֵי plu. constr.
joy, חֶדְוָה f., טוּב לֵב, מָשׂוֹשׂ m., שִׂמְחָה f., שָׂשׂוֹן m.
cry of, רְנָנָה f.
object of, מָשׂוֹשׂ m.
shout of, הֵד m., הֵידָד m., רִנָּה f.
to break forth into, פָּצַח רִנָּה.
joyful, טוֹב, שָׂמֵחַ c. מִן because of or in.
acclamation, הֵידָד m.
to be, בָּלַג Hi., טוֹב, עָלַץ, שָׂמַח also שָׂמַח w. בְּ in or at.
to become, בָּלַג Hi.
to make, חָדָה Pi.
to make one's self, עָלַס Hithp.
joyous, טוֹב.
to be, יָטַב.
to make, יָטַב Hi.
jubilee, see יוֹבֵל.
the year of, שְׁנַת יוֹבֵל.
Judah, Judea, יְהוּדָה, יְהוּד.
judge, דַּיָּן m., חֹקֵק (poet.), מְחֹקֵק, קָצִין m., שֹׁפֵט, see שָׁפַט Po. at end. (Ch. שְׁפַט.)
justly, to, שָׁפַט צֶדֶק, שָׁפַט מֵישָׁרִים.
skilful to, חָכָם.
to, דּוּן or דִּין (once), דִּין, יָכַח

Hi., פָּלַל Pi., שָׁפַט. (Ch. דִּין and דּוּן.)
judge, to contend before a, רוּב and רִיב, שָׁפַט.
unjustly, to, שָׁפַט עָוֶל.
uprightly, to, שָׁפַט צֶדֶק, שָׁפַט מֵישָׁרִים.
judges, see in אֱלוֹהַּ A, Note, פְּלִילִים only plu. (Ch. הַדָּבְרַיָּא m. only plu.)
pertaining to the, פְּלִילִי.
the, (Ch. דִּין m.)
judgment, דּוּן (Keri), דִּין m., חָרוּץ I m., טַעַם m., מִשְׁפָּט m., פְּלִילָה f., see in שִׁדִּין, שְׁפוֹט m. (Ch. דִּין m., טְעֵם m.)
to execute, פָּלַל Pi.
to give, שָׁפַט מִשְׁפָּט.
judgment-seat, דִּין m.
judgments, שְׁפָטִים only plu.
juice, לְשַׁד m., נֵצַח II m.
juicy, רָטֹב.
junction, חֹבֶרֶת f., מַחְבֶּרֶת f.
juncture, אַצִּיל m., מַחְבֶּרֶת f.
jurisdiction, תַּבָּא m.
just, צַדִּיק, נָכֹחַ, יָשָׁר.
cause, צֶדֶק m.
cause, to have a, צָדַק.
now, עַתָּה זֶה, אַךְ.
to be, צָדַק.
to pronounce, צָדַק Pi. Hi.
to show one's self, בָּרַר Hithp.
justice, אֱמֶת f., דִּין m., מִשְׁפָּט m., צְדָקָה f., פְּלִילָה f., צֶדֶק m., נְכֹחָה f. (Ch. דִּין m.)
according to, לְמִשְׁפָּט.
acts of, צְדָקוֹת.
to do, יָכַח Hi., שָׁפַט צֶדֶק, שָׁפַט מֵישָׁרִים.
to, to do, צָדַק Hi., שָׁפַט.
justified, to be, צָדַק K. Ni.
justify, to, יָכַח Hi., צָדַק Pi.
one's self, to, צָדַק Hithp.
justly, לַצֶּדֶק.

K

keep, to, גָּרַם c. dat., גָּרַע w. אֵל., חָשַׂךְ, נָצַר, נָצַר I, שָׁמַר K. Hithp. (Ch. נְטַר.)
(any stated day), to, עָשָׂה I.
back, to, חָשַׂךְ w. מִן from, מָנַע, צָפַן.
back from, to, אָצַל K. Hi. w. מִן.
cattle, to, חִיָּה בָקָר.
in mind, to, שָׁמַר.
in remembrance, to, זָכַר Hi.
one's duty to, to, שָׁמַר מִשְׁמֶרֶת פ׳.
one's self, to, שָׁמַר Ni. c. מִן.
one's self quiet, to, חָרַשׁ Hithp.
quiet, to, שָׁקַט.
safely, to, שָׁמַר.
secret, to, סָתַם.
silence, to, אָלַם Ni., חָרַשׁ K. Hi., חָשָׁה Hi., סָכַת Hi. (once.)
keeper, שֹׁמֵר.
keepers, נֹצְרִים.
keeping, a, מִשְׁמֶרֶת f.
keeping off, a, מִסָּח m.
kept, to be, קָדַשׁ Hithp.
what is, מִשְׁמָר m.
kernel, צְרוֹר m. (apparently.)
kernels, פְּרֻדוֹת.
kettle, מַרְחֶשֶׁת f., קַלַּחַת f.
a heated, אַגְמוֹן m.
key, מַפְתֵּחַ m.
kick, to, בָּעַט, see שָׁמַט.
kid, גְּדִי m., גְּדִיָּה f.
kidneys, כְּלָיוֹת only plu.
kill, to, אָבַד Pi., הָרַג, זָבַח, טָבַח, מוּת Pil. Hi., נָכָה Hi., פָּגַע w. בְּ., קָטַל (poet.), רָצַח, שָׁחַט. (Ch. קְטַל Peal, Pa.)
for sacrifice, to, זָבַח.
many, to, רָצַח Pi.
killed, חָלָל.
to be, הָרַג Ni. Pu.
killing, a, הֶרֶג m., הֲרֵגָה f., שְׁחִיטָה f.
kin, next of, הַגֹּאֵל.

kind, (adj.), טוֹב, חָסִיד.
to show one's self, חָסַר Hithp.
towards, to be, רָצָה.
kind, (sub.), זַן m., מִין m. (only w. suffs.), מִשְׁפָּחָה f., מִשְׁפָּט m. (Ch. זַן.)
kindle, to, אוּר Hi., בָּעַר K. Pi. Hi., דָּלַק K. w. בְּ, Hi., חָרָה Hi. c. עַל (only of anger), חָרַר Pilp., יָצַת only in fut. c. בְּ., נָשַׂק Hi., צוּת Hi. (once), קָדַח. (Ch. אֲזָא and אֲזָה.)
up, to, בָּעַר, יָצַת Ni., פּוּחַ Hi. w. בְּ.
kindled mass, יְקוֹד.
to be, בָּעַר K. Pu., חָרָה (only of anger), יָקַד Ho., כָּמַר I Ni., נָשַׂק Ni., קָדַח.
kindness, חֵן m., חֶסֶד, see טוֹבָה 3., צְדָקָה f.
to, to do, סָכַן w. לְ, עַל.
kindred, גְּאֻלָּה f., מוֹלֶדֶת f., עַם m.
kine, אֲלָפִים only plu., see בָּקָר, 2.
king, מֶלֶךְ m., נוֹגֵשׂ, רֹזֵן. (Ch. מֶלֶךְ m.)
to be, מָלַךְ constr. w. עַל of people.
to be made, מָלַךְ.
to constitute as, מָלַךְ Hi.
to make, מָלַךְ Hi.
kings, בְּנֵי אֱלֹהִים (once.)
King's Dale, עֵמֶק הַמֶּלֶךְ.
kingdom, מְלוּכָה f., מַלְכוּת f., מַמְלָכָה f., מַמְלְכוּת f. (only constr.). (Ch. מַלְכוּ f.)
kingdoms, (Ch. שָׁלְטָנַיָּא.)
kinsman, אָח I m., גֹּאֵל m., see קָרוֹב, b.
the nearest, הַגֹּאֵל.
kinswoman, אָחוֹת f., שַׁאֲרָה f.
kiss, a, נְשִׁיקָה f.
to, נָשַׁק I K. Pi. Hi.
kite, (bird), see אַיָּה, see דַּיָּה.
knaw, to, גָּרַם Pi.
knead, to, לוּשׁ.
kneading-trough, מִשְׁאֶרֶת f.
knee, בֶּרֶךְ (sing. once). (Ch. אַרְכֻּבָה f., בְּרֵךְ.)
to bend the, בָּרַךְ, כָּרַע.
kneel, to, בָּרַךְ, כָּרַע.
down, to, (Ch. בְּרַךְ.)
kneel down, to make, בָּרַךְ Hi.
knees, בִּרְכַּיִם du. (spoken not only of two, but also of many.)
to fall upon the, (Ch. בְּרַךְ.)
knife, חֶרֶב f., מַאֲכֶלֶת f., צֹר m., שַׂכִּין m.
a sharp, תַּעַר I m.
a writer's, תַּעַר הַסֹּפֵר.
knives, sharp, of stone, see צוּר, 2.
knock, to, דָּפַק. (Ch. נְקַשׁ.)
down, to, דָּחָה.
knocking in rivalry (at a door), מִתְדַּפְּקִים plu.
knot, אֲגֻדָּה f.
knotty questions, (Ch. קִטְרִין only plu.)
knots, (Ch. קִטְרִין only plu.)
know, to, בִּין K. Hi., יָדַע, נָכַר Hi., סָכַן Hi., רָאָה. (Ch. יְדַע.)
not to, נָכַר Pi.
of, to, יָדַע w. בְּ.
to be made to, יָדַע Ni.
to cause to, יָדַע Pi.
to come to, יָדַע. (Ch. יְדַע.)
to feign not to, נָכַר Pi.
to let, יָדַע Hi.
knowing, a, דֵּעָה f., דַּעַת f.
(adj.), חָכָם, נָבוֹן.
to be, בִּין Ni. Hi., יָדַע.
knowledge. אוֹר m, דֵּעַ m., דֵּעָה f., דַּעַת f., לֶקַח m., מַדָּע also מַדַּע m. (later Heb.). (Ch. מַנְדַּע m.)
of, to have a, יָדַע, נָכַר Hi. (rare and later books). (Ch. יְדַע.)
of, to take, יָדַע.
known, not to let one's self be, נָכַר Hithp.
to be, נָכַר Ni. Hithp.
to be made, עוּר Ho. c. בְּ.
to become, יָדַע Ni. Ho.
to let one's self be, יָדַע Hithp.
to make, גָּלָה Pi., יָדַע Hi. (Ch. יְדַע Aph.)
to make one's self, יָדַע Hithp.
knows, what one, דֵּעַ m.
knuckles, אַצִּילֵי, אַצִּילוֹת יָדַיִם.

labor, יְגִיעַ m., יְגִיעָה f., יֶגַע m., מְלָאכָה f., מַעֲשֶׂה m., עֲבֹדָה f., עָמָל m., עִנְיָן m. (only in Eccle.), עֶצֶב m., עֹצֶב m., עִצָּבוֹן m., פֹּעַל m. (poet.), פְּעֻלָּה f. (Ch. עֲבִידָא f.)
  and toil, to, עָנָה II Pu.
  for, to, עָמַל c. לְ.
  fruit of, עָמָל m.
  his, עֲמָלוֹ.
  in vain, to, לָאָה K. only fut., w. לְ c. inf., Ni.
  product of, יְגִיעַ m.
  to, יָגַע w. לְ c. inf., עָבַד, עָמַל, עָנָה II, עָצַב Hi., עָשָׂה I. (Ch. פְּלַח.)
  to be made to, עָנָה II Pu.
  to compel to, עָבַר Hi.
  to have hard, see in קָשָׁה I Pi.
  to impel to, אָכַף (once.)
  upon, to, עָמַל c. בְּ.
  upon, to bestow, עָנָה II c. בְּ.

laborer, עָמֵל m.
  hired, שָׂכִיר m.

laboring, עָמֵל m.

labors, תִּלְאוֹת.
  hard, תְּאֻנִים.

laced work, אֲרֻבָּה f. once in sing., elsewhere plu.

lacerated, to be, שָׂרַט Ni.

lack, to, חָסֵר K. Hi., פָּקַד Ni.
  to cause to, חִסֵּר Pi.
  to let, עָדַר Pi.

lacking, חָסֵר w. acc., מִן.
  to be, עָדַר Ni., שָׁבַת Hi.

ladder, סֻלָּם m., see מַדְרֵגָה f.

lade liberally, to, see עָנַק Hi.

laden, מְסֻבָּלִים, נָטִיל plu.
  with guilt, יָזַר.
  with guilt, to be, יָזַר.

laid down, to be, see חָבָה Pu.
  fast hold of, to be, קָמַט Pu.
  out, (money), see יָצָא m.
  up, (something). פְּקֻדָּה f., פִּקָּדוֹן m.
  up, to be, חָסַן Ni.

laid upon, to be, עָבַר w. עַל., עָלָה, שִׁית Ho. c. עַל.
  waste, הֹמָּה f. concr., שָׁמֵם.
  waste, to be, אָשַׁם, הָמַם Ni., חָרַב and חָרֵב K. Ni., יָשַׁם, נָצָה K. Ni., שָׁאָה I K. Ni., שָׁדַד Ni. Pu. Ho., שָׁחַת Ni., שָׁמַד Ni., שָׁמַם K. Ni. Ho. (Ch. חֲרַב Hoph.)

lain with, to be, שָׁגַל Ni. Pu., שָׁכַב Ni. Pu.

lair, a, אֶרֶב m., מָעוֹן m., מְעוֹנָה f., מַרְבֵּץ m., מִשְׁכָּן m., סֹךְ m., סֻכָּה f.

lamb, טָלֶה m., כַּר m., כֶּשֶׂב m., כִּשְׂבָּה f., see קְשִׂיטָה. (Ch. אִמַּר m.)

lambs, טְלָאִים only plu.

lame, פִּסֵּחַ.
  the, הַצֹּלֵעָה f. coll.
  to be, פָּסַח.
  to be made, פָּסַח Ni.
  to become, פָּסַח Ni.

lament, a, נְהִי m.

lament, to, אָלָה II, אָמַל Pul. (only in poetry), בָּכָה w. acc., עַל, אֶל, לְ., יָלַל Hi. w. עַל, לְ over or for., נָהָה, נָחַם Ni. Hithp., סָפַד, קוּן Pil. c. עַל over or upon.
  for, to, סָפַד w. לְ.
  to make, אָבַל I Hi.

lamentation, אֵבֶל m., אוֹי, אוֹיָה, בָּכָא, בְּכִי m., הִי m., יְלָלָה f., מִסְפֵּד m., see נֹהַּ, see נִהְיָה, קִינָה f.

lamina, פַּח I m.

laminæ, רִקֻּעֵי גִלְיֹנִים.

lamp, see לַפִּיד 2., נִיר I m. (only metaphor.), נֵר m.

lance, כִּידוֹן m., חֲנִית f., מַטֶּה m., קַיִן m., רֹמַח m., שֵׁבֶט and שֶׁבֶט.

lance-head, רֹמַח m.

land, אֲדָמָה f., אֶרֶץ com., חֵלֶק m., מְדִינָה f. (later Heb.), נַחֲלָה f., שָׂדֶה m.
  barren, מְלֵחָה f.
  dry, אִי I.
  dry and parched, צְחִיחָה f., צְחִיחִי (Cheth.)

land, thirsty, צָמָא , אֶרֶץ הַלְאֻבוֹת m., צִמָּאוֹן m.
the dry, חָרָבָה (only w. article), יַבָּשָׁה f., יַבֶּשֶׁת f. (Ch. יַבֶּשְׁתָּא st. emphat.)
tract (or) portion of, שְׁכֶם m.
land-serpent, תַּנִּין m.
lands, heathen, הָאֲרָצוֹת.
language, לָשׁוֹן com., מוֹצָא שְׂפָתַיִם, see שָׂפָה.
languid, אֻמְלָל , דָּוֶה , עָטוּף , עָיֵף.
to be, לָהָה (once), כָּשַׁל , דָּלַל , דָּוָה (once), עֻלַּף Pu., פוּג Ni.
to become, עָלַף Hithp.
languish, to, אָרַב only in Hi. inf., אֻמַל or אֻמַל K. part. pass., Pul. (only in poetry), דָּאַב , דָּלַל , see לָהָה , עָטַף K. Ni. Hithp., עָיַף (once.)
languor, דְּאָבוֹן m., דְּוַי m.
to show, עָטַף Hi.
lank, דַּק.
lap, חֹב m.
lap-full, his, מְלֹא בִגְדוֹ.
lap, to, לָקַק K. Pi.
lapse (of time), תְּקוּפָה f.
large, אַדִּיר , see גָּדוֹל , מַרְבָּה f. concr., רַב , רָחָב , נִרְחָב.
at, בַּרְחָבָה.
on both sides, רַחַב יָדַיִם.
place, see מֶרְחָב.
to be, רָוַח , רָחַב.
to become, רָחַב.
to make, רָחַב Hi.
to make broad and, פָּתָה Hi.
largeness, מִרְבָּה f.
largess, (Ch. נְבִזְבָּה f.)
lash one's self, to, see מָרָא I Hi.
last, (adv.), לָאַחֲרֹנָה , בָּאַחֲרֹנָה , אַחֲרֹנָה.
at, בָּאַחֲרֹנָה , לָאַחֲרֹנָה. (Ch. עַד־ אָחֳרֵין , perh. אַפְּתֹם.)
days, in the, בְּאַחֲרִית הַיָּמִים.
night, אֶמֶשׁ.
part, אַחֲרִית f.
the, אַחֲרוֹן m., אַחֲרֹנָה f., עֵקֶב m., קִיצוֹנָה only f.
lasting, to be, אָמַן I Ni.
latchet, שְׂרוֹךְ m.

late (of fruit, etc.), אָפִיל.
fruits, to gather the, לָקַשׁ.
lately, מִקָּרוֹב , בַּיּוֹם.
later, אַחֲרוֹן.
lateral projections, supports, יָדוֹת.
latest, the, אַחֲרוֹן.
latter, אַחֲרוֹן.
state, אַחֲרִית f.
lattice, אֲרֻבָּה f. (once in sing.), אֶשְׁנָב m., שְׂבָכָה f.
lattice-work, שְׂבָכָה f.
lattices, שְׂבָכִים , חֲרַכִּים only plu.
laud, זֵכֶר m. and זֶכֶר , עֹז m., תְּהִלָּה f.
one's self, to, שָׁבַח Hithp. c. בְּ.
to, אָמַר , קָרָא I, עָנָא Ni., שָׁבַח Pi. (Ch. שְׁבַח Pa.)
laugh, to, לָעַג , צָחַק c. לְ at, שָׂחַק (more usual in later Heb.)
at, to, שָׂחַק c. עַל.
at in scorn, to, שָׂחַק K. w. לְ, Hi. c. עַל.
upon, to, שָׂחַק w. אֶל.
laughter, צְחֹק m., שְׂחוֹק m.
lave, to, רָחַץ.
laver, a, אַגָּן m., כִּיּוֹר m.
law, see אֵלָם , דָּת f. (later Heb.), חֹק m., חֻקָּה f., מְחֹקֵק , מִצְוָה f., מִשְׁמֶרֶת f., מִשְׁפָּט m., עֵדוּת f., קָו and קַו m., תּוֹרָה f., תְּעוּדָה f. (Ch. דָּת f.)
divine, בְּרִית f., מִשְׁפָּט m. (Ch. דָּת f.)
persons learned in the, (Ch. תִּפְתָּיֵא m. plu. emphat.)
revealed, חָזוּת f.
skilled in the, (Ch. דְּתָבְרַיָּא m. only plu. emphat.)
to go to, שָׁפַט Ni.
with, to go to, שָׁפַט Po.
lawful for, to be, יָכֹל impers.
it is not, אֵין before an infin.
lawgiver, מְחֹקֵק.
lawless, פָּרִיץ.
laws, (Ch. דָּת f. coll.)
lawyers, (Ch. תִּפְתָּיֵא m. plu. emphat.)
lax, to be, to become, רָפָה.
lay, to, יָסַד K. Pi., נָתַן , רָבַץ Hi., שׂוּם and שִׂים , שִׁית.

lay (a foundation), to, יָרָה . (Ch. יְהַב .)
  a snare for, to, נָקַשׁ Hithp. c. בְּ .
  beams (or) joists, to, קָרָה Pi.
  before, to, שׂוּם and שִׂים w. אֶל .
  circumspectly, crosswise, to, see שָׂכַל Pi.
  down, to, נָפַל , יָסַד Hi., שׂוּם and שִׂים , שָׁכַב Hi., שָׁכַן Hi. (Ch. נְחַת Aph.)
  fast hold of, to, קָמַט .
  hand on, upon, to, see שָׁלַח K. 3.
  hands upon, to, סָמַךְ Hithp. c. בְּ ., שָׁלַח c. בְּ of pers.
  hold, to, תָּפַשׂ Pi.
  hold of, to, אָחַז c. בְּ ., חָזַק Hi. c. בְּ , לְ , עַל , acc. (poet.), חָתָה (once of a pers., elsewhere always of taking up coals, fire), לָקַח , מָשַׁךְ c. בְּ ., תָּמַךְ , תָּפַשׂ.
  off, to, פָּשַׁט .
  on, to, עָלָה Hi.
  one's self, to, שָׁכַב .
  one's self down, to, שָׁכַב , שָׁכַן also שָׁכֵן .
  open, to, בָּקַע , גָּלָה Pi., חָלַל Pi.
  out, to, יָצַק Hi.
  snares, to, נָקַשׁ , יָקַשׁ Pi., צוּר , קוֹשׁ (once in fut.)
  to heart, to, שׂוּם אֶל־ , נָתַן אֶל־לִבּוֹ הֵשִׁיב אֶל־לֵב ,שׂוּם עַל־לֵב , לֵב .
  up, to, אָצַר , גָּרַם c. dat., כָּמַס (once part. pass.), נוּחַ Hi., פָּקַד K. Hi., צָפַן , שׂוּם and שִׂים , שָׁמַר . (Ch. נְחַת Aph.)
  up for one's self, to, גָּרַע w. אֶל .
  upon, to, נוּחַ Hi., נָפַל c. עַל ., נָתַן w. עַל of pers., סָמַךְ , עָלָה Hi., פָּגַע Hi., רָבַב Hi. c. עַל ., שִׁית Pi. w. עַל of pers.
  wait, to, אָרַב Hi.
  waste, to, אָבַד Pi. Hi., בּוּס Pil., בָּלַע Pi., הָמָה II, חָבַל Pi., חָרַב Hi., כִּרְסֵם , שָׁאָה I Hi., שָׁדַד , שָׁמַם , שָׁחַת Pi., שָׁמֵר Hi., שׁוּר Hi.

layer of beams, joists, שֶׁקֶה m. (once.)
  of stones, (Ch. נִדְבָךְ m.)

laying waste, a, שְׁמָה f.

lead, אֲנָךְ m , עֹפֶרֶת f.

lead, to, דָּרַךְ Hi. w. בְּ ., הָלַךְ and יָלַךְ Hi., יָבַל I Hi. (poet.), יָשַׁר Pi., לָקַח , נָהַג K. Pi., נָהַל Pi., נָחָה , רָדָה , שָׁשָׁא Pi. (once.)
  about, to, סָבַב Hi., תּוּר Hi.
  around, to, נָקַף Hi., סָבַב Hi.
  astray, to, נָדָה Hi., שָׁלָה Hi.
  away, to, נָהַג , נָחָה , עָבַר Hi.
  back, to, שׁוּב K. Hi.
  down, to, יָרַד Hi., נָחַת Hi. (only poet.)
  forth, to, יָצָא Hi., נָהַג .
  in, to, בּוֹא Hi.
  in music, to, see נָצַח I Pi.
  into sin, to, חָטָא Hi.
  off, to, נָהַג Pi., פָּתַח.
  on, to, נָהַג , נָהַל Hithp., פָּרַע.
  out, to, נָהַל , נָחָה , נָסַע Hi., רוּק Hi.
  out and in, to, הוֹצִיא וְהֵבִיא.
  up to, בּוֹא Hi. w. אֶל , לְ , to., עָלָה Hi.
  up hastily, to, רוּץ Hi.

leaden weight, אֶבֶן הָעֹפֶרֶת .

leader, מְאַשֵּׁר , חֹקֵק (poet.), מְחֹקֵק , מֶלֶךְ m., נָגִיד m., פָּרָז m., פֶּרַע m., קָצִין m., רַב m., שַׂר m., שֵׁבֶר . (Ch. רַב m.)
  (in music), מְנַצֵּחַ .
  in war, גִּבּוֹר .

leaders, מַהְלְכִים , פְּרָזוֹן m. concr.

leaf, a, עָלֶה m.
  a green, טֶרֶף m.

league, see אֱלָם , בְּרִית f., חֹזֶה m., חָזוּת f., מַסֵּכָה I f.
  to join in a, חָבַר Pi.
  to strike a, כָּרַת בְּרִית .
  with, to make a, חָבַר Hi. c. עִם .

leagues, see רֶכֶס .

Leah, לֵאָה .

lean, רַק , רָזֶה , דַּל , פְּלַמּוּר .
  to become, רָזָה Ni.

lean against, to, שָׁעַן Ni. c. עַל .
  one's self, to, רָפַק Hithp. c. עַל upon.

lean upon, to, סָמַךְ , שָׁעַן Ni. c. עַל .
leanness, כַּחַשׁ , רָזוֹן I m., שַׁחֶפֶת f.
leap, to, דּוּץ , דָּלַג K. (once), Pi., פָּסַח Pi., קָפַץ Pi., רָקַד K. Pi.
(for joy), to cause to, נָזָה Hi.
forth, to, זִנֵּק Pi., נָזָה .
over, to, פָּסַח w. עַל .
to cause to, רָעַשׁ Hi.
up, to, סָלַד Pi. (once.)
leaping, see פָּזַז II Pi.
a, רַעַשׁ m.
learn, to, אָלַף or אֲלַף , יָדַע , לָמַד , רָאָה . (Ch. יְדַע .)
to cause to, אָלַף Pi.
learning, a, לַהַג m., לֶקַח m., מוּסָר m., joined usually w. דַּעַת , חָכְמָה .
leather, עוֹר m.
leathern bottle, אוֹב , חֵמֶת m.
leave, (a permit), רִשְׁיוֹן m.
to ask, שָׁאַל Ni.
with, בִּי everywhere joined with אֲדֹנִי , אֲדֹנָי .
leave, to, חָדַל and חָדֵל , יָצַג Hi., יָתַר Hi., נוּחַ Hi., נָטַשׁ , עָזַב , שָׁאַר Hi. (Ch. שְׁבַק .)
at one's disposal, to, עָזַב בְּיַד פ' .
behind, to, נוּחַ Hi., עָקַב Pi., שָׁאַר Hi., שָׁבַח and שָׁבַח .
for, to, עָזַב w. acc. of thing and dat. of pers.
off, to, דָּמַם , חָדַל and חָדֵל , כָּלָה Pi., עָזַב , עָמַד I w. מִן ., רָפָה I Hi., שׁוּב w. מִן .
off, to let, נוּחַ Hi.
remaining, to, נוּחַ Hi.
to, to, נוּחַ Hi., עָזַב w. acc. of thing and dat. of pers.
leaven, שְׂאֹר m.
leavened, מַחְמֶצֶת .
any thing, חָמֵץ m.
to be, חָמֵץ .
leaves, עָלֶה m. coll.
(of a door), דְּלָתוֹת , צְלָעִים .
to put forth, רָעַן Pil.
Lebanon, לְבָנוֹן .
cedar of, אֶרֶז .
led, to be, אָשַׁר Pu.
led away, to be, עָלָה Ho., see שָׁגָה .
to, to be, בּוֹא Ho.
up, to be, עָלָה Ni.
ledge, מְסִבָּה m., עֲזָרָה f. (later Heb.)
ledges, מִגְרָעוֹת , שְׁלַבִּים .
leech, עֲלוּקָה f. (once.)
leek, חָצִיר m.
leeks, חָצִיר m. coll.
lees, שְׁמָרִים .
left, (forsaken), חָדֵל , עֲרִירִי .
one, שָׂרִיד m., נִשְׁאָר .
over, to be, שָׁאַר Ni.
that which is, נוֹתָר m., נוֹתֶרֶת f.
to (any one), to be, הִשְׁאִיר לוֹ .
to be, יָתַר Ni., עָזַב Ni. Pu., שָׁאַר K. (once), שֻׁלַּח Pu. (Ch. שְׁבַק Ithpe.)
to have, שָׁאַר Hi.
left, (on the left), מִשְּׂמֹאל , שְׂמָאלִי .
hand, the, שְׂמֹאל , יַד־שְׂמֹאל .
hand, at the, מִשְּׂמֹאל .
hand, on the, מִשְּׂמֹאל , עַל־שְׂמֹאל .
hand, to the, שְׂמֹאל , הַשְּׂמֹאל , עַל־שְׂמֹאל .
hand, to use the, הִשְׂמְאִיל Hi.
to turn to the, הִשְׂמְאִיל Hi.
left-handed, אִטֵּר יַד יְמִינוֹ .
leg, שׁוֹק f. (Ch. שָׁק .)
legs (of quadrupeds), כְּרָעַיִם f. du.
upper part of the, מִפְשָׂעָה f.
lend, to, לָוָה Hi., נָשָׁה II K. Hi., עָבַט Hi. w. acc. of pers. to whom., שָׁאַל prob. K. w. לְ , Hi.
at one per centum to, to, נָשָׁה מֵאָה בְּ .
to, to, נָשָׁה II Hi. w. בְּ .
length, אֹרֶךְ m., מִדָּה f. (Ch. אַרְכָּה f.)
lengthened, to be, נָטָה Ni.
lengthening, a, (Ch. אַרְכָּה f.)
lentiles, עֲדָשִׁים .
leopard, נָמֵר m.
leprosy, (white), צָרַעַת f.
leprous, מְצֹרָע , צָרוּעַ m., מְצֹרַעַת f.
less, how much, אַף כִּי (preceded by a neg.)
of, to be made, גָּרַע Ni.
lest, אֲשֶׁר לֹא , בַּל , לְבִלְתִּי c. infin., לָמָּה

also לָמָּה (later writers), מִן before an infin. (once before a future), מֶן־. (Ch. דִּי לְמָה, לְמָה.)
lest perhaps, לָמָּה also לָמָּה (later writers), לְמַעַן לֹא w. future.
let, to, נוּחַ Hi., נָטַשׁ, נָתַן w. acc. of pers. and inf. c. לְ.
alone, to, חָדַל and חָדַל w. מִן of pers., רָפָה I Hi. w. לְ of pers.
be, to, עָזַב.
down, that which is, נַחַת f. concr.
down, to, דָּלָה, יָרַד Hi., נוּחַ Hi., רָפָה I Pi., שָׁלַח Pi.
go, to, מוּשׁ I Hi., עָזַב, פָּדָה, רָפָה I Hi., שָׁלַח K. Pi.
go, to be, שֻׁלַּח Pu.
loose, to, see שָׁלַח K. 2., עָזַב.
one's self down, to, צָנַח, שָׁכַן also שָׁכֵן.
out, to, פָּטַר.
remain, to, יָתַר Hi., נוּחַ Hi.
letter, אִגֶּרֶת f. (later Heb.), מִכְתָּב m., נִשְׁתְּוָן m., סֵפֶר m. (Ch. אִגְּרָא, נִשְׁתְּוָן m.)
letting down, a, נַחַת f.
level, יָשָׁר.
a place made, גֹּרֶן m.
region, גַּיְא rarely גַּיא and גֵּיא com., מִישׁוֹר m.
to, יָשַׁר Pi. Hi., נָחַת Pi. (only poet.), שָׂדַד Pi., שָׁוָה Pi.
to be, יָשַׁר.
to make, יָשַׁר Hi., פָּלַס Pi.
Levi, Levites, לֵוִי, לְוִיִּם. (Ch. לֵוָיֵא plu. emphat.)
levy, מַס m. concr.
to, צָבָא Hi., רוּם Hi.
lewd, to be, פָּחַז.
liar, שֶׁקֶר m. concr. (once.)
liars, בַּדִּים II, כָּזָב m. concr.
libation, נָסִיךְ m., נֶסֶךְ and נֵסֶךְ m., (Ch. נְסַךְ.)
to make, נָסַךְ I K. Pi. Hi. (Ch. נְסַךְ chiefly in Pa.)
to pour out a, נָסַךְ מַסֵּכָה.
liberal, שׁוֹעַ, נָדִיב II.
gift, נֵדֶה m., נָדָן II m.

liberal man, אִישׁ מַתָּן.
soul, נֶפֶשׁ בְּרָכָה.
to be, פָּזַר Pi.
liberality, נְדָבָה f., צְדָקָה f. (Ch. צִדְקָה f.)
liberty, דְּרוֹר m.
Libya, Libyans, see פּוּט, לוּבִים.
lick, to, לָחַךְ K. (once), Pi., לָקַק K. Pi.
up, to, לָחַךְ K. (once.)
lid, כַּפֹּרֶת f. (only of the Ark), צָמִיד m.
lie, a, כָּזָב m., כַּחַשׁ, שָׁוְא m., שֶׁקֶר m. (Ch. כִּדְבָה f.)
to, כּוּב K. (only part.), Pi., כִּחֵשׁ Pi., שִׁקֵּר K. Pi.
to give the, כָּזַב Hi.
to make, כָּזַב Hi.
to, to, שָׁקַר K. c. dat., Pi. c. בְּ of pers.
lie, (recline), to, שָׁכַב.
by, to, שָׁבַת.
down, to, גָּלַשׁ, רָבַץ, שָׁכַב, שָׁכַן also שָׁכֵן.
down for sleep, to, see in סָכַךְ Hi.
down, to make, שָׁכַב Hi.
in wait, to, אָרַב K. constr. w. acc., לְ, עַל, Pi. c. עַל., יָשַׁב, צָדָה II, צָפָה I c. לְ., שָׁכַן, שָׁקַד c. עַל.
in wait for, to, צוּד Pil. הָיָה Pi. c. dat., שָׁכַב.
out over, to, שָׁקַק Ni.
prostrate, to, סָפַח and שָׁפַח Pu.
to let, נָטַשׁ, שָׁמַט.
with, to, רָבַע, יָדַע I, שָׁגַל, שָׁכַב w. עִם.
with a woman, to, שָׁכַב אֶת־אִשָּׁה נָתַן אֶת־שְׁכָבְתּוֹ בְּאִשָּׁה, שִׁכְבַת זֶרַע.
lier-in-wait, a, אֹרֵב, הָאוֹרֵב, עָקֵב m., שׁוּר m.
liers-in-wait, אֹרֵב, הָאוֹרֵב coll.
lies, בַּדִּים II.
to tell, שִׁקֵּר.
life, אוֹר m., דֶּרֶךְ com., חַי, more usually in plu. חַיִּים, חַיָּה (only poet.), חַיּוּת f., חֶלֶד m., see יוֹם plu. 2, יְחִידָה f. (poet.), לֵב m., לֵבָב m, נֶפֶשׁ com., נְשָׁמָה f., רוּחַ f. (Ch. חַי, נִשְׁמָא f.)
again, to bring to, חָיָה Pi.

life, breath of, רוּחַ f.
in jeopardy of, בְּנֶפֶשׁ.
means of, מִחְיָה f.
preservation of, מִחְיָה f.
time of, יָמִים plu., perh. עֲדִי m. (Ch. יוֹמִין plu.)
to grant one's, חָיָה Hi.
to restore to, חָיָה Pi. Hi.
to save one's, חָיָה Hi.
with danger of, בְּנֶפֶשׁ.
life-blood, see לְשַׁד.
lifeguardsman, טַבָּח m. (Ch. טַבָּח.)
lift up, to, גָּדַל Hi., נוּף K. Hi., נָטַל K. Pi., see נָסַס II Hithpo., נָשָׂא K. Pi., עוּר I Pil. Pilp., עָמַס once עָמַשׂ K. Hi., קוּם Hi., רוּם Pil. Hi. (Ch. נְטַל, רוּם Aph.)
up a cry, to, צָרַח Hi.
up one's self, to, אָמַר Hithp., גָּאָה (poet.), נָשָׂא K. Ni. Hithp., עָלָה Ni. Hithp., רוּם K. Hithpal., רָמַם I Ni. (Ch. נְשָׂא Ithpa. c. עַל., רוּם Pal. c. עַל against.).
lifted up, רָם, גֵּאֶה.
up as a banner, דָּגוּל.
up, to be, see in גָּבַהּ 3., רוּם, רָמַם I. (Ch. רוּם.)
lifting up, a, גַּאֲוָה f., גֵּוָה II f., מֹטֶל m., מַשָּׂא m., מַשְׂאֵת f., רוֹמֵמוּת f., שְׂאֵת f.
ligatures, מַעֲדַנּוֹת II m. plu.
light, (not weighty), קְלֹקֵל, קַל, רַק. (Ch. חַסִּיר.)
of, to be made, קָלָה II Ni.
of, to make, סָלָה I K. Pi., קָלָה II Hi., קָלַל Hi.
to be, מְעַט, פָּחַז, קָלַל Ni. c. בְּעֵינֵי.
to make, קָלַל Hi.
light, אוֹר m., אוּר m., אוֹרָה f., מָאוֹר m., נְהָרָה f., נִיר I m. (only metaph.), נֵר m., צֹהַר f. (Ch. נְהוֹר m. (Keri.).)
of day, אוֹר m., יוֹם m., rarely f.
to, אוֹר Hi. (Ch. אֲזָא and אֲזָה.)
to be, אוֹר.
to be made, אוֹר Ni.
to become, אוֹר K. Ni.
light, to bring forth to, יָצָא Hi.
to bring to, נָגַר Hi.
to come to, גָּלָה Ni.
to enjoy the, רָאָה.
to give, אוֹר Hi., זָהַר Hi., נָגַהּ.
to give forth, הָלַל Hi.
to make, אוֹר Hi., זָהַר Hi.
up one's countenance, to, הֵאִיר פְּנֵי פ'.
with the, לָאוֹר.
light upon, to, פָּגַע w. בְּ., פָּגַשׁ K. Pi. (poet.), קָרָה Ni.
lighten, (brighten), to, אוֹר Hi., בָּרַק (once.)
lighten, (of burdens), to, קָלַל Hi.
lightly, עַל נְקַלָּה.
to act, חוּן Hi.
lightness, (shame), see Kal infin. of קָלַל.
lightning, אוֹר m., אֵשׁ com., בָּזָק m. (once), בָּרָק m., חָזִיז or חֲזִיז m., רֶשֶׁף m.
flash of, בָּזָק m. (once.)
to send forth, בָּרַק (once.)
lightnings, בָּרָק m. coll., גֶּחָלִים f. plu. (poet.)
lights, אוּרִים.
like, (adj.), מֹשֵׁל m. concr.
(adv.), כִּדְמוּת, דְּמוּת.
(prep.), כְּמוֹ, לְעֻמַּת, לְנֶגֶר, לְ, כְּ, לִפְנֵי. (Ch. כְּ.)
as, כַּאֲשֶׁר, בְּ, כְּ (rarely), כְּמוֹ, לְ, כְּמוֹ.
this, כְּמוֹ־כֵן.
to, עַד.
like, to act, הָיָה כְּ.
to be, דָּמָה I c. אֶל, לְ., הָיָה כְּ, מָשַׁל Ni. c. אֶל, כְּ, עִם., שָׁוָה c. לְ of pers., בְּ of thing.
to be made, (Ch. שְׁוָה or שְׁוָא Peil (Cheth.).)
to become, דָּמָה I K. c. אֶל, לְ, Ni. c. acc., Hithp. w. לְ., הָיָה כְּ, מָשַׁל Hithp. c. כְּ., סָבַב w. כְּ.
to make one's self, דָּמָה I Hithp. c. לְ.
to, to make, שָׁוָה Pi. w. acc. and כְּ. (Ch. שַׁוָּה Pa. c. acc. and עִם.)

like to, to set, שִׂים Pi. w. acc. and כְּ.
like, (desire), to, בָּחַר.
liken, to, דָּמָה I Pi. c. אֶל, לְ., שָׁוָה Hi. w. acc. and לְ.
 in one's mind, to, דָּמָה I Pi.
likeness, דְּמוּת f., דִּמְיוֹן m., מָשָׁל m., סֶמֶל and סֵמֶל m., צֶלֶם m., תַּבְנִית f., תְּמוּנָה f.
 (of disposition),—expressed by אָח I m.
lily, see חֲבַצֶּלֶת, שׁוֹשָׁן m., שׁוּשַׁן m., שׁוֹשַׁנָּה f.
lily-work, מַעֲשֵׂה שׁוּשַׁן, מַעֲשֵׂה שׁוֹשָׁן.
limbs, בַּדִּים I.
lime, גִּיר m., שִׂיד m., תָּפֵל m. (Ch. גִּיר.)
 to cover with, שִׂיד.
lime-kiln, see כִּבְשָׁן.
limit, גְּבוּל m., חֹק m., see תַּאֲוָה.
 to, גָּבַל.
limp, to, פָּסַח, צָלַע.
line, פְּתִיל m., קָו and קַו m., תִּקְוָה f.
 a measuring, קָו and קַו m.
 upon line, קַו לָקָו.
lineage, בַּיִת m., יַחַשׂ m. (silver age.)
linen, בַּד I m., פֵּשֶׁת f.
 and woollen together, cloth of, see שַׁעַטְנֵז.
 cloth, פֵּשֶׁת f.
 cloths, שֵׁשׁ III (Egyptian word.)
 fine white, חוּר I m.
linens, white, חֹרַי poet. plu. for חוֹרִים.
linger, to, אָחַר Pi., מָהַהּ or מִתְמַהְמַהּ Hithp.
lintel, מַשְׁקוֹף m.
lion, אֲרִי m., אַרְיֵה (used only in sing.), לָבִיא (poet.), לַיִשׁ m. (poet.), שַׁחַל m. (poet.). (Ch. אַרְיֵה.)
 a young, כְּפִיר, כְּפִיר אֲרָיוֹת m.
 of God, אֲרִיאֵל m.
lion-like champion, see אֲרִיאֵל.
lioness, לְבִיָּא f.
lionesses, לְבָאוֹת.
lion's whelp, a, גּוּר אֲרָיוֹת, גּוּר.
lions, לְבָאִם only plu.
lip, שָׂפָה f.
lip-talk, שָׂפָה, דְּבַר שְׂפָתַיִם f.
lips, the, שְׂפָתַיִם du.
 upon, the, עַל־פֶּה.
liquor, נֵצַח II m.
listen, to, אָזַן I Hi., דָּרַשׁ Ni. w. לְ., קָשַׁב K. (once.)
 and obey, to, שָׁמַע, שָׁמַע בְּקוֹל פ׳, לְקוֹל פ׳.
 to, to, שָׁמַע, שָׁמַע קוֹל פ׳.
litigate, to, דִּבֶּר מִשְׁפָּטִים אֶת.
litter, (carriage), אַפִּרְיוֹן m. (once), כַּר m., מִטָּה f., צָב m.
little, מְעַט, מִצְעָר, קָטָן and קָטֹן. (Ch. זְעֵיר.)
 a, זְעֵיר m.
 by little, מְעַט מְעַט.
 children, טַף m. coll.
 even a, כִּצְעִירָה f.
 finger, see זֶרֶת, קֹטֶן m.
 for a, מְעַט.
 man, a, אִישׁוֹן m.
 ones, טַף m. coll.
 thing, מִצְעִירָה f.
 to be, קָטֹן, מָעַט.
 to do, to give, מָעַט Hi.
 to make, מָעַט Hi.
 very, מְעַט מִזְעָר, כִּמְעַט.
 while, a, מְעַט.
 while, for a, לְמִצְעָר.
 while, in a, כִּמְעַט.
lituus, שׁוֹפָר m.
live, to, אָכַל לֶחֶם (sometimes), בּוֹא, חַיָּה (rare and poet.), חָיָה, הָלַךְ and יָלַךְ K. Pi. (poet.), Hithp., חָיָה, רָעָה, רָאָה, חָיַי. (Ch. חֲיָא, חֲיָה.)
 again, to, חָיָה.
 as I, חַי אָנִי.
 delicately, to, עָדַן Hithp.
 forever, O King, (Ch. מַלְכָּא לְעָלְמִין חֱיִי.)
 in quiet, to, שָׁאַן Pil.
 prosperously, to make, חָיָה Pi.
 sumptuously, to, עָדַן Hithp.
 to let, חָיָה Pi. Hi.
 to make, חָיָה Pi.
 to permit to, חָיָה Hi.
 uprightly, to, see in תָּמַם Hi., see in תָּמִים, 4. a.

live voluptuously, to, עָדַן Hithp.
well, to, חָיָה.
live (raw), something, prob. מִחְיָה f.
lively, חַי, חָיֶה.
liver, the, כָּבֵד.
living, (adj.), חַי. (Ch. חַי.)
(sub.), חַיִּים plu., לֶחֶם com., מִחְיָה f.
again, חַי.
animal, נֶפֶשׁ com., נְשָׁמָה f.
at ease, שַׁאֲנָן.
creatures, נֶפֶשׁ com. coll.
creatures, all, כָּל־בָּשָׂר.
delicate, תַּעֲנֻגִים and תַּעֲנֻגוֹת m. plu.
in peace and friendship, שָׁלֵם.
the, חַיִּים. (Ch. חַיִּין.)
thing, חַיָּה f., נֶפֶשׁ com., נְשָׁמָה f.
thing, every, כָּל־חַיָּה.
things, יְקוּם m., נֶפֶשׁ com. coll.
together, a, עוֹנָה f.
lizard, see אֲנָקָה, see תִּנְשֶׁמֶת.
(species of), see חֹמֶט, לְטָאָה f., צָב m.
(species of large), כֹּחַ m.
(species of poisonous), שְׂמָמִית, in some MSS. שְׁמָמִית.
lo! אִם, הֵא, הָא, הֵן II, הִנֵּה, הֲלֹא. (Ch. אֲלוּ, אֲרוּ in Dan., הָא, הֵא, הֵן.)
as, (Ch. הָא כְדִי.)
load, a, אֶבֶן m., מַשָּׂא m., נֵבֶל m.
to, see בָּרַח Hi., עָמַס once עָמַט K. Hi. c. עַל.
up, to, טָעַן II.
loaf of bread, כִּכַּר לֶחֶם.
loam, חֹמֶר m.
loan, מַשָּׁא m., מַשָּׁאָה f., מַשֶּׁה m., שְׁאֵלָה f.
to, נָשָׁא II c. בְּ to., נָשָׁה II, שָׁאַל Hi.
to ask as a, שָׁאַל.
loaned, a thing, שְׁאֵלָה f.
loathe, to, בָּחַל, זָהַם Pi., זָנַח, לָאָה Ni., נָקַט (once in pret. c. בְּ), קוּט K. c. בְּ, Ni. c. בִּפְנֵי, Hithpal. c. בְּ., קוּץ I w. בְּ., שִׁקֵּץ Pi.
loathing, a, גֹּעַל.
loathing, to reject with, גָּעַל K. Hi.
loathsome, שֹׁפַר.
(anything), דֵּרָא m.
to be, בָּאַשׁ Hi. c. בְּ., זוּר II, זָנַח.
to become, בָּאַשׁ Ni. w. בְּ and אֵת of pers., Hithp. c. עִם.
to make, בָּאַשׁ Hi. w. בְּ of pers.
loathsomeness, זָרָא f. (once.)
lobes of the liver, see יֹתֶרֶת.
lock (of hair), צִיצִת f.
locks (of hair), דַּלָּה f., פֶּרַע m., קְוֻצּוֹת, רְהָטִים.
locksmith, מַסְגֵּר.
locust, אַרְבֶּה m., גֵּב II, גּוֹב I m., גָּזָם m., חָגָב m., חַרְגֹּל m.
migratory, prob. אַרְבֶּה m.
(species of), חָסִיל m., יֶלֶק m., סָלְעָם m.
lodge, a, מְלוּנָה f.
to, לוּן and לִין. (Ch. שְׁרָא also שְׁרֵא.)
lodging-place, מָלוֹן m.
loft, עֲלִיָּה f. (Ch. עִלִּית f.)
loftily, מָמָרוֹם.
lofty, בָּצִיר (Keri.), בָּצוּר (Cheth. in Addenda), גֵּאֶה, גְּבַהּ (constr. only), רָם, נִשָּׂא, גָּבֹהַּ.
place, מִצְפֶּה m.
to be, גָּבַהּ, רוּם.
log, (measure), לֹג m.
loin, כֶּסֶל m. (Ch. חֲרַץ m.)
loins, חֲלָצַיִם only du., כְּסָלִים plu., מָתְנַיִם m. du. (Ch. חַרְצִין.)
lonely, יָחִיד.
long, (adj.), אֶרֶךְ (constr. only), אָרֹךְ,
(adv.), מֵעוֹלָם, לָנֶצַח.
ago, כְּבָר (only in Eccle., later Heb.), מֵרָחוֹק, לְמֵרָחוֹק.
ago, from, לְמֵרָחוֹק.
and broad, רָחָב.
and broad, to make, רָהַב Hi.
past, עוֹלָם.
since, מִן אָז, מֵאָז.
time, לָנֶצַח.
time, of a, מֵעוֹלָם.
time to come, for a, לְמֵרָחוֹק.
to be, אָרֵךְ, מָדַד Pi., רָבָה.
to be made, אָרַךְ Hi.

long, to let grow, שָׁלַח Pi. (once.)
to make, אָרַךְ Hi. (Ch. אֲרַךְ.)
long, to, אָוָה I Hithp., שָׁקַק.
after, to, כָּסַף K. w. לְ of pers., inf. c. לְ., Ni., תָּאַב or תָּאַב only first pers. pret. c. לְ of thing.
for, to, אָהַב and אָהֵב, אָוָה I Pi., יָאַב c. לְ., כָּמַהּ (once), נָשָׂא עָרַג, נָשָׂא נֶפֶשׁ לְ, נָשָׂא נֶפֶשׁ אֶל w. עַל, אֶל.
longer, עוֹד.
longing, אַוָּה f., אֲרֶשֶׁת f., תַּאֲבָה f. (once), תַּאֲוָה f., תְּשׁוּקָה c. אֶל, עַל.
look, חָזוּת f., עַיִן f., פָּנִים plu.
about, to, צָפָה I K. Pi., שָׁקַר Pi., שׁוּר II.
abroad, to, שָׁקַף Ni.
after, to, בָּקַר Pi., פָּקַד, רָאָה, שׁוּר II.
after anew, to, פָּקַד.
around, to, שׁוּר II, שָׁעָה I K. Hithp.
askance at, to, רָצַד Pi.
at, to, בָּקַר Pi. w. בְּ., נָבַט Hi., שָׂכַל Hi., שָׁאָה II Hithp. רָאָה c. לְ.
at one another, to, רָאָה Hithp.
away from, to, שָׁעָה I K. w. מִן, בַּעַל, Hi. w. מִן.
back, to, נָבַט Hi. w. אַחֲרָיו., פָּנָה Hi.
behind one's self, to, נָבַט Hi. with אַחֲרָיו., פָּנָה w. אַחֲרָיו.
down upon, to, רָאָה.
for, to, חָכָה K. (once part.), Pi. w. acc. et לְ., שָׂבַר Pi.
forth, to, שָׁקַף Ni. Hi.
on, to, (Ch. חֲזָה and חֲזָא.)
one another in the face, to, רָאָה Hithp.
out, to, חָזָה, חָכָה K. (once part.), Pi., רָאָה, שָׁקַף Hi.
out for, to, צָפָה I w. אֶל.
out for one's self, to, רָאָה לוֹ.
to, חָזָה (mostly poet.), חָכָה K. (once part.), Pi., נָבַט Hi., נָשָׂא פָּנָיו., פָּנָה c. אֶל, בְּ., רָאָה, שָׂבַר, שָׁגַח Hi., שָׁעָה I, שָׁקַף Hi.

look towards, to, נָבַט Hi., פָּנָה K. w. אֶל, Ho., שָׁקַף Ni. Hi. w. עַל־פְּנֵי.
unto, to, רָאָה c. אֶל.
up, to, נָשָׂא פָּנָיו אֶל.
up towards, to, עָרַג w. עַל, אֶל.
upon, to, חָזָה c. בְּ, acc., נָבַט Pi. (once) c. לְ, Hi., נָכַר Hi. Pi., שׁוּר II, שָׂבַר, פָּנָה אֶל w. בְּ., שָׁזַף, שָׁעָה I w. אֶל.
upon as, to, רָאָה כְּ.
upon each other, to, שָׁעָה I Hithp.
upon with confidence, to, נָשָׂא פָּנָיו.
upon with delight, to, רָאָה usually w. בְּ.
upon with disdain, to, רָאָה.
upon with pain, to, רָאָה c. בְּ.
upon with pleasure, to, נָבַט Hi. w. בְּ.
upwards, to, פָּנָה לְמַעְלָה.
with favor upon, to, שִׂים עַיִן עַל.
look-out, to keep a, בָּחַן.
looking after, a, בַּקָּרָה f.
upon, a, see מִשְׁעָר.
looks, מַרְאֶה m.
proud, עֵינַיִם רָמוֹת.
loops, לֻלָאוֹת m. plu.
loose, to, חָלַל Pi. Hi., נָתַר Hi., שָׁרָה I Pi. (Ch. שְׁרָא also שְׁרֵא.)
let, see שָׁלַח K. 2.
to let, עָזַב.
to let go, פָּרַע.
loosed, to be, פָּתַח Ni., see רָתַק Ni.
loosen, to, פָּתַח Pi., רָפָה I Pi. (Keri.)
with a mattock (or) hoe, to, עָזַק only Pi.
loosened, to be, (Ch. שְׁרָא Ithpa.)
lop the boughs, to, כָּסַח Pi.
Lord, אָדוֹן m., אֲדֹנָי.
lord, אָדוֹן m., בַּעַל, גְּבִיר m. (Ch. בְּעֵל, מָרֵא m.)
over, to be, בָּעַל w. לְ.
over, to make, (Ch. שְׁלַט Aph. c. בְּ.)
lords, סְרָנִים, מֹשְׁלִים.
lose, to, אָבַד Pi.
one's self, to, אָבַד, חָטָא Hithp.
loss, נֶזֶק m.
to bear a, חָטָא Pi.

loss, to suffer, (Ch. נְזַק.)
upon, to bring, (Ch. נְזַק Aph.)
lost, to be, אָבַד, בָּלַע Ni.
a thing, אֲבֵדָה f.
Lot, לוֹט.
lot, אֹרַח com. (poet.), גּוֹרָל m., דֶּרֶךְ com., חֵלֶק m., see in יָהַב, כּוֹס f., מָנָה f., מִקְרֶה m., נַחֲלָה f., נַחֲלַת f., כְּתֻבִּים plu., usually f., פּוּר m. (Persian word), קֶסֶם m. (Ch. חֲלָק.)
bitter, לַעֲנָה f., מַר m., מְרוֹרִים plu.
final, אַחֲרִית f.
to divide out by, נָפַל Hi. w. acc. of pers., לְ of thing.
Note.—To express the casting of lots, the verbs used are, יָדַד, יָרָה, נָתַן, הֵטִיל, הִפִּיל, הִשְׁלִיךְ.
lotus trees, see צֶאֱלִים.
loud, רָם.
noise, תְּרוּעָה f.
love, אֹהַב m. (in sing. once), אַהֲבָה f., חֶסֶד, חֵפֶץ m., עֲגָבִים plu.
inordinate, עֲגָבָה f.
inordinately, to, עָגַב c. אֶל, עַל.
object of, דּוֹד m.
to, אָהַב and אָהֵב, חָבַב (once), חָפֵץ c. בְּ., חָשַׁק w. infin. and לְ., רָחַם (fut. O.), רָצָה.
love-apples, דּוּדָאִים.
loveliness, אֲהָבִים plu., מַחְמָד m.
lovely, (adj.), נֶאֱהָב, יָדִיד.
(adv.), see אַהֲבָה in end.
to be, נָעֵם.
lover, מְאַהֵב (only in a bad sense), רֵעַ II m.
lovers, עֹגְבִים.
loves, אֲהָבִים, אֳהָבִים, דּוֹדִים only in plu., עֲגָבִים.
loving, חָפֵץ.
low, (adj.), דַּל, נִקְלָה, שָׁפָל. (Ch. שְׁפַל.)
(adv.), (Ch. אֲרַע.)

low and despised, to be, צָעַר.
country, שְׁפֵלָה f.
to be, זוּן or הוּן (once.)
to be brought, דָּלַל K. Ni., כָּנַע Ni., מָכַךְ K. Ho., צָעַר, שָׁחַח K. Ni. Hithpo.
to be made, שָׁפֵל.
to bring, כָּנַע Hi., כָּרַע Hi., שָׁחַח Hi., שָׁפֵל Hi.
to lay, שָׁפֵל Hi.
to make, (Ch. שְׁפַל Aph.)
lower, תַּחְתּוֹן, תַּחְתִּי.
arm, זְרוֹעַ f., rarely m.
lowest, תַּחְתּוֹן, תַּחְתִּי.
part, שֹׁרֶשׁ m.
lowly, עָנִי, שְׁפַל רוּחַ.
lowness, דַּלָּה f., שֵׁפֶל m., שִׁפְלָה f.
Lucifer, הֵילֵל.
lucre, בֶּצַע m.
lumbus, כֶּסֶל m.
luminary, מָאוֹר m.
lump (of earth), גּוּשׁ, גִּישׁ, מֶגְרָפָה f., רֶגֶב m.
lumps (of earth), צְחָרוֹת m. plu.
lurk, to, יָשַׁב, צָפַן K. c. לְ, Hi. (Cheth.)
lurking-place, מִסְתָּר m.
lust, אֲבִיּוֹנָה f.
Lydians, see לוּד.
lye, salt of, בֹּר II m., בֹּרִית f.
lying, (false), כַּחַשׁ, see שֶׁקֶר.
divination, קֶסֶם כָּזָב.
lying down, a, מִשְׁכָּב m., רֶבַע I m., see שְׁכָבָה.
with, a, מִשְׁכָּב m., see שְׁכָבָה, שְׁכֹבֶת f.
lying-in-wait, a, אֶרֶב m., שׁוּר m.
lyre, a, מַחֲלַת m. (Ch. see כַּבְּבָא, see פְּסַנְטֵרִין, קִיתָרֹס (Cheth.), קַתְרֹס (Keri).)
(a species of), כִּנּוֹר m., נֶבֶל and נֵבֶל m.

M

maceration, מִשְׁרָה f.

machinate, to, חָרַשׁ w. עַל against, חָשַׁב Pi. w. אֶל, עַל of pers.

machination, הִגָּיוֹן m., מְזִמָּה f., מַחֲשָׁבָה and מַחֲשֶׁבֶת f.

machinations, see מְסִבָּה.

mad, מְהוֹלָל.

to be, הָלַל Hithpo., נָבָא Hithp.

to become, נָבָא Hithp.

to feign one's self, הָלַל Hithpo.

mad-apple, prickly, חַדֶק and חֵדֶק.

made, to be, בָּרָא Ni., הָיָה K. Ni. (only in pret. and part.), עָשָׂה I Ni. Pu. (Ch. עֲבַד Ithpe., שׂוּם Ithpe., שְׁוָה Ithpa.)

(something), מַעֲשֶׂה m.

madman, מְשֻׁגָּע, מִתְלַהְלֵהַּ.

to play the, שָׁגַע Hithp.

madness, שִׁגָּעוֹן m.

magazines, מִסְכְּנוֹת.

magi, חַרְטֻמִּים, חֲכָמִים. (Ch. חַרְטֻמִּין.)

magic, לַחַשׁ m.

arts, לָטִים, לְהָטִים, חֲרָשִׁים.

to practise, כָּשַׁף Pi., עָנַן Po.

magician, כַּשָּׁף, אַשָּׁף, מְכַשֵּׁף. (Ch. כַּשְׂדַּי, חַכִּים, אָשַׁף m.)

magicians, כַּשְׂדִּים, חֲכָמִים.

magistrate, פָּקִיד m., קָצִין m., שֹׁטֵר, שַׁלִּיט m. (Ch. שִׁלְטוֹן.)

magnates, (Ch. רַבְרְבָנִים.)

magnificence, גֹּדֶל m., גְּדֻלָּה f. (later Heb.), יְקָר m, תִּפְאָרָה f., elsewhere תִּפְאֶרֶת.

magnificent, כְּבוּדָּה f.

magnified, to be, אָדַר Ni., גָּדַל.

magnify, to, אָדַר Hi., גָּדַל Pi., שָׂגָא Hi.

one's self, to, גָּדַל Hithp.

magnitude, גֹּדֶל m (Ch. גְּלָל m.)

Magus, מָג m. (Ch. חַכִּים.)

maid-servant, אָמָה f., שִׁפְחָה f.

maiden, בַּת I f., יַלְדָּה f., see נַעַר I, 2., נַעֲרָה f., עַלְמָה f., רַחַם f. (poet.), [illegible] f.

mail, a coat of, שִׁרְיוֹן, סִרְיוֹן, שִׁרְיָה f., שִׁרְיֹן m., שִׁרְיָן m., תַּחְרָא m.

maintain, to, עָמַד I Hi.

one's cause, to, כּוּל Pilp. Hi.

one's right, to, עָשָׂה מִשְׁפַּט פ׳.

majestic, to be, גָּאָה (poet.)

majesty, גַּאֲוָה f., גָּאוֹן m., גֵּאוּת f., גֹּבַהּ m., גֹּדֶל m., גְּדֻלָּה f. (later Heb.), הָדָר m., הוֹד, כָּבוֹד m., עֹז m., שְׂאֵת f. (Ch. רְבוּ, הֲדַר f.)

make, to, בָּנָה w. לְ, בָּרָא Pi., חָרַשׁ, יָצַר, נָתַן, עָשָׂה I, פָּעַל (poet.), שׂוּם and שִׂים, שִׁית (rarely). (Ch. עֲבַד, שְׁוָה Pa.)

(a bed), to, חָפַךְ.

a thing as, like, similar to, to, נָתַן דָּבָר כְּ.

(a way), to, פִּלֵּס Pi.

account of, to, חָשַׁב Pi. (Ch. שׂוּם טְעֵם עַל.)

as, to, כָּנָה Pi.

for, to, שִׁית w. acc. and לְ.

for one's self, to, קָנָה I.

Malachi, מַלְאָכִי.

male, a, אִישׁ m., גֶּבֶר m. (poet.), זָכוּר m., זָכָר m.

child, זֶרַע אֲנָשִׁים.

to be born a, זָכַר Ni.

malediction, קְלָלָה f.

males, מְתִים.

malevolence, רָעָה f.

malevolent, לֹא חָסִיד.

malice, רַע m., רָעָה f.

with, בְּרַע.

malignant ulcer, שְׁחִין רַע.

mallet, הַלְמוּת f., כֵּילַף m., מַפֵּץ m., מַקֶּבֶת f.

maltreat, to, זוּעַ Pil., יָנָה Hi.

man, אָדָם m., בֶּן־אָדָם (poet.), אִישׁ m., אֱנוֹשׁ m. (poet.), גְּבִיר (poet.), גֶּבֶר m. (poet.), גְּבַר (poet.), נֶפֶשׁ com. (Ch. גְּבַר, אֱנָשׁ, אֱנָשׁ.)

a great, רַב m.

a little, אִישׁוֹן m.

man, any, אָדָם m., אִישׁ m.
by man, לִגְבָרִים, לִגְבָרִים.
old, זָקֵן m., יָשִׁישׁ m. (only poet.), יָשֵׁשׁ m., שָׂב.
this and that, אִישׁ וְאִישׁ.
to show one's self a, אִישׁ only Hithpal.
young, בָּחוּר m., יֶלֶד m., עֶלֶם m.
man-child, גֶּבֶר m. (poet.)
manacles, אֲזִקִּים.
management, תַּחְבּוּלוֹת plu.
Manasseh, מְנַשֶּׁה.
mandate, דָּבָר m., דָּת f. (later Heb.), טַעַם m., מַאֲמָר m. (later Heb.), מִפְקָד m. (Ch. טַעַם m., טְעֵם m., מֵאמַר.)
mandates, פִּקּוּדִים.
mane (of a horse), רַעְמָה f. (poet.)
manes, (umbra), נֶפֶשׁ com. (once), רְפָאִים.
mange, נֶתֶק m., סַפַּחַת f.
manger, see אֵבוּס, אֻרְוָה and אֻרְיָה f.
manifested, to be, גָּלָה Ni.
manifold, to be, רָבַב only in pret. and once inf.
manikin, אִישׁוֹן m.
mankind, אָדָם m. (Ch. אֱנָשׁ, אֱנַשׁ.)
all, עַם m.
manliness, אִישׁ m.
manly age, form, one of, אִישׁ m.
to become, חָלַם.
vigor, גֶּבֶר m. (poet.)
manna, מָן m.
manner, אֹרַח com. (poet.), see דָּבָר 1, at end, דִּבְרָה f. (mostly later Heb.), דֶּרֶךְ com., זַן m., מִשְׁפָּט m., תּוֹר II, תּוֹרָה f. (Ch. זַן.)
in like, כְּמוֹ־כֵן.
in this, כּ. (Ch. כְּנֵמָא.)
in what, —so, כַּאֲשֶׁר — כֵּן.
of, in the, בְּ, לִפְנֵי.
(of speech), שָׂפָה f.
that, in the, (Ch. כָּל־קֳבֵל דִּי.)
mantle, אֶדֶר m., אַדֶּרֶת f., גְּלוֹם m., מִטְפַּחַת f., מַעֲטָפָה f., שַׂלְמָה f., תַּכְרִיךְ m. (Ch. כַּרְבְּלָא f.)
mantles, see (Ch. סַרְבָּלִין.)
mantlet, סֹכֵךְ.

manure, דֹּמֶן.
many, רַב, כַּבִּיר, see רָבָה in Hi. (Ch. שַׂגִּיא.)
times, פְּעָמִים רַבּוֹת.
times? how, כַּמָּה פְעָמִים.
to be, רָבַב, עָצַם, only in pret. and once infin., רָבָה.
to become, רָבַב only in pret. and once infin., רָבָה.
to have, רָבָה Hi.
to make, כָּבַר Hi.
to make one's self, כָּבַד Hithp.
mar, to, כָּאַב Hi., שָׁחַת Hi.
marble, (a species of), בַּהַט, see דַּר.
black, spotted (or) shielded, see סֹחֵרֶת.
(white), see בַּהַט, שַׁיִשׁ m. (once), שֵׁשׁ II m.
march, to, צָעַד, מָשַׁךְ.
through, to, צָעַד w. acc.
marching, a, צְעָדָה f.
mare, סוּסָה f., רַמָּךְ f. (once.)
margin, גְּבוּל m., גְּבוּלָה f., כַּרְכֹּב m., מִסְגֶּרֶת f., קָו and קַו m., שָׂפָה f.
mariner, מַלָּח m.
maritime regions, אִיִּים, יָם m. (poet.)
mark, a, כְּתֹבֶת f., מַטָּרָה f., also מַטָּרָא, מִפְגָּע m., נֶגַע m., קַעֲקַע m., תָּו m.
burnt in, כִּי II (once.)
out, to, אָוָה III Hithp., תָּאָה I Pi., תָּאַר Pi.
to, אָוָה III Hithp., בִּין K. Pil. Hi. Hithpal., יָדַע, שָׁמַר, תָּוָה I Pi.
to make a, הִתְוָה תָו.
upon, to set a, הִתְוָה תָו c. עַל.
with a compass, to, חוּג.
marked off, נִסְמָן.
off, to be, תָּאַר Pu.
with stripes, to be, חָטַב.
market, מַעֲרָב I m. (only in Ez.), מַרְכֹּלֶת f., עִזְבוֹנִים (only plu.)
market-place, עִזְבוֹנִים (only plu.), רְחֹב f.
markets, see in חוּץ, 1.
marks, to make, תָּוָה I Pi.
marred, to be, שָׁחַת Ni.
marriage, to give in, חָתַן.

marriage, to mutually give and take daughters in, חָתַן Hithp.
to take in, חָתַן.
with, to contract affinity by, חָתַן Hithp. c. אֵת , בְּ , לְ .
marriage-gift, a, שִׁלּוּחִים plu.
married, to be, בָּעַל Ni.
marrow, מֹחַ m.
marrowy, מֵחַ.
marry, to, חָתַן, יָשַׁב Hi.
a brother's widow, to, יִבֵּם Pi.
(a wife), to, בָּעַל.
away a daughter, to, חָתַן.
Mars, see מַלְכָּה.
marsh, אֲגַם m., בִּצָּה f., גֶּבֶא m.
marsh-grass, אָחוּ (Egyptian word.)
mart, מַעֲרָב I m. (only in Ez.), מַרְכֹּלֶת f., סָחַר m.
marvel, a, פֶּלֶא m.
marvellous deeds, נִפְלָאוֹת.
to be, פָּלָא Ni.
marvellously, נִפְלָאוֹת.
with, to do, פָּלָא Hi. w. אֵת.
mash, to, כָּתַשׁ.
masons, גֹּדְרִים.
massacre, to, שָׁחַט.
mast, חִבֵּל m. (once), תֹּרֶן m.
master, אָב m., אָדוֹן m., בַּעַל, גְּבִיר m. מֹשֵׁל, רַב m., רֹעֶה, שַׂר m.
over, to be, בָּעַל w. לְ.
to, יָכֹל w. dat. of thing.
mastery of, to get the, (Ch. שְׁלֵט w. בְּ.)
to get the, שָׁלַט (later Heb.) c. בְּ.
matter, אֹמֶר (poet.), דָּבָר m., חֵפֶץ m. (Ch. מִלָּה f., צְבוּ m.)
mattock, see אֵת III.
to loosen with a, עָזַק only Pi.
mattress, כְּבִיר m., שְׂמִיכָה f.
mattresses, מִכְסָתוֹת.
maul, מַפֵּץ m., מַפָּץ m.
maw, קֵבָה f.
maxim, דָּבָר m., חִידָה f.
an obscure, מְלִיצָה f.
may, (verb), יָכֹל.
not, אַל I.
meadow, prob. אָבֵל II m., כַּר m.
saffron, see חֲבַצֶּלֶת.

meal, a, אֲכִילָה f., אֲרֻחָה f., לֶחֶם com.
to take a, אָכַל לֶחֶם.
meal, (flour), קֶמַח m.
coarse, עֲרִיסוֹת only plu.
fine, סֹלֶת f.
mean, קְלֹקֵל, צָעִיר, חָשֹׁךְ.
something, זָזָב m.
meanwhile, עַד־כֹּה וְעַד־כֹּה.
measure, a, see אֶשְׁפָּר, see דָּבָר I at end., see כִּבְרָה, see כֹּר, see לֹג, מַד m., מִדָּה f., מַתְכֹּנֶת f., סְאָה f., see שָׁלִישׁ, שַׁעַר com., תֹּכֶן m.
(for grain), לֶתֶךְ m., סְאָה f.
in full, כִּתְמָם.
(of liquids), מְשׂוּרָה f.
to, כּוּל K. (once), מָדַד K. Pi. Po., תָּכַן Pi.
measures, מִדּוֹת.
prudent, תַּחְבֻּלוֹת.
measuring line, חֶבֶל m., חֶבֶל מִדָּה.
reed, rod, קָנֶה, fully קְנֵה הַמִּדָּה.
meat, אֹכֶל m., אָכְלָה f., בָּשָׂר m., טֶבַח m., טִבְחָה f., לְחוּם or לָחוּם m., לֶחֶם com., שְׁאֵר m.
meat-offering, מִנְחָה f. (Ch. מִנְחָה.)
Media, מָדַי f. (Ch. מָדַי.)
medicaments, רְפֻאוֹת only plu.
medicine, תְּרוּפָה f.
medicines, רְפֻאוֹת only plu.
meditate, to, דָּמָה I Pi., הָגָה I w. בְּ in or on., הָיָה K. Po., זָכַר, זָמַם, חָשַׁב K. Pi., see שִׂיחַ, שִׂיחַ K. Pol. c. בְּ.
meditation, הֶגֶה m., הָגוּת f., הִגָּיוֹן m., מְזִמָּה f., שִׂיחַ m., שִׂיחָה f.
meek, עָנָו (once), עָנִו.
the, עָנָו m.
meet, (Ch. אֲרִיךְ.)
meet, to, פָּגַשׁ, קָדַם Pi. Hi., קָרָא II Ni. w. לִפְנֵי, עַל., קָרָה K. c. acc., Ni. c. עַל.
to appoint to, יָעַד Hi.
to cause to, אָנָה II Pi., יָעַד Hi.
to come to, קָרָא II Ni. w., לִפְנֵי, קָרָה., עַל.
to go to, קָדַם Pi., קָרָה.
together, to, פָּגַשׁ Ni.

meet together at an appointed time and place, to, יָעַד Ni.
with, to, פָּגַע c. בְּ., פָּגַשׁ Pi. (poet.), קָדַם Pi. w. בְּ.
with at an appointed place, to, יָעַד w. לְ, אֶל.
meeting, an appointed, עֵדָה I f.
Melchizedek, מַלְכִּי־צֶדֶק.
melons, אֲבַטִּחִים.
melt, to, מוּג K. Ni. Hithpal., מָסָה Hi., מָסַס K. (once), Ni., מָקַק Ni., נָתַךְ Hi., צָרַב.
away, to, דָּאַב, מָאַס, מוּג Ni.
away and perish, to cause to, מוּג.
to cause to, מוּג.
to cause the heart to, מָסָה Hi.
melted mass, a, מוּצָק m.
to be, מָאַס, מָקַק Ni., נָתַךְ K. fut., Ni. pret., Ho.
melting, a, הִתּוּךְ.
away, a, תֶּמֶס m.
member, (Ch. הַדָּם.)
members, בַּדִּים I m. plu., יְצֻרִים (poet.)
memento, זִכָּרוֹן m.
memorable saying, זִכָּרוֹן m.
memorial, אוֹת I com., אַזְכָּרָה f., זֵכֶר and זֶכֶר m., זִכָּרוֹן m., סֵפֶר m., שֵׁם m.
a day of, זִכָּרוֹן m.
sacrifice, מִנְחַת זִכָּרוֹן.
sacrifice, to offer as a, זָכַר Hi.
memory, זֵכֶר and זֶכֶר m., שֵׁם m.
Memphis, מֹף, נֹף.
men, אָדָם m. coll., מְתִים, עַם m. (Ch. אֱנָשׁ, אֱנָשׁ.)
brutish, בֹּעֲרִים.
class of, דּוֹר m., זֶרַע.
common, other, see in אָדָם.
young, יַלְדוּת f. concr.
mend, to, רָפָא Pi. (Ch. חוּט Aph.)
menstruous cloth, דָּוָה.
mention, to, זָכַר K. Hi.
of, to make, זָכַר.
with praise, to, זָכַר Hi.
mentioned, to be, עָלָה עַל לֵב.
merchandise, מַקָּחוֹת plu., סְחֹרָה f.
costly, מַכְלֻלִים plu.
merchandise of, to make, see עָמַר Hithp.
merchant, see כְּנַעַן, 3., see כְּנַעֲנִי, 2., סֹחֵר m., רֹכֵל.
female, סֹחֶרֶת f.
to traverse as a, סָחַר.
merchant-ships, אֳנִיּוֹת סוֹחֵר.
merchants, סְחֹרָה f. concr., see in תּוּר, 2, a.
a band of, שַׁיָּרָה f.
mercies, חֲסָדִים.
merciful, רַחוּם, חָסִיד, חַנּוּן (used only of God), רַחֲמָנִי.
to be, חָנַן.
to show one's self, חָסַד Hithp.
Mercury, נְבוֹ.
mercy, חֶמְלָה f., חֲנִינָה f., חֶסֶד, רַחֲמִים plu., תְּחִנָּה f. (Ch. רַחֲמִין plu.)
faithful, חֶסֶד coupled w. אֱמֶת.
to be shown, חָנַן Ho.
to find, רָחַם Pu.
to implore, חָנַן Hithp.
to show, (Ch. חֲנַן.)
to, to show, שׂוּם רַחֲמִים לְ.
towards, to show, נָתַן רַחֲמִים לְ.
upon, to have, רָחַם Pi.
mercy-seat, see כַּפֹּרֶת.
merely, אַךְ.
merry, to be, שָׂמַח and שָׂמֵחַ, שָׁכַר I.
to become, שָׂמַח and שָׂמֵחַ.
meslin, בְּלִיל m.
Mesopotamia, פַּדַּן אֲרָם, אֲרַם נַהֲרַיִם.
message, מַלְאָכוּת f., שְׁמוּעָה f.
messenger, מַלְאָךְ m., מֵלִיץ, מַגִּיד, צִיר I m.
to, to send a, שָׁלַח דְּבָרִים.
Messiah, מָשִׁיחַ.
met with, to be, קָרָא II Ni.
metal, base, סִיג m. (Keri.)
metals, (ore of) precious, בֶּצֶר m.
mete, to, מָדַד K. Pi. Po.
out, to, גָּזָה.
meteor, see שֶׂכְוִי,
Methuselah, מְתוּשֶׁלַח.
metropolis, אֵם f., אַמָּה, עִיר I f. (w. gen. of people or country), רֹאשׁ I m.
Micah, מִיכָה.
Michael, מִיכָאֵל.

mid, (adj.), תִּיכוֹן.
(prep.), עִם.
middle, (adj.), תִּיכוֹן.
the, אִישׁוֹן m., גֵּו m., חֲצוֹת f. (constr. only), חֲצִי m., לֵב m., לֵבָב m., מַחֲצִית f., קֶרֶב m., תָּוֶךְ m. (Ch. גַּו m.)
Midian, מִדְיָן.
midnight, חֲצִי הַלַּיְלָה , חֲצוֹת לַיְלָה.
midst, the, אִישׁוֹן m., גֵּו m., חֲצוֹת f. (constr. only), חֲצִי m., לֵב m., לֵבָב m., מַחֲצִית f., קֶרֶב m., תָּוֶךְ m. (Ch. גַּו m.)
from the, (Ch. מִן־גּוֹא.)
of, from the, see בֵּין , 4.
of, in the, בְּעַד and בַּעַד , בְּקֶרֶב , בְּתוֹךְ . (Ch. בְּגוֹא , בְּגוֹ.)
of, into the, אֶל־תּוֹךְ . (Ch. לְגוֹא.)
of, out of the, מִתּוֹךְ .
of, through the, בְּעַד and בַּעַד.
midsummer, קַיִץ m.
midwife, מְיַלֶּדֶת.
mien, פָּנִים plu.
might, אֱיָל m. (once), אֵל I m., אַמִּיץ m. abstr., גְּבוּרָה f., גֶּבֶר (poet.), זְרוֹעַ f. rarely m., חֹזֶק m., חַיִל m., יָד f., כֹּחַ m., מְאֹד m., עֹז m., עֱזוּז m., קָו and קַו m., תֹּקֶף m. (Ch. חֱסֵן , גְּבוּרָה m., תְּקֹף m.)
to exert one's, עָלַל I Hithp. c. בְּ .
mightily, מְאֹד , בִּמְאֹד מְאֹד .
mighty, אַבִּיר , אַדִּיר , אֵל I, אַמִּיץ, אָפִיק or אֲפִיק , גִּבּוֹר , חָסִין , כַּבִּיר (poet.), עַז , עִזּוּז , see עָצַם , עָצוּם , עָרִיץ , רַב , רָם , שַׁלִּיט , תַּקִּיף . (Ch. אֵימְתָנִי f., שַׁלִּיט , תַּקִּיף.)
deeds, גְּבוּרָה f. concr., גְּדֻלּוֹת, גְּדֻלָּה f. concr. (later Heb.)
man, (Ch. גְּבַר.)
men, גְּבוּרָה f. concr.
mighty one, אַבִּיר , אֵל I m.
to be, גָּבַר and גָּבֵר , עָזַז , עָצַם, רָבָה.
to become, גָּבַר and גָּבֵר.
to show one's self, פָּלָא Hithp. c. בְּ towards, against.
work, יָד f.

migrate, to, גָּלָה , נָסַע , צָעַן .
into, to, סָחַר w. אֶל .
to cause to, (Ch. גְּלָא Aph.)
migration, גֹּלָה.
milch, עָלוֹת plu.
kine, פָּרוֹת עָלוֹת.
milch-camels, מֵינִיקוֹת .
mildness, עֲנָוָה f., עַנְוָה f.
military force, זְרוֹעַ f. rarely m.
governor, מִבְצָר .
scribe, סֹפֵר.
station, נְצִיב m.
tribune, סֹפֵר.
milk, חָלָב m., חֶמְאָה f. (poet.), חֵמָה II f.
curdled, גְּבִינָה f., חֶמְאָה f.
to give, עוּל.
milk-giving, עָלוֹת plu.
milky words, see מַחְמָאוֹת .
mill, a, טְחוֹן m., טַחֲנָה f., רֵחַיִם m. (only du.)
mill-stone, פֶּלַח .
the lower, פֶּלַח תַּחְתִּית .
the upper, פֶּלַח רֶכֶב , רֶכֶב .
millet, דֹּחַן m.
mina, מָנֶה m.
mince, to, טָפַף .
mind, חֵיק m., כְּלָיוֹת plu., נֶפֶשׁ com., נְשָׁמָה f., קֶרֶב m., רוּחַ f., שֶׂכְוִי m. (Ch. לֵב and לְבַב m., רוּחַ.)
to bear in, זָכַר .
to call to, זָכַר K. Hi.
to have in, זָמַם . (Ch. עֲשִׁת , עֲשִׁית c. inf. et לְ .)
to keep in, שָׁמַר .
to recall to, זָכַר , הֵשִׁיב אֶל־לֵב.
upon, to fix the, צָדָה II.
with a willing, נְדָבָה .
mindful, זָכוּר .
of, to be, זָכַר .
mine, a, מוֹצָא m., מַקֶּבֶת f.
mingle, to, בָּלַל , מָסַךְ , רָבַךְ only Ho. part. f. (Ch. עֲרַב Pa.)
one's self, to, עָרַב I Hithp. c. בְּ .
mingled mass, (people), עֶרֶב m. concr., הֶעָרָב .
minister, עֶבֶד m, מְשָׁרֵת .

minister of court, see סָרִיס.
to, שֵׁרֵת Pi.
unto, to, עָמַד לִפְנֵי, שֵׁרֵת Pi. c. acc. of pers. (Ch. שַׁמֵּשׁ only Pa.)
ministers, שָׂרִים. (Ch. סָרְכִין, הַדָּבְרִין plu. only.)
ministry, מְלָאכָה f., עֲבֹדָה f., שָׁרֵת m.
the sacred, עֲבֹדָה f.
minority, צְעִירָה f.
minute, (adj.), דַּק.
anything, דַּק.
miracle, אוֹת I m., מוֹפֵת m., מוֹרָא m., פֶּלֶא m. (Ch. תְּמַהּ m.)
miracles, מִפְלְאוֹת constr. plu. (once), נִפְלָאוֹת.
mirage, see שָׁרָב.
mire, בֹּץ m., חֹמֶר m., טִיט m., יָוֵן m., עָפָר m., רֶפֶשׁ m.
Miriam, מִרְיָם.
mirror, מַרְאָה f., רְאִי m.
mirrors, גִּלְיֹנִים.
miscarriage, מְשַׁכֵּלָה f.
miscarry, to, שָׁכֹל and שִׁכֵּל Pi. Hi.
mischief, אָסוֹן m., הַוּוֹת f. (only plu.), זִמָּה f., מְזִמָּה f., רָעָה f.
miserable, to be, אָבַד.
misery, חֹשֶׁךְ m., לַיִל, מְסַכְּנוּת f., עָוֹן m., עָמָל m., עֳנִי m.
misfortune, אֵיד m., אֹפֶל m. (poet.), אֲפֵלָה f., חַטָּאת f., פִּיד m.
miss, (slip), a, חַטָּאת f.
miss (one's way), to, חָטָא Hithp.
to, פָּקַד, חָטָא.
to let, חָטָא Hi.
missed, to be, עָדַר Ni., פָּקַד Ni. Pu.
missile, שֶׁלַח m.
missing, something, אֲבֵדָה f.
misstep, חַטָּאת f.
mist, אֵד m., הֶבֶל.
mistake, שְׁגָגָה f.
mistress, בַּעֲלָה f., גְּבֶרֶת f.
of anything, בַּעֲלָה f.
mitigation, כֵּהָה f.
mix, to, מָסַךְ. (Ch. עָרַב Pa.)
one's self, to, בָּלַל Hithpo. w. בְּ.
wine, to, מָסַךְ.
mixed, see in, שָׁחַט, 3. (Ch. מְעָרַב.)

mixed multitude, אֲסַפְסֻף m., עֵרֶב m.
concr., הָעֵרֶב.
provender, בְּלִיל m.
to be, בָּלַל Hithpo. w. בְּ.
mixture, see כָּרֹב.
Moab, מוֹאָב.
moan, to, נָהַג, הָמָה Pi.
moaning, a, הֶגֶה m., see הָגִיג.
mock, to, see הֵתֵל, לוּץ K. Hi., לָעַג K. c. לְ, בְּ, Hi. c. לְ, בְּ, עַל., מוּק Hi., עָלַל I Hithp., צָחַק Hithp. c. עַל., שָׂחַק w. בְּ., הָלַל Hi., תָּעַע Pilp. Hithpalp.
at, to, לָעַב Hi. c. בְּ.
mocker, לֵץ, לָעֵג.
to show one's self a, לוּץ Hithpal.
mockers, הֲתֻלִּים (poet.), אַנְשֵׁי לָצוֹן, לֹצְצִים.
mockery, לַעַג m., שְׁנִינָה f., תַּעְתֻּעִים plu.
mocking, a, לָצוֹן m., שִׁמְצָה f. (once.)
mockings, הֲתֻלִּים.
mode, אֹרַח com. (poet.), דִּבְרָה f. (mostly later Heb.), דֶּרֶךְ com., תּוֹר II.
of acting, מַעֲשֶׂה m.
of building, תַּבְנִית f.
model, דְּמוּת f., תַּבְנִית f.
modest, צָנוּעַ.
modestly, to act, live, צָנַע Hi.
modesty, עֲנָוָה f.
moisten, to, רָסַס. (Ch. צְבַע Pa.)
moistened, to be, רָטַב, שָׁקָה Pu. (Ch. צְבַע Ithpa.)
moistening, a, שִׁקּוּי m.
moisture, vital, לְשַׁד m.
mole, see חֲפַרְפֵּרָה, פֵּרָה f., see תִּנְשֶׁמֶת.
Molech, מֹלֶךְ.
mollified, to be, רָכַךְ Pu.
molten, יָצַק, see מַסֵּכָה I.
image, נָסִיךְ m., נֶסֶךְ and נֵסֶךְ m., פֶּסֶל m.
to be, יָצַק Ho.
moment, a, פֶּתַע, רֶגַע m. (Ch. שָׁעָה f.)
as in a, כְּרֶגַע.
every, לִרְגָעִים.
for a, רֶגַע, כִּמְעַט רֶגַע. (Ch. כְּשָׁעָה חֲדָא.)

moment, in a, בְּרֶגַע , פֶּתַע , פִּתְאֹם , פֶּרֶגַע , רֶגַע.
in the same, (Ch. בַּהּ־שַׁעֲתָא.)
money, אֲגוֹרָה f., כֶּסֶף m., נְחֹשֶׁת com.
current, כֶּסֶף עֹבֵר.
piece of, אֲגוֹרָה f.
pieces of, כְּסָפִים.
month, חֹדֶשׁ m., יֶרַח m., (Ch. יְרַח m.)
by month, חֹדֶשׁ בְּחָדְשׁוֹ.
of time, חֹדֶשׁ יָמִים.
monthly courses (of women), עִדִּים f. only plu.
monument, אוֹת I com., יָד f., see מַצָּב, מַצֶּבֶת f., שֵׁם m.
moon, יָרֵחַ m. (in prose always with the article), לְבָנָה f. (poet.), see in מְלֶכֶת.
day of the new, חֹדֶשׁ m.
full, כֶּסֶא.
new, חֹדֶשׁ m.
Mordecai, מָרְדֳּכַי.
more, יוֹתֵר , עוֹד.
how much, אַף כִּי (preceded by an aff.)
than, מִן , יָתֵר , יוֹתֵר מִן , הוֹן מִן (in compar.). (Ch. מִן.)
to be, יָתַר Hi. Ni.
Moriah, מֹרִיָּה.
morning, בֹּקֶר m., שַׁחַר m.
every, לַבֹּקֶר , בַּבֹּקֶר לַבֹּקֶר בַּבֹּקֶר, לִבְקָרִים , לַבְּקָרִים.
in the, לַבֹּקֶר , אוֹר בֹּקֶר.
light, אוֹר m., אוֹר בֹּקֶר. (Ch. נְגַהּ.)
the next, בֹּקֶר m.
twilight, נֶשֶׁף m.
morose, גָּרֹל (Cheth.)
to be, זָעַף.
morphew, בֹּהַק m.
morrow, the, בֹּקֶר , מָחָר , מָחֳרָת f.
on the, מִמָּחֳרָת.
morsel פַּת f., פְּתִית.
dainty, מִתְלַהֲמִים.
mortal, a, אִישׁ m., גֶּבֶר m. (poet.)
mortar, חֹמֶר m., מֶלֶט m., תָּפֵל m.
mortar, a, מְדֹכָה f., מַכְתֵּשׁ m.
Moses, מֹשֶׁה.

Most High, אָרוֹם concr., עַל m. concr. (Ch. עִלָּאָה.)
moth, a, סָס m., עָשׁ I m.
mother, אֵם f., הוֹרָה f. (poet.), יוֹלֶדֶת f. w. gen.
mother-city, אֵם f.
mother-in-law, חָמוֹת f., חֹתֶנֶת f.
motion, to put in, הֵסִם.
motions, uneasy, נְדֻדִים.
mound, a, מִלּוֹא m., מָצוֹר I m., מְצוּרָה f., סֹלְלָה f., see רָמוּת , תֵּל m.
(of waves), נֵד m. (only poet.)
sepulchral, בָּמָה (rarely.)
mount, a, הַר m.
mount, to, עָלָה , צָעַד.
upwards, to, אָבַר Hi.
mountain, הַרֵר (old and unusual), הַר m., הָרָר once c. suff., and הָרָר only c. suff. (mostly poet.). (Ch. טוּר m.)
a steep, מַדְרֵגָה f.
gorge, בִּתְרוֹן m.
ranges, see רֶכֶס.
mountain-cock, see דּוּכִיפַת.
mountain-goat, יָעֵל m., תְּאוֹ.
mountain-pass, מַעְבָּרָה f.
mountaineer, הֲרָרִי.
mountainous region, הַר m.
mountains, הַר m.
mourn, to, אָבַל I K. seq. עַל over, Hithp., אָבַל Pul. (only in poetry), בָּכָה K. Pi., מָרַר Hi. c. עַל ., קָדַר , סָפַד.
for, to, סָפַד w. לְ.
mourner, קֹדֵר.
mournful cry, רִנָּה f.
song, to chant a, קִין Pil.
mournfully, קְדֹרַנִּית.
mourning, (adj.), אָבֵל I.
(sub.), אֵבֶל m., אֲנִיָּה f., אֲנָקָה f., בְּכוּת f., בְּכִי m., בְּכִית f., תַּאֲנִיָּה f
a song of, קִינָה f.
in, קְדֹרַנִּית (adv.)
mouse, a, עַכְבָּר m.
mouth, מִדְבָּר m. (poet.), פֶּה m., פִּיָּה m., רֶסֶן m. (Ch. פֻּם m.)
in, into, upon the, עַל־פִּי.
in the midst of his, בְּתוֹךְ חִכּוֹ.

mouth, the inside, חֵךְ m.
move, to, מוּט , מָשַׁךְ , נוּד Hi., נוּעַ also נִיעַ K. Hi., סוּת Hi. foll. by an acc. and inf. c. לְ ., פָּעַם , רָגַז.
about rapidly, to, סָחַר Pilp.
in a circle, to, נָקַף.
one's self, to, זוּעַ , נָדַד.
quickly to and fro, to, קָלַל Pilp.
slowly, to, צָעַד.
swiftly, to, דָּהַר.
to and fro, to, נוּד , נָדַד , פָּחַץ , נוּעַ Hi., נוּף Hi., פּוּק I K. Hi.
up and down, to, נוּד , נָדַד , נוּף K. Hi.
moved, to be, גָּעַשׁ Hithp., הָמַם Ni., זָחַח Ni., כָּמַר I Ni., מוּט K. Ni. Hithp., נוּט (once), עָבַר Ni., פָּעַם Ni. Hithp., קָלַל Hithpalp., רָגַז , רוּף Polal., רָעַשׁ , רָעַם.
a being, מוֹט m.
to and fro, to be, נוּד Hithpal.
violently to and fro, to be, גָּעַשׁ K. Pu.
moving thing, any, זִיז m. (poet.)
to and fro, a, תְּנוּפָה f.
mower, קוֹצֵר.
mowing, a, גֵּז m.
much, (adj.), כַּבִּיר , רַב . (Ch. שַׂגִּיא.)
(adv.), הַרְבֵּה , רַבָּה , לֹא כִמְעַט Hi. w. לְ and inf. of another verb., הַרְבֵּה.
(sub.), רֹב m.
ado, רֹב עִנְיָן.
less, how, אַף כִּי (preceded by a neg.)
more, how, אַף כִּי (preceded by an aff)
not, מְעַט.
to be, רָבַב only in pret. and once infin.
to become, רָבַב only in pret. and once infin., רָבָה.
to do, רָבָה Hi.
to have, רָבָה Hi.
to make, רָבָה Pi. Hi.
too, יוֹתֵר , עַד מְאֹד , see רָבָה Hi.
mud, בֹּץ m., טִיט m., יָוֵן m., רֶפֶשׁ m.
mud, to remove, טֵאטֵא Pilp. (once.)
muffle, to, לָאַט , לוּט K. Hi.
mulct, עֹנֶשׁ m. (Ch. עֲנָשׁ m.)
mule, פֶּרֶד m.
mules, אֲחַשְׁתְּרָנִים.
multiplied by myriads, מְרֻבָבוֹת plu.
to be, רָבַב only in pret. and once infin., רָבָה.
multiply, to, דָּגָה (once), כָּבַר Hi., עָתַר II Hi., רָבַב only in pret. and once infin., רָבָה K. Pi. Hi., שָׁרַץ.
one's self, to, כָּבַד Hithp.
multitude, אָמוֹן II, הָמוֹן m. once f., כֹּבֶד , מַכְבִּיר , מְלֹא m., מַרְבִּית f., סָךְ m. (once), עֵדָה I f., צְבָאָה f., see רִגְשָׁה , רֶגֶשׁ m., רֹב m., קָהָל m., פַּשׁ f., שִׁפְעָה f.
a whole, כֹּל m. (poet.)
mixed, אֲסַפְסֻף m., עֵרֶב m. concr., חֲצֹרָב.
in, לָרֹב.
of, according to the, מִדֵּי , כְּדֵי.
of persons, עַם m.
mural turret, פִּנָּה f.
murder, דָּם m.
murderer, רֹצֵחַ , מְרַצֵּחַ.
to be a, רָצַח Pi.
murmur, אַט m., הִגָּיוֹן m.
to, אָנַן Hithpo., הָגָה I, לוּן Ni. Hi., נָאַם (once), רָגַז K. participle, Ni. w. בְּ of pers.
murmuring, a, רִנָּה f., תְּלֻנּוֹת only plu.
murrain, דֶּבֶר m.
muscle, (shell-fish), חֲבַלָּה f.
muscle, (sinew), שֹׁר m.
music, זִמְרָה f., שֶׁמַע m. (Ch. זְמָר m.)
instruments of, כְּלֵי שִׁיר.
of stringed instruments, נְגִינָה f.
to lead in, see נָצַח I Pi.
musical instrument, a, בְּרוֹשׁ m.
musician, chief, מְנַצֵּחַ.
mustachios, the, שָׂפָם m.
to cover the, עָטָה עַל־הַשָּׂפָם.
to trim the, עָשָׂה הַשָּׂפָם.
muster, a, פְּקֻדָּה f.
to, פָּקַד K. Pi., צָבָא Hi.
muster-master, סֹפֵר.

mustered, to be, דָּרַשׁ Ni., פָּקַד Ni. Pu. Hithp. Hothp.
mute, דּוּמִיָּה, אִלֵּם f.
  to be, אָלַם Ni., חָרַשׁ.
mutter, to, הָגָה I, נָאַם (once.)
mutterers, אִטִּים concr., מַהְגִּים.
muttering (of thunder), הֶגֶה m.
mutuli, (architec.), מִפְתּוֹת m. plu.
muzzle, a, מַחְסוֹם m.
  to, חָסַם, חָטַם.
myriad, רְבָבָה f., רִבּוֹ f. (later writers), רִבּוֹת f. (Ch. רִבּוֹ f.)
myriads, multiplied by, מְרֻבָּבוֹת plu.
myrrh, מֹר m.
myrtle, הֲדַס m.
myself, (I), נַפְשִׁי.

N

Nahum, נַחוּם.
nail (of finger), צִפֹּרֶן m. (Ch. טְפַר m.)
nail, (peg), וָו m. (spoken only of tabernacle curtains), יָתֵד.
nails, מַסְמְרִים and מַסְמְרוֹת m., also מַשְׂמְרוֹת, מַסְמְרוֹת and מַסְמְרִים.
naked, עָרֹם concr., פָּרוּעַ, עָרוֹם, שׁוֹלָל.
  hill, a, שְׁפִי m.
  place, מַעֲרֶה m.
  places, עֶרְוֹת.
  space, מַעַר m.
  the, מַעֲרֻמִּים plu. concr.
  to be, עָרַר K. (once.)
  to be made, גָּלָה Ni. Pu., עוּר II Ni.
  to lay, עָרָה Pi.
  to make, גָּלָה K. Pi., חָשַׂף, עָרָה Pi. Hi., פָּרַע.
  to make one's self, עָרָה Hithp.
nakedness, מַעַר m., מַעֲרֻמִּים plu., עֵירֹם m., עֶרְיָה f., עֶרְוָה f., שְׁפִי m. (Cheth.)
name, זֵכֶר and זֶכֶר m., שֵׁם m. (Ch. שֻׁם m.)
  after death, שֵׁם m.
  by, בְּשֵׁמוֹת.
  great, good, שֵׁם m.
  of Jehovah, to call upon the, see in שֵׁם, d.
  of, to call upon the, קָרָא בְשֵׁם פ׳.
  to, אָמַר, קָרָא I, fully קָרָא שֵׁם לְ. (Ch. שִׂים שְׁמָהּ.)
  to call by, נָקַב.
  to make one's self a, עָשָׂה לוֹ שֵׁם, שׂוּם שֵׁם לוֹ.
  to, to give a, שׂוּם שֵׁם לוֹ.
named, the, נְקֻבִים.
named, to be, קָרָא I Ni. Pu.
names, (Ch. שְׁמָהָת plu. constr.)
name's sake, for his, לְמַעַן שְׁמוֹ.
name's sake, for my, לְמַעַן שְׁמִי.
Naomi, נָעֳמִי.
nape (of the neck), עֹרֶף m., צַוָּאר m. (Ch. צַוַּאר m.)
  to turn the, נָתַן עֹרֶף.
Naphtali, נַפְתָּלִי.
narcissus, see חֲבַצֶּלֶת.
nard, נֵרְדְּ m.
narrate, to, סָפַר Pi.
narration, מִסְפָּר m.
narrow, צַר m.
  path, מִשְׁעוֹל m.
  something, מוּצָק m.
  to be, אוּץ, יָצַר only in fut.
  way, see מִשְׁעוֹל.
narrowness, צַר m.
Nathan, נָתָן.
nation, אֹם f., אֻמּוֹת also אֻמִּים f. (only in plu.), גּוֹי m., לְאֹם m. (only poet.), לָשׁוֹן com., מִשְׁפָּחָה f., עַם m. (Ch. אֻמָּה f., לִשָּׁן m.)
  one of another, זָר.
nations, עֲמָמִים. (Ch. עַמְמִין.)
  foreign, גּוֹיִם.
native, אֶזְרָח m., בֵּן m. (w. gen. of place), בַּת I f. (w. gen. of place.)
  country, אֶרֶץ מוֹלֶדֶת.
  tree, אֶזְרָח m.
nativity, הֻלֶּדֶת, מוֹלֶדֶת f., מְכוּרָה and מְכֹרָה f.
naught, for, רֵיקָם.
naughtiness, אָוֶן m.

nauseate, to, קוּט K. c. בְּ, Ni. c. בִּפְנֵי, Hithpal. c. בְּ.
nave (of a wheel), חִשֻּׁרִים plu.
navel, see טַבּוּר, שֹׁר m.
navy, אֳנִי com.
nay, אַל I, לֹא.
but, כִּי, אוּלָם I.
for, כִּי I.
indeed, אֲבָל.
rather, אֲבָל.
Nazarite, נָזִיר.
near, (adj.), קָרוֹב.
(prep.), אֶל, אֵצֶל, אֵת II, בְּ, בְּעַד and בַּעַד, לְיַד, בְּעַד יַד, אֶל יַד, מֵעַל לְ, עַל, עַל יְדֵי, עַל יַד, לְעֻמַּת (once), עֻמַּת, עִם, מֵעַל.
away, to, נָגַשׁ Ni. pret. K. fut.
by, מִמַּעַל לְ, בְּעַד יַד.
to, נָגַשׁ Ni. pret. K. fut. w. אֶל.
to be very, קָרַב I Pi. c. inf. et לְ.
to bring, נָגַשׁ Hi., קָרַב I Pi. Hi. (Ch. קְרֵב Aph.)
to come, נָגַשׁ K. fut. Ni. pret. w. אֶל., קָרַב I and קָרֵב K. Ni.
to draw, נָגַשׁ Ni. pret. K. fut. w. אֶל, Hithp., סָמַךְ c. אֶל., קָרַב I and קָרֵב. (Ch. קְרֵב.)
to, to be, קָרַב I Hi. w. inf. and לְ.
to, to draw, נָגַע Hi. w. עַד., קָרַב I Hi. w. inf. c. לְ.
nearly, כִּמְעַט, כְּ.
Nebuchadnezzar, נְבוּכַדְנֶאצַּר.
necessary, to be, (Ch. חֲשַׁח.)
necessity, חַשְׁחוּת f.
neck, גַּרְגְּרוֹת plu., גָּרוֹן m., מַפְרֶקֶת f., עֹרֶף m., צַוָּאר m. (Ch. צַוַּאר m.)
to break the, עָרַף II.
to lay upon the, see עָנַק Hi.
neck-chain, עֲנָק m. (Ch. הַמְנִיךְ or Cheth הַמְנוּךְ
necklace, חֲלִי m., חֶלְיָה f., עֲנָק m. (Ch. הַמְנִיךְ or Cheth הַמְנוּךְ.)
to adorn with a, עָנַק (once trop.)
necklaces, חֲרוּזִים.
necks, צַוְּרֹנִים only plu.
necromancer, אוֹב.

need, חַשְׁחוּת f., מַחְסוֹר m., צֹרֶךְ m.
to have, (Ch. חֲשַׁח c. inf. et לְ.)
needed, to be, (Ch. חֲשַׁח.)
needy, אֶבְיוֹן, מִסְכֵּן, עָנִי, רָשׁ, רֵיק.
neglect, to, בָּעַט, נָשָׁה I, סוּר Hi.
doing, quietly to, חָרַשׁ Hi. w. לְ and inf.
neglected, see שָׁלַח Pu.
Nehemiah, נְחֶמְיָה.
neigh, to, צָהַל.
neighbor, עָמִית f. concr., רֵעַ II m., שָׁכֵן m.
a female, שְׁכֵנָה f.
neighbors, סְבִיבִים.
neighing, a, מִצְהָלָה f.
neither, — nor, אִם — אִם preceded by a neg., אִם — וְאִם preceded by a neg., מִן — עַד w. neg., מִן — וְעַד w. neg., לְמִן — עַד w. neg., לְמִן — וְעַד w. neg.
nerve, גִּיד m., see נָשָׁה.
nest, a, קֵן m.
built, to have a, קָנַן Pu.
of young birds, קֵן m.
to, קָנַן Pi.
to build a, קָנַן Pi.
nestle, to, קָנַן Pu.
nestlings, קֵן m.
net, חֵרֶם once חֶרֶם, see מָזוֹר II, מִכְמָר and מַכְמֹר m., מִכְמֹרֶת, מָצוֹד m., מְצוּדָה f., מְצוֹדָה f., פַּח I m., רֶשֶׁת f., שְׂבָכָה f.
hunters, מִכְמָר and מַכְמֹר m.
Nethinim, נְתִינִים. (Ch. נְתִינִין.)
nettings, שְׂבִיסִים.
nettle, see סִרְפָּד, קִמּוֹשׂ m. and קִימוֹשׁ.
net-work, אֲרֻבָּה f. (once in sing.), מִכְבָּר m., רֶשֶׁת, מַעֲשֵׂה רֶשֶׁת f.
never, see יַד, 1, h., מֵעוֹלָם w. neg.
nevertheless, אֲבָל (later writers), אוּלָם, כִּי I (rarely), אֶפֶס כִּי, גַּם, לָכֵן. (Ch. לָהֵן, בְּרַם.)
new, לַח, טָרָה, בָּרִיא, חָדָשׁ, זָר. (Ch. חֲדַת.)
moon, חֹדֶשׁ m.
moon, day of the, חֹדֶשׁ m.
thing, a, חֲדָשָׁה.
wine, עָסִיס m., תִּירוֹשׁ m.

newly, מִקָּרוֹב.
news, שְׁמוּעָה f.
  good, בְּשׂוֹרָה f.
next, (adj.), אַחֵר.
  day, the, מָחֳרָת.
  morning, בֹּקֶר m.
  the, מִשְׁנֶה m.
nigh, קָרוֹב.
night, אֶמֶשׁ, לַיִל, נֶשֶׁף m. (Ch. לֵילְיָא m.)
  by, לַיְלָה. (Ch. עִם לֵילְיָא.)
  last, אֶמֶשׁ.
  this, הַלַּיְלָה.
  to pass the, לוּן and לִין. (Ch. בּוּת.)
  to put up for the, (Ch. שְׁרָא also שְׁרֵא.)
  to remain over, לוּן and לִין.
  to stop for the, לוּן and לִין.
night-hawk, see תַּחְמָס.
night-robbers, שֹׁדְדֵי לַיְלָה.
night-spectre, לִילִית f.
Nile, see גִּיחוֹן, יְאֹר m. (Egyptian word), see יָם, see פִּישׁוֹן, שִׁיחוֹר.
Nimrod, נִמְרֹד.
nine, תֵּשַׁע w. f., תִּשְׁעָה w. m.
nineteen, תְּשַׁע עֶשְׂרֵה w. f., תִּשְׁעָה עָשָׂר w. m.
ninety, תִּשְׁעִים.
Nineveh, נִינְוֵה.
ninth, תְּשִׁיעִי, see תֵּשַׁע.
nip, to, מָלַק.
  off, to, מָלַק.
nipped, to be, קֹרַץ Pu.
nips sycamore figs, one who, בּוֹלֵס שִׁקְמִים.
Nisan, (month), נִיסָן.
nitre, נֶתֶר m.
no, אַיִן (including sub. verb.), see אַל I, 2, b., בַּל (poet.), לֹא, לָא.
  further, אֶפֶס.
  longer, עוֹד w. neg.
  man, אָדָם m. w. neg.
  more, אֶפֶס, עוֹד w. neg.
  one, אָדָם m. w. neg., אֵין אֶחָד, יַחַד w. neg., כֹּל w. neg., אַיִן, see מִי 1, e. (Ch. לָא כֹּל.)
no-gods, לֹא כֹל coll.

Noah, נֹחַ.
nobility, נְדִיבָה f.
  of Israel, כְּבוֹד יִשְׂרָאֵל.
noble, מֵחַ, גָּדוֹל, אָצִיל, אַדִּיר, אַבִּיר, שׁוֹעַ, נָדִיב, נָשִׂיא, נָגִיד II. (Ch. יַקִּיר.)
  a, נָדִיב m., קָצִין m. (once), שַׂר m.
  birth, of, נָדִיב.
  lady, שָׂרָה f.
  the, בְּנֵי אִישׁ.
  things, נְדִבוֹת, נְגִדִים.
noble-minded, נָדִיב.
nobles, see in אַבִּיר 2., אַדִּירִים, אֵילִים, חֹרִים (plu. only), חַשְׁמַנִּים (once), פַּרְתְּמִים, שָׁלִישִׁים only plu. (Ch. רַבְרְבָנִין.)
  of Israel, כְּבוֹד יִשְׂרָאֵל.
nocturnal visions, מַרְאוֹת הַלַּיְלָה.
nod, to, נוּד K. Hi., נוּעַ also נוּעַ.
nodding, a, מָנוֹד m.
noise, הָמוֹן m. once f., הֲמֻלָּה f., קוֹל m., רֹגֶז m., רֵעַ I m., שָׁאוֹן m., שֵׁת II f., תְּשֻׁאוֹת plu.
  a loud, תְּרוּעָה f.
  a roaring, הֵדָד m.
  to make a, הוּם Hi., הָמָה, רָגַשׁ, שָׁאָה I Ni.
noisy places, הוֹמִיּוֹת (poet.)
  to be, הָמָה.
non-people, a, לֹא־עָם (once.)
none, אַיִן, מֵאַיִן, כֹּל with neg.
  at all, יַחַד w. neg., מִן w. neg.
  besides, אֶפֶס.
noon, צָהֳרַיִם du.
noose, מוֹקֵשׁ m., מַלְכֹּדֶת f. צַמִּים m. sing.
norm, קַו and קָו m.
north, the, צָפוֹן com., שְׂמֹאל.
  from towards the, מִפְּנֵי צָפוֹנָה.
  of, on the, מִצְּפוֹן לְ, מִצָּפוֹן.
  on the, מִצָּפוֹנָה, מִצָּפוֹן.
  side, פְּאַת צָפוֹן.
  towards the, צָפוֹנָה, אֶל־הַצָּפוֹנָה, לַצָּפוֹנָה.
  wind, צָפוֹן com. (poet.)
  winds, מְזָרִים (poet.)
northern, צְפוֹנִי.
  heavens, צָפוֹן com. (poet.)
northward, לַצָּפוֹנָה, אֶל־הַצָּפוֹנָה, צָפוֹנָה.

northward of, on the, מִצְּפוֹנָה לְ.
nose, אַף II m.
nose-ring, see חָח, נֶזֶם m.
nostrils, אַפַּיִם du., נְחִירַיִם du.
not, אִי III, אַיִן (includ. sub. verb), see אַל I, בַּל (poet.), לְבִלְתִּי, בִּלְתִּי (before infin.), לֹא, לָא, לֹה (Cheth.), לוֹ (twice.)
any, כֹּל w. neg.
anything, בְּלִימָה.
by, for, in, with, בְּלֹא.
even, גַּם w. neg. particle, וְלֹא.
even one, מֵאַיִן.
lawful, permitted, אַיִן לְ before an infin.
may, אַל I.
much, מְעַט.
one, מֵאַיִן.
so! אַל I.
so much as, גַּם w. neg. particle.
that, אַל I.
there is, are, was, were, אַיִן.
to be here, present, at hand, אַיִן.
unto, בִּלְעֲדֵי.
yet, בַּל, כְּרוּם (Cheth.), טֶרֶם, לֹא.
yet, when, בְּטֶרֶם, מִטֶּרֶם.
note of, to take, בָּקַר Pi. w. לְ, בֵּין — לְ.
nothing, אַיִן I (usually includ. sub. verb), אַל I. בְּלִימָה, בְּלִי, בַּל, אֶפֶס. מְאוּמָה, לֹא דָבָר, כֹּל w. neg., אַיִן דָּבָר w. neg., מִן w. neg., תֹּהוּ. (Ch. לָא, לָה Cheth.)
at all, אַיִן כֹּל, מְאוּמָה w. neg.
but, אַךְ before a sub., אֶפֶס.
of, מֵאֶפֶס, אֱלִיל.
to, for, בִּלְעֲדֵי.
whatever, מְאוּמָה w. neg.
nothingness, אָוֶן m., אַיִן I, שָׁוְא m., תֹּהוּ.
notwithstanding, כָּל, כִּם, כִּם זֶה.
nought, אַיִן I (usually includ. sub. verb), אַל I, אֱלוּל (Cheth.), אֱלִיל, בְּלִי, אֶפֶס.
for, בְּאֶפֶס, בְּלֹא הוֹן.
to bring to, נוּא Hi., פָּרַר I Hi.
to come to, פָּרַר I Ho.
nourish, to, כּוּל Pilp., רָעָה.
now, אֵפוֹ and אֵפוֹא (always postpositive), כַּת, נָא I, כֹּה, כַּיּוֹם, הַיּוֹם, זֶה, עַתָּה, פַּעַם. (Ch. כְּעַן, כְּנֵמָא.)
as before, כְּפַעַם־בְּפַעַם.
indeed, פַּעַם.
number, מִכְסָה f., מִסְפָּר m., סְפֹרָה f., עָצְמָה f. (Ch. מִנְיָן m.)
a great, כֹּבֶד.
according to the, מִסְפָּר (adverbially.)
out, to, מָנָה.
the whole, קְצוֹת plu. constr., קָצֶה m., קָצָה f., see עָלֶם.
to, פָּסַס (once), נָשָׂא מִסְפָּר, נָשָׂא רֹאשׁ, סָפַר K. Pi., פָּקַד. (Ch. מְנָה and מְנָא.)
to be strong in, עָצַם.
without, לְאֵין מִסְפָּר, אֵין מִסְפָּר, עַד־אֵין מִסְפָּר.
numbered, to be, סָפַר Ni., פָּקַד Pu. Hithp. Hothp.
numberer, מוֹנֶה.
numbering, a, מִפְקָד m., סְפָר m.
numerous, רַב, עָצוּם.
to be, רָבַת, עָצַם.
nuptial couch, חֻפָּה f.
nuptials, חֲתֻנָּה f.
nurse, a, אֹמֶנֶת f., מֵינֶקֶת.
nursing, a, טִפֻּחִים plu.
nursing-father, אָב m., אֹמֵן m.
nut, a, אֱגוֹז m.

O

O! see אֲבוֹי, הוֹ, הוֹי.
O that, אַחֲלַי, אַחֲלֵי.
oak, אֵלָה f., see אַלָּה, אֵלוֹן m., אַלּוֹן m., perh. תִּרְזָה f.
oak, hard, see תִּדְהָר.
oar, מָשׁוֹט and מִשּׁוֹט, שַׁיִט m.
oath, אָלָה f., שְׁבוּעָה f., שֶׁבַע II m., שֶׁבַע III (in proper name.)

oath of covenant, an, אָלָה f.
to bind by an, אָלָה II Hi.
to bind with an, שָׁבַע Hi.
to promise with an, שָׁבַע Ni.
to put to an, הֵבִיא בְאָלָה.
to take an, בּוֹא בְאָלָה.
Obadiah, עֹבַדְיָהוּ.
obdurate, to make, קָשָׁה I Hi. w. לֵב.
obedience, יְקָהָה only constr., מִשְׁמַעַת f.
obedient, מִשְׁמַעַת f. concr.
to show one's self, שָׁמַע Ni. c. לְ of pers. (Ch. שְׁמַע Ithpe.)
obey, to, אָבָה w. dat. of pers., עָבַד (once), שָׁמַע לְקוֹל פּ׳, שָׁמַע בְּקוֹל פּ׳, שָׁמַע Ni. c. לְ of pers. (Ch. שְׁמַע Ithpe.)
to hear and, שָׁמַע.
to listen and, שָׁמַע, שָׁמַע בְּקוֹל פּ׳ לְקוֹל פּ׳.
oblation, קָרְבָּן m., קֻרְבָּן m., תְּרוּמָה f.
oblation-shoulder, שׁוֹק הַתְּרוּמָה.
obliterated, to be, כָּפַר Pu.
oblivion, נְשִׁיָּה f.
to be given over to, נָשָׁה I Ni.
obscurations, כִּמְרִירִים.
obscure, חָשֹׁךְ.
maxim, מְלִיצָה f.
to, קָדַר Hi.
obscured, to be, חָשַׁךְ, עָמַם Ho.
obscurity, אֱשׁוּן m. (once Keri), קַדְרוּת f.
observance, מִשְׁמָר m., מִשְׁמֶרֶת f., שִׁמֻּרִים only plu.
observe, to, יָדַע, נָצַר I, עוּר II, שָׁמַר K. Hithp., שָׁעָה I c. בְּ.
closely, to, צָפָה I.
diligently, to, נָצַר I.
observed, one who is, מִשְׁמָר m. concr.
obstacle, פּוּקָה f.
obstinate, אַבִּיר לֵב, see יָעַז Ni., קָשֶׁה.
to be, חָזַק.
to become, (Ch. תְּקֵף and תְּקִיף.)
to show one's self, לוּן Ni.
obstruct, to, סָתַם K. Pi.
obtain, to, לָקַח, נָגַע Hi. c. לְ., נָשָׂא, נָשַׂג Hi., פּוּק II Hi., קָנָה, תָּמַךְ.
obtest, to, עוּד Hi.

obtuse, to be, קָצַר Hi.
occasion, תֹּאֲנָה f. (Ch. עִלָּה f.)
against, to seek, אָנָה II Hithp. c. לְ.
occident, the, מַעֲרָב II m., מַעֲרָבָה f.
occupation, מַעֲשֶׂה m., נַחֲלָה f., פְּעֻלָּה f.
occupy, to, יָרַשׁ also יָרַשׁ, לָכַד, עָנָה II Hi.
occurrence, an evil, פֶּגַע w. רַע.
ocean, תְּהוֹם com. (poet.)
ochre, red, שָׁשַׁר.
octave, the, הַשְּׁמִינִית.
ode, dithyrambic, erratic, שִׁגָּיוֹן m.
odious, Kal pass. participle of שָׂנֵא.
odor, נֶפֶשׁ com., רֵיחַ m. (Ch. רֵיחַ m.)
aromatic, בֶּשֶׂם and בֹּשֶׂם m.
of delight, רֵיחַ נִיחֹחַ.
of, to enjoy the, רוּחַ Hi. w. בְּ.
pleasant, רֵיחַ נִיחֹחַ.
odors, sweet, (Ch. נִיחֹחִין.)
of, אֶל, בְּ, לְ, מִן, עַל. (Ch. מִן.)
all kinds, כֹּל.
course, פִּי I.
every kind and sort, כֹּל.
nothing, בְּאֶפֶס.
old, אֶתְמוֹל, מִן־אָז, מֵאָז, and אֶתְמוּל once אֶתְמוֹל, עוֹלָם, מֵעוֹלָם, קֶדֶם, לְפָנִים.
old, things, קַדְמֹנִיּוֹת.
one, some, out, מִן.
off, הָלְאָה, מֵעַל.
from, מִן.
offence, cause of, מִכְשׁוֹל m., מַכְשֵׁלָה f.
of mind, מִכְשׁוֹל לֵב.
offender, חַטָּא m.
offer, to, בּוֹא Hi., יָבַל I Hi. (poet.), נָגַשׁ Hi., עָבַר Hi., עָלָה Hi., עָשָׂה I, קָרַב I Hi., רוּם Hi. (Ch. יְהַב w. acc., קְרֵב Pa. Aph.)
gifts, to, נָשָׂא Pi. c. לְ.
sacrifice and oblation, to, עָבַר זֶבַח וּמִנְחָה.
spontaneously, to, נָדַב Hithp. (Ch. נְדַב Ithp.)
voluntarily, to, נָדַב Hithp. w. inf. c. לְ.

offering, an, אִשֶּׁה m., מִנְחָה f., קָרְבָּן m., קֻרְבָּן m., תְּרוּמָה f., תְּרוּמִיָּה f. (Ch. מִנְחָה.)
festive, מוֹעֵד m.
free-will, נְדָבָה f. (Ch. הִתְנַדָּבוּת.)
votive, נֵדֶר and נֶדֶר m.
offerings, הַבְהָבִים.
office, מַצָּב m., פְּקֻדָּה f., פְּקֻדּוֹת f., פִּקּוּד m.
officer, נְצִיב m., פָּקוֹד m. concr., פָּקִיד m.
officers, פְּקִידִים, פְּקֻדָּה f. concr., שֹׁטְרִים.
chief, מֶמְשָׁלָה f. concr., שָׂרִים.
offscouring, סְחִי m.
offset, עַתִּיק m., עֲזָרָה f. (later Heb.)
offspring, וָלָד m., יֶלֶד m., זֶרַע, מוֹלֶדֶת f., מָנוֹן m., מַרְבִּית f., נִין m. always coupled with נֶכֶד., צֶאֱצָאִים, see רֹבַע at end.
humbler, צְעִירוֹת only plu.
(of animals), שָׁגֶר and שֶׁגֶר m.
ogle, to, שָׂקַר Pi.
oh if! אִם, לוּא, לוּ.
that! מִי יִתֵּן, לוּ, לוּא, אִם.
oil, יִצְהָר m., שֶׁמֶן m. (Ch. מְשַׁח m.)
golden, זָהָב m.
spiced, שֶׁמֶן m.
to, מָשַׁח.
to make, צָהַר Hi.
to press out, צָהַר Hi.
oil-flask, אָסוּךְ m.
oil-tree, עֵץ שֶׁמֶן.
oint, to, בָּלַל, מָשַׁח.
ointed, מָשִׁיחַ.
ointment, מִרְקַחַת f., רֹקַח m., שֶׁמֶן m.
ointments, רִקֻּחִים.
maker of, רַקָּח m., רַקָּחָה f.
precious, תַּמְרוּקֵי plu. constr.
old, בָּלֶה, יָשָׁן, זָקֵן, עַתִּיק.
age, זֹקֶן m., זִקְנָה f., זְקֻנִים plu., כֶּלַח m., שֵׂיב m., שֵׂיבָה f.
age, a good, vigorous, perh. כֶּלַח m.
clothes, בְּלוֹאֵי only constr., מְלָחִים only plu.
man, an, זָקֵן m., יָשִׁישׁ m. (only poet.), יָשֵׁשׁ m., שָׂב.
men, (Ch. שָׂבַיָּא plu. emphat.)

old, of, מֵאָז, מִן־אָז, אֶתְמוֹל and אֶתְמוּל
once אֶתְמוֹל, מִתְּמוֹל, לְפָנִים, קֶדֶם.
things of, קַדְמֹנִיּוֹת.
times of, רֵאשִׁית f.
to be, זָקֵן K. Hi., יָשֵׁן Ni.
to become, זָקֵן.
to grow, זָקֵן K. Hi., עָתַק.
to wax, בָּלָה.
women, זְקֵנוֹת.
older persons, קַדְמֹנִים.
than, זָקֵן w. מִן.
oldness, קַדְמָה f.
oleaster, עֵץ שֶׁמֶן.
olive, זַיִת m.
branch, זַיִת m.
oil, שֶׁמֶן זַיִת.
tree, זַיִת m., more fully זֵית שֶׁמֶן, עֵץ הַזַּיִת.
olive-yard, כֶּרֶם זַיִת.
Olives, Mount of, מַעֲלֵה הַזֵּיתִים, הַר הַזֵּיתִים.
omen, אוֹת I com., מוֹפֵת m., נַחַשׁ m.
omentum, מִכְסֶה m.
omer, עֹמֶר m.
omer-full, מְלֹא לָעֹמֶר.
Omnipotent, the, שַׁדַּי m.
on, אֶל, בְּ, לְ, מִן, עַל.
account of, בַּאֲשֶׁר, אֶל, עַל־אוֹדוֹת, לְ, בְּעַד, and בַּעַד, בִּגְלַל c. suff., לְנֹכַח, לְמַעַן, מִן, לְ, יַעַן (after a verb of interceding), בַּעֲבוּר, עַל, עֵקֶב, עַל־עֵקֶב, see מָנָה Note, בְּשֶׁל, מִפְּנֵי, מִלִּפְנֵי (later Heb.). (Ch. לָקֳבֵל, עַל, מִן.)
account of what, לָמָּה.
every side, מִסָּבִיב.
high, בַּמָּרוֹם, see גָּבַהּ Hi., מָרוֹם, רוּם, עַל.
my account, בְּשֶׁלִּי, עַל אוֹדוֹתַי (later Heb.)
that account, עַל־כֵּן, לָכֵן.
that day, בַּיּוֹם.
the inner wall, פְּנִימָה.
the inside, מִבַּיִת, מִפְּנִימָה.
the inside and on the outside, מִבַּיִת וּמִחוּץ.
the outside, מִחוּץ.

on this account, עַל כֵּן, לָזֹאת (poet. style.). (Ch. עַל דְּנָה.)
this side of thee, מִפֹּה וָהֵנָּה.
what account? בַּמֶּה, בַּמָּה.
whose account, בְּשֶׁלְּמִי (later Heb.)
once, אַחַת, פַּעַם אַחַת.'
— again, רֶגַע repeated.
and again, פַּעַם וּשְׁתַּיִם.
at, כְּאֶחָד, בְּאַחַת, גַּם, בַּיּוֹם, פַּעַם אַחַת. (Ch. כַּחֲדָה.)
one, אֶחָד, אִישׁ m., חַד II. (Ch. חַד.)
a being, יַחַד m.
a certain, פְּלֹנִי אַלְמֹנִי.
after another, לְאַחַת אֶחָד.
— another, אֶחָד — אֶחָד, אִשָּׁה f. followed by אֲחוֹת or רְעוּת, אִישׁ m. with אָח or רֵעַ, זֶה — זֶה, זֹאת — זֹאת.
by one, לְאַחַת אֶחָד.
no, אָדָם m. w. neg., אֵין אֶחָד, אַיִן, יַחַד w. neg., כֹּל w. neg. (Ch. לָא כֹל.)
only, אֶחָד.
(person), רֹאשׁ I m.
some, אֶחָד, אִישׁ m., פְּלֹנִי אַלְמֹנִי.
— the other, אִישׁ — אָח, אִישׁ —, אִשָּׁה — רְעוּת, אִשָּׁה — אֲחוֹת, רֵעַ.
time, אַחַת, פַּעַם אַחַת, רֶגַע.
time as another, כְּפַעַם־בְּפַעַם.
time, at, פַּעַם אַחַת.
to another, זֶה אֶל־זֶה.
to become, יָחַד c. בְּ, אָח.
to make, יָחַד Pi.
oneness, יַחַד m.
onions, בְּצָלִים only plu.
only, אֶחָד, אַךְ, אֶפֶס, לְבַד (later Heb.), רַק, יָחִיד.
begotten, יָחִיד w. בֵּן.
now, אַךְ.
onward, הָלְאָה, מַעְלָה.
onyx, see יַהֲלֹם, see שֹׁהַם.
marinus, see שְׁחֵלֶת.
opal, see לֶשֶׁם.
open, פָּתוּחַ.
eye, with, see under, שָׁתַם.
field, (Ch. בַּר II m.)
fields, בַּר III m., מִדְבָּר m.
open itself, to, בָּקַע Ni., פָּתַח Pi.
one's eyes, to, פָּקַח עֵינַיִם.
place, מִגְרָשׁ m.
the eyes upon, to, פָּקַח w. עַל.
to, בָּקַע Pi., פָּקַח, פָּצָה, פָּתַח K. Pi. (Ch. פְּתַח.)
to be, פָּתַח Pi.
to break, בָּקַע K. Hi.
to burst, פָּטַר Hi.
to lay, בָּקַע, גָּלָה Pi., חָלַל Pi.
to, to, פָּתַח c. dat.
wide, to, פָּעַר constr. only w. פֶּה, once פֶּה., פָּצָה, פָּשַׂק K. Pi., see רָחַב Hi.
open-eyed, פִּקֵּחַ.
opened, to be, בָּקַע Ni., פָּתָה, פָּתַח Ni.
opening, an, מִפְתָּח m., פְּקַח־קוֹחַ, פֶּתַח m., פַּתַח m., פִּתְחוֹן m.
blossom, an, פָּטוּר.
Ophir, אוֹפִיר.
opinion, דֵּעַ m., עַשְׁתּוּת f., פֶּה m.
opinions, divided, סְעִפִּים f. plu.
opponent, my, בַּעַל מִשְׁפָּטִי.
opportune, עִתִּי.
oppose, to, בָּרָה, הָלַךְ קֶרִי עִם, שָׂטַן.
one's self, to, סָלַל Hithpo. c. בְּ.
opposite, מוּל, אֵצֶל, see שָׁלַב Pu. part.
to, לִקְרַאת, פְּנֵיכָה, נֹכַח.
to be, קָבַל Hi.
oppress, to, בָּגַר c. בְּ, דָּכָא Pi., חָמַס, יָנָה Hi., לָחַץ, עָנָה II Pi. Hi., עָשַׁק, רָצַץ, רָצַץ K. Pi. Po., שָׁדַד K. Pi. Po., שָׁרַר (Cheth.)
wholly, to, תָּקַם.
oppressed, דַּךְ, עָנָו, עָשׁוּק.
harshly, נִקְשָׁה.
one, see חָמוֹץ.
the, עֲשׁוּקִים.
to be, דָּלַל, לָהָה (once), עָנָה II K. Pu. (Ch. עֲנָה.)
oppression, זְוָעָה f., חָמָס m., לַחַץ m., מְרוּצָה II f., מָצוֹר m., עָקָה f., עֹשֶׁק m., עָשְׁקָה f., פֶּרֶךְ m., עֹד II m., תֹּךְ m.
oppressions, מַעֲשַׁקּוֹת, עֲשׁוּקִים, תְּקָבִים (once.)
oppressive, כָּבֵד.
oppressor, אִישׁ, חָמוֹץ m., הֹתֵךְ, גִּבּוֹר

חָמָס , אִישׁ חֲמָסִים , מֵץ , עָשׁוּק m., אִישׁ , שֹׁדֵד , מֵצִיק m., פָּרִיץ , עוֹשֵׁק חֲבָבִים (once.)

oppressors, see in תּוֹלָל.

opulent, דָּשֵׁן , שׁוֹעַ II.

the, חַשְׁמַנִּים (once.)

or, אוֹ , see וְ , 1, i.

else, אוֹ.

rather, אוֹ.

orach, מַלּוּחַ m.

oracle, דָּבָר m., חָזוֹן m., חִידָה f., מַשָּׂא m., מַשְּׂאֵת f., נְאֻם m., קֶסֶם m., תּוֹרָה f., תְּעוּדָה f.

to ask an, דָּרַשׁ.

oracles, דָּבָר m. coll.

orbits, סְבִיבוֹת.

orchard, גַּן com., כַּרְמֶל m.

Orcus, שְׁאוֹל com.

ordain, to, חָקַק , יָסַד K. Pi. c. עַל ., צִוָּה Pi.

order, (arrangement), מַעֲרָכָה f., סֵדֶר m., תּוֹר I.

to be set in, כּוּן Ho.

to put in, עֵדֶר , עָרַךְ , פָּנָה Pi., שָׁוָה Pi.

to set in, גָּדַר , עָרַךְ , שׂוּם and שִׂים.

to set in right, תָּקַן Pi. (later Heb.)

order, (command), פֶּה m.

of, by, עַל־פִּי.

ordinance, חֹק m., חֻקָּה f.

ordinances, עֵדוֹת plu. only.

ordure, גָּלָל m., גֵּלֶל m., צֵאָה f., צוֹאָה f.

ore of gold and silver, בֶּצֶר m.

(stone), אֶבֶן com.

Orient, אוּרִים plu., מִזְרָח m.

oriental regions, see מִזְרָחִים.

orifice, פֶּה m.

origin, מוֹצָאוֹת only plu., תּוֹלְדוֹת.

Orion, see כְּסִיל.

ornament, גַּאֲוָה f., גָּאוֹן m., גֵּאוּת f., הָדָר m.. הֶדֶר m. (once), הֲדָרָה f., עֲדִי m., שַׁפְרִיר (Keri), שַׁפְרוּר (Cheth), תִּפְאָרָה f., elsewhere תִּפְאֶרֶת. (Ch. הֲדַר.)

ornamental, something, נָה m.

ornaments, עֲדִי m. coll.

splendid, עֲדִי עֲדָיִים.

orphan, an, יָתוֹם m.

osiers, עֲרָבִים plu. only.

ossifrage, see פֶּרֶס.

ostrich, see יָעֵן.

female, יַעֲנָה f., בַּת הַיַּעֲנָה.

male, see תַּחְמָס.

ostriches, females, רְנָנִים f. plu. (poet.)

other, אַחֵר. (Ch. חֳבְרָה f.)

day, the, כַּיּוֹם.

out from, מִן.

of, אֶל־מִחוּץ לְ (after a verb of motion), בְּ , בְּלֹא , מִן , מֵעַל , מִתּוֹךְ.

of doors, חוּץ.

of doors, whatever is, חוּץ m.

of, from, (Ch. מִן.)

of, one (or) some, מִן.

upon, עַל־פְּנֵי.

outbreak, (of voice), רֶצַח m.

outcast, an, נִדָּח.

outcry, זַעַק m., זְעָקָה f., מִרְזַח , מְרִי m., נְאָקָה f., צְוָחָה f., צְעָקָה f., רִנָּה f., רֵעַ I m., רֶצַח m., שְׁאָגָה f., שֶׁוַע m.

outer, חִיצוֹן.

outgoings, מוֹצָאוֹת only plu.

outline, תֹּאַר m.

outpouring, an, אֶשֶׁד m., אֲשֵׁדָה f., כְּבִרָה f., שֶׁטֶף and שֵׁטֶף m., שֶׁצֶף m. (once.)

outrageous, to be, רָהַב c. בְּ against.

outside, חוּץ.

on the, מִחוּץ.

outwit, to, חָכַם Hithp. w. לְ.

oven, תַּנּוּר.

over, אֶל־ , בַּעֲבוּר , לְנֶגֶד , לְמַעְלָה , מַעְלָה , עַל־פְּנֵי , מֵעַל לְ , עַל , עֵבֶר. (Ch. עֵלָּא fol. by מִן ., עַל.)

against, מוּל once מֹל , מוֹאל (Cheth), נֹכַח , בְּנֶגֶד , לְנֶגֶד , נֶגֶד , לְמוֹאל , עַל־פְּנֵי , לְעֻמַּת , אֶל־עֵבֶר , נֵכַח , לִקְרַאת. (Ch. לָקֳבֵל , נֶגֶד.)

against, (the region), קָדִים m.

and above, לְמַעְלָה w. מִן ., עַל.

to be, נָצַח I Pi. (only inf. and part.) w. לְ , עַל.

to be lord (or) master, בָּעַל.

overcast, to be, קָדַר Hithp.

overcome, to, נָכָה , יָכֹל Hi. (Ch. יְכֵל or יְכִיל w. dat. of pers., נְצַח Ithpa. c. עַל.)

overcome, to be, עָטַף, גָּבַר K. Ni. Hithp., פָּלָה Pu. Hithp., see רוּן Hithpal.
overdrive, to, דָּפַק.
overflow, to, נָהַר K. fut. Ni. pret., עָבַר K. Hithp., פּוּץ K. (only fut. and imp.), שָׁטַף, שׁוּק, צָף c. עַל.
to cause to, שׁוּק Pil.
to let, פּוּץ Hi.
to make, צוּף Hi. c. acc. et עַל.
overflowed, to be, שָׁקַע K. Ni. (Keri.)
overflowing, יַעַר m., עֶבְרָה f., שֶׁטֶף and שִׁטְפָה m.
overhang, to, שָׁקַף Ni.
overlaid, to be, חָפָה Ni.
overlay, to, חָפָה Pi., כָּפַר, עָלָה Hi., צָפָה II Pi., קָרַם w. עַל, רָדַד Hi., רָקַע Pi., תָּפַשׂ.
overlaying, an, אֲפֻדָּה f., צִפּוּי.
overmuch, יוֹתֵר.
overplus, to have an, עָדַף Hi.
overpower, to, תָּקַף.
overrun, to cause to, עָבַר Hi.
overseer, נָגִיד m., מְנַצֵּחַ, נְצִיב m., פָּקִיד m.
chief, פָּקִיד נָגִיד.
of the works, אֲשֶׁר עַל הַמְּלָאכָה.
of, to make, פָּקַד Hi. w. acc. of pers., and עַל of thing.
overshadow, to, עָמַם.
oversight, מִשְׁגֶּה m., פְּקֻדָּה f., פְּקֻדּוֹת f.
of, to give the, פָּקַד w. acc. of pers. and עַל.
oversight of, to have the, פָּקַד Ho.
overspread, to, רָקַע Pi.
overtake, to, דָּבַק and דָּבֵק K. Hi., הִשִּׂיג Hi., נָשַׂג Hi.
to let, דָּבַק and דָּבֵק Hi.
overthrow, הֲפֵכָה f., חֲלוּשָׁה f., כִּדְחָה m., מִדְחֶפֹת plu., מַהְפֵּכָה f., עַוָּת f., see שִׁמְצָה.
to, דָּחָה, הָדַף, הָפַךְ, חָלַשׁ, מָגַר Pi., נָבָה Hi., סָלָה Pi., שָׁחַת Pi. Hi., שָׁלַךְ Hi. (Ch. חֲבַל Pa., מַגַּר Pa.)
overthrown, to be, חָרַס Ni., כָּשַׁל Ho., נָתַשׁ Ni., שָׁבַר Ni.
overturn, to, הָפַךְ, נָבָה Hi., עָוַת Pi.
overturning, an, עַוָּה f.
overwhelm, to, זָרַם, עָבַר, שָׁטַף.
(and) swallow up, to, שָׁטַף.
to make, צוּף Hi. c. acc. et עַל.
overwhelmed, to be, עָטַף K. Ni.
overwhelming, an, מַעֲבָר m.
owl, see יַנְשׁוּף, see כּוֹס, 2.
owls, prob. אֹחִים only plu.
own, to, קָנָה.
owner, אָדוֹן m., בַּעַל, קֹנֶה.
ox, אַלּוּף m., בָּקָר com., שׁוֹר m. (Ch. תּוֹר m.)
kind, one of the, שׁוֹר m.
wild, see תְּאוֹ.
ox-cart, עֲגָלָה f.
ox-goad, מַלְמַד הַבָּקָר.
oxen, אֲלָפִים only plu., בָּקָר com. coll., rarely שׁוֹר m. coll.

P

pace, a, צַעַד m., רֶגֶל f.
pacified, שָׁלוֹם.
pacify, to, נוּחַ Hi.
package, כִּנְעָה f.
paddle, יָתֵד.
paid off, to be, רָצָה Ni.
pail, כַּד f.
pain, אָוֶן m., חֵבֶל m. (mostly in plu.), חִיל m., חִילָה f. (once), חַלְחָלָה f., יְגִיעַ m., כְּאֵב m., מַכְאוֹב m., מַעֲצֵבָה f., עֶצֶב m., עֹצֶב m., עִצָּבוֹן, עַצֶּבֶת f.
pain, causing bitter, מַמְאִיר.
for, to be in, חוּל and חִיל c. לְ.
to, עָצַב K. Pi.
to be in, חָבַל Pi., חוּל and חִיל, יָחַל Hi.
to cause, כָּאַב Hi.
to have, כָּאַב.

pained, to be, חוּל Hithpalp., חָלָה, חָמֵץ Hithp., עָצַב Ni. (Ch. כְּרָא.)
painful, see מָאַר Hi. participle.
pains, צִירִים, הַרְצֻבּוֹת, חֲבָלִים.
a woman in her, אִשָּׁה בְּצִרָה.
paint, פּוּךְ m.
to, כָּחַל (once), מָשַׁח c. בְּ of color.
painted, מְחֻקָּה.
pair (of horses), see in אֲרָיָה 2.
(of oxen), צֶמֶד m.
pair-wise, רֹכְבִים צְמָדִים.
pairs of horsemen, צֶמֶד פָּרָשִׁים.
of horses, two, שְׁנֵי רֶכֶב סוּסִים.
palace, a, אַרְמוֹן, אַפֶּדֶן m., בִּירָה f. (later Heb.), בַּיִת m., בִּיתָן m., הֵיכָל com., see שַׁעַר. (Ch. בִּירָה f., בַּיִת m., הֵיכַל m.)
one over the, אֲשֶׁר עַל הַבַּיִת.
palaces, אַלְמְנוֹת II.
palanquin, מִטָּה f., צָב m.
palate, חֵךְ m.
pale, כֵּהָה f. only.
to become, חָוַר, כָּהָה Pi.
paleness, יֵרָקוֹן m., יְרַקְרַק.
Palestine, often denoted by אֶרֶץ, הָאָרֶץ.
pallium, אַדֶּרֶת f., גְּלוֹם m., תַּכְרִיךְ m. (Ch. כַּרְבְּלָא f.)
palm, a, כַּפָּה f.
branch, כִּפָּה f.
branches, סַנְסִנִּים, כַּפּוֹת תְּמָרִים.
palm (of hand), טֶפַח m., טֹפַח m., כַּף f., שֹׁעַל m.
of the hand, (Ch. פַּס יְדָא.)
palm-tree, תָּמָר m., תֹּמֶר m.
palm-trees, (architect.), תִּמֹּרִים and תִּמֹּרוֹת f. plu.
Palma Christi, see קִיקָיוֹן.
palms, (branches), כַּפּוֹת תְּמָרִים.
palms, both, כַּפַּיִם f. du.
a bearing on the, טִפֻּחִים plu.
to bear upon the, טָפַח Pi.
palpitate, to, נָתַר.
pan, כִּיּוֹר f., מַחֲבַת f.
pang, חִיל m., חִילָה f. (once), חַלְחָלָה f.
pangs, חַרְצֻבּוֹת, חֲבָלִים.
panic, see in צִרְעָה.

pant, to, יָפַח Hithp., נָהַג Pi., פּוּחַ Hi., שָׁאַף.
after, to, שָׁאַף.
for, to, שָׁאַף w. עַל.
panther, a, נָמֵר m.
pap, שַׁד m., שֹׁד I m.
paper-reed, גֹּמֶא m.
paps, דַּדֵּי du. constr. only.
papyrus, אֵבֶה m. (Egyptian word), גֹּמֶא m.
parable, חִידָה f., מָשָׁל I m.
to propose a, מָשַׁל, חוּד joined with חִידָה.
parables, to use, דָּמָה I Pi., מָשַׁל Pi.
paramour, מְאַהֵב, פִּלֶגֶשׁ m.
parapet, מַעֲקֶה m.
parasites, לַעֲגֵי מָעוֹג.
parch, to, קָלָה I.
parched, צְחִיחַ.
grain, קָלִי m.
land, dry and, צְחִיחָה f., צְחִיחִי (Cheth.)
to be, חָרַר.
pardon, to, כָּסָה Pi., כִּפֵּר Pi., נָשָׂא w. dat. of pers., סָלַח, עָבַר עַל־פֶּשַׁע, רָפָא.
to obtain, כֻּפַּר Pu.
pare (the nails), to, עָשָׂה I.
parents, יֹלְדִים.
park, גַּן com., גַּנָּה f., גִּנָּה f. (chiefly later Heb.), כֶּרֶם m., כַּרְמֶל m., פַּרְדֵּס m.
parrot, see אֲנָפָה.
part, בַּד I m., בָּדָל m., בֶּקַע m., בֶּתֶר m., גֶּזֶר m., חֵלֶק m., חֶלְקָה f., יָד f., see מִן, 1., מָנָה f., מְנָת f., מִשְׁנֶה f., מִשְׁחָה f., פֶּה m. (Ch. חֲלָק, בִּן.)
for my, on my, מִמֶּנִּי.
for part, בַּד בְּבַד.
of, at, against the, (Ch. לְצַד.)
of, on the, (Ch. מִצַּד.)
parted, to be, פָּרַד Ni.
partial, to be, הָדַר w. פְּנֵי פ', נָשָׂא פְּנֵי פ'.
particle, see בֶּצֶר.
parties, סְכָפִים f. plu.
partition, חֲלֻקָּה f.
partridge, a, קֹרֵא m.

parts, פֵּאָה, מֹנִים, מְנָאוֹת f.
party of, to follow the, שָׁמַר מִשְׁמֶרֶת פ׳.
paschal day, lamb, פֶּסַח m.
pass, a. מַעֲבָר.
along, to, עָבַר.
away, to, אָתָה (poet.), גּוּז, חָלַף, עָבַר, כָּלָה. (Ch. עֲדָה.)
away, to cause to, כָּלָה Pi.
away, to let, חָלַף Pi.
beyond, to, עָבַר, חָלַף.
beyond, to let, to make, עָבַר Hi.
by, to, עָדָה, עָבַר, חָלַף.
by, to let, to make, עָבַר Hi.
on, to, עָבַר, יָצָא, חָלַף.
on after, to, עָבַר w. אַחֲרֵי.
on against, to, חָלַף.
on before, first, to, עָבַר w. לִפְנֵי.
over, to, גּוּז, עָבַר K. Hithp., עָדָה, פָּסַח w. עַל., צָלַח I and צָלֵחַ. (Ch. עֲדָה.)
over, to cause to, גּוּז.
over, to make, עָבַר Pi.
over to, to, עָבַר w. עַל.
swiftly away, to, עָבַר.
through, to, בָּרַח, גּוּז, חָלַף and הָלַךְ w. acc., חָלַף, עָבַר, צָעַד w. acc.
through, to cause to, גּוּז, עָבַר Hi.
through, to let, עָבַר Hi.
throughout, to cause to, עָבַר Hi.
(time), to, קָשָׁה I.
to, כָּלָה Pi., עָבַר, עָדָה. (Ch. חֲלַף.)
passage, a, מַעֲבָרָה f.
passers by, עֹבְרִים.
by on the way, עֹבְרִים דֶּרֶךְ.
passing away, a, חָלוּף m.
over, a, מַעֲבָר m.
place of, מַעֲבָר m.
passover, the, פֶּסַח m.
the festival of, פֶּסַח m.
past, from time, מִתְּמוֹל שִׁלְשׁוֹם.
in time, מִתְּמוֹל שִׁלְשֹׁם.
just, מִקָּרוֹב.
past, the, נִרְדָּף.
to be, כָּלָה.
pastoral, (adj.), רֹעִי.

pastry, (a kind of), perh. פַּנַּג (once).
pasture, prob. אָבֵל II m., דֹּבֶר m., כַּר m., מִגְרָשׁ m., מִרְעֶה m., נַהֲלֹל, נָוֶה (once prose, elsewhere poet.), נָוָה f., רְעִי m.
land, מִדְבָּר m.
to, רָעָה. (Ch. זוּן.)
pastures, חוּץ m., נְאוֹת only plu. constr. (poet.)
pasturing, a, מַרְעִית f.
patch up, to, טָפַל.
patched, Pu. particip. of טָלָא.
path, אֹרַח com. (poet.), דֶּרֶךְ com., מַעְגָּל m., see נָתִיב.
beaten, דֶּרֶךְ נְתִיבָה.
narrow, מִשְׁעוֹל m.
paths, מְסִלּוֹת (poet.), שְׁבִילֵי only plu. constr.
patience, אֶרֶךְ אַפַּיִם (once), אֹרֶךְ אַפַּיִם.
to tire one's, לָאָה Hi.
patriarch, רֹאשׁ I m.
patrimony, נַחֲלָה f.
pattern, דְּמוּת f., תַּבְנִית f., תָּכְנִית f.
pause, הֲפוּגָה f., see סֶלָה, פּוּגָה f.
pavement, מַרְצֶפֶת f., קַרְקַע m., רָקִיעַ m.
a tesselated, רִצְפָּה f.
paw, כַּף f.
to, see חָפַר I.
pawn, a, עֲבוֹט m.
pay, to, שׁוּב Hi., שָׁלֵם Pi.
off, to, רָצָה K. Hi.
out, to, תָּמַם Hi.
peace, בְּרָכָה f., מִישׁוֹר m., מֵישָׁרִים only plu., שָׁלוֹם m. (Ch. שְׁלָם m.)
and friendship, living in, שָׁלֵם.
go in, לֵךְ לְשָׁלוֹם.
seeking, שָׁלוֹם.
to be at, שָׁלַם or שָׁלֵם.
to hold one's, חָרַשׁ Hi.
to make one hold his, חָרַשׁ Hi.
to, to grant, עָשָׂה שָׁלוֹם לְ.
with, to be at, שָׁלַם Pu.
with, to make, פָּגַע c. אֵת., שָׁלַם Hi. w. אֵת, עִם.
peace-offering, a, זֶבַח, זֶבַח שְׁלָמִים, שֶׁלֶם m. (once.), הַשְּׁלָמִים

peace-offering of praise (or) thanksgiving, זֶבַח תּוֹדַת שְׁלָמִים.
peace-offerings, שְׁלָמִים, זִבְחֵי שְׁלָמִים.
peaceful, שָׁלוֹם, שָׁלֵם.
peacocks, תֻּכִּיִּים.
peak, קֶרֶן f., שֵׁן m.
pearl, see בְּדֹלַח, see דַּר.
mother of, see דַּר.
pearls, see פְּנִינִים.
a row, string of, תּוֹרִים plu.
strings of, חֲרוּזִים.
pebble, צְרוֹר m., צַר m., צְרוֹר m.
pedestal, אֶדֶן m., כֵּן II m.
peel, to, פָּצַל, חָשַׂף.
peeled spots, streaks, פְּצָלוֹת.
peeling, a, מַחְשֹׂף m.
peep, to, צָפַף only Pilp.
peg, יָד m. (spoken only of tabernacle curtains), יָתֵד.
a forked, שְׁפַתַּיִם m. du.
pelican, see כּוֹס, 2., see קָאַת, שָׁלָךְ m., see תִּנְשֶׁמֶת.
Pelusium, סִין.
penalty, כְּסוּת f.
to bring under, חוּב Pi.
Penates, תְּרָפִים.
pendants (for the ears), נְטִפוֹת.
pendulous, (anything), מַפָּל m.
to be, דָּלַל.
penetrate, to, גָּדַד.
penny, אֲגוֹרָה f.
pent up, צַר.
Pentecost, חַג שָׁבֻעוֹת.
people, אִישׁ m. coll. (w. gen. of king, leader, etc.), אַלְקוּם, אֻם f., אֻמּוֹת and אֻמִּים f. plu., גּוֹי m., חַיָּה f. (poet.), לְאֹם m. (only poet.), לָשׁוֹן com., מִשְׁפָּחָה f., עִיר I f., עַם m. (Ch. אֻמָּה f., עַם m.)
the common, אֱנוֹשׁ m. (poet.), בְּנֵי עַם, הָעָם m.
per centum, one, מֵאָה f.
peradventure, אוּלַי I.
perceive, to, בִּין K. Hi. Hithpal., חָזָה, רוּחַ, רָאָה, לָקַח, יָדַע, נָכַם Hi. (Ch. יְדַע.)
to let, יָדַע Hi.
percussion, מְחִי m.
perennial, see אֵיתָן.
perennity, אֵיתָן.
perfect, שָׁלֵם, כָּלִיל, תָּם (only moral sense), תָּמִים. (Ch. גְּמִיר.)
to, גָּמַר, see נָלַח Hi., תָּמַם K. Hi. (Ch. גְּמַר.)
to be, כָּלָה.
to make, כָּלַל.
perfection, מִכְלָל, מִכְלוֹל m., תִּכְלָה f., תַּכְלִית f., תָּכְנִית f.
perfections, מִכְלוֹת I (once plu.)
perforate, to, נָקַב.
perform, to, עָשָׂה I, קוּם Pi. Hi., שָׁלַם Pi. Hi. (Ch. עֲבַד.)
performance, מִשְׁמֶרֶת f.
perfume, נֶפֶשׁ com., רֹקַח m.
to, רָקַח.
perfume-boxes, בָּתֵּי נֶפֶשׁ.
perfumed, to be, רָקַח Pu.
perfumer, רַקָּח, רֹקֵחַ m., רַקָּחָה f.
perfumes, תַּמְרוּקֵי, רִקֻּחִים plu. constr.
perhaps, אוּלַי I, see in מִי, 1, e.
period, a certain, עֵת usually f.
perish, to, אָבַד, אָסַף Ni., אָשַׁם Ni., בָּלַע Pu., גָּזַר Ni., דָּמָה II Ni., דָּמַם Ni., הָלַךְ and יָלַךְ, כָּלָה, כָּרַת Ni Ho., מוּת, נָכָה K. Ho., סוּף, סָפָה K. Ni., עָבַר, שָׁבַר Ni., שָׁמַד Ni., שָׁמֵם Ni., תָּמַם, see תָּמָה K. at end. (Ch. אֲבַד, עֲדָה.)
suddenly, to, בָּהַל Ni.
to be ready to, אָבַד.
to cause to, אָבַד Pi.
under a curse, to, קָלַל Pu.
perishing, שִׁימָם.
permanent, to be, אָמַן I Ni.
permission, by, בִּי everywhere joined w. אֲדֹנָי, אֲדֹנִי.
permit, a, רִשְׁיוֹן m.
to, חָזַק w. inf. c. לְ., נוּחַ Hi. w. acc. of pers. and inf. c. לְ., נָטַשׁ w. acc. of pers. and inf. c. לְ., נָשָׂא c. inf., נָתַן w. acc. of pers. and inf. c. לְ., עָזַב, עָמַר I, שָׁלַט Hi. (later Heb.)
permitted, it is not, אֵין before an inf.

perpetual, see עוֹלָם, A, 2.
time, עַד m., תָּמִיד m. (only in the gen. after other nouns.)
to be, נָצַח I Ni.
perpetually, עַד בְּלִי דַי.
perpetuity, אֵיתָן, אֱמֶת f., נֶצַח I m., תָּמִיד m. (only in the gen. after other nouns.). (Ch. תְּדִירָא f.)
in, לִצְמִיתֻת, לִצְמִיתֻת.
perplex, to, (Ch. שְׁבַשׁ Pa.)
perplexed, to be, בּוּךְ Ni., בּוּשׁ, סוּן (once).
perplexity, מְבוּכָה f.
to wander in, בּוּךְ Ni.
persecute, to, אָרַב, צָרַר, שָׂטַם, שָׂטַן.
persecution, מֻרְדָּף m.
persecutors, רֹדְפִים.
persevere in, to, עָמַד I w. בְּ.
Persia, see אֲחַשְׁ, פָּרַס. (Ch. פָּרַס.)
person, נֶפֶשׁ com., פָּנִים plu.
persons, a number, multitude of, עַם m.
older, קַדְמֹנִים.
two, אַפַּיִם du.
persuade any one, to, פָּתָה Pi.
persuaded, to let one's self be, פָּתָה Ni. Pu.
pertinaciously refusing, מֵאֵן.
perturbation, תְּהוּמָה f.
perverse, נְבָזֶה, סוֹרֵר, נָלוֹז, אַבִּירֵי לֵב, פְּתַלְתֹּל, עִקֵּשׁ.
to be, חָבַל, יָרַט (once), מָרָא I, בָּגַד w. בְּ of pers. against., מָרָה w. בְּ against., נָוָה Ni., עָקַשׁ Ni.
to declare, עָקַשׁ Hi.
to make, סָלַף Pi., קָשָׁה I Hi. w. לֵב.
to show one's self, פָּתַל Hithp.
perversely, to act, חָבַל, עָוָה K. w. עַל of pers., Hi.
perverseness, הֵפֶךְ m., לָזוּת f., נְלוֹז, מְרִי m., סֶלֶף m., עִוְעִים plu., עִקְּשׁוּת f., תַּהְפֻּכוֹת plu. (Ch. שָׁנָיָן f. only plu.)
perversities, עִוְעִים.
pervert, to, הָפַךְ, סָלַף Pi., עִוֵּת Pi., עָוָה Hi., עָוַת Pi., עָקַשׁ Pi., שׁוֹבֵב Pil., שָׁחַת Hi., שָׁנָה I Pi.
justice, to, חָטָה מִשְׁפָּט.
pervert, the cause (of), to, עָוַת Pi. w. acc. of pers.
the right of, to, הִטָּה מִשְׁפָּט.
perverted, נָלוֹז, נִפְתָּל.
to be, עָקַשׁ Ni.
pestilence, דֶּבֶר m., מָוֶת m., קֶטֶב m., קֹטֶב m.
fatal, דֶּבֶר הַוּוֹת.
pestle, עֱלִי m.
petition, מִשְׁאָלָה f., שְׁאֵלָה f., שֵׁלָה f. (Ch. בָּעוּ f.)
to, (Ch בְּעָא c. בְּעֵן.)
Petra, סֶלַע.
petty, צְעִיר.
Pharaoh, פַּרְעֹה.
phenix, see חוֹל.
phenomenon, see מֹפֵת.
Philistia, פְּלֶשֶׁת.
Philistine, פְּלִשְׁתִּי.
phylacteries, טוֹטָפוֹת.
phylarch, a, נָשִׂיא m.
physician, רֹפֵא.
pick out, to, see נָקַר.
piebald, בָּרֹד.
piece, בָּדָל m., see בֶּצַע, בֶּתֶר m., גֶּזֶר m., פֶּלַח f., רַץ m.
(of flesh), נֵתַח m.
pied-footed, עָקֹד.
pierce, to, דָּקַר, חָלַל Pi. Po., חָלַף, see רָצַע, נָקַר, נָקַב I, פּוּר.
pierced, חָלָל, מְחֹלָל.
to be, חָלַל, שָׁנַן Hithpo.
piercings, מַדְקְרוֹת.
piety, חֶסֶד, יִרְאַת אֱלֹהִים, יִרְאַת יְהוָה, צְדָקָה f.
pilaster, see אַיִל.
pile, מַעֲרָכָה f., מַעֲרֶכֶת f.. עֵרֶךְ m.
a round, דּוּר m., מְדוּרָה f.
piles, the, טְחוֹרִים.
pillage, to, בָּזַז c. בְּ, בָּקַק, פָּרַשׁ.
pillar, אָמְנָה f., see נְצִב, מַצֵּבָה f., מָצוּק m., נְצִיב m., עַמּוּד m., צִיּוּן m., תִּמָרָה f. (poet.)
a wooden, אֲשֵׁרָה f.
pillars, אֲשֵׁרִים f. plu., שָׁתוֹת only plu., תְּרָפִים II.
pillows, כְּסָתוֹת,

pillows, long, see כְּסָתוֹת.
pin, יָתֵד.
a forked, שְׁפַתַּיִם m. du.
pine, the, אֹרֶן m., see בְּרוֹשׁ, 1, at end., see בְּרוֹת, see גֹּפֶר, prob. תִּרְזָה m.
pine, to, דָּלַל, see עָשֵׁשׁ.
after, to, כָּמַהּ (once), כָּסַף K. c. לְ, Ni.
away, to, דָּאַב only Hi. inf., דָּאַב, נָמַס I. מָקַק Ni., מוּג, כָּלָה, זוּב
away and die, to, קָמַל and קָמַל.
away, to cause to, דּוּב Hi., מָקַק Hi.
away, to make, כָּלָה Pi.
pining, a, דְּאָבוֹן m., כִּלָּיוֹן m., רָזוֹן I m.
(adj.), כָּלֶה.
away, a, כַּחַשׁ.
(one), מָס m.
pinion, a, אֵבֶר m., אֶבְרָה f., נוֹצָה f.
pinnacle, כָּנָף f., פִּנָּה f.
pious, יְרֵא אֱלֹהִים, יְרֵא יְהוָֹה, חָסִיד, צַדִּיק.
the, קְדוֹשִׁים, אַנְשֵׁי חֶסֶד.
to make, צָדַק Hi.
pipe, (musical), חָלִיל m., עוּגָב m. (Ch. מַשְׁרוֹקִיתָא f.)
a double, prob. (Ch. סוּמְפֹּנְיָה f.)
to, חָלַל K. part., Pi.
to play the, חָלַל K. part., Pi.
pipe, (tube), אָפִיק or אֲפִיק m.
pipes, (musical), prob. נְחִילוֹת.
pipings, שְׁרִיקוֹת.
Pisgah, פִּסְגָּה.
piss, to, see שִׁין Hi.
pistacia-nuts, בָּטְנִים.
pit, a, בְּאֵר f., בּוֹר I m., גּוּמָּץ m. (once), מִכְרֶה m., פַּחַת m., שׁוּחָה f., שְׁחוּת f., שְׁחִית f., שַׁחַת f., שִׁיחָה f. (Ch. גֹּב.)
for, to dig a, חָפַר I c. לְ.
pit-fall, שַׁחַת f.
pitch, זֶפֶת f., כֹּפֶר m.
to (daub with), חָמַר, כָּפַר.
pitch a camp, to, חָנָה.
a tent, to, שָׁכַן, נָטָה Pi., תָּקַע אֹהֶל.
one's tent, to, אָהַל Pi., חָנָה.
pitcher, נֵבֶל and נֶבֶל m.
pitied, to be, חָנַן Ni.

pits, פְּרֹת only plu. constr.
pity, חֶמְלָה f., חֶסֶד, רַחֲמִים plu., תַּחֲנוּנִים plu.
to, חוּס c. עַל., חָמַל w. עַל of pers., חָנַן Poel., נוּד w. dat., נָחַם Ni. c. עַל, אֶל, לְ, מִן, Hithp. c. עַל., רָחַם Pi.
to treat with, חוּס c. עַל., חָמַל c. עַל.
placate, to, כָּפַר Pi.
place, בַּיִת m., יָד f., כֵּן II m., מָכוֹן m., מְכוֹנָה f., מָקוֹם com., עֹמֶד m., רְחֹב f., שֶׁבֶת II f., שׁוּק m., תַּחַת תְּכוּנָה I f. (Ch. אֲתַר m.)
in one's, תַּחַת.
of, in, מְקוֹם w. gen., תַּחַת.
of, to take the, יָשַׁר Hithp.
one's self, to, יָצַב Hithp., נָצַב Ni. c. לְ to or before.
the first, perh. אִוֶּלֶת f.
to, יָהַב (defec. and rare), יָסַד K. Pi., יָצַג Hi., יָצַק Hi., יָרָה, יָשַׂם (Cheth.), יָשַׁב Pi., כּוּן Pil. Hi., נוּחַ Hi., נָצַב Hi., נָתַן, עָמַר I Hi., שׂוּם and שִׂים, שָׁוָה Pi., שִׁית, שָׁכַב Hi., שָׁכַן Pi. Hi., שָׁפַת, שָׁתַת. (Ch. שׂוּם, רְמָא, רְמָה.)
to, to give, see נָגַע, 3., שׂוּם יָדַיִם לְ.
together with, to, עָרַךְ w. לְ.
upon, to, נָשָׂא w. עַל., סָמַךְ, רָכַב Hi. c. עַל.
where cattle and flocks lie down, a, מַרְבֵּץ m.
which has or contains anything, at or in which anything is or is found, בַּעַל.
placed, to be, יָשַׂם, יָשַׁב, נָתַן Ni. Ho. only fut.
placidness, מַרְפֵּא m.
plague, דֶּבֶר m., מַגֵּפָה f., מָוֶת m., נֶגַע m.
burning, רֶשֶׁף m.
to, נָגַף.
plain, a, מִישׁוֹר m.
a low, בִּקְעָה f., גַּיְא rarely גַּי and גֵּיא com.

plain, a wide, בִּקְעָה f.
the low, הַשְּׁפֵלָה.
plain, (adj.), יָשָׁר, צַח, תָּם (only moral sense).
to make, יִשֵּׁר Pi., פִּלֵּס Pi., שִׁוָּה Pi.
plain-minded, יִשְׁרֵי לֵבָב.
plaited, anything, אֶרֶג m.
(something), כְּבִיר m.
plaits (of hair), מַחְלָפוֹת.
plan, זִמָּה f., זָמָה f., מַחֲשָׁבָה and מַחֲשֶׁבֶת f., עֵצָה II f.
to, חִשֵּׁב Pi.
plane-tree, עַרְמוֹן m., see תִּדְהָר.
plank, קֶרֶשׁ m.
plant, פִּנָּה f., נֶטַע m., עֵשֶׂב m., שֶׁלַח m., שָׁתִיל m.
a bad, בָּאְשָׁה f.
to, זָרַע w. 2 accs., נָטַע, נָתַן, שׂוּם and שָׁתַל, שִׂים (poet.)
plantain-tree, see תְּאֵנָה.
plantation, מַטָּע m., נֶטַע m.
planting, a, זֶרַע, מַטָּע m., נֶטַע m.
plants, נְטִעִים.
wild, שִׂיחַ m. (once.)
plaster, טִיחַ m., תָּפֵל m.
(a bandage), חֲגֹרָה f.
to, שִׂיד, טוּחַ.
with lime, to, שׂוּד.
plate, (lamina), פַּח m.
(of gold), burnished, צִיץ m.
plates, (laminæ), רִקֻּעִים, גִּלְיֹנִים.
platform, כִּיּוֹר m., מַעֲלֶה m., עַמּוּד m.
plating, a, אֲפֻדָּה f.
platters, צְלָחוֹת only plu.
play, to, צִחֵק Pi., שִׂחֵק Pi.
(an instrument), to, זִמֵּר II Pi., תָּפַשׂ.
(on a stringed instrument), to, נִגֵּן K. Pi.
players on instruments, נֹגְנִים.
plead, to, יָכַח Hi., שָׁפַט Ni.
a cause, to, רִיב and רוּב.
pleadings, see רִיב at end.
pleasant, נֶחְמָד, טוֹב, יָדִיד, מָתוֹק, עָרֵב, נָעִים.
land, a, אֶרֶץ חֵפֶץ.
region, נְעִימִים.
pleasant, something, חָמוּד.
to be, נָעֵם, עָרֵב IV, שָׁפַר w. עַל to.
to make, חָנַן Pi., מָתַק Hi.
pleasantness, חֶמֶד m., חֶמְדָּה f., מֶתֶק m., נֹעַם m., נַעֲמָן, שֶׁפֶר m.
please, to, see בָּחַר, 3., חָפֵץ, חָשַׁק w. inf. and לְ., see טוֹב, יָאַל II Hi., יָטַב K. impers., Hi. w. אֶל. (Ch. צְבָא, שְׁפַר c. עַל, קֳדָם.)
to seek to, רָצָה Pi.
pleased, to render well, רָצָה Pi.
pleases, that which, חֵפֶץ m. concr.
pleasing, טוֹב.
to be, טוֹב, see יָשַׁר K. 2.
to be well, רָצָה Ni.
to make one's self, רָצָה Hithp. c. אֶל.
to, to be, (Ch. יְטַב w. עַל.)
pleasure, אַוָּה f., see חָפֵץ, חֵשֶׁק m., עֲדָנִים only plu., עֶדְנָה f., עֹנֶג m., רָצוֹן m., שַׁעֲשֻׁעִים plu., תַּעֲנוּג m. (Ch. רְעוּת f.)
in, to take, חָמַד, רָצָה.
to take one's, שִׁעֲשַׁע Hithpalp. w. בְּ in, with.
wicked, רָצוֹן m.
pleasure-grounds, פַּרְדֵּס m.
pleasures, נְעִימִים, מַעֲדַנִּים and נְעִימוֹת.
loving, אֹהֵב שִׂמְחָה.
pledge, a, חֲבֹל m., חֲבֹלָה f., עֲבוֹט m., עֵרָבוֹן f., עֲרֻבָּה.
of, to take a, חָבַל.
things taken in, עַבְטִיט m. concr.
pledge, to, עָרַב I.
to bind by a, חָבַל.
to give a, עָבַט.
to give in, עָרַב I.
to take as a, to take in, חָבַל.
Pleiades, כִּימָה f.
plentiful, see נְדָבָה, 3.
plenty, שֹׂבַע m.
plot, מָזוֹר II m., מְזִמָּה f.
against, to, see דִּבֵּר Pi. Note., זָמַם w. לְ of pers., יָצַר w. עַל.
to, הָגָה I, חָשַׁב.
plots, אֹרֶב m., אָרְבּוֹת plu. constr. only.
plough, to, חָרַשׁ, חָרַר, פָּלַח.
plough-share, see אֵת III, see מַחֲרֵשָׁה.

ploughers, גָּבִים (Cheth.)
ploughing, a, חָרִישׁ m.
time of, חָרִישׁ m.
ploughmen, יוֹגְבִים.
pluck, to, אָרָה I, מָרַט. (Ch. מְרַט.)
away, to, גָּזַל I.
off, to, אָרָה I, גָּזַל I, נָתַק, קָטַף.
out, to, נָסַח, נָסַע, נָתַק Hi. c. לְ for., שָׁלַף.
up, to, נָסַע K. Hi., נָשָׂא, עָקַר, שָׁלַף. (Ch. עֲקַר.)
plucked out, to be, נָצַל Ho. (Ch. נְסַח Ithpe.)
up, to be, נָסַח Ni., see נָתַק Ni. 2., נָתַשׁ Ni. Ho.
plumb-line, אֲנָךְ m., מִשְׁקָלֶת and מִשְׁקֹלֶת f.
plummet, אֶבֶן com., אֲנָךְ m., מִשְׁקֶלֶת and מִשְׁקֹלֶת f.
plunder, בֶּצַע m., גָּזֵל m., מְשִׁסָּה f., שָׁלָל m.
to, בָּזַז, בָּצַע K. Pi., גָּרַשׁ, פָּשַׁט Pi., שָׁלַל, שָׁסָה K. Po., שָׁסַס.
plundered, to be, בָּזַז Ni. Pu., שָׁלַל Hithpo.
plunderers, שֹׁסִים.
plundering, a, מְשׁוּסָּה (Cheth.)
poem, חִידָה f., מִכְתָּב m., מִכְתָּם (only in inscrip. of Psalms), מַשְׂכִּיל m., מָשָׁל I m., נְאֻם m.
enforcing intelligence, wisdom, piety, perh. מַשְׂכִּיל m.
poetess, נְבִיאָה f.
poets, מֹשְׁלִים.
point, perh. חַדּוּד, נְקֻדָּה f., צִפֹּרֶן m., שֵׁן m.
of a spear, the iron, see חֵץ 3.
iron, רֹמַח m.
out, to, יָעַד w. לְ., יָרָה Hi.
sharp, קִלְּשׁוֹן m.
points, sharp, חַדּוּד.
pointed, to make (the tongue), see חָרַץ, 2.
poise, to, תָּכַן, שָׁקַל. (Ch. תְּקַל.)
poising, a, מִפְלָשׂ m.
poison, חֵמָה I f., רֹאשׁ I m., once רוֹשׁ.
poisonous, שָׂרָף, מְרִירִי..
plant, a, רֹאשׁ I m.
pole, a, מוֹט m., מוֹטָה f.
a high, נֵס m.
poles, בַּדִּים I, חֲשֻׁקִים.
polish, חֵלֶק m.
to, בָּרַר, מָרַט, מָרַק, קָלַל Pilp.
polished, מְצֻחְצָח f. (once), מֻצְהָב, קָלָל.
brass, חַשְׁמַל m.
to be, מָרַט Pu.
politic, body, גּוֹי m.
poll, גֻּלְגֹּלֶת f.
poll (the head), to, כָּסַם (once).
pollute, to, גָּאַל II Pi. (later Heb.), חָנֵף K. Hi., טָמֵא Pi.
to let, טָמֵא Pi.
polluted, מְגֹאָל (later Heb.), חָלָל.
to be, גָּאַל II Ni. Pu. (later Heb.), חָנֵף, טָמֵא K. Ni.
to let be, טָמֵא Pi.
pollution, גֹּאַל, טֻמְאָה f., טֻמְאָה f., see פִּגּוּל.
foul, תֶּבֶל.
pomegranate, רִמּוֹן m.
pomp, הָדָר m., הֲלִיכוֹת only plu. (Ch. הֲדַר.)
pond, a, בְּרֵכָה f.
ponder, to, אָזַן II only Pi., פָּלַס Pi.
pool, a, אֲגַם m., בְּרֵכָה f., גֶּבֶא m., מִקְוָה f.
poor, אֶבְיוֹן, דַּל, מִסְכֵּן, עָנִי, רָאשׁ, רָשׁ.
man, אִישׁ מַחְסוֹר.
the, דַּלָּה f. concr., חֵלְכָה or חֵלְכָא (Cheth.)
to be, רוּשׁ.
to feign one's self, רוּשׁ Hithpal.
to make, יָרַשׁ Hi.
to wax, מוּךְ.
poorly clad, עָרוֹם.
poplar, white, see לִבְנֶה.
poppy, see רֹאשׁ I, 5.
populace, אַלְקוּם.
porch, אוּלָם, אֵילָם, see מִסְדְּרוֹן m.
portent, אוֹת I com., מוֹפֵת m. (Ch. אָת com.)
porter, סַבָּל m., שׁוֹעֵר m.
porterage, מַשָּׂא m.
porters, (Ch. תָּרָעַיָּא plu. emphat.)

portico, אוּלָם, מוּסָךְ m. (Keri), מִסְדְּרוֹן m.
porticos, open, see in פַּרְבָּר.
portion, אֲדָנָה f., גּוֹרָל m., חֵלֶק m., חֶלְקָה f., חֹק m., see in יָהַב, כּוֹס f., מְנָת f., מֶכֶס m., מָנָה f., מְנָת f., נַחֲלָה f., מַשְׂאֵת f., נַחֲלָת f., מִשְׁחָה f., פַּת m., שִׁלּוּחִים plu. (Ch. חֲלָק.)
 an appointed, אֲרֻחָה f., חֹק m.
 an hereditary, חֶבֶל m.
 measured out, חֶבֶל m.
 (of food), אֲרֻחָה f.
 statutory, חֹק m.
portray, to, חָקַק.
portrayed, מְחֻקֶּה.
possess, to, בָּעַל w. לְ., יָרַשׁ also יָרֵשׁ, מָצָא, נָחַל, קָנָה. (Ch. חֲסַן Aph. or Hiph. after the Heb. manner.)
 for one's self and for (one's heirs), to, נָחַל Hithp.
 one's self of, to, נָחַל Hithp.
possessed, to give to be, נָחַל K. Pi.
possession, אֲחֻזָּה f., חֶבֶל m., יְרֻשָּׁה f., יְרֵשָׁה f., מוֹרָשׁ m., מוֹרָשָׁה f., מִמְשָׁק m. (once), see מַמְלָכָה, מִקְנָה f., מֶשֶׁק m., מֶשֶׁק (once), נַחֲלָה f., נַחֲלָת f., קִנְיָן m.
 a taking, נַחֲלָה f.
 of to (any one), to give, יָרַשׁ Hi. w. two accs.
 of, to get, חָזַק Hi.
 of, to take, חָזַק Hi., יָרַשׁ also יָרֵשׁ K. Hi., לָקַח, נָחַל.
 to have, אָחַז Ni., נָחַל.
 to have in, תָּפַשׂ. (Ch. חֲסַן Aph. or Hiph. after the Heb. manner.)
 to get as a, נָחַל.
 to give as a, נָחַל Hi.
 to take, אָחַז Ni., נָחַל.
possessions, מִקְנֶה m. once f. (always of cattle). רְכוּשׁ m.
possessor, בַּעַל, בַּעֲלָה f., יוֹרֵשׁ, קֹנֶה.
 of, to make one's self, אָחַז Ni.
post, (column), see אַיִל.
 wooden, עֵץ m.
post, (station), מַעֲמָד m., מַצָּב m., מֻצָּב m., מַצָּבָה and מַצֵּבָה f., מִשְׁמֶרֶת f., נְצִיב m.

posterity, אַחֲרִית f. concr., בַּיִת m., בָּנִים plu., דּוֹרוֹת m. plu., זֶרַע.
pot, a, דּוּד m., מַחֲבַת f., סִיר m., פָּארוּר m., פָּרוּר m., קַלַּחַת f.
 a large, אָח III f.
potent, אַבִּיר, שַׁלִּיט.
pots, דּוּדָאִים, see שְׁפַתַּיִם.
potsherd, חֶרֶשׂ m.
pottage, נָזִיד.
potter, a, יוֹצֵר. (Ch. פֶּחָר m.)
potter's vessel, נֵבֶל יוֹצְרִים.
 wheel, אָבְנַיִם du.
pottery, חַרְסוּת (Cheth), חַרְסִית (Keri).
pouch, יַלְקוּט m.
pounch (upon), to, טוּשׂ.
pound, to, כָּתַשׁ.
 fine, to, שָׁחַק.
 (in a mortar), to, דּוּךְ.
pounded corn, grain, רִיפוֹת.
 (something), גֶּרֶשׂ.
pour, to, נָתַךְ, נָסַךְ I, יָצַק, זָרַם, זָקַק, K. fut. Ni. pret., שׂוּם and שִׂים, see שָׁפַךְ.
 abroad, to, פּוּץ Hi.
 down, to, נָגַר Hi.
 forth, to, נָתַךְ Hi.
 forth copiously, to, נָבַע Hi.
 into, to, שׂוּם and שִׂים w. בְּ.
 one's self out, to, עָרָה Hithp.
 out, to, בָּקַק, זוּל (once). זָלַל, זָקַק, זָרַב once in Pu., זָרַם Po. c. acc. with., יָצַק K. Pi. Hi., נָגַר Hi., נָסַךְ I K. Hi., נָתַךְ Hi., סָפַח and שָׂפַח Pi., עָרָה Pi. Hi, צוּק II, רוּק Hi., שׂוּם and שִׂים, שָׁבַת, שָׁפַךְ. (Ch. נְסַךְ chiefly in Pa.)
 over, to, בָּלַל (only of oil), שׁוּק Hi.
 together, to, בָּלַל.
 upon, to, זָרַם c. acc.
poured, to be, יָסַךְ (once).
 forth, סָרוּחַ.
 out, to be, בָּקַק, יָצַק K. Ho., נָגַר Ni., נָסַךְ Ho., נָתַךְ K. fut. Ni. pret., סָרַח Ni., עָרָה Ni.. שָׁפַךְ Ni. Pu. Hithp.
 over with oil, to be, בָּלַל.
pouring out, a, יְצֻקָה f.

pouring out, place of, שֶׁפֶךְ m.
poverty, אֶבְיוֹן m., דַּלָּה f., חֶסֶר m., חֹסֶר m., מַחְסוֹר m., מִסְכֵּנוּת f., רֵאשׁ m., רֵישׁ m., רִישׁ m.
to bring to, יָרַשׁ Pi.
to come to, יָרַשׁ Ni., רוּשׁ.
powder, aromatic, נְכֹאת f.
of the merchant, אַבְקַת רוֹכֵל.
power, perh. אֱיָלוּת f., אוֹן I m., אֵל I m., גְּבוּרָה f., זְרוֹעַ f. rarely m., יָד f., כֹּחַ m., מַטֶּה m., עֹז m., תֹּקֶף m. (Ch. גְּבוּרָה, חֲסֵן m., שָׁלְטָן m., תְּקֹף m.)
in, having, (Ch. שַׁלִּיט c. בְּ.)
of, to give over into the, שִׁלַּח Pi. w. acc. of pers. and בְּיַד.
one having, שַׁלִּיט m.
one in, (Ch. שִׁלְטוֹן.)
over, having, שַׁלִּיט w. בְּ., שִׁלְטוֹן c. בְּ. (Ch. שַׁלִּיט c. בְּ.)
over, to have, (Ch. שְׁלֵט.)
there is no, (non licet), (Ch. לָא שַׁלִּיט.)
to do, to have, כֹּחַ c. infin. et לְ., מָשַׁל w. inf. c. לְ.
to give, שָׁלַט Hi. (later Heb.)
to give into one's, נָתַן לִפְנֵי פ'.
powerful, אַבִּיר, אַדִּיר, גִּבֹּר, גָּדוֹל, רַב, רָב, כַּבִּיר, עָרִיץ, עָצוּם, עַז, חָזָק, חָזָק, שַׁלִּיט, שִׁלְטוֹן. (Ch. שַׁלִּיט.)
deed, יָד f.
the, אוּלִים (Cheth), אֵילִים.
to be, עָזַז, עָצַם, רָבָה. (Ch. תְּקֵף and תְּקִיף.)
to become, חָזַק Hi., רוּם. (Ch. תְּקֵף and תְּקִף.)
to make, גָּדַל Pi., שָׂגַב Pi.
to show one's self great and, גָּדַל Hithp.
powerless, דַּל.
powers, תַּעֲצֻמוֹת, מַאֲמַצִּים.
practise, to, פָּעַל (poet.), חָרַשׁ, שָׁמַר.
divination, to, נָחַשׁ I Pi., קָסַם (only of false prophets.)
magic, to, כָּשַׁף Pi., עָנַן Po.
sorcery, to, עָנַן Po.
practised, עָתִיד, לִמּוּד c. inf.

praise, to, זָכַר and זֵכֶר m., מַהֲלָל m., לוֹ m., רוֹמֵם m., תְּהִלָּה f., תּוֹדָה f.
(God), to, נָבָא Ni. Hithp. (Ch. יְדָא Aph.)
song of, זָמִיר m., תְּהִלָּה f.
to, בָּרַךְ Pi., גָּדַל Pi., הִלֵּל Pi., זִמֵּר Hi., יָדָה Hi. Hithp., כִּבֵּד Pi., נָגַד Hi., קָרָא I, שָׁבַח Pi., תָּנָה II Pi. (Ch. בָּרֵךְ Pa. w. לְ., שַׁבַּח Pa.)
to cause to, זָכַר Hi. (once).
to mention with, זָכַר Hi.
to recount with, סִפֵּר Pi.
with rejoicing, to, רָנַן.
worthy of, מְהֻלָּל.
praised, to be, הָלַל, גָּדַל Pu. Hithp.
to let be, זָכַר Hi. (once.)
prating fool, a, אֱוִיל שְׂפָתַיִם.
pray, to, עָתַר I K. Hi. w. אֶל, לְ., פָּלַל Hithp. c. לִפְנֵי, לְ, עַל, אֶל. (Ch. צְלָא Pa.)
prayer, בִּי, בְּעִי m., perh. חַנָּה f., לַחַשׁ m., תְּחִנָּה f., תַּחֲנוּנִים only plu., תְּפִלָּה f.
preacher, see קֹהֶלֶת.
precede, to, קָדַם Pi.
precedence, see אִוֶּלֶת.
precentor, מְנַצֵּחַ.
precept, דָּבָר m., כְּתָב m., מִצְוָה f., פֶּה m., צַו and צָו m., תּוֹרָה f., עֵדוּת f., תְּעוּדָה f. (Ch. כְּתָב m.)
upon precept, צַו לָצָו.
precepts, עֵדוּת, עֵדוֹת f. coll., פִּקּוּדִים.
(of God), בְּרִית f.
(of religion), יִרְאַת יְהוָה, יִרְאַת אֱלֹהִים.
precious, נֶחְמָד, see חֶמְדָּה, see חֲמֻדוֹת, סְגוֹר, יָקָר.
metals, (ore of), בֶּצֶר m.
ointments, תַּמְרוּקֵי plu. constr.
something, מַחְמָד m., מַחֲמַדִּים plu.
something most, מֶגֶד m.
stone, אֶבֶן com., נֹפֶךְ m.
stones, אֶבֶן יְקָרָה coll.
the most, see רֵאשִׁית.
things, חֲמֻדוֹת, חֲפָצִים, כָּל־יְקָר, כְּבוּדָּה f., מִגְדָּנוֹת, שַׁי m. coll.
to be, יָקַר.

precious wares, מַעֲרָב I (only in Ez.)
preciousness, יְקָר m.
precipice, מַדְרֵגָה f.
precipitate, to be, מָהַר I Ni.
predestined, to be, יָצַר Pu.
predict, to, קָצַץ.
pre-eminence, יֶתֶר m., יִתְרוֹן m., מוֹתָר m.
pre-eminent, (Ch. יַתִּיר.)
prefect, a, מְנַצֵּחַ, נְצִב, נָגִיד m., גִּבּוֹר, נְצִיב m., פַּחַת II (once c. suff.), פֶּחָה, פָּקִיד m. concr., פָּקִיד m., שַׂר m., שֹׁטֵר. (Ch. סְגַן m., פֶּחָה.)
pregnancy, הֵרוֹן m.
pregnant, הָרָה only f. w. לְ of pers. to or by whom.
one, מְלֵאָה f.
to become, הָרָה.
preparation, עֵרֶךְ m.
prepare, to, כּוּן Pil. Hi., כָּלָה Pi., מָנָה Pi. (later Heb.), סָלַל, עָרַךְ, עָשָׂה I., עָתַד Pi., פָּנָה Pi., פָּעַל (poet.), קָדַם Pi., שׂוּם and שִׂים, תָּקַם Hi.
a way, to, סָלַל K. Pilp.
(a way), to, פָּלַס Pi.
for, to, שִׂית w. acc. and לְ.
one's self, to, כּוּן Hithpal.
prepared, עָתוּד (Cheth), עָתִיד c. לְ.
things, עֲתוּדוֹת (Keri), עֲתִידוֹת (Cheth).
to be, כּוּן Pol. Ni. Ho., כָּלָה.
prepuce, עָרְלָה f.
prescribe, to, דָּבַר Pi., יָסַר Pi. c. עַל., כָּתַב w. עַל.
prescript, a, כְּתָב m., מִכְתָּב m. (Ch. כְּתָב m.)
prescription, מִשְׁפָּט m.
without, (Ch. דִּי לָא כְתָב.)
presence, פָּנִים plu.
of, from the, מִלִּפְנֵי, מֵאֵת פְּנֵי.
of, in, נֹכַח.
of, in the, אֶל־פְּנֵי, לְנֶגֶד, נֶגֶד, מוּל, לִפְנֵי.
of, into the, אֶת־פְּנֵי, אֶל־פְּנֵי.
present, a, אֶשְׁכָּר m., בְּרָכָה f., מִנְחָה f., מַשְׂאֵת f., מַתָּנָה f., מַתַּת f., נִשֵּׂאת f., שֹׁחַד m., שַׁי m., תְּרוּמָה f., תְּרוּמִיָּה f., תְּשׁוּרָה f. (Ch. נְבִזְבָּה f.)
present, to make a, שָׁחַד.
present one's self, to, יָצַב Hithp. w. עַל., see נָצַב Ni.
to, מָצָא Hi. w. אֶל., נָגַשׁ Hi., רוּם Hi.
with, to, זָבַד (once.)
present, not to be, אַיִן (sometimes.)
to be, מָצָא Ni., נָגַע Hi.
presented, to be, see נָפַל, g.
presently, עַתָּה (poet.)
presents, to bring, הוֹבִיל שַׁי.
preservation, מִשְׁמֶרֶת f.
of life, מִחְיָה f.
preserve, to, חָשַׂךְ, נָצַל Pi. Hi., נָצַר I, עָמַד I Hi., שָׁמַר. (Ch. נְטַר.)
alive, to, חָיָה Pi. Hi., עָמַד I Hi., קוּם Pi.
the life of, to, פָּדָה נֶפֶשׁ פ׳.
preserved, נָצִיר (Cheth), סָכוּן.
to be, נָצַל Ni.
preserving alive, (Ch. מַחֵא.)
presidents, (Ch. סָרְכִין plu. only.)
press, a, גַּת f.
press, to, אָלַץ Pi., אָנַס, חָלַב (once in Hi.), לָחַץ, מָעַךְ K. (only part. pass.), נָחַץ, עוּק Hi., פָּצַר w. בְּ of pers., צוּק I Hi., צוּר I, שָׁחַט. (Ch. אֲנַס.)
close, to, אוּץ.
close upon, to, see צוּק I.
down, to, נָחַת Pi. (only poet.), עוּק Hi. c. תַּחַת., שָׁקַע Hi.
greatly, to, רָהַב Hi.
on, to, אוּץ K. Hi.
on rapidly, to, דָּהַר.
one's self, to, לָחַץ Ni.
out, to, זוּר I, מָצָה, שָׂחַט.
themselves together, to, גָּדַד Hithpo.
together, to, זוּר I.
upon, to, גָּדַד c. עַל., נגד, דָּחַק, צוּק c. בְּ., פָּרַץ c. עַל., חָזַק I Hi. c. dat., צוּר I, צָרַר K. Hi., רָהַב.
pressed, to be, מָעַךְ Pu., נָגַשׂ Ni., צָרַר.
a seal closely, חוֹתָם צַר.
out, to be, see זוּר I.
pressing, נָחוּץ.

pressure, מִיץ m.
presumptuously, to act, זוּד or זִיד Hi., עָפַל Hi.
pretext, (Ch. עִלָּה f.)
prevail, to, גָּבַר and גָּבַר K. Hi. Hithp. w. עַל., יָכֹל. (Ch. יְכִל or יְכֹל w. dat. of pers.)
against, to, תָּקַף.
over, to, אָמֵץ w. מִן., חָזַק w. מִן., יָכֹל w. לְ of pers., עָזַז w. עַל.
prey, אֹכֶל m., אָכְלָה f., בַּז m., בִּזָּה (only later Heb.), בֶּצַע m., חָתָף m., מְצוּדָה m., מַלְקוֹחַ m., מָצוֹר m., טֶרֶף f., מִשְׁלַח m. w. יָד., מְשִׁסָּה f., עַד m., צַיִד m., שָׁלָל m.
to become a, הָיָה לָבַז.
to seize as, בָּזַז.
upon, to, שָׁדַד, בָּזַז.
price, יְקָר m., מֹהַר m., מְחִיר m., מִכְסָה f., מֶכֶר m., מִקְנָה f., עֵרֶךְ m.
at a, בִּמְחִיר.
at what? בַּמָּה, בַּמֶּה.
prick up the ears, to, אָזַן I Hi.
pricked, to be, שָׁנַן Hithpo.
prickle, סִלּוֹן and סַלּוֹן.
prickes, שִׂכִּים, צְנִינִים, צִנִּים.
prickley mad-apple, חֵדֶק and חֵדֶק.
weed, a, קִמּוֹשׁ m. and קִימוֹשׁ.
pride, גֵּאָה f., גַּאֲוָה f., גָּאוֹן m., גֵּאוּת f., גֹּבַהּ m., גַּבְהוּת f., גֹּדֶל לֵבָב, גֵּוָה I f., זָדוֹן m., עֶבְרָה f., רַהַב m., רֹהַב m., רוּחַ f., רוּם m., רְחַב לֵב, שְׁאָט m., שַׁאֲנָן m., שַׁחַץ m. (Ch. גֵּוָה.)
priest, כֹּהֵן m., כֹּמֶר m. (Ch. כָּהֵן m.)
the High, כֹּהֵן הָרֹאשׁ, הַכֹּהֵן הַגָּדוֹל, הָרֹאשׁ, הַכֹּהֵן הָרֹאשׁ.
to act as, כָּהַן Pi.
to be, to become, כָּהַן Pi.
to minister as, כָּהַן Pi.
priesthood, כְּהֻנָּה f.
priests, בֵּית אַהֲרוֹן.
Prince, the, מָשִׁיחַ.
prince, a, אַדִּיר, אַלּוּף m., הָדָר, מוֹשֵׁל, נָגִיד m., נָדִיב m., נָזִיר m., נָסִיךְ m., נָשִׂיא m., עַד m., פֶּחָה f., פֶּרַע m., קָצִין m., קוֹץ m. (once), רֹאשׁ I m., רָזוֹן II m., רֹזֵן, שַׂר m., שֹׁפֵט. (Ch. רַב m., שַׁלִּיט.)
prince, to be a, שׂוּר I, שָׂרַר.
to make one's self a, שָׂרַר Hithp. c. עַל.
princes, חַשְׁמַנִּים, אֲצִילִים, פַּרְתְּמִים, יְסוֹדִים and יְסֹדוֹת m., מְמֻשָּׁלִים, מֶמְשָׁלָה f. concr., מְזָרִים, סְרָנִים, פַּרְתְּמִים, שָׁתוֹת only plu. (Ch. רַבְרְבָנִין.)
to make, שׂוּר I Hi.
princess, שָׂרָה f.
prison, בֵּית הָאֲסוּרִים, בּוֹר I m., more fully בֵּית הַבּוֹר, כֶּלֶא m., בֵּית הַכֶּלֶא, כְּלוּא m., כְּלִיא (Cheth), מַטָּרָה f., also מַטָּרָא, מַסְגֵּר m., מִשְׁמָר m., צִינֹק m.
to be kept in, אָסַר Ni.
to put in, אָסַר.
prisoner, אָסִיר m., אַסִּיר m., אָסוּר, עוֹלָל m.
to make, שָׁבָה.
privately, בַּלָּט.
privilege, מִשְׁפָּט m.
privy, מַחֲרָאָה f. (Cheth.)
member, the, שָׁפְכָה f. (once.)
prize highly, to, גָּדַל Pi.
prized, יָקָר.
highly, to be, גָּדַל, יָקַר w. מֵעַל by.
procession, תַּהֲלוּכָה f.
processions, הֲלִיכוֹת plu. only.
proclaim, to, אָמַר, זָעַק Hi., לֹא כִחֵד, נָגַר Hi., נָהָה, קָרָא I.
in the land, to, נָתַן קוֹל בָּאָרֶץ.
proclaimed, to be, see (Ch. אֲמַר.)
in, to cause to be, הֶעֱבִיר קוֹל בְּ.
proclamation, קְרִיאָה.
in, to make, הֶעֱבִיר קוֹל בְּ.
to make, (Ch. כְּרַז Aph.)
procure, to, כּוּן Hi.
prodigal, a, זוֹלֵל.
prodigy, אוֹת I m., מוֹפֵת m.
produce, אֹכֶל m., בּוּל m., גֶּרֶשׂ m., זֶרַע, יְבוּל m., כֹּחַ m., נִיב m., עֲבוּר m., פְּרִי m., צֶאֱצָאִים plu., תְּבוּאָה f., תְּנוּבָה f.
of the fields, שְׂדֵה m.

produce, to, נָגַשׁ ,יָצָא Hi., בָּרָא ,יָלַד Hi., נוּב Pil., עָשָׂה I, פָּעַל (poet.), שׂוּם and שִׂים.
product, גֶּרֶשׁ m.
of labor, יְגִיעַ m., תּוֹצָאוֹת plu.
productions, צֶאֱצָאִים ,צֶמַח m.
profanation, חֹבֶל m.
profane, חָלָל ,חָלִיל ,חֹל.
one, חָנֵף.
something, חָלִיל m.
to, זָנָה Hi., חָלַל Pi. Hi., חָנֵף Hi., טִמֵּא Pi.
to make, חָנֵף Hi.
profaned, (one), חֲלָלָה f. (joined with זוֹנָה.)
to be, חָלַל Ni.
profaneness, חֹנֶף m., חֲנֻפָּה f.
profess, to, יָדָה Hi.
profit, בֶּצַע m., יוֹתֵר ,יִתְרוֹן m., כִּשְׁרוֹן m., מוֹתָר m., סָחָר m., סַחַר m., עֲבֹדָה f., שָׁלָל m., תְּבוּאָה f.
to, יָעַל Hi., סָכַן.
to receive, יָעַל Hi.
profited, to be, סָכַן Ni.
profits, זִבּוּנִים only plu.
profound, עִמְקֵי plu. constr. only. (Ch. עַמִּיק.)
progeny, מוֹלֶדֶת f., נִין m. always joined w. נֶכֶד., נֶכֶד m. always joined with נִין., פִּרְחָה m., תַּרְבּוּת f.
prognosticate, to, נָחַשׁ I Pi.
progress, הֲלִיכוֹת only plu.
prohibit, to, כָּלָא w. מִן.
prohibition, (Ch. אֱסָר.)
project, to, פָּרַח Hi. (once), see יָצָא, o., שָׁקַף Ni.
projection, (architectural), see אַיִל, see אַתִּיק.
projections, lateral, יָדוֹת.
prolong, to, אָרַךְ Hi., מָשַׁךְ.
prominent, to be, בָּעָה Ni.
promise, אֹמֶר (poet.), דָּבָר m.
covenant, בְּרִית f.
to, אָמַר ,דָּבַר Pi., נָתַן יָד.
with an oath, to, שָׁבַע Ni.
promote rapidly, to, (Ch. צְלַח Aph. after Heb. form.)
prompt, מָהִיר ,נָדִיב.
to be, מָהַר I Pi.
prong, קִלְּשׁוֹן m., שֵׁן m.
pronounce sentence upon, to, דִּבֶּר מִשְׁפָּט אֵת.
proof, אוֹת I com., בֹּחַן m., מוֹפֵת m., תּוֹכַחַת f.
prop, a, מִשְׁעָן m., מַשְׁעֵן m.
to, סָמַךְ.
proper, נָאוָה c. לְ.
to be, כּוּן Ni., נָאָה Pil. w. לְ., שָׁוָה c. לְ of pers.
property, מְלָאכָה f., מַעֲשֶׂה m., נַחֲלָה f., סְגֻלָּה f., רְכוּשׁ m.
moveable, רְכוּשׁ m.
prophecy, חָזוֹן m., מַשָּׂא m., נְבוּאָה f. (Ch. נְבוּאָה.)
prophesy, to, נָבָא Ni. Hithp., נָטַף Hi. (Ch. נְבָא Ithpa.)
prophet, חוֹזֶה m., מַלְאָךְ m., נָבִיא m., רֹאֶה. (Ch. נְבִיא.)
the, אִישׁ רוּחַ.
prophet's wife, נְבִיאָה f.
prophets, see in רָעָה, I, a.
prophetess, נְבִיאָה f.
proportion to, in, כְּפִי.
propose, to, נָתַן לִפְנֵי פ׳, שׂוּם and שִׂים w. לִפְנֵי.
a riddle, parable, to, חוּד joined w. חִידָה.
propound, to, שׂוּם and שִׂים w. אֶל.
prosecute, to, שָׁפַט Po.
prospect, (Ch. חֲזוּת f.)
prosper, to, בָּרַךְ Pi., חָיָה, כּוּן Ni., כָּשֵׁר, צָלַח I and צָלֵחַ K. Hi., שָׂכַל Hi.
in one's ways, to, צָלַח I Hi. w. דַּרְכּוֹ and דְּרָכָיו.
to cause to, שָׂכַל Hi.
to make, חָיָה Pi., כָּשֵׁר Hi.
prospered, to be, (Ch. צְלַח Aph. after Heb. form.)
prosperity, אוֹר m., אֲרוּכָה f., חַיִּים plu., טוֹב ,טוּב m., טוֹבָה f., יְשׁוּעָה f., יֵשַׁע and יֶשַׁע m., כּוֹשָׁרָה f., כִּשְׁרוֹן m., נֵר m., צֶדֶק m., צְדָקָה f., שֵׂכֶל also שֶׂכֶל m., שַׁחַר m., שָׁלוֹם m., תֹּם m. (Ch. שְׁלֵם m.)

prosperous, טוֹב , חַי.
and happy, one, בְּרָכָה f. concr.
to make, בָּרַךְ Pi.
to make him, בָּנָה with acc. of pers.
prostitute, זוֹנָה , אֵשֶׁת זְנוּנִים f., זָרָה f.
a female, קְדֵשָׁה f.
a male, קָדֵשׁ m.
prostrate, חָפְשִׁי.
one's self, to, סָגַד , נָפַל , גָּהַר c. לְ., רָפַס and רָפַשׂ Hithp.
to, חָלַשׁ , כּוּל Hi. Pilp., כָּרַע Hi., נָפַל Hi., שָׁכַב Hi. w. אַרְצָה.
to fall, שָׁחָה Hithpal. (Ch. נְפַל.)
to lie, סָפַח and שָׁפַח Pu.
prostrated, to be, נָגַשׁ Ni., סָחַף Ni.
protect, to, גָּנַן K. c. עַל , אֶל , Hi. c. עַל, נָהַל , כּוּל Pilp. Hi., חָפָה w. עַל., בָּעַר Pi., נָסַךְ II, סָכַךְ K. Hi. c. עַל., עָזַז c. לְ., שָׂגַב Pi., שָׁמַר.
the cause of, to, דִּין.
protected, to be, עָזַז , שָׂגַב Ni.
protection, אַמְצָה f., חָפָּה f., יָד f., סֵתֶר m., כְּתֻרָה f., עֹז m., צֵל m.
to have, עָזַז.
protest, מְרִי m.
to, עוּד Hi.
protract, to, מָשַׁךְ.
protruded, to be, שָׁחַר Ni.
protuberance, בֹּהֶן f.
proud, גֵּא , גֵּאֶה , גַּאֲיוֹן (Cheth), גְּבַהּ (constr. only), גָּבֹהַּ , גָּדוֹל , זֵד , יָהִיר, שַׁאֲנָן , רָחָב , רָהָב , עָשִׁיר.
looks, עֵינַיִם רָמוֹת.
the, הוֹלְלִים , גֵּאִים.
things, to do, הִגְדִּיל לַעֲשׂוֹת.
to be, גָּבַהּ , נָשָׂא Hithp., עָפַל Pu., פָּחַז , פּוּשׁ , עָשַׁק.
to show one's self, הָדַר Hithp.
proudly, מָרוֹם.
to act, גָּדַל Hithp. c. עַל., עָפַל Hi. (Ch. זוּד Aph.)
to carry one's self, הָדַר Hithp.
to conduct one's self, גָּבַר Hithp. w. אֶל against.
to show off, פּוּשׁ.
to speak, הִגְדִּיל פֶּה , בָּפֶה.

proudly, towards (or) against, to act, זוּד or זִיד c. עַל , אֶל.
prove, to, בּוּר (once), בָּחַן , בָּחַר (later Heb.), בָּרַר , זָרָה Pi., יָכַח Hi., נָסָה Pi., see פָּקַד , צָרַף , תָּכַן K. Pi.
proved, חָנִיךְ.
to be, בָּחַן Ni. Pu.
provender, mixed, בְּלִיל m.
salted, בְּלִיל חָמִיץ.
to, to give, בָּלַל.
proverb, מִלָּה f. (only poet.), מַשָּׂא m., מָשָׁל I m.
to use a, מָשַׁל w. עַל concerning.
provide, to, כּוּן Hi., רָאָה.
for, to, נָהַל Pi.
provided, (adv.), רַק.
for, to be, רָאָה Ni.
providence, פְּקֻדָּה f.
province, מְדִינָה f. (later Heb.). (Ch. מְדִינָה f.)
proving, (act of), תּוֹכַחַת f.
provision, אֹכֶל m., לֶחֶם m., צַיִד m., צֵידָה f.
provisions, to be furnished with, כּוּל Polp.
provoke, to, כָּעַס Pi. Hi., מָרַץ Hi., מָרַר Pi., סוּת Hi.
to anger, to, קָצַף Hi., רָגַז Hi., רָעַם Hi. (Ch. רְגַז Aph.)
provoked to anger, to be, זָעַם Ni.
prudence, מְזִמָּה f., עֵצָה II f., עָרְמָה f. (Ch. טְעֵם.)
prudent, עָרוּם.
measures, תַּחְבֻּלוֹת.
one, מַשְׂכִּיל.
to be, שָׂכַל K. Hi.
to become, שָׂכַל Hi.
prudently, to act, עָרַם I Hi., שָׂכַל K. Hi.
prune, to, זָמַר I.
pruning-hooks, מַזְמֵרוֹת only plu.
pruning-knives, מְזַמְּרוֹת only plu.
pruning-time, זָמִיר m.
psalm, מִזְמוֹר m. (only in inscrip. of Psalms), מִכְתָּב m., מִכְתָּם m. (only in inscrip. of Psalms), נְגִינָה f., שִׁיר m., תְּהִלָּה f.

psalm, golden, see מִכְתָּם.
 revealed, יְדוּת f.
psaltery, see פְּסַנְתֵּרִין.
puberty, to arrive at, חָלַם.
public crying, a, קְרִיאָה.
publish, to, יָצָא Hi. w. עַל of or about., נָבַע Hi.
pudenda, חֶרְפָּה f., מְבֻשִׁים plu., מְעוֹרִים plu. only, בַּעַר m., עֶרְוָה f.
 muliebra, פֹּת m.
 viri, בָּשָׂר m.
 virilia, see פַּחַד in du. or plu.
puff, to, נָפַח, פּוּחַ.
 at, to, פּוּחַ Hi. c. בְּ, לְ.
 to drive away by a, נָשַׁב Hi.
puffing out, יָפַח.
pull, to, אָרָה I, שָׁלַף.
 apart, to, נָצַל Hi. c. בֵּין.
 away, to, נָצַל Hi.
 down, to, הָרַס K. Pi.
 in pieces, to, פָּרַק.
 off, to, חָלַץ K. Pi.
 out, to, see שָׁלַח, 3., שָׁלַל.
 up, to, נָסַע.
 "up stakes," to, נָסַע.
pulpit, כִּיּוֹר m., מִגְדָּל.
puncture, to, נָקַב Hi., פָּרַשׁ Hi.
pungent, to be, חָמֵץ.
punish, to, אָשַׁם Hi., דִּין, דָּרַשׁ, יָכַח Hi., יָסַר K. (rarely), Pi. Hi. (once), פָּקַד w. עַל of pers., שָׁפַט K., see also Ni. 2.
punished, to be, אָשַׁם K. Ni., נָקַם Ni. Ho., עָנַשׁ Ni., פָּקַד Ni. Ho.
punishment, בִּקֹּרֶת f., חַטָּאָה f., נְבָלָה f., עָוֹן m., פְּקֻדָּה f., פָּקוּד m., פֶּשַׁע m., שִׁלְּמָה f., שְׁפוֹט m., תּוֹכֵחָה f., תּוֹכַחַת f. (Ch. דִּין m.)
 for sin, חַטָּאת f.
 of sin, חֵטְא m.
 to be borne down with, נָזַר.
 to be free from, נָקָה Ni.
 to bear, נָשָׂא.
 to suffer, אָשַׁם.
punishments, שְׁפָטִים only plu.
pupil, בֵּן m.
 female, בַּת I f.
pupil of the eye, אִישׁוֹן w. עַיִן added.

purchase, מִקְנֶה m. once f., מִקְנָה f., קִנְיָן m.
 a bill of, סֵפֶר הַמִּקְנָה.
 to, כָּרָה II.
purchased, a thing, מִקְנָה f. concr.
pure, בַּר II, בָּבָר, זַךְ and זָךְ, זַךְ, חַד, טָהוֹר, נָקִי, פָּז, see פָּזַז Ho. participle, pass. part. of צָרַף. (Ch. נְקֵא.)
 in heart, בַּר לֵבָב.
 to be, זָכָה (everywhere in a moral sense), זָכַךְ, טָהֵר, נָקָה K. (once), Ni., קָדַשׁ and קָדֵשׁ.
 to become, טָהֵר.
 to make, זָכָה Pi.
 to show one's self, בָּרַר Hithp.
pureness, בֹּר II m., see בֹּרִי, טֹהַר m., טָהֳרָה f.
purge, to, כָּפַר, בָּרַר Pi.
purification, טֹהַר m., טָהֳרָה f.
purifications, מְרוּקִים, תַּמְרוּקֵי plu. constr.
purified, פָּז.
 to be, בָּרַר Hithp.
purify, to, בָּרַר K. Pi., זָקַק Pi., חָטָא Pi., טָהֵר Hi., כָּבַס Pi., לָבַן Hi., צָרַף.
 one's self, to, בָּרַר Ni. Hithp., חָטָא Hithp., טָהֵר Hithp., לָבַן Hithp., קָדַשׁ Hithp.
Purim, festival of, יְמֵי הַפּוּרִים, פּוּרִים.
purity, טֹהַר m., קֹדֶשׁ m. (Ch. זָכוּ f.)
purple, אַרְגָּמָן m. (Ch. אַרְגְּוָן.)
 cerulian, תְּכֵלֶת f.
 cloth, covering, a, בֶּגֶד אַרְגָּמָן.
 cloths, אַרְגָּמָן m.
 cloths, garments, yarn, thread, dyed with cerulian, תְּכֵלֶת f.
 reddish, אַרְגָּמָן m.
purpose, זִמָּה f., זַמָּה f., זָמָם m. חֵפֶץ m., חֵפֶשׂ m., יֵצֶר m., מְזִמָּה f., מַחֲשָׁבָה and מַחֲשֶׁבֶת f., מִכְנֶה m., עֵצָה II f., צְדִיָּה f., רוּחַ f., תּוּשִׁיָּה f. (Ch. צְדָא m.)
 staid in, יֵצֶר סָמוּךְ.
 to, אָמַר בְּלִבּוֹ, דָּמָה I Pi., הָיָה K. Po., זָמַם, חָשַׁב K. Pi., יָעַץ, see יָצַר, שׂוּם פָּנָיו w. inf. c. לְ. (Ch. עֲשִׁית, עֲשַׁת c. inf. et לְ.)

purpose, to no, חִנָּם (adv.)
to, to suggest a, נָתַן בּוֹ רוּחַ.
upon, to fix the, צָדָה II.
wicked, מְזִמָּה f.
purposely, בִּצְדִיָּה.
purse, כִּיס m., צְרוֹר m.
purslain, see חַלָּמוּת.
purses, חֲרִיטִים.
pursue, to, דָּבַק Hi. w. acc. and אַחֲרֵי., רָדַף K. Pi. (poet.), Hi.
hotly, to, דָּלַק w. acc., דָּלַק אַחֲרֵי.
pursuers, רֹדְפִים.
push, a, דְּחִי m.
apt to, נַגָּח (adj.)
at, to, נָגַח Hithp.
away, to, see שָׁלַח, 3.
down, to, דָּחָה.
forward upon, to, צוּר I w. acc. and עַל.
pustules, אֲבַעְבֻּעֹת f. plu.
put, to, יָהַב (defec. and rare), יָסַר, יָצַג Hi., יָשַׂם (Cheth), נָתַן, שׂוּם and שִׂים, שָׁוָה Pi., שִׁית, שָׁבַב Hi., שָׁפַת, see שָׁתַת. (Ch. יְהַב, שׂוּם, שְׁוָה or שְׂיָא Pa.)
aside, to, סוּר Hi.
away, to, בָּעַר Pi. Hi., גָּרַשׁ, יָצָא Hi., מוּשׁ I, נָדָה I Pi. c. לְ., נָסַע Hi., סוּג I Hi., סוּר Hi. w. acc. and often מִן, מֵעַל., עָבַר Hi., נָדַח Hi., שָׁבַת Hi., שָׁלַח Pi.
back, to be, גָּרַע Ni.
down, to, נוּחַ Hi., שׂוּם and שִׂים.
forth, to, יָצָא K. Hi., see נוּב, see נוּן, פָּרַח K. Hi., שָׁלַח K. Pi.
forth the hand, to, (Ch. שְׁלַח w. יַד.)
forth, to cause the horn of (any one) to, הִצְמִיחַ קֶרֶן לְ.
in bonds, to, אָסַר.
in commotion, to, הָמַם.
in consternation, to, הָמַם.
put in fear, to, קוּץ I Hi.
in motion, to, הוּם.
in order, to, נָתַן, עָרַךְ, סָדַר, פָּנָה Pi., שָׁוָה Pi.
in prison, to, אָסַר.
in, to be, בּוֹא Ho. (Ch. שׂוּם Ithpe. c. בְּ.)
in trepidation, to, (Ch. בְּהַל Pa.)
into, to, נָתַן w. אֶל., שׂוּם and שִׂים.
off, to, נָשַׁל, עָדָה Hi., פָּשַׁט.
on, (something), שִׁית m.
on, to, אָפַד, כָּסָה Pi. c. בְּ., כִּרְבֵּל, לָבַשׁ and לָבֵשׁ K. Hi., עָדָה, עָטָה, עָטַף, עָלָה K. Hi., שׂוּם and שִׂים c. עַל. (Ch. לְבַשׁ.)
out, to, הָדָה (once), כָּבָה Pi.
out (the eye), to, נָקַר Pi.
to be, see הָדַף, יָשַׂם, יָצַב, נָתַן Ho. only fut., שׂוּם Ho. (once, Keri). (Ch. שׂוּם Ithpe.)
to death, to, אָבַד Pi., מוּת Hi.
to death, to be, חָרַם Ho.
to fear and shame, to, חָתַת Hi.
to flight, to, בָּזַר Pi., בָּרַח Hi., נוּס Hi., נָבָה Hi., פוּץ Hi., רָדַף.
to flight, to be, נָדַר Ho.
to shame, to, בּוֹשׁ Hi., חָלַל Poel, כָּלַם Hi.
to shame, to be, חָפֵר II K. Hi., יָבֵשׁ Hi., כָּלַם Ho. Ni.
to the test, to, בָּחַן.
to, to, נָשַׂג Hi., שׂוּם and שִׂים, שִׁית w. עַל.
trust in, to, חָסָה c. בְּ.
up, to, שׂוּם and שִׂים.
upon, to, נָשָׂא Hi. w. אֶל., נָשַׂג Hi., עָלָה Hi., רָכַב Hi. c. עַל.
putridity, מַק m.
putting on, a, אֲפֻדָּה f.
python, אוֹב.

Q

quadrated, מְרֻבָּע, רָבוּעַ.
quadruped, the huge, בְּהֵמוֹת plu. majest.
quadrupeds, בְּהֵמִים.
quadruple, אַרְבַּעְתַּיִם du.
quail, a, שְׂלָו m.
quails, שְׂלָו m. coll.
quake, to, גָּעַשׁ K. (once), Pu. Hithp., זוּעַ, זָלַל Hi., חוּל and חִיל, נוּט (once), נוּעַ also נִיעַ, רָגַז, רָגַד, רָעַשׁ K. Ni., רָקַד.
quaking, a, זְוָעָה f.
qualities, good, טוֹבוֹת.
quality, bad, רַע m.
good, חַיִל m.
quarrel, מָדוֹן I m., מַצָּה II f., מַצּוּת f., מְרִיבָה f., רִיב m.
to, נָצָה Hi., הִתְעַשֵּׁק Hithp. (once), c. עִם., רוּב (Cheth), רִיב K. Hi. (only participle.)
quarried stone, אַבְנֵי מַחְצֵב.
quarry, perh. מַחְצֵב m., מַקֶּבֶת f.
quarter, (side), פֵּאָה f., רוּחַ f.
quartermaster-general, see מְנוּחָה in end.
queen, גְּבִירָה f., מַלְכָּה f., מְלֶכֶת f. (only in Jer.), שֵׁגָל f. (Ch. מַלְכָּא f., שֵׁגַל f.)
quench, to, כָּבָה Pi., שָׁבַר.
thirst (of lust), to, עָלַס I Hithp. c. בְּ upon.
quenched, to be, דָּעַךְ K. Pu., כָּבָה.
queries, חִקְרֵי לֵב.
questions, knotty, (Ch. קִטְרִין.)
quick, חָשִׁים plu., מָהִיר.
to be, הָדַר, מָהַר I Pi.
quick, (raw flesh), the, מִחְיָה f.
quicken, to, בָּהַל Pi. Hi., חָיָה Pi.
quickened, מְבֹהָל.
quickened, to be, בָּהַל Pu. (Keri.)
quickly, מְאֹד, מַהֵר, מְהֵרָה, בִּמְהֵרָה, עַד־מְהֵרָה, פִּתְאֹם. (Ch. הִתְבְּהָלָה w. pref. בְּ.)
to do (anything), מָהַר I Pi. coupled with another verb.
quiet, דָּבָא m. (once), הַשְׁקֵט f., דְּמִי m., דֳּמִי m., הֲנָחָה f., מָנוֹחַ m., מְנוּחָה f., מַרְגֵּעָה f., נוֹחַ m., נַחַת f., שָׁלֵו m., שְׁלִי m., הַשְׁקֵט, שֶׁקֶט m. (Ch. שְׁלֵוָה f.)
(adj.), קַר (Cheth), רָגֵעַ, שַׁאֲנָן.
dwelling, a, רֶבֶץ m.
dwelling in, שַׁאֲנָן.
to, דָּמַם Po., נוּחַ Hi., שָׁבַת Hi., see שָׁיָה Pi., שָׁקַט Hi.
to be, חָרַשׁ Hi., חָשָׁה K. Hi., נוּחַ, רָגַע Ni., שָׁאַן Pil., שָׁקַט Hi.
to give, רָגַע Hi., שָׁקַט Hi.
to have, שָׁקַט.
to keep, שָׁקַט.
to keep one's self, חָרַשׁ Hithp.
to leave in, נוּחַ Hi.
to live in, שָׁאַן Pil.
quietly, מְנוּחָה.
to dwell, רָגַע Hi.
quietness, see מַרְפֵּא.
quilt, כְּבִיר m., שְׂמִיכָה f.
quilts, מִסְפָּחוֹת.
quinquefied, see חָמַשׁ II part. pass.
quit, נָקִי c. מִן.
to, עָזַב.
to be, נָקָה Ni.
quiver, a, אַשְׁפָּה f., תְּלִי m. (once.)
quiver, to, צָלַל I.
to be made to, רָעַל Ho. only.
quivering, a, רְעָדָה f.
quivers, see in שֶׁלֶט.

R

rabble, אֲסַפְסֻף.
rabbit, see שָׁפָן.
race, (posterity), בַּיִת m., דּוֹר m., זֶרַע, מוֹלֶדֶת f., עַם m., שֹׁרֶשׁ m.

race, the human, עַם m.
race, (running), מֵרוֹץ m., שְׁצָבָה f.
Rachel, רָחֵל.
rack, (for cattle), אֻרְוָה and אֻרְיָה f.
rafters, to cover with, סָפַן.
rafts, רַפְסֹדוֹת, דֹּבְרוֹת (later Heb.)
rage, זַעַף m. (Ch. רְגַז m.)
to, חָלַל and יָלַל, הָלַל Hithpo., חָמָה, רָגַז Hithp. w. אֶל against., רָגַשׁ, רָהַב c. בְּ against., רָעַם.
ragged, עָרוֹם.
raging, a, הֶבֶר m., שָׁאוֹן m., prob. הַוָּיָה f. (Cheth.)
(adj.), זֵידוֹן.
rags, בְּלוֹאֵי plu. constr. only., קְרָעִים.
rail at, to, פּוּחַ Hi. c. בְּ, לְ.
railing, (support), רְפִידָה f.
raiment, מַלְבּוּשׁ m. coll., שִׂמְלָה f.
goodly, בִּגְדֵי חֲמֻדוֹת.
rain, גֶּשֶׁם m., גֶּשֶׁם, מָטָר m., סַגְרִיר m., רְבִיבִים plu., רִי m.
a pouring, זַרְזִיף m., זֶרֶם m., גֶּשֶׁם שֹׁטֵף.
heavy, סַגְרִיר m.
the early, יוֹרֶה m., מוֹרֶה m.
the first, יוֹרֶה m.
the latter, מַלְקוֹשׁ m.
to, מָטַר Hi.
to cause to, גָּשַׁם Hi.
to give (or) send, מָטַר Hi., נָתַן מָטָר.
violent, גֶּשֶׁם, נֶפֶץ m.
rainbow, קֶשֶׁת com.
rained upon, to be, מָטַר Ni., see in גֶּשֶׁם.
raise, to, נָשָׂא, עָלָה Hi., רוּם Pil. Hi.
one's self up, to, see מָרָא I Hi.
up, to, זָקַף, עוּר I Pil. Pilp., עָלָה Hi. c. acc. et לְ., עָמַד I Hi., קוּם Pi. Hi., רוּם Hi. (Ch. זְקַף, קוּם Pa.)
up again, to, קוּם Hi.
raised up, to be, עוּר I Ni., רוּם, שָׂגַב.
raisin-cake, אֲשִׁישֵׁי עֲנָבִים.
raisins, צִמּוּקִים only plu.
bunches of, צִמּוּקִים only plu.
ram, אַיִל m. (Ch. דְּכַר.)
ram, a young, כֶּבֶשׂ m.

ramble, to, הָמָה, רוּד K. Hi.
Rameses, רַעְמְסֵס.
rampart, חֵיל m., מִלּוֹא m., סֹלְלָה f.
range, a, טוּר m., טִירָה f.
of chambers, צֵלָע m. coll.
rank, שְׂדֵרָה f.
high, perh. אִוֶּלֶת f.
ranks, מַעֲרָכוֹת.
ransom, כֹּפֶר m., פְּדוּיִים plu. only, פִּדְיוֹם and פִּדְיוֹן m.
to, גָּאַל I, פָּדָה w. בְּ of price.
rapacious, one, פָּרִיץ m.
rapid course, דַּהֲרָה f.
rapine, בֶּגֶר m., חֶתֶף m., פֶּרֶק m.
rare, (half-cooked), נָא II.
rare, (precious), יָקָר.
to make, יָקַר Hi.
rase, to, עָרָה Pi., עָרַר Po.
rased, to be, עָרַר Pilp. Hithpalp.
rash, נִמְהָר.
to be, יָרַט (once.)
rashly, to speak, יָלַע, לָעָה (once pret.)
uttered, (something), מִבְטָא m.
rat, see פֵּרָה, חֲפַרְפֵּרָה f.
rattling, a, קוֹל m.
ravage, to, הָלַךְ and יָלַךְ Pi. (poet.)
ravager, מְהַלֵּךְ, מִתְהַלֵּךְ.
rave, to, נָבָא Hithp., רָגַז Hithp. w. אֶל against.
raven, a, עֹרֵב.
ravenous beast, חַיָּה f., עַיִט m., פְּרִיץ חַיּוֹת.
bird, עַיִט m.
to be, שָׁקַק.
ravine, see אֶשֶׁד, אֲשֵׁדָה f., נַחַל m.
raving, מְהוֹלָל.
one, מְשֻׁגָּע.
ravish the heart, to, לָבַב Pi.
ravished, see שָׁגָה, 2.
to be, שָׁגַל Ni. Pu., עָנַב Ni. Pu.
raw, חַי, נָא II.
rays, קַרְנַיִם du.
to emit, קָרַן.
razed, to be, צָדָה I Ni.
razor, חֶרֶב f., מוֹרָה I m., תַּעַר I m.
reach, to, מָצָא c. עַד., נָשַׂג Hi.
across, to, בָּרַח.

reach forth towards, upon, to, נָשַׂג Hi.
out, to, חָנָה I K. (once), Hi. (once.)
out to, to, צָבַט c. dat. (once.)
to, to, נָגַע K. c. בְּ , אֶל , לְ , Hi. w. עַד . (Ch. מְטָה , מְטָא w. לְ .)
unto, to, בּוֹא w. עַד ., מָחָה c. עַל ., נָשַׂג Hi., פָּגַע c. אֶל , בְּ .
read, to, קָרָא I. (Ch. קְרָא .)
aloud, to, קָרָא I. (Ch. קְרָא .)
reading, a, מִקְרָא m.
aloud, a, מִקְרָא m.
ready, חָלוּץ , נָדִיב , עָתוּד (Cheth), עָתִיד c. לְ . (Ch. עֲתִיד .)
of access, to make, קָרָה Hi.
to be, כּוּן Ni., כָּלָה , עָתַד Hithp. c. לְ . (Ch. נְדַב Ithp. c. לְ for.)
to be made, כּוּן Ni. Ho.
to become, כָּלָה .
to fall, נֹפֵל (participle.)
to make, כּוּן Hi., תָּלָה Pi., עָשָׂה I, עָתַד Pi., חָמַם Hi. (Ch. עֲבַד .)
real estate, נַחֲלָה f.
realm, מַלְכוּת f., מַמְלָכָה f., מֶמְשָׁלָה f. (Ch. מַלְכוּ f.)
reap, to, קָצַר K. Hi. (Cheth.)
reaper, a, קוֹצֵר .
reaping, קָצִיר m.
rear, אָחוֹר m., יַרְכָּתַיִם du., סוֹף m., עָקֵב m.
of an army, to smite the, זִנֵּב Pi.
to bring up the, אָסַף K. Pi.
rear, to cause to, see עָלָה Hi. 1.
up, to, קוּם Hi.
rear-guard, to cut off the, זִנֵּב Pi.
rear-ward, to be a, אָסַף K. Pi.
reason, דָּבָר m., דִּבְרָה f., חֶשְׁבּוֹן m. (Ch. דִּבְרָה f., טְעֵם m.)
together, to, יָכַח Ni. Hithp.
reasons, תְּבוּנוֹת .
Rebekah, רִבְקָה .
rebel, a, שׁוֹבָב m.
rebel, to, מָרַד w. בְּ against., מָרָה K. Hi. w. בְּ against., פָּשַׁע c. בְּ , מַחַת ., רָגַן K. part., Ni. w. בְּ of pers.
rebellion, מֶרֶד m., פֶּשַׁע m. (Ch. אֶשְׁתַּדּוּר , מְרַד m.)
land of double, אֶרֶץ מְרָתַיִם .
rebellious, מְרִי m. concr., סַר , סָרָב , שׁוֹבָב , שׁוֹבֵב . (Ch. מָרָד .)
the, סוֹרְרִים .
to be, מָרָא I, סָרַר (once.)
rebelliousness, מַרְדּוּת f., מְרִי m.
rebels, בְּנֵי מְרִי .
rebuild, to, בָּדַק , בָּנָה , חִדֵּשׁ Pi., חָזַק Hi., חָיָה Pi.
rebuke, a, גְּעָרָה f., מִגְעֶרֶת f.
to, גָּעַר , יָכַח Hi., see כָּהָה Pi., עָלַם I Hi.
recall, to, שׁוּב Hi.
to mind, to, זָכַר , הֵשִׁיב אֶל־לֵב .
recalled, to be, שׁוּב .
recede, to, מוּשׁ I, נָגַשׁ Ni. pret., K. fut., רָחַק c. מִן .
receive, to, אָסַף K. Pi., לָקַח , מָצָא , נָשָׂא , קִבֵּל Pi. (later Heb.), קָרַב I Pi. (Ch. קַבֵּל only in Pa.)
as one's own, to, נָחַל Hithp.
graciously, to, רָצָה .
into favor, to, רָצָה .
to let, מָצָא Hi.
received, to be, אָסַף Ni.
receiver (of a bribe), בַּעַל .
receiving, a, מִקָּח m.
recent times, in, מִקָּרוֹב .
receptacle, בַּיִת m.
recesses, יַרְכָּתַיִם du., מֶחְקָר m., see מִנְהָרָה .
recite, to, קָרָא I. (Ch. קְרָא .)
reckon, to, חָשַׁב Pi., כָּסַס (once.)
one's self, to, חָשַׁב Hithp. c. בְּ among.
to, to, חָשַׁב w. acc. of thing, and לְ of pers.
reckoned, to be, חָשַׁב Ni.
recline, to, שָׁעַן Ni.
reclining, a, מְסִבָּה m.
recognize, to, נָכַר Hi.
recognized, to be, נָכַר Ni. Hithp.
recollect, to, זָכַר .
recompense, גְּמוּל m., גְּמוּלָה f., עֵקֶב m., שִׁלֵּם .
to, to, גָּמַל c. acc. עַל ., שִׁלֵּם Pi. w. לְ of pers.
reconnoitre, to, תּוּר .

reconnoitre in ambush, to, אָרַב K. Pi.
to let, תּוּר Hi.
record, זִכָּרוֹן m. (Ch. דִּכְרוֹן m., דָּכְרָן m.)
record, to, זָכַר Hi., כָּתַב, רָשַׁם.
recorded, to be, עָלָה Ho.
recorder, מַזְכִּיר.
records, book of, סֵפֶר הַזִּכְרֹנוֹת.
the book of the, (Ch. סְפַר דָּכְרָנַיָּא.)
recount, to, סָפַר Pi.
with praise, to, סָפַר Pi.
recover, to, חָזַק, חָיָה, שׁוּב Hi.
to let, חָלַם Hi.
recreation, חַיִּים plu.
rectitude, מִשְׁפָּט m., צֶדֶק m., צְדָקָה f.
recurrence, a, תְּשׁוּבָה f.
red, (sub.), אָדֹם m.
(adj.), אָדֹם, אַדְמוֹנִי.
color, שָׁשַׁר m.
dyed, made, מְאָדָּם.
ochre, שָׁשַׁר m.
to be, אָדַם K. (once), Hi. Hithp., חָמַר.
to become, חָמַר Poalal.
red-haired, אַדְמוֹנִי.
redden, to, אָדַם Hi.
reddish, שָׂרֹק, אֲדַמְדָּם.
purple, אַרְגָּמָן m.
redeem, to, גָּאַל I. פָּדָה w. בְּ of price., קָנָה. (Ch. פְּרַק.)
one's self, to, גָּאַל I Ni.
redeemed by, a field to be, גְּאֻלָּה f. w. gen. of pers.
redeemer, גֹּאֵל.
redemption, גְּאוּלִים plu., גְּאֻלָּה f.
perpetual right of, גְּאֻלַּת עוֹלָם.
price of, גְּאֻלָּה f., פְּדוּיִים plu. only, פִּדְיוֹם m. and פִּדְיוֹן.
right of, גְּאֻלָּה f., fully מִשְׁפַּט גְּאֻלָּה.
redemptions, גְּאוּלִים.
redness, אֹדֶם m.
redundance, יֶתֶר m., סֶרַח m.
redundant, to be, עָדַף.
with, to be, פָּרַץ c. acc.
reed, אֵבֶה m., אַגְמוֹן m., אֲגַם m., סוּף m., עֵט m., עוּגָב m., קָנֶה m.
reed, a measuring, קָנֶה m., fully קְנֵה הַמִּדָּה.
reeds, אָחוּ (Egyptian word.)
reel, to, גָּעַשׁ Hithpo., חָגַג, נוּד Hithpal., נוּעַ also נוּעַ, שָׁגָה w. בְּ, מִן of wine., see תָּעָה.
reeling, a, רַעַל m., תַּרְעֵלָה f.
refine, to, זָקַק K. Pi., צָרַף.
refined, to be, זָקַק Pu.
refiner, צֹרֵף, מְצָרֵף.
reflect, to, זָכַר.
reform, to, בָּרָא Hithp.
refractory, מָאֵן, סַר, סָרָב, סוֹרֵר.
to be, מָרָה, מָרַר (once).
refrain from, to, שָׁמַר Ni. c. מִן.
one's self, to, אָפַק Hithp.
refresh, to, אוֹר Hi., חָיָה Pi., סָמַךְ Pi. c. בְּ., see סָעַד, רָפַד Pi., שׁוּב Pil. w. נֶפֶשׁ.
refreshed, I am, רָוַח לִי.
to be, נָפַשׁ Ni.
refreshing, a, מְקֵרָה f.
refreshment, חַיִּים plu., מַרְפֵּא m.
refuge, חָסוּת f., מוּעָדָה f., מַחֲסֶה, מַחְסֶה m., מָנוֹס m., מִכְתּוֹר m., מָעוֹן m., מְעוּזָה f., מִקְלָט m., מִשְׂגָּב m., עֹז m., צוּר m.
to take, חָסָה.
refuges, חֲגָוִים.
refuse, מַפָּל m.
refuse, to, אָצַל K. Hi. w. מִן., מָאֵן Pi., נוּא Hi., מָאַס, פָּרַע.
refusing, מָאֵן w. pers. pron. for finite verb.
pertinaciously, מָאֵן.
refutation, מַעֲנֶה m.
refute, to, עָנָה I.
regard, to, נָבַט Hi., יָדַע, חָשַׁב, דָּרַשׁ, נָכַר Pi., פָּנָה אֶל, רָאָה, שׁוּר II, שִׁית לֵב, שָׁמַר K. Pi. (Ch. חֲשַׁב c. כְּ.)
and treat as, like, to, נָתַן כְּ.
as, to, רָאָה, נָתַן לִפְנֵי w. כְּ.
for, to, נָתַן לִפְנֵי.
highly, to, חָשַׁב Pi.
regarded, to be, שָׁמַר Ni.
regarding, מַשְׂים (participle.)
a, הַכָּרָה f.

region, אֲדָמָה f., גָּלִיל m., גְּלִילָה f., חֶבֶל m., מְדִינָה f. (later Heb.), מָקוֹם com.
beyond, עֵבֶר m. (Ch. עֲבַר.)
cut up (with mountains), בִּתְרוֹן m.
on the other side, opposite, עֵבֶר m.
well-watered, מַשְׁקֶה m.
regions, אֲרָצוֹת com.
register, כְּתָב. (Ch. דִּכְרוֹן m., דָּכְרָן m.)
genealogical, סֵפֶר הַיַּחַשׂ.
in the manner of a, לְהִתְיַחֵשׂ.
to, זָכַר Hi., כָּלָה Hi.
registered, to be, הִתְיַחֵשׂ Hithp.
reign, מַלְכוּת f., מַמְלָכָה f. (Ch. מַלְכוּ f.)
to, מָלַךְ constr. with עַל of people., עָצַר c. בְּ., שׂוּר I.
to begin to, מָלַךְ.
rein, יֶתֶר m., רֶסֶן m.
reins, כְּלָיוֹת, טֻחוֹת plu. only.
reject, to, prob. בָּעַל בְּ, זָנַח K. Hi., נָבַר Pi., נָטַשׁ, נָאַר Pi., נָאַץ, מָאַס, שִׁקֵּץ, פָּרַע Pi.
with loathing, to, גָּעַל K. Hi.
rejoice, to, גִּיל rarely גּוּל or גּוּל (poet.) w. בְּ in, also עַל., חָדָה, נָהַר II, נָשָׂא קוֹל, עוּר I Hithpal., עָלַס K. Ni., רָנַן Pi. Hi., רָנַן, עָנַג Hithp., עָלַץ, שׂוּשׂ and שִׂישׂ w. עַל at., שָׂחַק Pi., שָׂמַח and שָׂמֵחַ w. בְּ in or at., שָׁעַע Pilp. (Ch. בְּאֵשׁ c. עַל.)
to make, נָזָה Hi. w. acc. and עַל in or because of., רָנַן Hi., שָׂמַח Pi. Hi.
with great joy, to, שָׂמַח שִׂמְחָה גְדוֹלָה.
rejoicing, (adj.), שָׂמֵחַ c. מִן because of, in.
(one), עָלֵז m., עַלִּיז m.
rejoicing, (sub.), גִּיל m., גִּילָה f., הֵד m., מָשׂוֹשׂ m., עֲלִיצוּת f., רֹן m., רִנָּה f., שִׂמְחָה f., תְּרוּעָה f.
days of, הִלּוּלִים.
to praise with, רָנַן.
relation, a sign of, see (Ch. דִּי.)
relationship, גְּאֻלָּה f.
intimate, expressed by, אָב m., אֵם f.
relative, אָח I m., אָחוֹת f.
blood, גֹּאֵל.

relative (by marriage), חָתָן m.
relatives, perh. אֲנָשִׁים (once.)
relax, to, רָפָה I Pi., שָׁלָה and שָׁלַי.
relaxed, to be, see רָחַק, רָפָה I.
release, a, שְׁמִטָּה f.
to, שָׁמַט, עָזַב K. Hi.
relief, רֶוַח m.
relieve, to, עוּד Pilel.
religion, דָּת com., יִרְאַת אֱלֹהִים, יִרְאַת יְהוָֹה. (Ch. דָּת f.)
relish, to draw out with, מָצַץ.
to feed upon with, מָתַק.
rely upon, to, שָׁעַן Ni. c. עַל, אֶל, בְּ.
remain, to, אָחַר in K. (once), הוּר, יָשַׁב, יָתַר, לוּן and לִין K. Hithpal., עָמַד I K. Ho., קוּם, שָׁאַר K. (once), Ni. (Ch. קוּם.)
anywhere, to, שָׁאַר Ni.
behind, to, שָׁאַר Ni.
long, to, אָרַךְ Hi.
to let, יָתַר Hi., נוּחַ Hi., עָזַב, שָׁאַר Hi.
remainder, יֶתֶר m., נוֹתָר m., נוֹתֶרֶת f., סֶרַח m. concr., שְׁאָר m., שְׁאֵרִית f. (Ch. שְׁאָר m.)
remaining, שָׂרִיד.
part, שְׁאָר m., שְׁאֵרִית f.
to leave, נוּחַ Hi.
remedy, מַרְפֵּא m., תַּמְרוּק m. (Keri.)
remember, to, דָּמָה I Pi., הָגָה I, זָכַר K. Hi., הֶעֱלָה עַל לֵב.
remembered, to be, עָלָה עַל לֵב.
remembering, זָכוּר.
remembrance, זֵכֶר m. and זֶכֶר, זִכָּרוֹן m.
to bring to, זָכַר Hi.
to keep in, זָכַר Hi.
remembrance-offering, a, אַזְכָּרָה f.
remiss, רָפָה.
to be, עָצַל Ni., רָפָה I Ni.
to show one's self, רָפָה I Hithp.
remission, סָרָה f., הֲפוּגָה f., שְׁמִטָּה f.
remissly, רְמִיָּה.
remissness, רְמִיַּת f., רִפְיוֹן m. constr. only.
remit, to, נָטַשׁ, עָבַר Hi., עָזַב, שָׁמַט K. Hi.

remit from, to, קָלַל Hi. w. מִן of burden.
remnant, יֶתֶר m., נוֹתָר m., נוֹתֶרֶת f., שְׁאָר m., שְׁאֵרִית f.
remote, הַנַּהֲלָאָה f., רָחוֹק.
 regions, יַרְכָתַיִם f. du.
 time, (Ch. עָלַם m.)
 to be, רָחַק.
remoteness, מֶרְחָק m.
remove, to, בָּעַר Pi., הָגָה II Hi., מוּשׁ I, נָדָה I Pi. c. לְ., נָסַע, סוּג I Hi., סוּר Hi., עָבַר Hi., עָדָה Hi., עָתַק Hi., צָעַן, see קָרַב I Hi. at end., רוּם Hi., רָחַק Pi. Hi., שָׁבַת Hi. (Ch. עֲדָה Aph.)
 from, to, הֵסִיר Hi. c. מִן.
 mud (or) dirt, to, טֵאטֵא Pilp.
 to let, מוּשׁ I Hi.
removed, הַנַּהֲלָאָה f., סוּר.
 to be, נָלָה Ni., סוּר K. Ho., רָחַק, רָחַק Ni. (Cheth.)
removing, a, מַסָּח m.
rend, to, בָּזָא (once), בָּקַע K. Pi. Hi., פָּרַר I Po., פָּרַץ, פָּרַם, פָּצַם, פָּרַק, קָרַע, שָׁבַר, שָׁסַע Pi.
 asunder, to, פָּרַץ, קָרַע.
 away, to, קָרַע c. מִן, מָצַל.
 in pieces, to, פָּרַק Pi., קָרַע, קָרַע קְרָעִים.
 one's self away, to, קָרַע.
render, to, שׂוּם and שִׂים, שׁוּב Hi., שִׁית, שִׁלֵּם Pi.
 back, to, שׁוּב Hi.
 repeatedly, to, שׁוּב Hi.
 to, to, גָּמַל c. acc.
rendered, to be, בּוֹא. (Ch. שְׁוָה Ithpa.)
renew, to, חָדַשׁ Pi., חָלַף Hi., שׁוּב Pil.
 one's care, to, זָכַר.
 one's self, to, חָדַשׁ Hithp.
renewed, to be, שׁוּב.
renounce, to, see בָּרַךְ Pi. 5.
renovated, to be, חָלַף.
renown, שֵׁם m., תְּהִלָּה f.
 to acquire, גָּבַר Hi.
renowned, the, נְקֻבִים.
 to be, הָלַל Pu.
rent, a, פֶּרֶץ m.
 away, to be, נָקַע only in pret.

rent, to be, בָּקַע Ni. Pu. Hithp., פָּרַר I Hithpo.
repair, to, אָמֵץ Pi., בָּדַק, חָדַשׁ Pi., חָזַק Pi. Hi., חָיָה Pi., כּוּן Hi., רָפָא Pi. (Ch. חוּט Aph.)
 breaches, to, בָּדַק.
repaired, to be, כָּהַם Ni., רָפָא Ni.
repairing, a, חָזְקָה f.
repast, זֶבַח m.
repay, to, שָׁלַם Pi.
repeat, to, שָׁנָה I.
repeatedly, עוֹד.
repent, to, נָחַם Ni. Hithp.
repentance, נֹחַם m.
repetition, שִׁנְאָן m.
reply, a, מַעֲנֶה m.
 to, עָנָה I.
report, דָּבָר m., קוֹל m., שְׁמוּעָה f., שֵׁמַע m.
 evil, דִּבָּה f., see דֶּפִי at end.
 false, שֵׁמַע שָׁוְא.
 words to, to, יָצָא Hi. w. לְ.
repress, to, שׁוּב Hi.
reproach, חֶרְפָּה f., חֶסֶד, כְּלִמָּה f., כְּלִמּוּת f., נְאָצָה f., נֶאָצָה f., קָלוֹן m., see inf. of קָלַל, see שִׁמְצָה.
 to, גָּדַף Pi., חָסַד Pi., חָרַף K. Pi., כָּלַם Hi.
reproaches, גִּדּוּפִים only plu.
reproof, גְּעָרָה f., מוּסָר m., תּוֹכַחַת f.
reprove, to, גָּעַר c. acc. בְּ., יָכַח Hi.
reprover, מוֹכִיחַ, יִסּוֹר m.
reptile, רֶמֶשׂ m.
reptiles, אֶרֶץ com. (poet), רֶמֶשׂ m. coll., שֶׁרֶץ m. coll.
repulse, הֵרָאוֹן m.
 from, to, זָנַח w. מִן.
 to, נָטָה הָדַף Hi.
reputation, good, שֵׁם m.
repute, to, (Ch. חֲשַׁב c. כְּ.)
request, בַּקָּשָׁה f., מִשְׁאָלָה f., שְׁאֵלָה f. (Ch. בָּעוּ f.)
 to, בִּקֵּשׁ Pi. w. מִן of pers., acc. of thing.
require, to, בָּקַשׁ Pi. w. מִן., דָּרַשׁ, שָׁאַל.
 back, to, דָּרַשׁ w. מִיַּד.
requital, שִׁלֻּם m., שִׁלּוּם m.

requite, to, perh. נָתַן, שׁוּב Hi., שָׁלַם Pi. w. לְ of pers.
rescript, a, מִכְתָּב m., פִּתְגָּם m. (later Heb.). (Ch. פִּתְגָּם m.)
rescue, to, שׁוּב Hi.
rescued, יְשׁוּעָה f.
the, פְּרוּיִים plu.
resemble, to, דָּמָה I K. c. לְ, אֶל, Ni. c. acc.
reserve, to, גָּרַם c. dat., גָּרַע w. אֶל., חָשַׂךְ w. לְ., שָׁמַר.
for, to, אָצַל K. Hi. w. לְ., צָפַן w. לְ.
reservoir, גֶּבֶא m., גֹּל m., גֻּלָּה f. מִקְוָה f.
reservoirs of the dew, אֶגְלֵי טַל.
reside, to, נוּחַ.
residue, יוֹתֵר, יֶתֶר m., שְׁאָר m., שְׁאֵרִית f. (Ch. שְׁאָר m.)
resin, (an aromatic), נָכֹת m.
resist, to, מָרָה Hi., סָלַל Hithpo. c. בְּ., עָמַד, הָלַךְ קֶרִי עִם.
resisting, power of, תְּקוּמָה f.
resolves, חִקְקֵי plu. constr. only.
resort to, to, see יָצַב Hithp.
resound, to, שִׁיר Pil.
respect of persons, מַשֹּׂא פָּנִים.
to, נָשָׂא פְּנֵי פ׳.
to, in, אֶל, בְּ, לְ.
to, to have, נָבַט Hi., פָּנָה אֶל, רָאָה, שָׁעָה I c. בְּ.
respected, one, נְשׂוּא פָנִים.
respite, a, רְוָחָה f.
respond, to, עָנָה I.
response, מַעֲנֶה m., תְּשׁוּבָה f.
to give, עָנָה I, הֵשִׁיב דָּבָר.
rest (quiet), דֳּבָא m. (once), דְּמִי m., הֲנָחָה f., מָנוֹחַ m., מְנוּחָה f., מַרְגּוֹעַ m., מַרְגֵּעָה f., נוּחַ m., נַחַת f., see סֶלָה, שֶׁבֶת I f., הַשְׁקֵט, שֶׁקֶט m.
at, שְׁלֵו.
(day of), שַׁבָּת com.
from, to, חָדַל. (Ch. בְּטֵל.)
is given, נוּחַ Ho. c. dat. (impers.)
permission of, הֲנָחָה f.
place of, מְנוּחָה f., מַרְגּוֹעַ m.
to, דָּמָה II, דָּמַם, חָדַל and חָדֵל, חָנָה, נָוָה, נוּחַ, רָגַע Ni. Hi., שָׁבַת, שָׁכַב, שָׁכַן also שָׁכֵן, שָׁקַט.

rest, to be at, נוּחַ, שָׁלָה and שָׁלֵו. (Ch. שְׁלָה.)
to cause to, רָגַע Hi.
to find, שָׁקַט Hi.
to give, נוּחַ Hi.
to let, נוּחַ Hi., פָּרַע Ni. c. מִן., שָׁבַת Hi.
to make, שָׁבַת Hi.
to take, שָׁכַב, שָׁכַן also שָׁכֵן.
to, to give, נוּחַ Hi.
upon, to, סָמַךְ K. Ni. c. עַל., שָׁכַן Ni. c. עַל.
rest, (remnant), יוֹתֵר, יֶתֶר m., נוֹתָר m., נוֹתֶרֶת f., שְׁאָר m., שְׁאֵרִית f. (Ch. שְׁאָר.)
resting, a, מָנוֹחַ m., מְנוּחָה f.
resting-place, מְנוּחָה f., רֶבֶץ m.
restlessness, רֹגֶז m.
restore, to, אָמֵץ Pi., בָּנָה, כּוּן Hi., כּוּר Pilel., קוּם Hi., שׁוּב K. Pil. Hi., שָׁלַם Pi. (Ch. שְׁלַם Aph., תּוּב Aph. w. Heb. form.)
one's self, to, כּוּר Hithpol.
to life, to, חָיָה Pi. Hi.
to (one's) former state and prosperity, to, הֵשִׁיב שְׁבוּת פ׳.
restored, to be, אָסַף Ni., שׁוּב K. c. לְ, Ho.
restrain, to, חָבַשׁ Pi., כָּהָה Pi. w. בְּ., שָׁבַח, צָפַן, מָנַע, כָּלָא Pi. Hi.
from, to, נָזַר Hi.
one's self from, to, כָּלָא Ni. w. מִן and inf.
restrained, to be, חָשַׂךְ Ni., עָצַר Ni.
from, to be, בָּצַר Ni. c. מִן.
restraint, מַעְצוֹר m., מַעְצָר m.
rests, (ledges), מִגְרָעוֹת.
result, פְּרִי m., תְּבוּאָה f.
retain, to, see עָצַר K. 2., שָׁאַר Hi.
retard, to, אָחַר Pi, אָרַךְ Hi.
retract, to, סוּר Hi.
retreats, see מְגֵרָה.
retribution, גְּמוּל m., גְּמוּלָה f., שִׁלֵּם m., שִׁלֻּם m., שִׁלֻּמָה f., תְּמוּרָה f.
return, שׁוּבָה f., שִׁיבָה I f., תְּקוּפָה f., תְּשׁוּבָה f.
and do, to, שׁוּב w. another verb.

return for, in, תַּחַת אֲשֶׁר.
  to, כָּבַב, שׁוּב K. Hi. (Ch. תּוּב Peal, Aph. w. Heb. form.)
  to cause to, שׁוּב K. Pil. Hi.
  to let, בּוֹא Hi.
  to the doing, to, שׁוּב with another verb.
returned, to be, שׁוּב K. c. לְ, Ho.
returning, those, שִׁיבָה I f. concr.
Reuben, רְאוּבֵן.
reveal, to, גָּלָה K. Hi. (Ch. גְּלָה, גְּלָא.)
  one's self, to, יָדַע Hithp. c. אֶל.
revealed, to be, גָּלָה Ni.
revelation, אוּרִים plu., חָזוֹן m., חָזוּת f., חָזוֹת f., חִזָּיוֹן m., נְאֻם m., עֵדוּת f.
revelations, אוּרִים.
  to, to announce, חָזָה w. לְ.
  to, to declare, חָזָה w. לְ.
revengeful man, a, מִתְנַקֵּם.
revere, to, נָשָׂא פְּנֵי פ'.
reverence, יִרְאָה f., מוֹרָא m.
  deserving, נוֹרָא.
  object of, מוֹרָא m.
  to, הָדַר w. פְּנֵי פ'., יָרֵא, נָכַר Hi.
  to, to do, כָּבַד Pi.
reverencing, יָרֵא w. pers. pron. for finite verb.
revering, הָדַר.
reverse, the, הֵפֶךְ or הֶפֶךְ m.
review, a, מִפְקָד m.
  to, פָּקַד.
revile, to, גִּדֵּף Pi., כָּלַם Hi., קָלַל.
reviling, נְאָצָה f., נֶאָצָה f., קְלָלָה f.
revilings, גִּדּוּפִים only plu.
revisit, to, פָּקַד.
revive, to, חָיָה K. Pi., חָלַף Hi., see also K., קוּם Hi., רָבַפֶּשׁ.
reviving, (adj.), חַי.
revoke, to, שׁוּב Hi.
revoked, to be, שׁוּב.
revolt, to, סָבַב c. בְּ, מִתַּחַת.
revolters, see שֵׂטִים.
reward, אֶתְנָה f., מַשְׂכֹּרֶת f., עֵקֶב m., שָׂכָר m., see שֹׁחַד, שִׁלֻּם m.
  for good tidings, בְּשׂוֹרָה f.
  of, in, עֵקֶב, עַל־עֵקֶב.

reward, to, גָּמַל w. עַל, acc., שׁוּב Hi., שִׁלֵּם Pi. w. לְ of pers.
rewards, שַׁלְמֹנִים.
rib, a, צֵלָע m. (Ch. עֲלַע f.)
rich, שׁוֹעַ, עָשִׁיר, שָׁמֵן, רַב, דָּשֵׁן, שׁוֹעַ II.
  man, one, עָשִׁיר m.
  the, הָמוֹן m. concr.
  to be, כָּבַד K. Ni., עָשַׁר, עָתַר II Ni.
  to become, דָּשֵׁן Pu., עָשַׁר Hi.
  to feign one's self, עָשַׁר Hithp.
  to make, עָשַׁר Hi.
riches, הוֹן m., הָמוֹן m. once f., חַיִל m., חֹסֶן m., טוּבָה f., יִתְרָה f., כָּבוֹד m., כֹּחַ m., מִקְנֶה m. once f. (only of cattle), נֶכֶס m. (later Heb.), בֶּצֶר m., עֹשֶׁר m., עֲתִידוֹת (Cheth), בְּהֶרֶת f., שׁוּעַ II m.
  gathered, נְגֻרוֹת.
  their, הֲמֵהֶם only in plu. c. suff.
  to get, עָשָׂה חַיִל.
richest of people, עֲשִׁירֵי עָם.
  (part), the, חֵלֶב m.
ricinus, the, see קִיקָיוֹן.
riddle, a, חִידָה f. (Ch. אֲחִידָה.)
  to propose a, חוּד joined w. חִידָה.
ride, to, רָכַב w. עַל of beast.
  to let, רָכַב Hi.
rider, (horseman), פָּרָשׁ m., רֹכֵב סוּס, רַכָּב m.
rider, (upper mill-stone), פֶּלַח רֶכֶב.
riders, רֶכֶב m. coll.
riding, a, רִכְבָּה f.
right, (not left), יָמִין com. rarely m. (in gen. after other nouns), יְמִינִי (Cheth), יְמָנִי.
  hand, יָמִין com. rarely m.
  hand, to turn to the, אָמַן II Hi.
  hand, to use the, יָמַן Hi.
  (side), יָמִין com. rarely m.
  to take the, to turn to the, יָמַן Hi.
right-handed, מַיְמִינִים plu.
right, (not wrong), (adj.), טוֹב, יָשָׁר, צַדִּיק, נָכֹחַ, כֵּן I, נָכוֹן.
  (adv.), כֵּן I, הֵיטֵב, צַדִּיק.
  (sub.), דִּין m., טוֹב m., יֹשֶׁר m., מִשְׁפָּט m., נְכֹחָה f., פְּלִילָה f., צֶדֶק m., צְדָקָה f. (Ch. דִּין m.)

right, according to, לְמִשְׁפָּט.
of, to wrest the, חִטָּה מִשְׁפָּט פ׳.
one's self again, to, עוּד Hithpol.
to act, טוּב Hi. w. inf. c. לְ.
to be, יָשַׁר, כּוּן Ni., כָּשֵׁר c. לִפְנֵי.,
שָׁוָה c. לְ of pers., תָּכַן Ni. צָדַק,
to be in the, צָדַק.
to esteem as, יָשַׁר Pi.
to maintain one's, עָשָׂה מִשְׁפָּט פ׳.
to pronounce, צָדַק Hi.
to set, יָכַח Hi., יָסַר Pi.
to show to be, יָכַח Hi.
without, בְּלֹא מִשְׁפָּט.
rightness, יֹשֶׁר m., צֶדֶק m.
righteous, יָשָׁר, צַדִּיק, מַשְׂכִּיל.
acts, צְדָקוֹת.
men, see in בֵּן, 9, c.
to be, צָדַק.
to make, צָדַק Pi. Hi.
to pronounce, צָדַק Pi.
righteousness, מִישׁוֹר m., צֶדֶק m., צְדָקָה
f. (Ch. דִּין m.)
rightly, יֹשֶׁר, see בֵּן I. (Ch. אַדְרַזְדָּא.)
rigor, פֶּרֶךְ m.
rim, גַּב m., קָו and קַו m.
ring, a, גָּלִיל m., חוֹחַ m., חָח m., חָחִי
(Cheth), טַבַּעַת f., נֶזֶם m., עָגִיל m.
ring-streaked, עָקֹד.
rinse, to, שָׁטַף.
rinsed, to be, שָׁטַף Ni. Pu.
rip up, to, בָּקַע K. Pi.
ripe, to be, בָּשַׁל or בָּשֵׁל.
to become, הָלַם.
ripen, to, בָּשַׁל or בָּשֵׁל K. Hi., גָּמַל II,
חָנַט (poet.)
ripened, to be, בָּשַׁל or בָּשֵׁל.
ripeness, see חֹרֶף.
ripped up, to be, בָּקַע Pu.
rise, to גָּאָה (poet.), זָרַח, יָצָא, עָלָה,
רוּם, קוּם.
again, to. קוּם
early, to, שָׁכַם Hi.
up! קוּם.
up, to, see יָצַב Hithp. 1, at end.,
כּוּן Ni., see מָרָא I Hi., נָשָׂא
Hithp., עָלָה Ni., עָמַד I, קוּם K.
Pil. Hithpal., רוּם K. Hithpal.,
רָמַם I Ni. (Ch. נְשָׂא Ithpa. c. עַל.,
קוּם, רוּם Pal. c. עַל against.)
rise up against, to, קוּם K. c. עַל, אֶל,
בְּ, לִפְנֵי, לַמִּלְחָמָה, Hithpal. c. לְ.
up and go, to, קוּם.
up before, to, קוּם c. מִפְּנֵי, לִקְרַאת.
up suddenly, to, חָפַז.
up to, to, קוּם c. מִפְּנֵי, לִקְרַאת.
up upon, to, קוּם Hithpal. c. לְ.
rises up against, one who, תְּקוֹמֵם m.
rising, a, זֶרַח m., מַשָּׂאַת f., שְׂאֵת f.
(of the sun), מוֹצָא m.
up, a, קִים m., קִימָה f.
rite, מִשְׁמָר m., מִשְׁמֶרֶת f.
rites, to consecrate, sanctify, with sol-
emn, קָדַשׁ Pi.
rival, a, צָרָה f.
to, חָרָה Tiph., צָרַר.
river, a, אוּבָל m. (only in Dan.), יְאֹר
m. (Egyptian word), יָבָל m., יוּבַל
m., נָהָר m., נַחַל m. (Ch. נְהַר m.)
(large), יָם m.
river-gates, שַׁעֲרֵי הַנְּהָרוֹת.
rivers, the two, נַהֲרַיִם du.
rivulet, פֶּלֶג m.
road, אֹרַח com. (poet.)
roam about, to, הָלַךְ and יָלַךְ Pi.
(poet.), see שָׁבָה II Hi.
roar, to, הָמָה, see נָהַם, נָעַר I, שָׁאַג,
שָׁאָה I Ni.
roaring, a, נְהָמָה f., שְׁאָגָה f., prob.
תְּשֻׁאָה f. (Cheth.)
noise, הֶבֶר m.
roast, (adj.), צָלִי.
to, see חָרַךְ, see סָלַד, צָלָה, קָלָה I.
roasted, צָלִי.
grain, קָלִי m.
rob, to, גָּזַל I w. acc. of pers.
covertly, to, גָּנַב.
of, to, קָבַע c. dupl. acc.
one of his heart, to, לָבַב Pi
robbed, שָׁכוּל.
robber, מְהַלֵּךְ, מִתְהַלֵּךְ, חֹתֶה m., poet.
for אִישׁ חֹתֶה.
robbery, גֵּזֶל m.
robe, בֶּגֶד m., מְעִיל m.
a wide, תַּכְרִיךְ m.

robust, קָשׁוּר.
to make, קָשָׁה.
rock, a, אֶבֶן com., סֶלַע m., צוּר m., צֹר m. (Ch. טוּר m.)
a sharp, שֵׁן m.
rocks, כֵּפִים.
rod, a, חֹטֶר m., מַטֶּה m., מַקֵּל m., שֵׁבֶט and שֶׁבֶט m.
a measuring, קָנֶה m., fully קְנֵה הַמִּדָּה.
(of a balance), קָנֶה m.
rods, חֲשֻׁקִים.
roe, אַקּוֹ m., צְבִי m., צְבִיָּה f.
roe-buck, אַקּוֹ m.
roll, a, מְגִלָּה f., צְנֵפָה f. (Ch. מְגִלָּה.)
along, to, גָּלַל Ni.
around, to, צָנַף.
away, to, גָּלַל Hi.
away from, to, גָּלַל w. מֵעַל.
down, to, גָּלַל Pilp., צָלַל III (once.)
itself together, to, אָבַךְ Hithp. (once.)
off, to, אָזַל, גָּלַל w. מֵעַל.
one's self, to, הָפַךְ Hithp., see פָּלַשׁ I Hithp.
one's self down, to, גָּלַל Hithpalp.
one's self up, to, קָפַד Pi.
one's self upon, to, גָּלַל Hithpo. w. עַל.
to, גָּלַל K. Hi. Pilp.
together, to, גָּלַם (once), see קָפַד Pi.
up in, to, צָרַר w. בְּ.
rolled, to be, גָּלַל Ni. Poal.
down, to be, צָלַל III (once.)
together, to be, גָּלַל Ni., see קָפַד Pi.
up, to be, אָבַךְ Hithp. (once.)
roller (for binding up a wound), חִתּוּל m.
rolling, (adj.), גַּלְגַּל.
roof, גַּג m., קוֹרָה m.
to, סָפַן.
room, a, תָּא m.
empty, כִּכָּר m.
root, שֹׁרֶשׁ m. (Ch. שֹׁרֶשׁ m.)

root out, to, נָתַשׁ, עָקַר, שָׁרַשׁ Pi. (Ch. עֲקַר.)
to, שָׁרַשׁ Poel.
to have taken, שֹׁרַשׁ Poal.
to take, שֹׁרֵשׁ Poel, Hi.
rooted, to be, שֹׁרַשׁ Poal.
up, a plant, עֵקֶר m. concr.
rooting out, a, (Ch. שְׁרֹשׁוּ f., שְׁרֹשִׁי Keri.)
roots, to strike, שָׁרַשׁ Hi.
rope, חֶבֶל m., יֶתֶר m., נִקְפָּה f., קָוֶה or קָוָה (Cheth.)
(of reeds), אַגְמוֹן m.
rotten, to be, רָקַב.
rottenness, מַק m., רָקָב m., רִקָּבוֹן m.
rough, גָּרוֹל (Cheth), שָׂעִיר.
roughcast, טִיחַ m.
round, עָגֹל.
about, בְּעַד and בַּעַד, מֵסַב, מְסִבּוֹת, סָבִיב, מִסָּבִיב, חַקִּיף, מִסְפִּי, סְבִיבִים, סָבִיב לְ, סָבִיב סָבִיב c. suff., עַל, סְבִיבוֹת.
about, places, סְבִיבִים, סְבִיבוֹת.
about, those, סְבִיבִים.
about, to go, סָבַב.
(loaf), see כִּכָּר, see מָעוֹג.
pile, דּוּר m., מְדוּרָה f.
to go, סָבַב Po., שׁוּר II.
to let go, נָקַף Hi.
round-cake, עֻגָה f., צְלוּל, צְלִיל (Keri.)
rounded, עָגֹל.
roundness, סַהַר m. (once.)
rouse, to, עוּר I Pil.
one's self, to, עִיר I Hi. Hithpal.
up, to, עוּר I Pil. Hi., קוּם Hi.
roused, to be, עוּר I Ni.
rout, see שִׁמְצָה.
to, חָתַת K. Pi. Hi., פּוּץ Hi.
rove, to, see רוּד Hi.
rover, מְהַלֵּךְ.
row, (range), a, טוּר m., מַעֲרֶכֶת f., עֵרֶךְ m., שְׂדֵרָה f., שׁוּרָה f., תּוֹר I
to place in a, עָרַךְ.
row, to, חָתַר.
rowen, לֶקֶשׁ m.
rowers, שָׁטִים.
royal, מְלוּכָה f. (in the genit.), מַלְכוּת

f. (in genit., later Heb.), מַלְכָּה f. (in genit.). (Ch. מַלְכָּה f. in genit.)
royal authority, dignity, כִּסֵּא m.
rub, to, חָלָא (once.)
in pieces, שָׁחַק.
over, to, מָרַח (once), מָשַׁח.
rubbed small, to be, מָלַח I Ni. (once.)
rubbing, a, שֶׁפִי m. (Cheth.)
rubbish, מַזּוּבָה f., עִי m., עָפָר m.
heap of, מְרִי m., תֵּל m.
rubrica, שָׁשַׁר m.
ruby, perh. אֹדֶם, prob. כַּדְכֹּד m.
ruddy, אָדֹם.
to be, אָדַם K. (once.)
ruin, אֵיד m., אֵשׁ com., הַוָּה, הֹוָה f. (Cheth), הֲרִיסָה f., כִּשָּׁלוֹן m., מְדַחֶה m., מַדְחֵפוֹת plu., מְחִתָּה f., מַכְשֵׁלָה f., מַפֶּלֶת f., מְשׁוֹאָה f. always coupled with שׁוֹאָה, שֶׁבֶר and שֵׁבֶר m., שׁוֹא m., שׁוֹאָה f., שַׁמָּה f.
cause of, מוֹקֵשׁ m.
one's self, to, רָבַב Hithpo.
ruins, אֲשִׁישִׁים only plu., גַּלִּים, חֳרָבוֹת, מְכִי, מוֹסָרוֹת m. only plu., יְשִׁימוֹת m., מַפָּלָה and מַפֵּלָה f., מַשּׁוּאוֹת, מִי, עִי m., עִיִּים, מְרוּסָר, מְכַסֶּה, מַזּוּבָה f., שְׁאִיָּה f., שׁוֹאָה f., שְׁמָמוֹת, רְסִיסִים m.
to fall in, סָכַךְ Ni.
rule, מִמְשָׁל m., מֶמְשָׁלָה f., מֹשֶׁל m., פְּרָזוֹן m., קָו and קַו m., שֵׁבֶט and שֶׁבֶט m.
over, to, מָשַׁל w. בְּ, rarely עַל., שָׁלַט c. בְּ (later Heb.)
to, דּוּן or דִּין once דִּין, חָבַשׁ, מָשַׁל, נָגַשׂ, עָצַר c. בְּ., רָדָה c. בְּ over., רָעָה, שָׂרַר, שָׁפַט. (Ch. דִּין and דּוּן, שְׁלֵט c. בְּ in, over.)
to bear, רָדָה c. בְּ over.
to let bear, (Ch. שְׁלֵט Aph. c. בְּ.)
ruler, חֹקֵק (poet.), מְחוֹקֵק, מוֹשֵׁל, שַׁלִּיט m., שֹׁפֵט. (Ch. שַׁלִּיט, שִׁלְטוֹן.)
over, to make, (Ch. שְׁלֵט Aph. c. בְּ.)
rulers, מֶמְשָׁלָה f. concr., סְגָנִים only plu, פְּרָזוֹן m. concr.
ruminate, to, גָּרַר K. Ni.
rumination, גֵּרָה f.

rumor, דָּבָר m., קוֹל m., שְׁמוּעָה f., שֵׁמַע m., שֹׁמַע m.
run, to, הָלַךְ and יָלַךְ, נָזַל (of liquids), סָכָה (once), רוּץ K. Pil, רָצָא I, see in שׁוּט, תָּאַר.
about, to, שָׁקַק K. Hithpalp.
after, to, רָדַף K. Pi. (poet.)
(as a sore), to, מָאַס, מָקַק Ni.
away from, to cause to, רוּץ Hi. w. מֵעַל.
down with, to, see יָרַד.
on, to, רָצָא.
out, to, see יָצָא, o.
over, to, שׁוּט I Pil. Hithpal.
over, to let, שׁוּק Hi.
swiftly, to, שָׁבַב.
through, to, רָדָה, שׁוּט I Pil. Hithpal.
together with tumult, to, (Ch. רְגַשׁ Haph. c. עַל.)
to, to, רוּץ w. בְּ.
to and fro, to, שָׁקַק K. Hithpalp.
up, to cause to, רוּץ Hi.
up and down, to, שׁוּט I K. Pil. Hithpal., שָׁקַק K. Hithpalp.
upon, to, רוּץ w. אֶל, עַל.
wild, to, see רוּד.
with (a fluid), to, רוּר.
runner, רָץ.
a public, פְּלֵתִי m. everywhere joined w. כְּרֵתִי.
runners, the public, פְּלֵתִי m. coll. w. the art. everywhere joined w. כְּרֵתִי.
running, a, מֵרוֹץ m., מְרוּצָה I f.
about, a, מַשָּׁק m.
(as a sore), יַבֶּל.
footmen, רָצִים and רָצִין.
ruptured, to be, בָּקַע Ni.
rush, כִּיר m.
rush-cord, אַגְמוֹן.
rush, to, הָלַךְ and יָלַךְ, סָפָה (once), שָׁאָה I Ni., שָׁבַב, see שָׁמַט.
forth, to, גִּיחַ and גּוּחַ Hi. (Ch. גִּיחַ or גּוּחַ Aph.)
on, to, נָפַל, חָלַף.
on as a tempest, to, סָעַר.
on like a tempest, to, סָעַר Hithp. c. עַל.

rush upon, to, עָבַר c. עַל., עִיט constr. w. בְּ, אֶל., עָבַר Hithp. c. בְּ., פָּרַץ w. בְּ of pers., פָּשַׁע c. בְּ., רוּץ w. אֶל, עַל. (Ch. שְׁלַט w. בְּ.)
rushes, סוּף.
rushing, a, שְׁבָבָה f.
rust, חֶלְאָה f.
rustic, a, פְּרָזִי m.
village, פִּירָה f.
rustling, קוֹל m.
rut, a, מַעְגָּל m.
rut, to, יָחַם Pi.
Ruth, רוּת.

S.

sabbath, שַׁבָּת.
a keeping of the, שַׁבָּתוֹן m.
every, בְּיוֹם הַשַּׁבָּת בְּיוֹם הַשַּׁבָּת.
rites, שַׁבָּתוֹן m.
to celebrate, the, שָׁבַת.
to keep the, שָׁבַת.
sabbath-year, see שַׁבָּת.
sabbatism, שַׁבָּתוֹן.
Sabeans, סְבָאִים, שְׁבָא.
sackcloth, שַׂק m.
sacking, שַׂק m.
sacred, קָדוֹשׁ.
anything, מִקְדָּשׁ m.
books, the, הַסְּפָרִים.
ministry, עֲבֹדָה f.
scribes, חַרְטֻמִּים only plu. (Ch. חַרְטֻמִּין, חַרְטֹם.)
(something), קֹדֶשׁ m.
song, תְּפִלָּה f.
to be, קָדַשׁ and קָדֵשׁ.
to hold, קָדַשׁ Pi.
sacrifice, אִשֶּׁה m., זֶבַח m., מִנְחָה f., קָרְבָּן m. (Ch. מִנְחָה, דְּבַח.)
family, זֶבַח מִשְׁפָּחָה.
festival, חַג m.
for fault, guilt, אָשָׁם m.
of consecration, מִלֻּאִים plu.
of dedication, חֲנֻכָּה f. (Ch. חֲנֻכָּה f.)
the daily, תָּמִיד ellip. for עֹלַת הַתָּמִיד.
the yearly, זֶבַח הַיָּמִים.
to, זָבַח K. Pi., עָלָה Hi., עָשָׂה I. (Ch. דְּבַח.)
voluntary, נְדָבָה m.
votive, נֶדֶר and נֵדֶר m.
sacrificial dishes, מְנַקִּיּוֹת only plu.
sad, דָּוֶה, כָּאֶה (Keri), מַר, סַר, קָשֶׁה, רַע, רוּחַ.
in mind, אַגְמֵי נֶפֶשׁ.
to be, עָגַם, כָּאַב, זָעַף, עָגַם c. לְ for., רָעַע.
to make, כָּאַב Hi., כָּאָה Hi.
saddle, to, חָבַשׁ.
sadness, מַר חשֶׁךְ m., מַר m., רֹעַ m.
saffron, כַּרְכֹּם m.
meadow, see חֲבַצֶּלֶת.
safe, שָׁלוֹם, שָׁלֵם.
to be, שָׂגַב, כָּנַן Ni., שָׁלַם or שָׁלֵם.
to make, שָׁלַם Pi.
safely, לָבֶטַח, בֶּטַח.
safety, יְשׁוּעָה f., יֵשַׁע m. and יֶשַׁע, מִבְטָח m. (Ch. שְׁלֵוָה f.)
to place in, נוּס Hi., עוּז Hi., פָּלַט Hi., רוּם Pil. c. מִן.
sagacious, חָכָם.
sagacity, מְזִמָּה f.
sailor, חֹבֵל m.
saints, see in בֵּן, 9, c., קְדוֹשִׁים.
sake of, for the, בְּ, עַל דְּבַר, עַל דִּבְרֵי, בַּעֲבוּר, לְמַעַן.
sale, מִמְכָּר m., מִמְכֶּרֶת f.
something for, מִמְכָּר m.
Salem, שָׁלֵם.
saliva, to emit, רוּר w. acc.
salix, צַפְצָפָה f.
salt, מֶלַח I. (Ch. מְלַח.)
a land of, מְלֵחָה f.
of lye, בֹּר II m., בֹּרִית f.
to, מָלַח II.
to eat, (Ch. מְלַח.)
vegetable, בֹּר II m., בֹּרִית f.
salt-pit, מִכְרֵה מֶלַח.

salted, חָמִיץ .
to be, מָלַח II Pu. Ho.
salute, to, בֵּרֵךְ Pi., שָׁאַל לְפ' לְשָׁלוֹם .
salvation, תְּשׁוּעָה f.
Samaria, שֹׁמְרוֹן . (Ch. שָׁמְרָיִן .)
sambuca, (Ch. סַבְּכָא f. and שַׂבְּכָא .)
same, the, אֶחָד , אֲחָדִים plu., הוּא m., הִיא f.
this, אֵת I.
Samson, שִׁמְשׁוֹן .
Samuel, שְׁמוּאֵל .
sanctified, to be, קָדַשׁ Ni.
sanctify, to, קָדַשׁ Pi. Hi.
one's self, to, קָדַשׁ Hithp.
with solemn rites, to, קָדַשׁ Pi.
sanctity, קֹדֶשׁ m.
sanctuary, מִקְדָּשׁ m., קֹדֶשׁ , קָדוֹשׁ m.
the inner, דְּבִיר m., קֹדֶשׁ הַקֳּדָשִׁים.
the outer, הֵיכָל m.
sand, חוֹל m.
sand-piper, perh. אֲנָפָה f.
sandal, נַעַל f.
sandal-wood, red, see אַלְמֻגִּים .
sandals, to put on, נָעַל .
sap, לְשַׁד m.
full of, דָּשֵׁן .
sapphire, סַפִּיר m.
Sarah, שָׂרָה .
sardonix, see שֹׁהַם .
Satan, see בְּלִיַּעַל Note, הַשָּׂטָן .
sated, שָׂבֵעַ , רָוֶה .
to be, שָׂבַע also שָׂבֵעַ .
to be fully, רָוָה Pi. c. מִן .
with drink, to be, רָוָה .
satiate, to, רָוָה Pi. Hi., שָׂבַע Pi. Hi.
satiated, שָׂבֵעַ.
to be, דָּשֵׁן Pu., שָׂבַע also שָׂבֵעַ .
to become, שָׂבַע also שָׂבֵעַ .
satiety, שָׂבָע m., שֹׂבַע m., שָׂבְעָה f., שִׂבְעָה f.
satire, מַנְגִּינָה f., נְגִינָה f.
satisfied, שָׂבֵעַ .
to be, מָלֵא Ni., רָצָה Ni., שָׂבַע also שָׂבֵעַ.
to be abundantly, דָּשֵׁן Pu.
to become, שָׂבַע also שָׂבֵעַ.

satisfy, to, מִלֵּא חַיָּה , מִלֵּא נֶפֶשׁ , מָלֵא Pi., רָצָה K. Hi., שָׂבַע Pi. Hi., שָׁוָה c. לְ of pers.
satrap, טִפְסַר m.
satraps, אֲחַשְׁדַּרְפְּנִים . (Ch. אֲחַשְׁדַּרְפְּנִין .)
Saturn, see כִּיּוּן , see מֹלֶךְ.
satyrs, see in שָׂעִיר .
savage (men), בֹּעֲרִים.
save, (adv.), רַק after a neg.
(conj.), בִּלְתִּי .
that, זוּלַת , once for זוּלַת אֲשֶׁר .
save, to, חָשַׂךְ , יָשַׁע Hi., מָלַט Pi. Hi., נָצַל Hi.
alive, to, הִצִּיל נַפְשׁוֹ .
by flight, to, עוּז Hi.
new, הוֹשִׁיעָה־נָּא.
one's life, to, חָיָה Hi.
saved, to be, יָשַׁע Ni., מָלַט Ni. Hithp., נָצַל Ni.
saviour, מוֹשִׁיעַ .
savor, sweet, רֵיחַ נִיחֹחַ .
savory dishes, מַטְעַמִּים and מַטְעַמּוֹת m.
food, לֶחֶם חֲמֻדוֹת .
saw, מְגֵרָה f., מַשּׂוֹר m.
to, שׂוּר II.
sawed, to be, גָּרַר Poal.
say, to, אָמַר , see מָלַל I Pi. (Ch. אֲמַר .)
again and again, to, עוּד (once, Cheth.)
to make, אָמַר Hi.
saying, a, דָּבָר m., מַשָּׂא m., נְאֻם m.
memorable, זִכָּרוֹן m.
pointed, שְׁנִינָה f.
sententious, חִידָה f., מָשָׁל I m.
sharp, שְׁנִינָה f.
sayings, to utter sharp (or) pointed, שָׁנַן .
scab, גָּרָב m., יַלֶּפֶת f., מִסְפַּחַת f., נֶגַע הַנֶּתֶק , נֶתֶק m., סַפַּחַת f.
scabbed, גָּרָב m. concr.
scale, a, קַשְׂקֶשֶׂת f.
scaled off, see in חָסַס at end.
scall, נֶתֶק m.
one affected with the, נֶגַע הַנֶּתֶק , נֶתֶק .
scanty, to be, יָצַר only in fut.
scape-goat, see עֲזָאזֵל.

scar, צָרֶבֶת f.
scarcely, אַךְ.
scarcity, רָעָב m.
scatter, to, אָבַר Pi., בָּזַר K. Pi., זָרָה K. Pi., זָרַע, זָרַק, נָדַף, נוּף Hi., נָטַשׁ, נָפַץ K. (only pret. and inf. absol.), Pi., סָעַר Pi., פּוּץ K. (only fut. imper. plu. and part. pass. once), Hi., פָּזַר K. (only part. pass. f.), Pi., פָּרַץ, פָּרַשׂ Pi. (Ch. בְּדַר Pa.)
seed, to, זָרַע.
themselves, to, הָלַם.
scattered, (anything), פֶּרֶט m. concr.
to be, זָרָה Ni. Pu., זָרַע Ni. Pu., זָרַק Pu., סָעַר Po., פּוּץ K. (fut. and imp.), Hi. (pret. and participle), פּוּשׁ Ni., פָּרַד Hithp., פָּרַשׂ Ni., see פָּרַשׂ Ni.
as dust, to be, פּוּץ Hithpal.
to let be, פּוּץ Hi.
scattering, a, see נֶפֶץ, פֶּרֶט m.
scent, רֵיחַ m.
to, רוּחַ Hi.
sceptre, מַטֶּה, מְחֹקֵק m., שֵׁבֶט and שַׁרְבִיט m., שַׁרְבִיט m. (later Heb.)
sceptre-bearer, תֹּמֵךְ שֵׁבֶט.
scholar, תַּלְמִיד m.
scoff, to, תָּעַע Pilp.
at, to, קָלַס Pi. Hithp. c. בְּ.
scoffer, לֵץ.
scoffing, לַעַג m.
scope, מַעֲבָרָה f. also מַעֲבָרָא.
scorch, to, כָּוָה, שָׁדַף.
scorched, נִקְלָה.
to be, חָרַר Ni., כָּוָה Ni., כָּמַר I Ni., צָרַב Ni.
scorching, (adj.), צָרָב.
(sub.), אֵשׁ com.
scoria, סִיג (Cheth.)
scoriæ, אֶרֶץ com., סִיג m. (Keri.)
scorn, חֶרְפָּה f., לַעַג m., לָצוֹן m., צְחֹק m., קֶלֶס m., שְׂחֹק m., שְׁרִיקוֹת plu. (Keri), שְׁרוּקִית (Cheth.)
to, חָרַף K. c. acc., Pi. c. acc. בְּ, לְ., קָלַס Pi. Hithp. c. בְּ.
to laugh at in, שָׂחַק K. w. לְ, Hi. c. עַל.
scorner, לֵץ.
scorners, לוֹצְצִים for מְלוֹצְצִים.
scorpion, עַקְרָב m.
scour, to, מָרַק.
scoured, to be, מָרַק Pu.
scourge, עַקְרָב m., שׁוֹט m., שֹׁטֵט m., שַׁיִט m. (Cheth.)
scout, a, מְרַגֵּל.
scrape away, to, סָחָה, קָצָה Hi.
off, to, גָּרַע, קָצָה Hi., קָצַע Hi.
one's self, to, גָּרַד Hithp.
together, to, סָפָה Hi.
scraped together, to be, סָפָה Ni.
scrawl, to, see תָּוָה I Pi.
scream, to, פָּעָה.
scribe, סֹפֵר. (Ch. סָפַר m.)
a military, סֹפֵר.
scribes, sacred, חַרְטֻמִּים only plu. (Ch. חַרְטֻמִּין, חַרְטֹם.)
scrip, יַלְקוּט m., צִקָּלוֹן m.
scriptures, the, הַסְּפָרִים.
sculpture, מִקְלַעַת f., פִּתּוּחַ m.
to, פָּתַח Pi.
sculptured, to be, חָטַב Pu.
work, צַעֲצֻעִים.
scurf, גָּרָב m., יַלֶּפֶת f., מִסְפַּחַת f., סַפַּחַת f.
white, בֹּהַק m.
scurvy, גָּרָב m.
sea, יָם m., תְּהוֹם com. (poet.). (Ch. יָם.)
sea-coast, אִי I.
sea-eagle, see פֶּרֶס.
sea-gull, see שַׁחַף.
sea-mew, see שַׁחַף.
sea-monster, לִוְיָתָן, רַהַב m. (poet.), תַּנִּין m.
sea-purslain, מַלּוּחַ m.
sea-weed, סוּף m.
Seah, (measure), סְאָה f.
seal, (animal), see in תַּחַשׁ.
seal-skin, עוֹר תַּחַשׁ.
seal, (signet), חוֹתָם m., חֹתֶמֶת f., טַבַּעַת f.
to, חָתַם. (Ch. חֲתַם.)
up, to, חָתַם. (Ch. חֲתַם.)
seaman, מַלָּח m.
search, a, חֵקֶר m.

search after, to, חָפַשׂ , דָּרַשׁ אַחַר. (Ch. בְּעָא.)
for, to, בִּקֵּשׁ Pi., דָּרַשׁ.
into, to, בִּקֵּשׁ Pi. w. לְ.
out, to, בּוא (once), בָּרַר, זָרָה Pi., חָפַר I, חִפֵּשׂ Pi., חָקַר K. Pi., תּוּר c. acc. of thing., לְ of pers.
through, to, חִפֵּשׂ Pi.
to, בִּקֵּר Pi. w. לְ, לְ — בֵּין., חִפֵּשׂ Pi., חָקַר K. Pi., צָדָה II, רִגֵּל Pi. (Ch. בַּקַּר Pa.)
searched, to be, בָּעָה Ni.
out, to be, חָפַשׂ Ni. Pu.
searching out, a, חֵקֶר, חִקּוּר m.
season, אֹפֶן m., זְמָן m. (later Heb.), עֵת usually f. (Ch. זְמָן and זְמַן m.)
an appointed, מוֹעֵד m.
proper, עֵת usually f.
season, to, מָלַח II, רָקַח K. Hi.
seasonably, to do, שָׁכַם Hi. (before another verb.)
seasoned, חָמִיץ.
to be, רֻקַּח Pu.
seasoning, a, מִרְקַחַת f.
seat, כִּסֵּא m., מוֹשָׁב m., מֶרְכָּב m., נָוֶה m. (only poet.), נָוָה f., שֶׁבֶת II f., שְׁרָשׁ m.
elevated, כִּסֵּא m.
low, אָבְנַיִם du.
seat, to, יָשַׁב Hi.
one's self, to, יָשַׁב.
seated, to be, יָשַׁב.
down, to be, יָסַד Ni.
seats, נְאוֹת only plu. constr. (poet.)
second, אַחֵר, שֵׁנִי.
birth, see שֵׁנִי.
brother, מִשְׁנֶה m.
order, place, rank, מִשְׁנֶה m.
story, cells, chambers of the, שְׁנִיִּם.
the, מִשְׁנֶה m., שֵׁנִי m. (Ch. תִּנְיָן.)
time, a, שֵׁנִית f., שְׁתַּיִם f., תִּנְיָנוּת.
secondary, שֵׁנִי.
secrecy, סֵתֶר m.
secret, מִסְתֶּרֶת f., עֲלֻמִים.
a, חֵקֶר m., סוֹד m., סֵתֶר m., תַּעֲלֻמָה f. (Ch. רָז m.)
arts, לָטִים.
secret, in, בַּסֵּתֶר.
to keep, סָתַם.
secretary, (Ch. סָפַר m.)
king's, סֹפֵר הַמֶּלֶךְ.
secretly, חֶרֶשׁ, סָתַר Ni. (followed by another verb), בַּסֵּתֶר.
to do, חָפָא Pi.
to take, גָּנַב.
secrets, נִסְתָּרוֹת. (Ch. מְסַתְּרָתָא.)
section, בֶּתֶר m.
secure, שָׁלוֹם, שָׁלֵו.
to, נוּס Hi.
to be, בָּטַח I, כָּזַז, שָׁלָה and שָׁלֵו, שָׁלַם or שָׁלֵם. (Ch. שְׁלָה.)
to make, בָּטַח I Hi., כָּזַז c. לְ., שָׁלַם Pi.
securely, בֶּטַח, לָבֶטַח.
security, אֲמָנָה f., בֶּטַח m., בַּטֻּחוֹת plu., מִבְטָח m., עֲרֻבָּה f., שָׁלֵו m., שֶׁלִי m. (once c. suff.), שַׁלְוָה f. (Ch. שְׁלֵוָה f.)
careless, שַׁלְוָה f.
for, to give, עָרַב I c. לְ, לִפְנֵי.
in, בֶּטַח, לָבֶטַח.
sedan, אַפִּרְיוֹן m. (once), צָב m.
sedge, אָחוּ (Egyptian word), סוּף m.
seduce, to, פָּתָה Hi., זָנָה I Hi., נָדַח Hi., הִטָּה לֵב פ׳, נָשָׁא I Hi., סוּת Hi., פִּתָּה Pi., שָׁגָה Hi., שׁוֹבֵב Pil.
to fornication, to, זָנָה Hi.
to vanity, to, חָבַל Hi.
seduced, easily enticed and, פְּתִי m. concr.
to be, נָדַח Ni.
to let one's self be, פָּתָה K. Ni. c. עַל to.
seductions, מַהֲתַלּוֹת.
see! (Ch. אֲלוּ.)
see, to, בִּין c. acc. בְּ, לְ., חָזָה (mostly [illegible]), יָדַע, רָאָה. (Ch. חֲזָה and חֲזָא.)
after, to, [illegible]
and learn [illegible] to, רָאָה w. בְּ of pers.
to go to, בָּקַר, רָאָה.
to let, רָאָה Hi.
to make one, רָאָה Hi.

see to, to, רָאָה.
seed, זֶרַע. (Ch. זְרַע.)
to bear, to conceive, זָרַע Hi.
to scatter, זָרַע.
seed-time, זֶרַע.
seeing, (adj.), רֹאֶה, רָאָה, פִּקֵּחַ.
(sub.), רְאוּת f. (Keri), רְאִית f. (Cheth.)
seek, to, בָּעָה, בִּקֵּשׁ Pi., דָּרַשׁ c. acc. לְ., חָפַשׂ K. Pi.. מָצָא, שָׁחַר I K. (once part.), Pi. (poet.). (Ch. בְּעָא.)
after, to, מָצָא.
carefully, to, שָׁחַר I Pi. (poet.)
from (any one), to, דָּרַשׁ.
occasion against, to, אָנָה II Hithp. c. לְ.
out for one's self, to, בִּקֵּשׁ Pi. w. לוֹ.
to do (anything), to, בִּקֵּשׁ Pi. w. inf. c. לְ.
seen, to be, רָאָה Ni. Pu.
to let one's self be, רָאָה Ni.
seer, חֹזֶה m. (silver age), רֹאֶה.
seethe, to, בָּשַׁל Pi., זוּד or זִיד Hi.
seethed, (something), נָזִיד.
to be, בָּשַׁל or בָּשֵׁל K. Pu.
Seir, שֵׂעִיר.
seize, to, אָחַז constr. often with בְּ., חָזַק Hi. c. בְּ, לְ, עַל, poet. c. acc., חָבַק, חָתָה (once of a pers., elsewhere always of taking up fire, coals), חָתַף, תָּפַשׂ, לָכַד, יָרַשׁ also יָרַשׁ.
as prey, to, בָּזַז.
suddenly, to, בָּעַת Pi.
upon, to, גָּזַל I, יָרַשׁ Hi., לָקַח.
selah, סֶלָה.
select, קָרִיא, בָּרוּר.
to, בָּדַל Hi., בָּחַר c. acc., more frequently w. בְּ., בָּרָה, חָזָה, צָפָה I w. אֶל.
selected, רָאוּי, בָּרוּר.
to be, בָּדַל Ni., בָּחַר Pu. (once Cheth.)
self, אַת I, גֶּרֶם m., הוּא m. and הִיא f. (after a noun), לֵב m., לֵבָב m., נֶפֶשׁ (w. suffs.), עֶצֶם f. (w. gen., but only of things), פָּנִים plu.

self-avenger, a, מִתְנַקֵּם.
self-same, עֶצֶם f. (w. gen., but only of things.)
self-sown, the, סָפִיחַ m.
sell, to, קָנָה, נָתַן, מָכַר Hi.
one's self, to, מָכַר Ni. Hithp.
semen virile, זֶרַע.
seminis fluxus, זִרְמָה f.
senate, see לַהֲקָה.
senators, זְקֵנִים.
send, to, עָלָה Hi., צִוָּה Pi., שָׁלַח K. Pi. (Ch. שְׁלַח.)
away, to, שָׁלַח K. Pi.
down, to, יָרַד Hi.
forth, to, יָצָא Hi., שָׁלַח K. Pi.
on his way, to, שָׁלַח Pi.
one with (or) for, to, שָׁלַח c. dupl. acc.
out, to, נָפַל Hi., שָׁלַח.
to, to, שָׁלַח.
upon, to, שָׁלַח Pi. Hi. c. בְּ.
with commands, to, צִוָּה Pi.
sending, a, מִשְׁלָח m., מִשְׁלַחַת f.
away, a, מִשְׁלַחַת f., שִׁלּוּחִים plu.
forth, a, מִשְׁלָח m. (only in constr.)
seniority, בְּכוֹרָה f.
Sennacherib, סַנְחֵרִיב.
sennight, a, שָׁבוּעַ m.
senseless, to sink down, רָדַם Ni.
sent away, to be, שָׁלַח.
one, מַלְאָךְ m.
to be, שָׁלַח Pu.
sentence, דָּבָר m., מָשָׁל I m. (Ch. גְּזֵרָה f.)
(judicial), דִּין m., מִשְׁפָּט m., פִּתְגָם m. (later Heb.)
upon, to pronounce, דִּבֶּר מִשְׁפָּט אֵת.
sententious saying, חִידָה f., מָשָׁל I m.
separate, to, בָּדַל Hi. constr., בֵּין—וּבֵין, בֵּין—לְ, בֵּין—לְבֵין, הָגָה, בָּדַד II, יָצָא Hi, see מָכַר, נָזַר Hi, נָתַב, נָתַק Hi. c. לְ for., פָּלָה Hi., פָּרַד.
(and) remove, to, בָּדַד.
from, to, בָּדַל Hi. w. מִן.
one's self, to, בָּדַד I, בָּדַל Ni. w. מִן., see נָזַר, כָּסַר Ni., פָּרַד Ni. Hithp.

separate out, to, בָּדַל Hi. w. מִן , מֵעַל .
separated, נִפְרָד .
out, to be, נָתַק Ho. Ni.
to be, בָּדַל Ni., גָּזַר Ni., גָּרַז Ni., חָגָה II, see בָּסַר , פָּלָה Ni. c. מִן ., פָּרַד Ni.
separately, בָּדָד , לְבַד .
separating himself, (one), נִפְרָד .
separation, בָּדָד m., כְּרִיתוּת f.
separations, מִבְדָּלוֹת .
sepulchral mound, בָּמָה (rarely.)
sepulchre, בּוֹר I m., בַּיִת m., קְבוּרָה f., קֶבֶר m., sometimes שַׁחַת f.
in the, לֶעָפָר , עַל עָפָר .
sepulture, קְבוּרָה f.
Seraphim, Seraphs, שְׂרָפִים .
serene wind, רוּחַ צַח .
serenity, see בָּרִי .
serpent, לִוְיָתָן , נָחָשׁ m.
a great, תַּנִּים sing.
(a species of), שְׁפִיפֹן m.
venomous, שָׂרָף .
serpents, huge, see in תַּן .
servant, נַעַר I m., נַעֲרָה f., עֶבֶד m. (Ch. עֲבַד .)
home-born, יְלִיד בַּיִת .
servants, עֲבֻדָּה f. concr., עַם m
serve, to, עָבַד K. Ho., עָמַד לִפְנֵי , עָצַב Hi., שָׁרַת Pi. (Ch. פְּלַח w. acc. and לְ .)
as (or) for, to, הָיָה לְ .
Baal, to, נִצְמַד לְבַעַל .
God, to, יָרֵא .
in the temple, to, צָבָא .
to be made to, עָבַד Ho.
to make, עָבַד בְּ .
service, מְלָאכָה f., עֲבֹדָה f., עֲבֻדָּה f., שָׁרֵת m. (Ch. פָּלְחָן m.)
hard, צָבָא m. (later writers.)
upon, to impose, עָבַד בְּ .
service-masters, שָׂרֵי מִסִּים .
servile labor, work, מְלֶאכֶת עֲבֹדָה .
servitude, עַבְדוּת f.
to reduce to, עָבַד Hi.
session, מוֹשָׁב m.
set, to, בּוֹא K. Hi. (of sun), גָּבַל (w. acc. of boundary), יָהַב (def. and rare), יָסַד K. Pi., יָצַג Hi., יָשַׁב Pi. Hi., כּוּן Pil. Hi., נוּחַ Hi., נָצַב Hi., עָמַד I Hi., קוּם Hi., רָגַע , שׂוּם , נָתַן , שָׁתָה , שָׁפַת , שִׁית , שָׁנָה Pi., שִׂים and . (Ch. יְהַב , עֲלַל (of the sun), רְמָה , שׂוּם , שְׁוָה Pa.)
set as, to, שׂוּם and שִׂים , שִׁית .
aside, to, נָסַע Hi.
bounds around, to, גָּבַל Hi.
down, to, נוּחַ Hi.
fast to, אָמֵץ Pi., יָסַד Pi.
fire to, to, בָּעַר mostly w. בְּ ., בִּעֵר הִצִּית , הִבְעִיר אֵשׁ בְּ , אֵשׁ בְּ אֵשׁ בְּ .
forth an edict, to, (Ch. שׂוּם טְעֵם .)
free, to, הָלַךְ Pi., חָלַל Hi., נָתַר Hi., פָּדָה w. מִן ., שָׁלַח and שָׁלַו , שִׁלַּח Pi.
free, to be, חָפַשׁ Pu., פָּתַח Ni.
in array, to, see שׂוּם Hi., שִׁית .
in order, to, עָרַךְ , עָרַךְ , שׂוּם and שִׂים .
in order, to be, כּוּן Ho.
off, to, קוּם .
on (a table), that which is, נַחַת f. concr.
on fire, to, יָצַת K. (only in fut.), c. בְּ , Hi., יָקַד , לָהַט I Pi., נָשַׂק Hi., צוּת Hi. (once). (Ch. יְקַד .)
on fire, to be, בָּעַר .
one's self, to, יָצַב Hithp., עָמַד I Hi., קוּם .
one's self down, to, חָנָה , נוּחַ .
out, to, יָצַק Hi., שָׁלַח Pi.
over, (one), נְצִיב m.
over, to, מָנָה Pi. w. עַל ., פָּקַד K. Hi. w. acc. of pers. and עַל of thing., צִוָּה Pi. w. acc. of pers. and עַל ., שִׂים בְּרֹאשׁ , שִׁית w. acc of pers. and עַל . (Ch. קוּם Aph. c. עַל ., שׂוּם .)
right, to, כּוּן Hi.
the face against, to, נָתַן פָּנִים בְּ .
the heart on, to, (Ch. שׂוּם בָּל לְ .)
the heart upon, to, שִׂים לֵב לְ , שִׁית , נָשָׂא נֶפֶשׁ אֶל , לֵב אֶל .
to be, יָצַר Ho., יָשַׁב , נָצַב Ni. Ho.,

עָמַד I K. Ho., see קוּם 2, at end., שׂוּם Ho. (once Keri), שָׁבַן Pu.

set to, to, שׂוּם and שִׁית.

up, to, יָצַג Hi., כּוּן Hi., נָטַע, נָצַב Hi., עָמַד I Hi., קוּם Hi., רוּם Hi., שׂוּם and שִׂים, שָׁבַן Pi. Hi., תָּכַן Pi. (Ch. קוּם Pa. Aph.)

up again, to, עוּד Pilel., קוּם Hi.

up firmly, to, כּוּן Pil.

up, to be, כּוּן Ni.

upon, (assail), to, הָתַת Po. (once.)

upright, to, כּוּן Pil.

with to, פָּקַד w. אֵת.

Seth, שֵׁת III.

setting (of gems), מִלֻּאָה f., מִלֻּאִים plu., see מִלֵּאת.

settings (of gems), מִשְׁבְּצוֹת.

settle, to, יָסַד Ni., עָמַד I Hi.

down, to, נוּחַ, נָפַל, שׁוּחַ, שָׁכַךְ, שָׁקַע, שָׁבַן also שָׁכֵן.

settled, to be, טָבַע Ho., יָסַד Ni., נָצַב Ho.

settling, a, מִשְׁקָע m.

seven, שִׁבְעַת m, שֶׁבַע I f., שִׁבְעָה m., שִׁבְעָנָה m. (once). (Ch. שִׁבְעָה m.)

hundred, שְׁבַע מֵאוֹת.

stars, the, כִּימָה f.

times, שֶׁבַע I f.

seven-fold, שִׁבְעָתַיִם.

seventeen, שִׁבְעָה עָשָׂר m., שְׁבַע עֶשְׂרֵה f.

seventh, the, שְׁבִיעִי.

year, every, see שַׁבָּת.

seventy, שִׁבְעִים.

sever out, to, בָּרַר.

severe, קָשֶׁה. (Ch. מְהַחְצְפָה.)

punishments, מְרֹרוֹת.

to be, קָ ה I.

Severity, your, (title of Pers. gov. of Judea), הַתִּרְשָׁתָא.

sew together, to, תָּפַר K. Pi.

sewer, (cloacæ), מוֹצָאוֹת only plu. (Keri.)

shade, מְצִלָּה f., צֵל m., צֵלֶל m., צֶלֶם m., see in צַלְמוֹן.

to get, (Ch. טְלַל Aph.)

to lie in the, (Ch. טְלַל Aph.)

shade (of the dead), אוֹב.

shaded, to be, צָלַל II (once.)

shades, see רְפָאִים, צֶאֱלִים.

shading, בְּצֵל.

shadow, צֵל m., צֵלֶל m., צֶלֶם m.

of death, צַלְמָוֶת f. (only poet.)

shady place, מְצִלָּה f.

shaft (of a mine), יְאֹר m. (Egyptian word), prob. נַחַל m.

(of candelabra), the hollow, קָנֶה m.

shag, (of woolen cloth), perh. עַפְעַף m.

shaggy, שָׂעִיר.

shake, to, בָּהַל Ni., see מוּר II, מוֹט Ni., נוּד Hi., נוּעַ Hi, נוּף Hi., נָעַר II, קָלַל Pilp., רָגַז Hi., רָעַד Hi. intrans., רָעַשׁ Hi., see שָׁמַט.

at, to, נוּף Hi. c. acc.

off, to, הָמַס, נָעַר II, נָתַר Hi. (Ch. נְתַר Aph.)

one's self, to, נוּד Hithpal.

one's self out, to, נָעַר II Ni.

out, to, זוּל (once), זָלַל, נָעַר II K. Pi.

to cause to, מָעַד Hi.

to make, בָּהַל Hi.

to make to, see עָמַד II.

violently, to, פָּרַר I Pilp.

shaken, to be, בָּקַק Ni., גָּעַשׁ K. Pu. Hithp., זָלַל Ni., מוֹט Ni., נוּד, נוּעַ Ni., פָּלַץ Hithp., קָלַל Hithpalp., רוּם Polal., רָעַשׁ Ni.

out, נָעַר.

shaking, a, מָנִיד m., רַעַשׁ m., see תְּנוּפָה at end.

of the head, a, מְנִיד ראשׁ.

off, a, נֹקֶף.

shame, בֹּשֶׁת f., בָּשְׁנָה f., בּוּשָׁה f., חֶרְפָּה f., עֶרְוָה f., כְּלִמָּה f., כְּלִמּוּת f., נַבְלוּת f., קִיקָלוֹן m., קָלוֹן m., see inf. of קָלַל, see שִׁמְצָה.

parts of, נַבְלוּת f.

to, בּוֹשׁ Hi., יָבֵשׁ Hi., כָּלַם Hi.

to be affected with, כָּלַם Ni.

to be clothed with, לָבַשׁ בֹּשֶׁת, עָטָה בֹשֶׁת, לָבַשׁ כְּלִמָּה.

to be put to, חָפֵר II K. Hi., יָבֵשׁ Hi., כָּלַם Ho. Ni.

to bring to, בּוֹשׁ Hi., חָפֵר II Hi.

shame, to come to, חָפֵר II Hi.
to feel, בּוֹשׁ, יָבֵשׁ Hi., כָּלַם Ni.
to put to, בּוֹשׁ Hi., חָלַל Poel., כָּלַם Hi.
to put to fear and, חָתַת Hi.
shameful, מֵבִישׁ.
deed, נְבָלָה f.
things, to do, בּוֹשׁ Hi.
to make, חָבַב Pi.
vomit, קִיקָלוֹן m.
shamefully, to act, בּוֹשׁ Hi., חָפֵר II Hi., יָבֵשׁ Hi.
shank, יָרֵךְ f.
shape, תְּבוּנָה f., צוּר m. (Keri), צִיר II m. (Cheth). קֶצֶב m., תְּמוּנָה f.
a godlike, אֱלֹהִים.
to, חָלַק Hi., צוּר I only in fut.
shaped, to be curiously, רָקַם Pu.
to be elaborately, רָקַם Pu.
share, חֵלֶק m.
to, see חָלַק.
sharp, חַד I, חַדּוּד, מְלֻטָּשׁ, מְעָצָה f. (once), see in שָׁחַט, 2., שָׁנוּן.
to be, חָדַד, חָמֵץ, חָרַץ (once), מָרַט Pu.
to make bright and, בָּרַר K. Hi.
sharpen, to, חָדַד Hi., לָטַשׁ, מָרַט, חָלַל Pilp., שָׁנַן.
in, to, שָׁנַן Pi.
(the tongue), to, חָרַץ (only in proverbial phrase.)
sharpened, מְלֻטָּשׁ, see in שָׁחַט, 2., שָׁנוּן.
to be, חָדַד K. Ho., מָרַט Pu.
sharpness, perh. חַדּוּד.
shatter, to, רָצַץ.
shave, to, גָּזַז, גִּלַּח Pi., כָּסַם, עָבַר Hi. c. תַּעַר.
off, to, גָּלַח Pi., גָּרַע.
off from one's self, to, גָּלַח Hithp.
one's self, to, גָּלַח Pi. (once), Hithp.
she, הִיא f. (often imply. the subs. verb). (Ch. הִיא f. often imply. the subs. verb.)
sheaf, אֲלֻמָּה f., עָמִיר m., עֹמֶר m. see כֹּפֶה.
shear, to, גָּזַז, כָּסַם (once), קָצַב.

shearing, גֵּז m.
she-ass, a, אָתוֹן f.
sheath, נָדָן I m., תַּעַר II m. (Ch. נִדְנֶה m.)
sheaves, a heap of, גָּדִישׁ m.
Sheba, שְׁבָא.
Shebat, (month), שְׁבָט.
she-bears, דֻּבִּים.
she-camel, a young, בִּכְרָה f.
Sheckem, שְׁכֶם.
shed, a, סֻכָּה.
shed, (adj.), שָׁפוּךְ.
shed, to, שׂוּם and שִׂים, see שָׁפַךְ.
tears, to, דָּלַף, דָּמַע.
to be, שָׁפַךְ Ni. Pu., see also Hithp.
shedding, a, מִשְׂפָּח m.
sheep, a, רָחֵל f., שֶׂה com.
a male, (Ch. דְּכַר.)
and goats, צֹאן com.
fat tail of a, אַלְיָה.
sheep-fold, בִּצְרָה f., מִכְלָה II f.
sheep-folds, גִּדְרוֹת צֹאן.
sheep-owner, a, נֹקֵד.
she-goat, עֵז f., שְׂעִירָה f. (Ch. עֵז f.)
a wild, perh. אַיָּלָה f., יַעֲלָה f.
shekel, שֶׁקֶל m.
half a, בֶּקַע m. (spec.)
shekels, a hundred, מָנֶה m.
she-kid, גְּדִיָּה f.
shell-fish, חַלָּזוֹן f.
shelter, מַחְסֶה, מַחֲסֶה, מַחְסֶה m., מִסְתָּר m., צוּר m., צֵל m.
to, כָּסָה.
to take, חָסָה.
Shem, שֵׁם.
she-mule, פִּרְדָּה f.
Sheol, מָוֶת m., לַיִל, שְׁאוֹל com.
shepherd, נֹקֵד, בּוֹקֵר, רֹעֵה צֹאן, רֹעֶה, רֹעִי, שֹׁמֵר.
of a, רֹעִי (adj.)
sherd, חֶרֶשׂ m.
sherds, (Ch. חֲסַף m.)
shew-bread, לֶחֶם הַמַּעֲרֶכֶת, לֶחֶם הַפָּנִים (later books.)
table of the, שֻׁלְחָן הַפָּנִים, שֻׁלְחָן הַמַּעֲרֶכֶת
shield, a, מָגֵן com., סֹחֵרָה f., צִנָּה f.

shields, שְׁלָטִים only plu.
shift, a, סָדִין m.
Shiloh, שִׁלֹה.
shine, to, אָהַל Hi., אוֹר K. Hi., הָלַל K. Hi., זָהַר Hi., נָגַהּ, קָרַן, קָשַׁת.
forth, to, יָפַע Hi.
forth, to cause to, בָּלַג Hi.
to cause to, זָהַר Hi., יָפַע Hi., צָהַל Hi.
upon, to, יָפַע Hi.
shining, a, נֹגַהּ f.
(adj.), בָּהִיר.
ship, אֳנִיָּה f., סְפִינָה f., צִי II m.
shipman, a, חֹבֵל m.
ship-men, אַנְשֵׁי אֳנִיּוֹת.
ships, אוֹנִיּוֹת f. plu. (Cheth), אֳנִי com.
shirt, סָדִין m.
shiver, (break in pieces), to, שָׁבַר Pi.
shiver, (shudder), to, שָׂעַר w. עַל of cause.
shock (of grain), גָּדִישׁ m.
shod, כֹּאֵן.
shoe, a, נַעַל f., סְאוֹן m.
to put off one's, חָלַץ נַעֲלוֹ מֵעַל רַגְלוֹ.
to put on one's, שִׂים נַעֲלוֹ בְּרַגְלוֹ.
to, נָעַל K. Hi., סָאַן.
shoe-latchet, שְׂרוֹךְ־נַעַל.
from a thread to a, מִחוּט וְעַד שְׂרוֹךְ־נַעַל.
shoes, a pair of, נַעֲלַיִם f. du.
shoot, a, בֵּן m. (poet.), זְמוֹרָה f., זֶרַע, חֹטֶר m., פֹּארָה f., מַטֶּה m., מַקֵּל m., נֵצֶר m., צֶמַח m. only coll. (but see 2, at end), שֶׁלַח m., שֹׁרֶשׁ m., שָׁתִיל m.
degenerate, סוּר m.
young and pendulous, גֶּפֶן com.
shoot, to, יָרָה K. Hi., see רָבַב, 2., שָׁלַח Pi., רָמָה.
forth, to, see צָמַח.
up, to, עָלָה.
shoots, זַלְזַלִּים only plu., שָׂרִיגִים, שְׁלֻחוֹת.
the first, דֶּשֶׁא m.
(worthless), צֶאֱצָאוֹת only plu.
shore, חוֹף m., שָׂפָה f.
shorn, מִקְרָה.

shorn wool, גֵּז m.
short, קָצֵר.
to be, קָצֵר.
short-handed, קְצַר יָד.
shorten, to, קָצַר Pi. Hi.
shortened, to be, קָצַר.
shortly, מְעַט, כִּמְעַט, מְהֵרָה (poet.), מִקָּרוֹב.
shortness of spirit, קֹצֶר רוּחַ.
shot through, to be, יָרָה Ni.
shoulder, זְרוֹעַ f. rarely m., כָּתֵף f., שְׁכֶם m.
(in animals), שׁוֹק f.
shoulder-blades, שְׁכֶם m. only sing.
shoulder-pieces, כְּתֵפוֹת.
shoulders, שְׁכֶם m. only sing.
(of an axle), כְּתֵפוֹת.
shout, a, רִנָּה f., רֵעַ I m.
for battle, a, תְּרוּעָה f.
of joy, הֵד m., הֵידָד m., רִנָּה f.
shout, to, יָלַל Hi. (once), נָשָׂא קוֹל, עָנָה I, צָהַל, צָוַח, צָרַח Hi., רוּעַ Hi. c. עַל., רָנַן.
aloud, to, הֵרִים קוֹל w. בִּתְרוּעָה.
aloud one's praise, to, רָנַן Pi.
for, to, צָהַל c. בְּ.
for joy, to, רוּעַ Hi. c. עַל over, against, Hithpal., רָנַן Pi. Hi.
one's praise, to, רָנַן w. acc.
shouting, מַרְוֵחַ, צְוָחָה f., רֹן m., רְנָנָה, see תְּרוּעָה, תְּשֻׁאוֹת plu.
shouts, תְּשֻׁאוֹת.
of deliverance, רָנֵּי־פַלֵּט.
of joy, תְּרוּעָה f.
shoved, to be, זָחַח Ni.
shovel, יָע m.
winnowing, מִזְרֶה m., רַחַת f.
show, to, גָּלָה אֹזֶן פ׳, חָוָה Pi. (poet.), יָדַע Pi. Po. Hi., יָרָה Hi., נָגַד Hi., רָאָה, נָתַן Hi. (Ch. חָוָה Pa. Ap..., יְדַע Aph.)
(good or evil), to, גָּמַל w. 2 acc., of pers. and of thing.
mercy, to, שִׂים רַחֲמִים. (Ch. חֲנַן.)
one's self, to, רָאָה, הָיָה לְ Ni.
the way, to, תּוּר Hi.
show, to make a, הָלַל.
shower, a, רְבִיבִים plu.

shower, heavy, גֶּשֶׁם m.
violent, זַרְזִיף m., זֶרֶם m., זֶרֶם m.
showers, שְׂעִירִים.
shrewd, חָכָם, חַרִּיף.
shrew-mouse, see אֲנָקָה.
shriek, a, אֲנָקָה f.
to, אָנַק K. Ni.
shrink, to, קָפַד Pi.
away, to, חָפַז Ni.
together for fear, to, רָגַז.
shrub, שִׂיחַ II m.
shrubs, שִׂיחַ II m. coll.
shrunk, קָלוּט.
shudder, to, סָמַר, שָׂעַר w. עַל of cause.
at, to, שָׂעַר w. acc.
shuddering, a, רְעָדָה f., שַׂעַר m.
shut, to, אָחַז, אָטַם K. Hi., אָטַר (once), טוּחַ Hi., סָגַר, עָצָה, קָפַץ, II, עָשַׁר, see שָׁתַם. (Ch. סְגַר.)
fast, to, בָּלַם.
one's self up, to, סָגַר Ni., עָגַן only in Ni.
out, to, בָּדַל Hi. w. מִן, מֵעַל.
out from the presence of, גָּרַשׁ w. מִפְּנֵי.
out, to be, בָּדַל Ni.
up, כֶּלֶא, אֲסִיר.
up, to, אָחַז Pi., חָבַשׁ K. Pi., חָתַם Pi. Hi. (once), כָּלָא, סָגַר Hi., עָצַם, עָצַם, לִפְנֵי, Pi. c. סָכַר, סָתַם Pi., עָצַר, צָרַר.
up one's way, to, שׂוּךְ.
up, to be, כָּלָא K. Ni., סָגַר Ni. Pu., סָכַר I Ni.
up, to let, סָגַר Hi.
up, to remain, עָגַן only in Ni.
shutting up, a, כֶּלֶא m., סְגִיר m.
shuttle, a weaver's, אֶרֶג m.
sick, דָּוֶה.
(at heart), דַּוָּי, דָּוֶה.
the, see תַּחֲלוּא.
to be, חָלָא (once), חָלָה K. Ni., נוּשׁ (once of the mind), נָסַס I.
to be made, חָלָה Ni.
to be very, אָנַשׁ Ni.
to fall, חָלָה Hithp., נָפַל.
to feign one's self, חָלָה Hithp.
sick, to make, חָלָה Pi. Hi.
to make one's self, חָלָה Hi. Hithp.
unto death, to be, חָלָה לָמוּת.
sick-house, בֵּית הַחָפְשִׁית.
sickening, (anything), דְּוַי m.
sickle, חֶרְמֵשׁ m., מַגָּל m.
sickness, דְּוַי m., חֳלִי m., מַדְוֶה m., מַחֲלֶה m.
sicknesses, תַּחֲלֻאִים only plu.
side, a, אַצִּיל m., אֵצֶל m., יָד f., יְרֵכָה f., פֵּאָה f., יַרְכָה f., see פְּנִימָה, פֵּאָה f., פֶּה m., צַד m., צֵלָע m., עֵבֶר II m., רוּחַ f. (Ch. צַד m., שְׂטַר m., or rather שְׂטַר.)
at the, לְיַד, בְּעַד יַד, אֶל יַד, עַל עַל יְדֵי, יַד.
by the, לְיַד, בְּעַד יַד, אֶל יַד, עַל עַל יְדֵי, יַד.
from the other, מֵעֵבֶר לְ, מֵעֵבֶר.
of, at the, אֵצֶל, מֵאֵצֶל פ׳, לִפְאַת, בְּצַד, בִּפְאַת.
of, by the, מִצַּד לְ, מִצַּד.
of, on the, עַל־פִּי. (Ch. מִצַּד.)
on every, מִכָּל־עֲבָרָיו, מִסָּבִיב.
on the, לְיַד, בְּעַד יַד, אֶל יַד, עַל עַל יְדֵי, יַד.
on the other, בְּעֵבֶר לְ.
on this side — on that, מֵהָעֵבֶר מִזֶּה — מֵהָעֵבֶר מִזֶּה, לְעֵבֶר אֶחָד — לְעֵבֶר אֶחָד.
the opposite, other, עֵבֶר m.
upon the, with the, בְּצַד.
side-borders, יָדוֹת.
side-chamber, צֵלָע m.
side-chambers, a range of, צֵלָע m. coll.
side-story, צֵלָע m. coll.
siege, לָחֶם, מָצוֹר I m.
sieve, כְּבָרָה f., נָפָה f.
sift, to, זָרָה Pi., נוּעַ Hi., נוּף Hi.
sifted, to be, נוּעַ Ni.
sigh, a, אֲנָחָה f.
to, אָנָה I, אָנַח Ni., see הָמָה, יָגַח Hithp.
sighing, a, אֲנָחָה f., אֲנִיָּה f., הֶגֶה m.
the, מִתְהַגִּים.
sight, מַרְאֶה m., רְאוּת f. (Keri), רֳאִי m., רְאִית f. (Cheth). (Ch. חֲזוּת.)

sight, in his, אֶת־פְּנֵי , לִפְנֵי.
in my, בְּעֵינַי.
of, in the, עַל־פְּנֵי , לִפְנֵי , נֶגֶד.
to, to give, restore, פָּקַח עֵינָיו.
sign, a, אוֹת I com., מוֹפֵת m., מַשְׂאֵת f., נֵס m., שֵׁם m., תָּו m. (Ch. אָת com.)
an appointed, מוֹעֵד m.
sign, to, אָוָה III Hithp. (Ch. רְשַׁם.)
signal, מוֹעֵד m., מַשְׂאֵת f., נֵס m., תְּרוּעָה f.
a lofty, נֵס m.
signal-horn, קֶרֶן הַיּוֹבֵל.
signal-pole, תֹּרֶן m.
signal-trumpet, שׁוֹפַר הַיּוֹבֵל , שׁוֹפַר תְּרוּעָה.
signature, תָּו m.
signet, חֹתֶמֶת f.
signet-ring, חוֹתָם m., טַבַּעַת f. (Ch. עִזְקָא f.)
silence! הַס.
silence, אֵלֶם m., דּוּמָה f., דּוּמִיָּה f., דְּמָמָה , דּוּמָם f.
from, to turn away in, חָשָׁה w. מִן.
land of, דּוּמָה f.
to, דָּמַם Po., חָשָׁה Hi.
to bear in, נוּחַ w. לְ.
to keep, אָלַם Ni., חָרַשׁ K. Hi., חָשָׁה Hi., סָכַת Hi. (once.)
to put to, חָרַשׁ Hi.
silent, דּוּמִיָּה f., חֲרִישִׁי.
to be, אָלַם Ni., דָּמָה II, דָּמַם, חָרַשׁ Hi., חָשָׁה , נוּחַ.
to make, דָּמַם Hi.
silently, דּוּמִיָּה , דּוּמָם , הַס , חָרָשׁ.
silex, חַלָּמִישׁ m.
silk, see מֶשִׁי.
a garment of, see מֶשִׁי.
stuff, דְּמֶשֶׁק.
sill, מִפְתָּן m., סַף m.
Siloam, שִׁלֹּחַ.
silver, כֶּסֶף m. (Ch. כְּסַף m.)
current, כֶּסֶף עֹבֵר לַסֹּחֵר.
pieces of, כֶּסֶף m. in plu.
Simeon, שִׁמְעוֹן.
similar, to be, דָּמָה I c. לְ , אֶל. (Ch. דְּמָה.)
to become, דָּמָה I c. לְ , אֶל.

similar to, to be, מָשַׁל Ni. c. אֶל , כְּ , עִם.
similitude, מָשָׁל I m., מֹשֶׁל m.
similitudes, to use, דָּמָה I Pi.
simple, פֶּתִי , פֹּתֶה m. concr., פְּתַיּוּת f. concr., תָּם (only moral sense.)
(anything), see חַלָּמוּת.
simplicity, see חַלָּמוּת , פֶּתִי m., פְּתַיּוּת f., see תֹּם, 3.
sin, חֵטְא m., חֲטָאָה f., חַטָּאָה f., חַטָּאת f., בֶּצַע I m., עָוֹן m., פֶּשַׁע m., רָעָה f., תָּהֳלָה f. (once). (Ch. חֲטָי m., עֲוָיָן only plu.)
cause, occasion of, חַטָּאת f.
to, חָטָא , זָנָה w. עַל of pers., פָּשַׁע c. עַל against., שָׁגַג , שָׁלָה and שָׁלַו. (Ch. בְּלָה.)
to cause to be accused of, חָטָא Hi.
to lead into, חָטָא Hi.
sin-offering, חֲטָאָה f., חַטָּאָה f., חַטָּאת f., פֶּשַׁע m. (Ch. חַטָּיָה f.)
to offer as a, חָטָא Pi.
Sinai, סִינַי.
since, אִם , מִן אָז , מֵאָז (rarely), מֵאֲשֶׁר, וְ (before adversative clauses), מִיּוֹם, כִּי I, מִן (before infin.). (Ch. דִּי , כָּל־קֳבֵל דִּי.)
that, (Ch מִן אֱדַיִן.)
sincere, pass. part. of צָרַף.
sincerity, אֱמֶת f., יֹשֶׁר m., מֵישָׁרִים only plu., נֵצַח I m.
sinew, גִּיד m., שֹׁר m.
sinfulness, rarely חַטָּאת f.
sing, to, דָּבַר Pi., הָגָה I (poet.), זָמַר II Pi. w. dat. of pers. to or in honor of., נָבָא Hithp., עָנָה I K. Pi., צָהַל , שִׂיחַ, שִׁיר rarely שׁוּר (Cheth) K. Pil., שָׁמַע Hi.
before, to, שִׁיר rarely שׁוּר (Cheth) w. עַל , לְ.
concerning, to, שִׁיר rarely שׁוּר (Cheth.)
of, to, עָנָה I w. לְ., שִׂיחַ c. acc. בְּ., שִׁיר rarely שׁוּר (Cheth) w. בְּ.
sacred songs, to, נָבָא Ni.
unto, to, שִׁיר rarely שׁוּר (Cheth) w. לְ.

singed, to be, (Ch. חֲרַךְ Ithpa.)
singer, a, שָׁר, מְשׁוֹרֵר. (Ch. זַמָּר m.)
singers, female, שָׁרוֹת, מְשֹׁרְרוֹת.
singing, a, מַשָּׂא m., שִׁיר m.
singing-women, שָׁרוֹת, מְשֹׁרְרוֹת.
singular, מְפֹרָד.
sink, a, מַהֲרָאָה f. (Cheth.)
sink, to, טָבַע K. Pu., שָׁקַע Hi.
down, to, רָפָה I, שׁוּחַ, שָׁחַח, שָׁקַע.
down senseless, to, רָדַם Ni.
down stupefied, to, רָדַם Ni.
together, to, קָרַס.
sinner, חַטָּא m., חַטָּאָה f.
sins, hidden, נִסְתָּרוֹת.
sip up, to, see עָלַע.
sister, אָחוֹת f.
sister-in-law, יְבֵמֶת f.
sistrum, see מְנַעַנְעִים.
sit, to, יָשַׁב, נָוָה. (Ch. יְתִב.)
down, to, יָשַׁב, גָּלַשׁ. (Ch. יְתִב.)
down together, to, יָסַד Ni.
enthroned, to, יָשַׁב.
still, to, יָשַׁב.
up, to, יָשַׁב.
site, מוֹשָׁב m.
sitting, a, מוֹשָׁב m., שֶׁבֶת II f.
still, a, שֶׁבֶת II f.
situation, מוֹשָׁב m.
Sivan, (month), סִיוָן m.
six, שֵׁשׁ I w. f., שִׁשָּׁה w. m. (Ch. שֵׁת and שִׁית.)
parts, to divide into, שִׁשָּׁה Pi.
sixteen, sixteenth, שֵׁשׁ עֶשְׂרֵה w. f., שִׁשָּׁה עָשָׂר w. m.
sixth, שִׁשִּׁי.
a, שִׁשִּׁית f.
part, the, שִׁשִּׁית f.
sixty, שִׁשִּׁים. (Ch. שִׁתִּין.)
skeptic, a, סֵעֵף.
skies, the, שָׁמַיִם m. plu.
skiff, כְּלִי m.
skilful, חָכָם, יֹדֵעַ, מָהִיר c. inf.
to judge, חָכָם (adj.)
skill, בִּינָה f., חָכְמָה f., תְּבוּנָה f. (Ch. בִּינָה f., חָכְמָה.)
work of, מַחֲשָׁבָה and מַחֲשֶׁבֶת f.

skilled, מָהִיר, יֹדֵעַ, חָכָם.
in, to be, בִּין c. בְּ, acc.
(one), רַב m.
skim off, to, חָשַׂף.
skin, בָּשָׂר m. (once), גֶּלֶד m., עוֹר m.
(of a grape), זָג m.
skip, to, רָקַד, דּוּץ.
skirmish, to, שָׂחַק Pi.
skirt, כָּנָף f., שׁוּל m., see שׁוּל.
skull, גֻּלְגֹּלֶת f.
sky, שַׁחַק m. (poet.) rarely in sing., oftener plu. שְׁחָקִים.
sky-dividers, (astrologers), הֹבְרֵי שָׁמַיִם (Keri.)
slack, רָפָה.
hand, to labor with a, עָשָׂה כַף רְמִיָּה.
to be, חָלַל, פּוּג, רָפָה I K. Ni.
to show one's self, רָפָה I Hithp.
slack-handed, רָפֶה w. יָדַיִם added.
slacken, to, רָפָה I Pi. Hi.
slackened, to be, רָפָה I.
slackness, רִפְיוֹן m. constr. only.
slain, חָלָל, שָׁדוּד.
the, מְמוֹתִים only plu. (Cheth concr.)
to be, הָרַג Ni. Pu., מוּת Ho., נָפַל.
slander, דִּבָּה f., see דָּבַב at end.
to, לָשַׁן Po. Hi., קָרַע, רָגַל K. Pi. (once), c. בְּ of pers. (Ch. אֲכַל קַרְצֵי דִּי, אֲכַל קַרְצוֹהִי דִּי)
slanderer, נִרְגָּן m.
slanderers, אַנְשֵׁי רָכִיל.
slaughter, אַבְדָן m., הֶרֶג m., הֲרֵגָה f., זֶבַח m., טֶבַח m., טִבְחָה f., מַגֵּפָה f., מַטְבֵּחַ m., מַכָּה f., קֶטֶל m., קָצִיר m., שְׁחִיטָה f.
to, הָרַג, זָבַח, טָבַח, שָׁחַט.
slaughter-basin, see אֲגַרְטָל.
slaughter-knives, מַחֲלָפִים once in plu.
slaughtered, cattle, טֶבַח m., טִבְחָה f.
slave, a, עֶבֶד m.
home-born, יְלִיד בַּיִת.
slaver, (slime), רִיר m.
slay, to, הָרַג, טָבַח, מוּת Pil. Hi., נָכָה Hi., פָּגַע w. בְּ., קָטַל (poet.), רָצַח, שָׁחַט.

slayer, a, רֹצֵחַ.
sledge-hammers, כֵּילַפּוֹת.
sleep, שֵׁנָה f., שְׁנָת f. (Ch. שְׁנָה f.)
at noon, מִשְׁכַּב הַצָּהֳרָיִם.
deep, תַּרְדֵּמָה f.
light, תְּנוּמָה f.
to, יָשֵׁן.
to cause to, יָשֵׁן Pi.
to lie down for, see in סָכַךְ Hi.
to lie in deep, רָדַם Ni.
sleeping, יָשֵׁן.
slender, דַּק, see שָׁלַח K. 3, at end.
slenderness, דַּלָּה f.
slice, a, פֶּלַח f.
to, פָּלַח Pi.
slight, (adj.), דַּק.
slime, רִיר m.
sling, a, קֶלַע m.
out, to, קָלַע I K. Pi.
to, קָלַע I K. Pi.
to throw with a, קָלַע I K. Pi.
slinger, קֹלֵעַ, קַלָּע.
slip, to, חָלַק.
away, to, פָּלַט, סָטַר, נָפַל.
away, to let, מָלַט Pi.
(of the foot), a, חַטָּאת f.
off, to, נָשַׁל.
slipperiness, חֲלַקְלַקּוֹת plu.
slippery, חָלָק.
places, חֲלַקְלַקּוֹת, חֲלָקוֹת.
slipping away, a, מַחֲלֹקֶת f.
sloth, עַצְלָה f., עַצְלוּת f., רְמִיָּה f.
slothful (one), עָצֵל m., רְמִיָּה f. concr.
to be, עָצַל Ni., רָפָה I Hithp.
slothfully, רְמִיָּה.
slothfulness, double, עֲצַלְתַּיִם du.
slow, אֶרֶךְ only constr., כָּבֵד.
of growth, אָפִיל.
to be, כָּבֵד.
slowly, לְאַט, לָאַט, אַט.
to go, דָּדָה Hithp.
to move, צָעַד.
sluggard, עָצֵל m.
sluggish, כָּבֵד.
to be, כָּבֵד, כָּסַל (once), פּוּג.
sluices of heaven, אֲרֻבּוֹת הַשָּׁמַיִם.
slumber, תְּנוּמָה f., תְּנוּמָה f.

slumber, to, נוּם.
small, דַּק, מְעַט (rarely), מִצְעָר, צָעִיר, קָטֹן and קָטָן. (Ch. זְעֵיר.)
anything, דַּק.
beaten, דַּק.
broken very, דַּכָּא.
dust, דַּק.
something, זָנָב m.
to be, קָטֹן, קָלַל K. Ni. c. בְּעֵינֵי.
to be rubbed, מָלַח I Ni. (once.)
to beat, דָּקַק K. Hi., כָּתַת. (Ch. דְּקַק Aph.)
to become, קָלַל.
to make, מָעַט Hi., קָטֹן Hi. (Ch. חֲשַׁל.)
very, חָדַק (adv.)
smallness, מִזְעָר m., קָטָן, קָטֹן m., קֹטֶן m.
smear, to, כָּשַׁח, שָׁעַע Hi.
smeared together, to be, כָּפַח II, שָׁעַע (once.)
with fat, to be, דָּשֵׁן Hothp.
smell, to, רוּחַ Hi.
at, to, רוּחַ Hi. w. בְּ.
to have a bad, בָּאַשׁ.
smelling bottles, בָּתֵּי נֶפֶשׁ.
smelt, to, צָרַף.
smelter, צֹרֵף.
smile upon, to, שָׂחַק w. אֶל.
smite, to, כָּתַת, הָלַם, הָרַג Pi. Hi., מָחָא K. Pi., נָגַע K. Pi., נָגַף, נָטַשׁ, נָכָה Hi., סָפַק I, rarely שָׂפַק, רָקַע, תָּפַף Po. c. עַל., תָּקַע. (Ch. מְחָא Pe. Pa., נְקַשׁ.)
down, to, נָכָה Hi.
in pieces, to, הָלַם, נָכָה Hi., רָקַע Pi.
out, to, נָכָה Hi. c. acc.
out of one's hand, to, נָכָה Hi. w. מִיַּד, מִן.
(the breast), to, סָפַד.
the rear of an army, to, זָנַב Pi.
through, to, מָחַק (once), נָכָה Hi.
through and through, to, מָחַץ.
upon, to, נָגַע w. בְּ.
upon one's hand, to, (Ch. מְחָא Pa. w. בִּיד.)

smite with the tongue, to, נָכָה Hi.
smith, a, חָרָשׁ m., מַסְגֵּר m.
smiting, נֵכִים only plu.
a, מַכָּה f., שֶׂפֶק m.
in pieces, a, מַפָּץ m.
smitten, נָכָא, see נָכָא, נְכֵה constr. only.
to be, נָכָה Ni. (once), Pu. Ho.
smoke, עָשָׁן m., קִיטוֹר m.
to, עָשַׁן.
smoking, עָשֵׁן.
smooth, חָלָק, חֲלַק, חַלָּק, מֹרָטָה f. (once), קָלָל.
part, חֶלְקָה f.
places, חֲלַקְלַקּוֹת, חֲלָקִים.
things, חֲלָקוֹת.
to be, חָלַק, מָלַץ, [illegible]
to make, חָלַק Hi., מָרַט, קָלַל Pilp.
smoothly, לְמֵישָׁרִים, בְּמֵישָׁרִים.
smoothness, חֵלֶק m., חֶלְקָה f., יֹשֶׁר m., מַחֲלָקֹת f., מֵישָׁרִים only plu.
in, לְמֵישָׁרִים, בְּמֵישָׁרִים.
snail, שַׁבְּלוּל or שַׁבְּלוּל m.
snare, חֶבֶל m., מוֹקֵשׁ m., see מָזוֹר II, מַלְכֹּדֶת f., מִשְׂטֵמָה f., פַּח I m., צַמִּים m. sing.
for, to lay a, נָקַשׁ Hithp. c. בְּ.
over, to cast a, נָקַשׁ Pi.
to, see חָרַךְ, פָּחַח Hi.
to be caught in a, יָקֹשׁ Ni., נָקַשׁ K. Ni.
snared, to be, יָקֹשׁ Ni., נָקַשׁ K. Ni.
snares, see מַשְׁחִית, רֹכֶס.
to lay, יָקֹשׁ, נָקַשׁ Pi., צוּד, קוּשׁ (once in fut.)
snarl, to, הָמָה, נָהַם.
snarling, a, נַהַם m.
snatch, to, נָצַל Pi. Hi.
away, to, יָחָה (once), מָצָה.
snatched out, to be, נָצַל Ho.
snatching away, a, הַצָּלָה f.
sneeze, to, זָרַר II Po.
sneezing, a, עֲטִישָׁה m.
snort, to, שָׁאַף.
snorting, a, מִצְהָלָה f., נַחַר m.
snow, שֶׁלֶג m. (Ch. תְּלַג m.)
to be white like, see שָׁלַג Hi.

snowy, to be, see שָׁלַג Hi.
snub-nosed, חָרֻם.
snuff, to, רוּחַ Hi.
up, to, שָׁאַף.
snuff-dishes, מַחְתּוֹת.
snuffers, מְזַמְּרוֹת only plu., מֶלְקָחַיִם m. du.
so, וְ, וּ and וַ (in clauses to be compared together), כָּזֶה, כֹּה, כְּ, כִּי I, כְּמוֹ, כֵּן I, כָּכָה, כְּמוֹ. (Ch. כֵּן, כְּדְנָה, כְּנֵמָא.)
and so, כָּזֶה וְכָזֶה, כָּזֹאת וְכָזֹאת.
(and) so, כָּכָה.
— as, כְּ — כְּ (rarely), כְּמוֹ, כָּמוֹ (repeated), כֵּן — כַּאֲשֶׁר (rarely), כֵּן — כְּמוֹ.
as, כְּמוֹ, כַּאֲשֶׁר.
as not, מִן before infin.
as not to, לְבִלְתִּי c. inf.
as that, כִּי I.
great, כְּ.
long, כֵּן I.
long as, עַד, עַד בִּלְתִּי.
many, much, כֵּן I.
often, כֵּן I.
soon, כֵּן I preceded by כְּ of time.
that, וְ, וּ and וַ (before final and consecutive clauses), כִּי I, see in לְמַעַן, A, 2., עַד, כְּמוֹ. (Ch. דִּי.)
that no one, מִבְּלִי w. participle.
that not, מִבְּלִי, לְבִלְתִּי c. inf., מִן, בְּלֹא before inf.
then, וְ, וּ and וַ (before inferential clauses.)
very, כֵּן I.
soar, to, אָבַר Hi.
sob, to, אָנַק K. Ni.
society, חֶבֶר m., חֶבְרָה f., עָמִית f.
socket (of a tooth), prob. מַכְתֵּשׁ m.
sodden, (something), נָזִיד.
the, בָּשֵׁל m., בִּשְּׁלָה f.
Sodom, סְדֹם.
sodomite, קָדֵשׁ m.
soft, רַךְ, עָנֹג.
to be, רָכַךְ.
words, רַכּוֹת.
soften, to, מוּג Pil., see מָרַח.

softened, to be, רָכַךְ Pu.
softly, אַט , לְאַט , לָאט.
a going, אַט m.
to flow, דָּבַב .
to go, דָּדָה Hithp.
softness, רֹךְ m.
soil, to, גָּאַל II Hi. (later Heb.), טָנַף Pi.
sojourn, to, גּוּר I.
sojourner, גֵּר m., תּוֹשָׁב m. concr.
sojourning, place of, גֵּרוּת f.
sojournings, מְגוּרֵי plu. constr.
sold, a thing, מִמְכָּר m.
to be, מָכַר Ni. Hithp.
soldering, (of metal), דֶּבֶק m.
soldier, גֶּבֶר m. (poet.)
soldiers, אִישׁ m. coll. (w. gen. of king, leader, etc.)
brave, גַּמָּדִים .
common, עַם m.
sole, (adj.), אֶחָד .
sole of the foot, כַּף רֶגֶל.
soles (of the feet), אַפְסַיִם du.
solid, יָצוּק.
solitary, (adj.), בּוֹדֵד, שׁוֹמֵם.
(adv.), לְבָדָד , בָּדָד .
to be, בָּדַד , שָׁמֵם Ni.
Solomon, שְׁלֹמֹה .
solution, (interpretation), שֵׁבֶר and שֶׁבֶר m.
solve, to, נָגַר Hi. (Ch. שְׁרָא also שְׁרֵא Peal, Pa.)
some, אֲחָרִים.
of, מִן.
one, אֶחָד , אִישׁ m., פְּלֹנִי אַלְמֹנִי.
out of, מִן.
time, after, מִיָּמִים.
something, דָּבָר m , מְאוּמָה , מָה , מִן.
son, see אָמוֹן I, בֵּן m., בַּר I m. (only poet.), יָלוּד , יֶלֶד m. (poet.), יָלִיד m. (Ch. בַּר I m.)
son-in-law, חָתָן m.
song, אֹמֶר (poet.), אִמְרָה f. (poet.), אֶמְרָה f. (poet), זָמִיר m., זִמְרָה f., זִמְרָת f., חִידָה f., מִזְמוֹר m. (only in inscrip. of Psalm), מִכְתָּם m. (only in inscrip. of Psalms), מַנְגִּינָה f., מַשָּׂא m., מַשְׂכִּיל m., מָשָׁל I m., מְשֹׁל , אֵם , m., נְגִינָה f., קִינָה f., שִׂיחַ I m., שִׁיר m., שִׁירָה f.
song, a lyric, see עֵדוּת.
enforcing intelligence, wisdom, piety, prob. מַשְׂכִּיל.
of degress, שִׁיר הַמַּעֲלוֹת.
of the ascents, שִׁיר הַמַּעֲלוֹת.
of derision, מְלִיצָה f., מָשָׁל , נְגִינָה f.
of praise, זָמִיר m., תְּהִלָּה f.
of triumph, זָמִיר m.
revealed, עֵדוּת f.
sacred, תְּפִלָּה f.
songs, שִׁיר m. coll.
sons, (Ch. בְּנִין plu. only.)
soon, לַבֹּקֶר, חִישׁ, כִּמְעַט , בְּקָרוֹב , מִקָּרוֹב.
sooner than, טֶרֶם.
soothe, to, שָׁבַח Pi.
soothed, to be, שָׁעַע Polp.
soothing manner, to address in a, כָּנָה Pi.
soprano, see in עַלָמָה.
sorcerer, אוֹב , יִדְּעֹנִי m., מְכַשֵּׁף , כַּשָּׁף.
sorceries, כְּשָׁפִים only plu.
sorcery, לָטִים plu.
to practise, עָנַן Po.
sore, a, מָזוֹר I m.
a burning, שְׁחִין m.
sore, (heavy), (adj.), כָּבֵד.
to be, כָּאַב , כָּבַד , מָרַץ Ni.
sorrow, אָוֶן m., חֹשֶׁךְ m., יָגוֹן m., מַכְאוֹב m., מֶמֶר m., מַעֲצֵבָה f., עָמָל m., עֹצֶב m., עִצָּבוֹן m., תַּאֲנִיָּה f., תּוּגָה f.
in, with, בְּצָרָה.
sorrowful, מַר , עָמֵל , רַע.
in mind, אַגְמֵי נֶפֶשׁ.
to be, רָעַע.
sort, זַן m., מִין m. (only w. suffs.), מִשְׁפָּט m. (Ch. זַן.)
sought, to be, חָפַשׂ Pu.
out, to be, בָּעָה Ni., דָּרַשׁ Ni.
soul, כְּלָיוֹת plu., נֶפֶשׁ com., רוּחַ f.
sound, (adj.), שָׁלֵם , שָׁלוֹם , תָּמִים.
to be, שָׁלֵם or שָׁלַם.
sound, (sub.), הָמוֹן m. once f., הֶמְיָה f., הֲמֻלָּה f., פֶּה m., קַו and קָו m., קוֹל m., שֵׁמַע m., תְּרוּעָה f. (Ch. קָל m.)

sound, a gentle, אַט m.
a transient, שֶׁמֶץ m.
of, at the, עַל־פִּי.
(of the harp, cythera), הִגָּיוֹן m.
to give forth a tremulous and stridulous, רָנָה (once.)
sound, to, הָמָה, שָׁמַע Hi.
(a trumpet), to, רוּעַ Hi.
an alarm, to, רוּעַ Hi.
the alarm, to, תָּקַע תְּרוּעָה.
sounding, well. טוֹב.
soundness, מְתֹם m., שָׁלוֹם m., תֹּם m.
soup, מָרָק and פָּרָק m.
sour grapes, בֹּסֶר and בֹּסֶר m. coll., see חֹמֶץ, see חַרְצַנִּים.
to be, חָמֵץ.
source, מַעְיָן m.
soured, מַחְמֶצֶת.
anything, חָמֵץ m.
south, the, דָּרוֹם m., יָמִין com. rarely m., נֶגֶב m., תֵּימָן com.
in the, יָמִין.
side, פְּאַת נֶגֶב.
side, on the, מִמּוּל נֶגֶב.
side southward, פְּאַת נֶגְבָּה תֵּימָנָה.
wind, דָּרוֹם m. (poet.), תֵּימָן com. (poet.)
southern quarter, יָמִין com. rarely m.
southward, תֵּימָנָה, נֶגְבָּה.
southwards of, תֵּימָנָה לְ.
sow, to, זָרַע.
sown, זֵרוּעַ.
a place, מִזְרָע m.
things, זֵרוּעִים.
to be, (adj.), זֵרוּעַ.
to be, (verb), זָרַע Ni. Pu.
space, בַּיִת m., רֶוַח m., רָחוֹק m.
between, פֶּת m.
trodden upon, מִדְרָךְ m.
spacious, רָחָב, נִרְחָב, מְרֻוָּח.
to be, רָחַב, רָוַח.
to become, רָחַב.
spade, a little, יָתֵד.
span, a, זֶרֶת f.
span (of horses), see in אֻרְוָה, 2.
spare, to, חוּס c. עַל., חָמַל c. עַל, אֶל, לְ., פָּסַח, חָשַׂךְ.

spark, a, כִּידוֹד m. (once), נִיצוֹץ m. (once.)
sparkle, to, אָדַם Hithp., נָצַץ only part. plu., צוּץ Hi.
sparks, see in רֶשֶׁף.
sparrow, צִפּוֹר com.
spatula, יָתֵד.
speak, to, דִּבֵּר Pi., הָגָה I K. Po. (poet.), מָלַל I K. (once part.), Pi. (mostly poet.), נָבַע Hi., סִפֵּר Pi, עָנָה I, פּוּחַ Hi., שִׂיחַ, פָּתַח אֶת־פִּיו. (Ch. מַלֵּל, עֲנָה or עֲנָא I.)
against, to, דִּבֵּר Pi. w. עַל, בְּ.
falsehood, to, כָּזַב K. (only part.), Pi.
great things, to, בְּפֶה, הִגְדִּיל פֶּה. (Ch. מַלֵּל רַבְרְבָן.)
in a barbarous or foreign tongue, to, לָעַג Ni., לָעַז.
kindly to, to, בָּנָה Pi.
kindly with, to, דִּבֶּר עַל לֵב פ׳.
of, to, דִּבֵּר Pi. w. acc., הָגָה I (poet.)
one with another, to, דִּבֵּר Ni. c. עַל, בְּ.
out openly, לֹא בַחֹר.
proudly, to, הִגְדִּיל פֶּה, בְּפֶה.
rashly, to, יָלַע, לָעָה (once pret.)
the certainty, to, (Ch. יְצַב Pa.)
the truth, to, צֶדֶק. (Ch. יְצַב Pa.)
through (or) by, to, דִּבֶּר בְּ.
to begin to, עָנָה I. (Ch. עֲנָה or עֲנָא I.
under a divine influence, to, נָבָא Ni.
with, to, דִּבֵּר Hithp.
with one's self, to, דִּבֶּר אֶל־, עַל־ לִבּוֹ.
speaker, a, פֶּה m.
speaking in a barbarous or foreign tongue, (adj.), לָעֵג.
spear, חֲנִית f., כִּידוֹן m., מַטֶּה m., prob. צֶנֶץ (once), קַיִן m., רֹמַח m., שֵׁבֶט and שֶׁבֶט m., שֶׁלַח m.
the iron point of a, see חַיִץ, 3.
species, מִין m. (only with suffs.)
specified, to be, פָּרַשׁ Pu.

specify, to, נָקַב, פָּרַשׁ.
speckled, נָקֹד.
spectacle, a, רֳאִי m.
speech, דָּבָר m., לָשׁוֹן com., מִלָּה f. (only poet.), פֶּה m., קוֹל m., שִׂיחַ m., שָׂפָה f. (Ch. מִלָּה f.)
intricate, חִידָה f.
instrument of, מִדְבָּר m. (poet.)
speed, מְהֵרָה f., תּוֹעָפוֹת plu. (Ch. הִתְבְּהָלָה.)
to, חָלַךְ and יָלַךְ Pi. (only poet.)
speedily, בֹּקֶר, מְאֹד, מְהֵרָה, בִּמְהֵרָה, עַד־מְהֵרָה. (Ch. אָסְפַּרְנָא.)
to do, קָדַם Pi. w. infin.
spell, חֶבֶר m.
spells, to bind with, חָבַר.
spelt, כֻּסֶּמֶת f.
spend, to, בָּלָה Pi., בָּלַע Pi., כָּלָה Pi.
(time), to, עָשָׂה I.
spent, to be, כָּלָה, תָּמַם.
spew out, to, קוֹא K. Hi.
sphere, חוּג m.
spice, בֶּשֶׂם and בֹּשֶׂם m., רֶקַח m.
a kind of, נְכֹאת f.
spiced, to be, רָקַח Pu.
spicery, בֶּשֶׂם and בֹּשֶׂם m.
spicery-house, his, perhaps בֵּית נְכֹתֹה.
spices, סַמִּים.
spicing, a, מִרְקַחַת f.
spider, a, עַכָּבִישׁ m.
spikenard, Indian, נֵרְדְּ m.
spin, to, טָוָה.
spindle, פֶּלֶךְ m.
spine, עָצֶה m.
spinning, a, מַטְוֶה m.
spirit, אֱלֹהִים, כָּבוֹד m. (poet.), נֶפֶשׁ com., נְשָׁמָה f., רוּחַ f. (Ch. רוּחַ.)
a wizard, יִדְּעֹנִי m.
divining, אוֹב.
evil, רוּחַ f.
(of the dead), אוֹב.
vital, חַיָּה f נֶפֶשׁ com., נְשָׁמָה f.
unclean, רוּחַ f.
spirited, אַמִּיץ.
spirt, to, נָזָה.
spit, to, יָרַק I, רָקַק II.
out, to, זָנַח, רוּר, רָקַק II.
spit upon, one, תֹּפֶת f.
upon, to, רָקַק c. בְּ.
spittle, רִיר m., רֹק m., תֹּפֶת f.
splendid, אַדִּיר, נָאוֹר, חָמוּץ, יָקָר, עָתֵק עָתִיק f., כְּבוּדָּה.
something, נֹהַּ m.
splendor, אֶדֶר m., אַדֶּרֶת f., אֵשׁ com., הָדָר f., גָּאוֹן m., גֵּאוּת f., הֲדַר m., הָדָר m. (once), הוֹד, זֹהַר m., זֹהַר m., יְפִי m., יֳפִי m., יִפְעָה f., יְקָר m., יָקָר m., כָּבוֹד m., נֹגַהּ f., נֹעַם m., נֵצַח I m., עֹז m., צְבִי m., שַׁפְרִיר m. (Keri), שַׁפְרוּר (Cheth), תִּפְאָרָה f. elsewhere תִּפְאֶרֶת. (Ch. הֲדַר, זִיו m.)
splinters, קְצָפָה m. coll.
split, to, שָׁסַע K. Pi.
spoil, בַּז m., בֶּצַע m., see גְּזֵלָה, חֲלִיצָה f., חֵלֶק f., שָׁלָל m.
to, בָּגַר c. בְּ., בָּזַז, בָּצַע, בָּקַק, מָהַל, חָלַק, חָלַץ Pi., פָּרַשׁ, גָּזַל I, (once), נָצַל Pi. Hi., שָׁדַד K. Pi. Po., שָׁלַל, שָׁסָה K. Po., שָׁסַס.
to carry off as, בָּזַז.
to divide out as, חָלַק.
to divide the, חִלֵּק שָׁלָל.
to seize, take the, שָׁלַל שָׁלָל.
spoiled, to be, בָּזַז Ni. Pu., שָׁדַד Pu. Ho., שָׁחַת Ho., שָׁלַל Hithpo.
spoiler, שֹׁדֵד, see שָׁלַל.
spoilers, שֹׁסִים
spoiling, a, בֶּגֶד m., גֵּזֶל m., גְּזֵלָה f., מְשׁוּסָה (Cheth.)
given over to, שָׁדוּד.
spoilings, חֲבָלִים (once.)
spoken, what one has, מִדַּבֶּרֶת f.
spokes, חִשֻּׁקִים.
spokesman, פֶּה m.
spontaneous flow, דְּרוֹר m.
spontaneously, נְדָבָה.
spontaneousness, נְדָבָה f.
sport, שְׂחֹק m.
over, to, עָנַג Hithp. c. עַל.
to, צָחַק Pi., שָׂחַק (usually later Heb.)
spot, a, מאוּם, מוּם m.
a burnt, מִכְוָה f.
a low, פְּחֶתֶת f.

spot, (in the skin), בַּהֶרֶת f., נֶגַע m., שְׂאֵת f.

(on the body), מִחְיָה f.

spots, having, תְּבַלֻּל (once.)

one affected with, נֶגַע הַנֶּתֶק.

strewed, sprinkled with, בָּרֹד.

variegated, חֲבַרְבֻּרוֹת.

spotted, בָּרֹד, טָלוּא, נָקֹד.

spouse, see אָחוֹת, 7., חָתָן m., כַּלָּה f., לְבוּשׁ m.

a young, בְּתוּלָה f.

youthful, see עַלְמָה.

spout, to, נָזָה.

spread, to, יָצָא Hi., see פָּרַשׂ, פָּשָׂה, שָׁטַח, רָפַד.

(a bed), to, רָפַד, רָבַד Pi.

(a table), to, עָרַךְ.

abroad, to, פָּרַשׂ, פָּרַץ.

abroad, to be, see פּוּץ.

down, (something), מַצָּע m.

down, to, יָצַע Hi.

far and wide, to, רָחַק Pi.

itself out, to, נָטָה Ni.

one's self abroad, to, עָרָה Hithp., פוּץ Hi.

one's self out, to, נָטָה, פָּשַׁט.

out, to, טָפַח Pi., מָתַח, נָטָה, פָּרַד, פָּרַשׂ K. Pi., פִּרְשֵׁז, פָּשַׁט (everywhere intransitive), רָדַד Hi., רָקַע K. Hi., שָׁטַח K. Pi., שָׁלַח Pi.

out by beating, to, רָקַע K. Pi.

over, to, מָשַׁח, כּוּחַ.

themselves, to, נָטָה Ni.

to be, רָקַע Pu.

wide, to, בָּקַק.

underneath, to, יָצַע Hi.

spreading, a, מִשְׁטוֹחַ m.

out a, חֵפֶשׂ m. (once), מִטָּה m., מִפְרָשׂ m.

vine, גֶּפֶן סֹרַחַת.

spring, (fountain), גַּל m., גֻּלָּה f.

spring (of year), the, see קַיִץ.

spring-head, מוֹצָא מַיִם.

spring, to, דָּלַג K. (once), Pi., [illegible] Pi., [illegible] Pi.

forth, to, זִנֵּק Pi.

forward, to, see שָׁמַט.

spring up, to, דָּשָׁא, יָצָא, סָלַד Pi. (once), עָלָה, צָמַח K. Pi.

up, to let, חָלַם.

up and down, to, נָתַר Pi.

springe, מוֹקֵשׁ m., מַלְכֹּדֶת f.

springing up, a, צֶמַח m.

springs of the sea, נִבְכֵי־יָם (once.)

warm, יֵמִים (once.)

sprinkle, to, זָרַק, יָרָה K. Hi., נוּף K. Hi., נָזָה Hi., רָסַס.

sprinkled, to be, זָרַק Pu., נָזָה w. עַל, אֶל on or upon.

with spots, בָּרֹד.

sprinkling, a, נֹפֶת f.

sprout, זְרַע, יְנִיקָה f., יוֹנֵק, נֵצֶר m., צֶמַח m. only coll. (but see 2, at end), שֶׁלַח m., שֹׁרֶשׁ m.

to, דָּשָׁא, פָּשַׁר, see נוּן, צָמַח K. Pi.

to cause to, נוּב Pil.

sprouting, a, צֶמַח m.

sprouts, שְׁלֻחוֹת.

spun, a thing, מַטְוֶה m.

something, מְאוּזָּל.

spurious, one, מַמְזֵר.

spurned, to be, נָאַץ Hi.

spy, a, מְרַגֵּל.

out, to, חָפַר I, רָגַל Pi., שׁוּר II, תּוּר, שָׁמַר.

squander, to, זָלַל.

squanderer, זוֹלֵל.

squared stones, אַבְנֵי גָזִית.

squeeze (the breasts of an immodest woman), to, עָשָׂה I Pi.

out to, מָצָה.

stab, to, דָּקַר.

stabber, a, בָּר m.

stable, a, אֵבוּס m., אֻרְוָה and אֻרְוַת f., מַרְבֵּק m.

stable, (adj.), see אָרוּז.

to be, אָמַן I K. Ni., חוּל and חִיל.

stability, אֱמוּנָה f., אֱמֶת f.

stack (of grain), גָּדִישׁ m.

staff, מוֹט m., מוֹטָה f., מַטֶּה m., מַקֵּל m., מִשְׁעֶנֶת f., שֵׁבֶט and שֵׁבֶט m.

a round, פֶּלֶךְ m.

stag, אַיָּל m.

stage, an elevated, מִגְדָּל m.
stagger, to, גָּעַשׁ Hithpo., נוּעַ also נוֹעַ, שָׁגָה w. בְּ, יַיִן of wine.
about to, הָטָה Ni.
staid in purpose, יֵצֶר סָמוּךְ.
stain, to, גָּאַל II Hi. (later Heb.)
stained, see חֲבַלְבַּל.
stains, having, see חֲבַלְבַּל.
stair, a, מַעֲלָה f.
staircase, מְסִלָּה f., סֻלָּם m.
stairs, מְסִלָּה f., עֲלִיָּה f.
winding, לוּלִים.
stairway, עֹלָה f.
stake, a, יָתֵד, עֵץ m.
stalk of grain, קָנֶה m.
stalks, קָמָה f. coll.
of flax, פִּשְׁתֵּי הָעֵץ.
stall, a, אֵבוּס m., אֻרְוָה and אֻרְיָה f., מַרְבֵּק m.
stalls, רְפָתִים, אֻוֵרוֹת.
stammering, (adj.), עִלֵּג.
stamp, to, רָקַע.
small, to, הֵדַק Hi.
upon, to, בּוּס. (Ch. רְפַס.)
stamping, (sub.), see שְׁעָטָה.
stand, a, כֵּן II m., מְכוֹנָה f., עֹמֶד m. (later Heb.), עַמּוּד m.
stand, to, יָצַב Hithp., כּוּן Ni., נָצַב Ni., עָמַד I K. Hi., קוּם. (Ch. קוּם.)
back, to, נָגַשׁ Ni. pret. K. fut.
by, to, יָצַב Hithp. w. לְ of pers., נָצַב Ni. w. עַל., עָמַד עַל, קוּם w. לְ of pers.
erect, to, סָמַר K. Pi.
firm, to, perh. אָמַן I Hi., יָצַב Hithp., כּוּן Ni., עָמַד I, קוּם.
firm, to make, עָמַד I Hi., קוּם Hi.
firmly, to, נָצַב Ni.
for, to, עָמַד עַל.
forth, to, יָצַב Hithp., עָמַד I (once.)
good, to, קוּם.
good, to make, קוּם Pi.
near, to, יָצַב Hithp. w. עִם., עָמַד עַל.
on the threshold, to, סָפַף Hithpo.
out, to, קוּם.
over against each other, to, קָבַל Hi.
stand still, to, perh. אָמַן I Hi., דָּמַם, עָמַד I K. Hi.
still, to make, עָמַד I Hi., קוּם Hi.
to be made to, כּוּן Ni. (Ch. קוּם Hoph.)
to cause to, נָצַב Hi.
to let, יָצַג Hi.
to make, עָמַד I Hi.
to take a, יָצַב Hithp., עָמַד I.
to take one's, נָצַב Ni.
up, to, עָמַד I.
up for, to, יָצַב Hithp. w. לְ of pers., קוּם w. לְ of pers.
with, to, נָצַב Ni. w. עַל.
standard, דֶּגֶל m., נֵס m., תִּכְנִית f.
to erect a, דָּגַל.
standing place, מַעֲמָד m.
power of, תְּקוּמָה f.
star, כּוֹכָב m.
brilliant, see הֵילֵל.
stars, the, יְקָרוֹת.
start, to, רָקַד.
up, to, חָפַז.
startled, to be, חָפַז.
station, כֵּן II, מֹשָׁב m., מַעֲמָד m., מַצָּב m., מֻצָּב m., מִשְׁמֶרֶת f., עֶמְדָּה f.
a military, נְצִיב m.
station, to, שׂוּם and שִׂים.
one's self, to, נָצַב Ni. c. לְ to or before.
statuary, a, יוֹצֵר.
statue, אָפוּר m., prob. כִּיּוּן (once), מַצֵּבָה f., נְצִיב m.
stature, see קוֹמָה, מִדָּה f.
statute, דָּת f. (later Heb.), חֹק m., חֻקָּה f., מִשְׁפָּט, מְחֹקֵק m. (Ch. קְיָם m.)
statutory portion, חֹק m.
staves, בַּדִּים I.
stay, (dwelling), a, שִׁיבָה II f.
stay, (support), מִשְׁעָן m., מַשְׁעֵן m., מַשְׁעֵנָה f., רְפִידָה f.
stay, to, אָחַר K. (once), Pi., חוּל and חִיל, סָמַךְ Pi. c. בְּ., עָמַד I.
behind, to, אָחַר K. (once.)
for, to, יָשַׁב w. dat. of pers.
long, to, אָחַר Pi.
one's hand to, see (Ch. מְחָא Pa.)

stay one's self, to, אָמַן I, סָמַךְ Ni.
the heart, to, סָעַד לֵב.
to let, יָצַג Hi.
up, to, רָפַד Pi.
upon, to, אָמַן I Hi.
stayed, to be, נָצַר Ni.
up, to be, אָמַן I.
stead, תַּחַת.
steadfast, מֻצָּק.
to be, כּוּן Ni.
steal, to, גָּנַב K. Pi. Pu., מָעַל w. בְּ of thing.
stealth, to do by, גָּנַב Hithp. w. inf. and לְ.
to take by, גָּנַב, מָעַל with בְּ of thing.
steed, פָּרָשׁ m., רֶכֶשׁ m.
steel, פְּלָדָה f.
steep, בָּצִיר (Keri.)
steeping, (sub.), מִשְׁרָה f.
steer, עֵגֶל m.
steering, a, תַּחְבֻּלוֹת plu.
art of, תַּחְבֻּלוֹת plu.
stem, אֶשְׁכּוֹל m. (once), גֶּזַע m., יַחַשׁ m. (silver age), קָנֶה m.
stench, בְּאֹשׁ m., צַחֲנָה f.
to emit a, זָנַח Hi.
step, אֲשׁוּר or אַשֻּׁר m., הֲלִיךְ, אֲשׁוּר or הֲלִיךְ m., מַעֲלָה f., מִפְשָׂעָה f., מִצְעָד m., עָב I m., פַּעַם f., פֶּשַׂע m., צַעַד m., רֶגֶל f.
to, צָעַד.
to make a false, חָטָא.
step-chains, צְעָדוֹת.
step-mother, אֵם f., see in אִשָּׁה, 1, b.
steps, עֲלָה f., עֲקֵבִים and עִקְּבוֹת m.
to take short and quick, טָפַף.
sterile, עָקָר, גַּלְמוּד.
region, עֲרָבָה f.
stern, (adj.), עַז, גָּדֹל (Cheth), קָשֶׁה.
stick, a, שֵׁבֶט and שֶׁבֶט m.
stick fast, to, דָּבַק and דָּבֵק constr. w. בְּ, אֶל, לְ. (Ch. דְּבַק.)
stiff, קָשֶׁה.
stiff-necked, קְשֵׁה עֹרֶף.
to be, קָשָׁה I Hi. w. עֹרֶף.
stigma, קַעֲקַע m.
still, (adj.), רָגַע חֲרִישִׁי.
(adv.), עוֹד.
a sitting, שֶׁבֶת II f.
to, חָסָה only Hi., חָשָׁה Hi., קוּם Hi., שָׁבַח Pi. Hi., שָׁבַת Hi., שָׁכַךְ Hi.
to be, דָּמָה II, דָּמַם, חָרַשׁ Hi., חָשָׁה K. Hi., שָׁתַק, שָׁקַט.
to keep one's self, חָרַשׁ Hithp.
to make stand, עָמַד I Hi., קוּם Hi.
to sit, יָשַׁב.
to stand, perh. אָמַן I Hi., דָּמַם, צָמַר I K. Hi.
stillness, דְּמִי m., דֳּמִי m., דְּמָמָה f., שְׁלִי m.
sting, to, פָּרַשׁ Hi.
stink, a, בְּאֹשׁ m.
to, בָּאַשׁ K. Hi., זָנַח Hi.
to be made to, בָּאַשׁ Ni. w. בְּ, אֵת, Hithp. c. עִם.
stipend, שָׂכָר m.
stir, to, מָחַץ.
up, to, סוּת Hi. w. acc. of pers. and בְּ against., עוּר I Pil. Hi.
up (strife), to, גָּרָה Pi.
stock, אִיצָר m., גֶּזַע m., זֶרַע, שֹׁרֶשׁ m.
of wood, בּוּל עֵץ.
stocks, מַהְפֶּכֶת f., סַד m., צִינֹק m.
curved, see in חָנוּת.
stomach, מֵעִים only plu.
stone, אֶבֶן com. mostly f., צוּר m., צַר m. (Ch. אֶבֶן.)
a hot, רִצְפָּה f.
a small, חָצָץ m., צְרוֹר m.
(heated for baking), רֶצֶף m.
precious, אֶבֶן com., נֹפֶךְ m.
to, (to free from stones), סָקַל Pi.
to, (throw stones), סָקַל K. Pi., רָגַם.
stone-ore, אֶבֶן com.
stone-quarry, מַסָּע m.
stones, אֶבֶן com. coll.
a heap of, גַּל mostly w. אֲבָנִים added., מַרְגֵּמָה. (Ch. יְגַר m.)
a layer of, נִדְבָּךְ m.
at, to throw, רָגַם.

stones, hewn, גָּזִית f., אַבְנֵי גָּזִית , אַבְנֵי מַחְצֵב .
quarried, אַבְנֵי מַחְצֵב .
to free from, סָקַל Pi.
to gather out the, סָקַל Pi.
to pelt with, סָקַל K. Pi.
stool, אָבְנַיִם du., הֲדֹם m. only trop., everywhere w. רַגְלַיִם ., כִּסֵּא m.
stoop down, to, שָׁכַךְ .
stop, to, אָטַם K. Hi., בָּלַם , חָבַשׁ Pi., חָסַם , חָתַם Hi. (once), עָצַר I, שָׁבַת .
(the nostrils), to, חָסַם .
up, to, סָתַם K. Pi.
stopped, to be, סָכַר I Ni., סתם Ni.
store, אוֹצָר m., פִּקָּדוֹן m.
to, אָצַר .
up, to, צָבַר .
store-chambers, see in אָסֹף .
store-house, אוֹצָר m., בֵּית אוֹצָר , מַאֲבוּס m., מְגוּרָה f., מַטְמוֹן m., see under נְכֹאת .
store-house, to set one over the, אָצַר Hi.
store-houses, אֲסָמִים , מַמְּגֻרוֹת .
stores, אֲסֻפִּים only plu., מִסְכְּנוֹת , פְּקֻדָּה f.
hidden, מַטְמוֹן m.
stork, חֲסִידָה f.
storm, זַלְעָפוֹת f. (once), זֶרֶם m., נֶפֶץ m., סַעַר m., סְעָרָה f., שַׂעַר m., שְׂעָרָה f., שׁוֹאָה f. (Keri), שַׁאֲוָה (Cheth.)
to sweep away in, שָׂעַר K. w. acc., Pi. c. מִן .
storms, it, שָׂעַר Ni. impers.
story, (floor), יָצוּעַ m.
stout of heart, אַבִּירֵי לֵב .
stove, a (portable), אָח III f.
straight, יָשָׁר , נָכֹחַ .
forward, to go, אָשַׁר or אָשֵׁר .
forwards, אֶל־עֵבֶר פָּנָיו , לְנֹכַח , עַל לְעֶבְרוֹ , עֵבֶר פ׳.
to be, יָשַׁר , תָּקַן (later Heb.)
to be made, תָּקַן (later Heb.)
to cause to go, אָשַׁר Pi.
to make, יָשַׁר Pi. Hi., תָּקַן Pi. (later Heb.)
straightness, צֶדֶק m.

straightway, כֵּן I preceded by כְּ of time.
strained, to be, זָקַק Pu.
strait, (adj.), צַר .
I am in a, צַר לִי impers.
to be, אוּץ .
to be in a, יָצַר impers.
straiten, to, צוּק I Hi. c. dat., צוּר I, צָרַר Hi.
straitened. to be, יָצַר only in fut., צָרַר .
straitness, צַר m., מוּצָק m., מָצוֹק m., מְצוּקָה f., מָצוֹר I m., מֵצַר m.
straits, עֹשֶׁק m., מְצֻקָה f., צַר m., צָרָה f.
strange, זָר , נָכְרִי , רָחוֹק .
fate, נֵכֶר also נֹכֶר .
made, מוּזָר .
woman, זָרָה f., נָכְרִיָּה f.
strangeness, נֵכֶר m.
stranger, גֵּר , גָּר m., זָר , מַמְזֵר , בֶּן־ תּוֹשָׁב m. , אִישׁ נָכְרִי , נָכְרִי , נֵכָר concr.
strangle, to, חָנַק Pi.
one's self, to, חָנַק Ni.
strangling, a, מַחֲנָק m.
stratagem, חִידָה f.
straw, מַתְבֵּן m. coll., קַשׁ m., תֶּבֶן m.
heap of, מַתְבֵּן m. coll.
short, תֶּבֶן m.
streaks, חֲבַרְבֻּרוֹת .
stream, a, אוּבָל m. (only in Dan.), הֵלֶךְ m., יָבָל m., נָהָר m., נַחַל m. שִׁבֹּלֶת f.
of water, יוּבַל m.
streams, מַהֲמֹרוֹת (once), נוֹזְלִים (poet.), פְּלַגּוֹת , פְּלָגִים only plu.
street, רְחֹב , חוּץ f., שׁוּק m.
streets, רְחֹב f. coll., רְחֹבוֹת .
strength, אֵין I m., אֱיָל m. (once). אֵיתָן , אַל I m., אַמִּיץ m. abstr., אֹמֶץ m., אַמְצָה f., גְּבוּרָה f., הוֹד , זְרוֹעַ f. rarely m., חֹזֶק m., חֹזֶק m., חָזְקָה f., חַיָּה f., חַיִל m., יָד f., כֹּחַ m.. עֹז , עֹז m., אֱזוּז m., see כֹּחַ , עֹצֶם m., עָצְמָה f., קַו and קַו m., see תּוֹעָפוֹת , תַּעֲצֻמוֹת plu. (Ch. חַיִל m., חֲסַן m.)
for, to have, עָצַר כֹּחַ c. לְ .
to, to give, עָזַז c. לְ .

strengthen, to, אָמֵץ Pi., גָּבַר Pi., חָזַק K. Pi. Hi., סָעַד, כָּשַׁךְ, עָזַז.
one's countenance, to, עָזַז Hi.
one's self, to, חָזַק Hithp.
strengthened, see עָזַז II Pi.
to be, חָזַק Hithp.
strengthening, a, חָזְקָה f.
strenuous, חָרִיץ II.
stretch, to, מָתַח, נָטָה, תָּאַר K. Pu.
one's self, to, מָדַד Hithpo.
one's self out, to, שָׂרַע Hi.
out, to, חָדָה (once), יָשַׁט only Hi. c. acc. et לְ., נָטָה K. Hi., שָׂרַע, שָׁטַח Pi., שָׁלַח K. Pi.
out the hand, to, (Ch. שְׁלַח w. יַד.)
stretched, שָׂרוּעַ, סָרוּחַ.
out, to be, נָגַר Ni.
stretching, a, מֻטֶּה m.
strew, to, זָרָה Pi., רָפַד.
strewed, (anything), פֶּרֶט m. concr.
with spots, בָּרֹד.
strict, (Ch. מְהַחְצְפָה.)
stride, a. מִפְשָׂעָה f., פֶּשַׂע m.
to, פָּשַׂע.
stridulous sound, to give forth a tremulous and, רָנָה (once.)
strife, דִּין m., מָדוֹן I m., מִדְיָנִים only plu., מְדָנִים only plu., מַצּוּת f., מְרִיבָה f., קְטָטָה m., רִיב m., תִּגְרָה f.
strike, to, הָלַם, מָחָא K. Pi., נָגַע, נָדַח c. עַל., נָכָה Hi., סָפַק I, rarely שָׂפַק, פָּגַע, חָפַף, תָּקַע. (Ch. מְחָא Pe. Pa., נְקַשׁ.)
against, to, נָגַף K. Hithp., פָּגַע, פָּגַשׁ.
hands with, to, סָפַק I. rarely שָׂפַק Hi. c. בְּ.
into, to, תָּקַע.
(the chords of an instrument), to, זָמַר II Pi.
(the strings), to, נָגַן K. Pi.
through, to, נָקַב.
up (with the voice), to, רָנָה I.
upon, to, פָּגַע w. בְּ.
striking, a, נֶגֶף m.
string (of musical instrument), קַו and קַי m.
stringed instrument, a, גִּתִּית, נְגִינָה f. (in titles of Psalms.)
strings, מֵיתָר m. (only in plu. c. suff.), מִנִּים.
of pearls, חֲרוּזִים.
strip, to, גָּזַל I w. acc. of pers., חָלַץ Pi., פָּשַׁט Pi. Hi.
off, to, גָּזַל I, חָשַׂף, נָצַל Pi, פָּשַׁט Hi., שָׁלַל.
(off bark), to, חָשַׂף.
one of, to, פָּשַׁט Hi. w. two acc., or acc. of thing and מֵעַל of pers.
one's self, to, פָּשַׁט Hithp.
one's self of, to, נָצַל Hithp.
stripe, a, חַבּוּרָה and חַבֻּרָה f.
striped, עָקֹד.
to be, חָטַב.
stripes, חֲבַרְבֻּרוֹת.
to be marked with, חָטַב.
stripped, חָלוּץ, שֵׁילָל.
strive, to, נָצָה Hi. Ni., עָשַׂק Hithp. (once) c. עִם., רִיב and רוּב K. Hi. part., שׂוּר I c. אֶל with, against. (Ch. שְׂדַר Ithpa. c. לְ.)
after, to, בָּקַשׁ Pi.
together, to, דִּין Ni.
with, to, שָׂרָה c. עִם, אֵת.
striving, a, רְעוּת f., רַעְיוֹן m.
stroke, a, יָד f., בְּחִי m., מַכָּה f., נֶגַע m.
one's face, to, חִלָּה פְּנֵי פ׳.
strokes, מַהֲלֻמוֹת.
strong, אַבִּיר, אֵל I, אַמִּיץ, אָפִיק or אֲפִיק, בָּצוּר, גִּבּוֹר, חָזָק, חָזֵק, חַי, עִזּוּז, עַז, סֶלַע, חֲסִין, חָסוֹן, חָיֶה, עָצוּם, קָשֶׁה, קַשּׁוּר, תַּקִּיף. (Ch. אֶדְרָזְדָא f., תַּקִּיף.)
and firm, to make, עָזַז.
defences, עַצְמוֹת.
in number, to be, עָצַם.
in the feet, to be, אָמֵץ.
members, בַּצִּיבִים (once.)
one, אַבִּיר.
ones, עֹז m. concr., מָעוֹז m. coll.
place, מָעוֹז m.
the, מִקְשָׁרוֹת, עֲצוּמִים, אֵיתָנִים.
the being, becoming. חָזְקָה f.
to be, גָּבַר and גָּבֵר, חוּל and חִיל,

עָצַר, עָצַם, עָזַז, מָרַץ, יָכֹל, חָזַק, כֹּחַ, עֲזוּז II K. once in fut. (Ch. תְּקֵף and תְּקֵף.)
strong, to be made, עוֹז Hithpal., עָזַז.
to become, גָּבַר and גָּבַר, חָזַק K. Hi., עָזַז, עָצַם. (Ch. תְּקֵף and תְּקֵף.)
to grow, חָזַק.
to make, אָמַץ Pi., גָּבַר Pi. Hi., חָזַק K. Pi. Hi., חָלַץ Hi., עָזַז, עָצַם Hi. (Ch. תְּקֵף and תְּקֵף Pa.)
to make one's self, אָמַץ Hithp.
to show one's self, גָּבַר Hithp. w. עַל, חָזַק Hithp., עָזַז, פָּלָא Hithp. c. בְּ toward, against.
waxing, חָזֵק.
strong-hold, בָּצְרָה, בִּצָּרוֹן m., גַּב m., מִבְצָר m., מְצוּדָה f.
strong-holds, see אֲגַם, מִסְגְּרוֹת.
stronger than, to be, אָמַץ w. מִן, גָּבַר and גָּבַר w. מִן, also עַל, חָזַק w. מִן.
structure, תַּבְנִית f.
struggle, to, רָצַץ Hithpo.
struggles, נַפְתּוּלִים (once.)
stubble, גַּלְגַּל m., קַשׁ m.
stubborn, קָשֶׁה, קְשֵׁה עֹרֶף, סוֹרֵר.
to be, לוּן Ni., בָּצַר Hi., קָשָׁה I Hi. w. עֹרֶף.
stubbornness, חֲצַר, קְשִׁי m., שְׁרִירוּת f. w. לֵב and לֵב רַע.
stud (of silver), נְקֻדָּה f.
study, לַהַג m.
stuff, מְלָאכָה f.
a species of, שְׂרָד m.
cotton, כַּרְפַּס m.
silk, דְּמֶשֶׁק.
stumble, to כָּשַׁל K. Ni., נָגַף K. Hithp.
to be made to, כָּשַׁל Ho.
stumbling, a, נֶגֶף m.
stumbling block, דֳּפִי m., מִכְשׁוֹל m., פוּקָה f.
stump, גֶּזַע m., זָנָב m., מַצֶּבֶת f. (Ch. עִקַּר m.)
stun, to, see חָבַר.
stunned, to be, רָדַם Ni.
stupendous, נוֹרָא.
stupefied, to sink down, רָדַם Ni.
stupefy, to, see חָבַר.
stupid, בַּעַר concr., נָבָל.
to be, בָּעַר, כָּבַשׁ.
stuttering, (adj.), עִלֵּג.
style, חֶרֶט m., עֵט m.
stylus, חֶרֶט m., עֵט m., צִפֹּרֶן m.
styrax, see נָטָף.
subdue, to, בָּקַע K. Hi., דָּבַר Hi., יָרַד Hi., כָּבַשׁ K. Pi. Hi., כָּנַע Hi., כָּפָה.
subdued, to be, כָּנַע Ni.
subject, a, בֵּן m.
(adj.), מִשְׁמַעַת f. concr.
subject, to, דּוּן or דִּין (once.)
sublime things, רָאמוֹת.
submerged, to be, שָׁקַע K. Ni. (Keri.)
submissive, צָנוּעַ.
submit, to, כָּנַע Ni., שָׁחַח.
one's self, to, כָּפָה Ni. c. לְ, עָנָה II Hithp.
one's self in peace to, to, שָׁלַם Hi. c. אֶל.
subscribe, to, כָּתַב בְּסֵפֶר. (Ch. רְשַׁם.)
subside, to, שָׁכַךְ, שָׁקַע, שָׁתַק.
to make, שָׁכַךְ Hi.
substance, אוֹן I m., בַּיִת m., גֶּרֶם m., הוֹן m., חַיִל m., כָּבוֹד m., מְלָאכָה f., רְכוּשׁ m., קִנְיָן m., פְּקֻדָּה f.
substitute one's self for, to, יָמַר Hithp.
subterranean cell, a, חֲנוּת m.
subtle, see נָצַר I at end., עָרוּם.
subtlety, עָקְבָה, or better עָקְבָה f.
subvert, to, סָלַף Pi., עָוָה Pi., עָוַת Pi.
succeed, to, כָּשֵׁר, צָלַח I and צָלֵחַ.
to let, פוּק II Hi.
success, כִּשְׁרוֹן m.
prosperous, שֵׂכֶל also שֶׂכֶל m.
to give, צָלַח I Hi., שָׂכַל Hi.
to have, צָלַח I Hi., שָׂכַל Hi.
successful, to be, צָלַח I Hi., צָלַח I Hi. w. דַּרְכּוֹ and דְּרָכָיו.
succor, תּוּשִׁיָּה f.
to, יָשַׁע Hi., עוּת (once), עָזַר K. Hi., קָדַם Pi.
succored, to be, יָשַׁע Ni.
such, כֵּן I, כָּאֵלֶּה, כָּזֹה, see פְּלֹנִי. (Ch. כִּדְנָה.)
an one, see פְּלֹנִי.

such and such things, כָּהֵנָּה וְכָהֵנָּה.
as, כָּמוֹ, כְּמוֹ.
suck, to, יָנַק, מָצָה, see נוק.
down, to, לוּעַ.
out, to, מָצָה.
to give. יָנַק Hi.
up, to, לוּעַ Pil., see עָלַע.
sucked out, מָזֶה (once plu.)
sucker, a, יְנִיקָה f., יוֹנֵק.
sucking child, יוֹנֵק.
suckle, to, יָנַק Hi., עוּל.
suckling, a, גּוּר m., יוֹנֵק, עוּל m.
sudden, פִּתְאֹם in gen. after a noun.
destruction, נִבְהָלָה f., בַּלָּהָה f. w. the article., בַּלָּהוֹת plu.
suddenly, בְּפֶתַע, see in פֶּתַע, 1., see in רֶגַע, B, 1, a., כְּמַרְגֵּעַ, פִּתְאֹם, פֶּתַע.
to come upon, to seize, בָּעַת Pi.
very, לְפֶתַע פִּתְאֹם, בְּפֶתַע פִּתְאֹם, פִּתְאֹם לְפֶתַע.
suffer, (permit), to, נוּחַ Hi. w. acc. of pers. and inf. c. לְ., נָטַשׁ w. acc. of pers. and inf. c. לְ., נָשָׂא c. inf., נָתַן w. acc. of pers. and inf. c. לְ., see עָזַב, 1, c.
suffer, (to be afflicted), to, עָנָה II K. Hithp.
patiently, to, נָבַט Hi.
suffice, to, מָצָא c. dat., סָפַק II and שָׂפַק.
sufficiency, סֵפֶק, דַּי.
for (any one), to, בְּדֵי.
suggest a purpose to, to, נָתַן בּוֹ רוּחַ.
suggestus, כִּיּוֹר m.
suit (at law), דָּבָר m., דִּבְרָה f., מִשְׁפָּט m., רִיב m.
one who has a, אִישׁ רִיב.
suit, (of clothes, etc.), עֵרֶךְ m.
suitable, נָאוֶה, הֵגִין c. לְ.
for, it is, יָאָה impers. w. לְ.
to, to be, נָאָה Pil. w. לְ.
sullen, סַר.
sulphur, גָּפְרִית f.
sultry, חֲרִישִׁי.
sum, קְצָת f., ראשׁ I m., תָּכְנִית f. (Ch. קְצָת m., רֵאשׁ.)
summer, קַיִץ m. (Ch. קַיִט m.)
summer, to, קוּץ III or קָיַץ.
summer-house, the, בֵּית הַקַּיִץ.
summit, אָמִיר m., מְבוֹא m., עַל m., קָדְקֹד m., ראשׁ I m.
summits, גַּבְנֻנִּים.
summon, to, קָרָא I, שָׁמַע Pi. Hi.
sumptuously, to live, עָדַן Hithp.
sun, אוֹר m., חַמָּה I f. (poet.), חֶרֶס m. (rather poet.), שֶׁמֶשׁ com.
images of the, see in חַמָּן.
the going down of the, מְבוֹא הַשֶּׁמֶשׁ.
sundered, to be, פָּרַד Hithp.
sung, to be, שִׁיר Ho.
sunk, to be, טָבַע K. Pu. Ho.
sunken places, שְׁקַעֲרוּרֹת.
sunny, צְחִיחַ, צַח.
suns, (images), see in חַמָּן.
little, see שְׁבִיסִים.
sunset, to draw towards, עָרַב II.
sup, to, אָכַל לֶחֶם.
superabundant, to be, פּוּץ K. only fut. and imp.
superfluity, סֶרַח m.
superfluous parts, סֶרַח m. concr.
superintend, to, נָצַח I Pi. only inf. and part. w. לְ, עַל.
suppliant, עָתָר m.
supplicate, to, עָתַר, חִלָּה פְּנֵי פ׳ I K. Hi. w. לְ, אֶל., פָּגַע Hi. c. בְּ, לְ for., פָּלַל Hithp. c. לְ, אֶל, עַל, לִפְנֵי.
for, to, בִּקֵּשׁ Pi. w. עַל., פָּלַל Hithp. c. אֶל, עַל, לְ, בְּעַד, w. אֶל with whom.
to cause to, פָּגַע Hi.
supplication, perh. שֶׁוַע, הִנָּה m., תְּחִנָּה f., תַּחֲנוּנִים only plu., תְּפִלָּה f.
to make, חָנַן w. לְ of pers., אֶל, לִפְנֵי. (Ch. חֲנַן Ithpa.)
supply, to, פּוּק II Hi.
support, אֲשִׁירָה f., מִסְעָד m., מִשְׁעָן m., מַשְׁעֵן m., מִשְׁעֶנֶת f., רְפִידָה f.
to, סָעַד, סָמַךְ, כָּלַל, רָפַד Pi., תָּמַךְ c. בְּ.
supported, to be, אָמַן I K. Ni.
supports, lateral, יָדוֹת.
suppose, to, אָמַר בִּלְבּוֹ, פָּלַל Pi.
supreme, עֶלְיוֹן. (Ch. עִלָּי.)

supreme, to be, שָׂגַב Ni.
sure, (Ch. יַצִּיב . קַיָּם.)
  to be, אָמַן I Ni., כּוּן Ni.
surely, הֵן , אָכֵן , אַךְ II. (Ch. הֵן.)
  there is not, רַק אֵין.
sureness, אֱמֶת f.
surety, עֲרֻבָּה f.
  for, to be, עָרַב I.
  to become, עָרַב I.
suretyship, תַּעֲרוּבָה f.
surface, עַיִן f., פָּנִים plu.
  upon the, עַל־פְּנֵי , אֶל־פְּנֵי.
surpass, to, יָסַף K. Hi. (both defect.), עָצַם , צָלַח עַל פ׳. (Ch. נְצַח Ithpa. c. עַל.)
surplus, to remain over as, עָדַף.
surround, to, אָפַף (poet.), כָּתַר Pi., נָקַף Hi., סָבַב K. Ni. Po. Hi., עוּר Pi., עָבַר c. אֶל.
surrounded, to be, סָבַב Ho.
  with, see בְּעַד , 1, b.
survey, to, שׁוּר II.
survivor, שָׂרִיד m., נִשְׁאָר.
survivors, שָׂרִיד m. coll., שְׁאֵרִית f.
suspend, to, תָּלָא , תָּלָה K. Pi.
sustain, to, כּוּל Pilp. Hi., נָהַל Pi., סָמַךְ , סָעַד.
  one with, to, סָמַךְ w. two acc.
sustenance, חַיִּים plu., לֶחֶם com., מִחְיָה f.
swaddled, to be, חָתַל Pu. Ho.
swaddling band, חֲתֻלָּה f.
swallow, (bird), see דְּרוֹר , סוּס m. (Cheth), סִיס (Keri), עָגוּר m. (poet.), see תַּחְמָס.
swallow, (thing swallowed), בֶּלַע m., לֹעַ m.
  greedily, to, לוּעַ.
  to, בָּלַע K. Pi., גָּמָא Pi. (poet.)
  to let, גָּמָא Hi.
swallowed up, to be, בָּלַע Ni.
swarm, עֵדָה I f.
  to, שָׁרַץ.
  with, to, שָׁרַץ c. acc.
swarthy, שְׁחַרְחֹר.
swathed, to be, חָתַל Pu. Ho.
sway to and fro, to, נוּעַ also נוּעַ.

swear, to, אָלָה II, נָשָׂא יָד also נָשָׂא כַה w. dat. of pers. and inf. c. לְ., שָׁבַע K. (only part. pass.), Ni.
  falsely, to, נִשְׁבַּע לַשָּׁקֶר.
  rashly, to, שָׁבַע Ni. (sometimes.)
  to cause to, שָׁבַע Hi.
swearing, a, שְׁבוּעָה f.
sweat, זֵעָה f., יֶזַע m. (once.)
sweep away, to, גָּרַף (once), גָּרַר K. Hithpo., טֵאטֵא Pilp., יָעָה (once), סוּחַ Hi., סָחָה only Pi., סָחַף , שָׁטַף.
sweepings, סוּחָה f., סְחִי m.
sweet, טוֹב , מַצָּה I f. concr., מָתוֹק , נָעִים , עָרֵב.
  odors, (Ch. נִיחֹחִין.)
  savor, רֵיחַ נִיחֹחַ.
  things, מַמְתַּקִּים.
  to be, מָתַק K. Hi., נָעֵם , עָרַב IV w. לְ of pers.
  to become, מָתַק.
  to make, מָתַק Hi.
sweetness, מָתוֹק m., מֶתֶק m., מֹתֶק m., נֹעַם m.
sweetnesses, מַמְתַּקִּים.
swell, to, צָבָה , בָּצַק.
  out, to, בָּצָה Ni.
  to make, צָבָה.
swelling, (adj.), צָבֶה , זֵידוֹן.
swept away, to be, גָּרַשׁ Ni., סָחַף Ni.
swerve, to, זָנַח Hi. c. מִן.
swift, קַל.
  to be, קָלַל K. Ni.
swift-footed, to be, אָמֵץ.
swiftly, קַל.
  to move, דָּהַר , נוּס.
swiftness, תּוֹעָפוֹת plu.
swim, to, שָׂחָה.
  to cause to, צוּף Hi.
  to make, שָׂחָה Hi.
swimming, a, see צָפָה , שָׂחוּ f.
swine, a, חֲזִיר m.
swing, to, דָּלַל.
  to and fro, to, see נוּעַ.
swollen, צָבֶה , הָדוּר.
  to be, בָּצָה Ni.
sword, חֶרֶב f., see מְכֵרָה.
  glittering, בָּרָק m. (poet.)

sword, to draw one's, שָׁלַף חַרְבּוֹ.
two-edged, חֶרֶב פִּיפִיּוֹת.
swords, drawn, פְּתִחוֹת.
sworn covenant, אָלָה f.
sycamore-figs, one who nips, בּוֹלֵס שִׁקְמִים.
to cultivate, בָּלַס.
sycamore-trees, שִׁקְמִים only plu.
sympathy, to have, חָמַל w. עַל.
Syria, אֲרָם.
the Plain of, פַּדַּן אֲרָם.
Syrian, אֲרַמִּי.
Syrians, אֲרַמִּים.
syrinx, a, עוּגָב m. (Ch. מַשְׁרוֹקִיתָא m.)
syrup, דְּבַשׁ m.

T

tabernacle, אֹהֶל, בַּיִת m., מִשְׁכָּן m., סֻכָּה f., שֹׂךְ m.
of the congregation, אֹהֶל מוֹעֵד.
tabernacles, בָּתֵּי הַסֻּכּוֹת.
tabid, דַּק.
table, גִּלָּיוֹן m., לוּחַ m., שֻׁלְחָן m.
tablet, גִּלָּיוֹן m., לוּחַ m.
tabret, תֹּף m.
tache, קֶרֶס m.
tail, זָנָב m.
(of a sheep, the) fat, אַלְיָה.
take, to, אָחַז often c. בְּ., אָסַף, חָזַק c. בּ, לְ, עַל, poet. c. acc., חָתָה (once of a pers., elsewhere always of coals, fire), יָרַשׁ also יָרַשׁ, לָכַד, לָקַח, מָשַׁךְ c. בְּ., נָשָׂא, קִבֵּל Pi. (later Heb.), רוּם Hi., חָטַף, תָּפַשׂ. (Ch. נְשָׂא.)
a pledge of, to, חָבַל.
a stand, to, יָצַב Hithp., עָמַד I.
a wife, to, לָקַח אִשָּׁה, לָקַח לְאִשָּׁה, נָשָׂא אִשָּׁה, לָקַח לוֹ אִשָּׁה.
and bring, to, לָקַח.
as a pledge, to, חָבַל.
away, to, אָחַז, אָסַף, בִּעֵר Pi. Hi., גָּרַע, הָגָה II, חָלַף and יָלַךְ Hi., חִלֵּץ Pi., יָגָה II Hi., לָקַח, מָשַׁךְ, נִצֵּל Pi. Hi., נָשָׂא K. Pi., סוּר Hi., עָתַק, סָפָה, עָבַר Hi., עָלָה Hi., רוּם, רָדָה Hi., שָׁבַת Hi. (Ch. נְשָׂא, עֲדָה.)
away ashes, to, דִּשֵּׁן Pi.
back, to, אָסַף, סוּר Hi.
by force, to, גָּזַל I.
take by stealth, to, גָּנַב, מָעַל w. בְּ of thing.
(by storm), to, בָּקַע K. Hi.
captive, to, לָכַד, שָׁבָה, תָּפַשׂ.
captive and carry away, to, לָקַח.
care, to, שׂוּם אֶל־לֵב w. inf. and לְ.
care of, to, בָּקַר Pi., דָּרַשׁ, כּוּן Hi., רָאָה, פָּקַד.
charge of, to, נָשָׂא.
counsel, to, יָעַץ, מָלַךְ Ni., עוּץ only in imp.
down, to, יָרַד Hi.
food, to, אָכַל לֶחֶם.
for one's self, to, גָּרַע w. אֶל.
forth, to, יָצָא Hi.
from, to, אָכַל, אָצַל K. Hi. w. מִן.
heed to do, to, שָׁמַר Ni. c. לְ (once.)
heed to one's self, שָׁמַר Ni. Hithp. c. מִן.
hold of one another, to, לָכַד Hithp.
in, to, חָזַק Hi., לָקַח.
note of, to, בָּקַר Pi. w. לְ, בֵּין — לְ.
of, to, אָצַל K. Hi. w. מִן., לָקַח w. מִן.
one's stand, to, נָצַב Ni.
out, to, אָחַז, גּוּז, יָצָא Hi., רָדָה.
out of the way, to, אָסַף.
pleasure in, to, חָפֵץ.
possession, to, אָחַז Ni., נָחַל.
possession of, to, חָזַק Hi., יָרַשׁ also יָרַשׁ K. Hi., לָקַח, נָחַל.
to one's self, to, גָּרַע K. w. אֶל, Pi. לָקַח w. לְ of pers. (rarely.)
to wife, to, יָשַׁב Hi.

take up, to, לָקַח K. Pi., נָטַל K. Pi., עָמַס, once עָמַשׂ, נָשָׂא.
up (and) away, to, עָלָה Hi., רוּם Hi.
up and bring, to, נָשָׂא.
up and place upon, to, עָמַס, once עָמַשׂ w. עַל of heart, acc. of burden.
up (and put) before, to, רוּם Hi.
up out of, to, (Ch. נְסַק Aph.)
upon one's self, to, יָאַל II Hi. w. inf. c. לְ., נָשָׂא, קִיֵּם עָלָיו.
with the hand (or) fist, to, קָמַץ.
taken, a being, לֶקַח m.
away, עַתִּיק.
away, to be, גָּזַל Ni., חָנָה II, לָקַח Ni. Pu. pret. and Ho. fut., סוּר, כָּפַח K. Ni., עָתַק.
by lot, to be, לָכַד Ni.
(by storm) to be, בָּקַע Ni. Pu. Ho.
captive, to be, לָקַח Pu. pret. and Ho. fut.
off, עַתִּיק.
to be, לָקַח Pu. pret. and Ho. fut.
up, to be, לָקַח Pu. pret. and Ho. fut., עָלָה. (Ch. נְסַק Hoph. after Heb. form.)
taking, a, מִקָּח m.
arts, לֶקַח m.
tale, (task), מַתְכֹּנֶת f.
tale-bearer, נִרְגָּן m.
tale-bearers, אַנְשֵׁי רָכִיל.
tale-bearing, רָכִיל m.
talent, a, כִּכָּר f. (Ch. כִּכַּר.)
talents, two, כִּכָּרַיִם.
talk, to, שִׂיחַ.
empty, בַּד II m.
idly, to, בָּטָא and בָּטָה K. Pi.
in one's dreams, to, הָזָה.
of, to, שִׂיחַ w. בְּ.
inadvisedly, to, בָּטָא and בָּטָה K. Pi.
with, to, שִׂיחַ c. acc.
with one's self, to, שִׂיחַ.
talkative, נִרְגָּן.
talker, an idle, בִּיטָה.
tall, גָּבֹהַּ, see מָשַׁךְ Pu. 2., רָם.
tall, to be, גָּבַהּ.
tallness, גֹּבַהּ, קוֹמָה II m., see תּוֹצָפוֹת, Note.
tamarisk, a, אֶשֶׁל.
tame, אַלּוּף.
to, טָפַח.
tap, (beat), to, תָּפַף.
tapestry, אֵטוּן m. (once), שַׁפְרִיר m. (Keri), שַׁפְרוּר (Cheth.)
tardy, אֶרֶךְ constr. only.
tarry, to, אָרַךְ Hi., יָחַל Hi. c. לְ., יָחַר (once), יָשַׁב.
late in (or) by, (to), אָחַר Pi. w. עַל.
task, חֹק m., מַתְכֹּנֶת f., תֹּכֶן m.
task-master, נֹגֵשׂ.
task-masters, שָׂרֵי מִסִּים.
tasks, סִבְלוֹת plu. constr. only.
tassel, צִיצִית f.
tassels, גְּדִלִים only plu.
taste, טַעַם m. (Ch. טְעֵם m.)
intellectual, טַעַם m.
to, perh. אָכַל, טָעַם, בָּצַע.
to have the sense of, טָעַם.
to make, (Ch. טְעַם Pa.)
tasteless food, see חַלָּמוּת.
tattler, נִרְגָּן m.
taught, to be, לָמַד K. Pu.
by experience, to be, יָדַע Ni.
one, לִמּוּד.
teach, to, אָלַף Pi., בִּין Hi., זָהַר Hi., יָדַע Hi., יָרָה Hi., לָמַד K. Pi., נָתַן, שָׂכַל Hi.
teaching, מוֹרֶה m., שְׁמוּעָה f.
teacher, אָב m., מוֹרֶה m., מְלַמֵּד, רֹעֶה.
teachers, wise, see מְבוֹנִים.
team, see in אֻרְוָה, 2.
tear, a, דֶּמַע m.
tear, to, נָתַק.
away, to, גָּזַל I, נָסַח, נָתַק, קָרַע c. מִן, מֵעַל.
away with violence, to, חָמַס.
down, to, הָרַס K. Pi., נָתַץ K. Pi., פָּרַץ, נָתַשׁ.
in pieces, to, בָּצַע, בָּקַע Pi., טָרַף, פִּשַּׁח only Pi. fut., שָׁסַע Pi.
off, to, נָתַק, פָּרַק Pi., קָרַע c. מִן, רָדָה, מֵעַל.

tear off from one's self, to, פָּרַק, חָרַם, Hithp.
out, to, הָרַס K. Pi., נָסַע, נָתַק.
out the hair, to, מָרַט.
through, to, הָרַס.
up, to, קָרַח Hi., נָסַע K. Hi., נָתַשׁ, נָתַק.
tearing down, a, הֲרִיסוּת.
in pieces, to, סְחָבָה f.
tears, דֶּמַע m. coll., דִּמְעָה f. only coll.
to shed, דָּלַף, דָּמַע.
Tebeth, (month), טֵבֵת.
teem with, to, שָׁרַץ c. acc.
teen, עָשָׂר m. and עֶשְׂרֵה f. only in numbers compounded with ten.
teeth, מַלְתָּעוֹת (poet.), מְתַלְּעוֹת only constr., רֶסֶן m., שִׁנַּיִם f.
the double row of, כֶּפֶל רִסְנוֹ.
tell, to, אָמַר, נָגַד Hi., סָפַר Pi.
to, to, גָּלָה אֹזֶן פ׳.
telling, a, מִסְפָּר m.
tempest, a, זַלְעָפָה f. (once), סוּפָה f., סַעַר m., סְעָרָה f., רוּחַ f., שַׂעַר m., שְׂעָרָה f., שׁוֹאָה f. (Keri), שַׁאֲוָה (Cheth).
to rush on as a, סָעַר.
to rush on like a, שָׂעַר Hithp. c. עַל.
tempestuous, it is, שָׂעַר Ni. impers.
temple, אֹהֶל, בִּירָה f. (later Heb.), בַּיִת m., מִשְׁכָּן m., הֵיכַל יְהוָֹה (Ch. בַּיִת m., הֵיכַל m.)
fortress of the, בִּירָה f. (later Heb., when it refers to Jerusalem.)
servants of the, נְתִינִים. (Ch. נְתִינִין.)
temple-slaves, נְתִינִים. (Ch. נְתִינִין.)
temple, (of the head), רַקָּה f.
temples, (of the head), רַקָּה f.
tempt, to, נָסָה Pi.
temptation, מַסָּה f.
ten, עֶשֶׂר f., עֲשָׂרָה m., עָשָׂר m. and עֶשְׂרֵה f. only in numbers compounded with ten. (Ch. עֲשַׂר f., עַשְׂרָה m.)
a, עָשׂוֹר m.
commandments, the, עֲשֶׂרֶת הַדְּבָרִים.
ten-stringed instrument, עָשׂוֹר m.
ten-stringed lyre, נֵבֶל עָשׂוֹר.

tender, רַךְ.
grass, דֶּשֶׁא m. (Ch. דִּתְאָ.)
to be, עָנַג.
tenderness, רַחֲמִים plu.
tendon, גִּיד m., see נָשֶׁה.
tendrils, נְטִישׁוֹת.
tenons, יָדוֹת.
tens, עֲשָׂרוֹת.
tent, אֹהֶל, בַּיִת m., מִשְׁכָּן m., סֻכּוֹת f., קֻבָּה f.
to, אָהַל.
to move one's, אָהַל.
to pitch a, נָטָה, שָׁכַן Pi., תָּקַע אֹהֶל.
to pitch one's, אָהַל Pi.
tent-companion, my, מְתֵי אָהֳלִי.
tent-pin, יָתֵד.
tenth, עֲשִׂירִי.
a, עִשָּׂרוֹן m., עֲשִׂירִיָּה f., עֲשִׂירִית f.
day, the, עָשׂוֹר m.
month, עֲשִׂירִי.
part, a, מַעֲשֵׂר m., עִשָּׂרוֹן m.
part, to give the, עָשַׂר Pi.
part of, to take the, עָשַׂר.
tents, see in בָּמָה, 4.
Teraphim, תְּרָפִים.
terebinth, אַיִל (once sing. in proper name), אֵלָה f.
term, to, אָמַר.
terrace, אַתִּיק m., עֲזָרָה f. (later Heb.)
terrible, אָיֹם, אַכְזָרִי, נוֹרָא, עָרִיץ. (Ch. דְּחִיל.)
terribleness, see תִּפְלֶצֶת.
terrified, חַת, חֲתַחַת.
to be, בָּעַת Ni., חָרֵד, חָתַת K. Ni., רָגַז.
terrify, to, בָּהַל Pi. Hi., בָּלַהּ Pi. (Cheth), בָּעַת Pi. (only poet.), see חָרַר in end., חָרַד Hi., חָתַת Pi. Hi., יָרֵא Pi., עָרַץ, קוּץ I Hi., רָגַז. (Ch. בְּהַל Pa, דְּחַל Pa.)
territory, גְּבוּל m., חֵלֶק m., נַחֲלָה f., שָׂדֶה m.
terror, אֵימָה f., בֶּהָלָה f., בַּלָּהָה f. once sing. often plu., בְּעָתָה f., דְּאָבָה f., זַעֲוָה f., חָגָא or חָגָּה, חִיל m., חִילָה f. (once), חַלְחָלָה f., חֲרָדָה f.,

חַת m., חִתָּה f., חִתִּית f., חֲתַת m., יִרְאָה f., מָגוֹר m., מוֹרָה II (Cheth), מְחִתָּה f., מַעֲרָצָה f., עִיר II m., עֲרוּץ in other MSS. עָרוֹץ m., פַּחַד m., see in צְרָצָה, see קְפָדָה, רֶטֶט m., רְתֵת m., שֶׁבֶר and שֵׁבֶר m., תִּמָּהוֹן m., תִּפְלֶצֶת f.

object of, פַּחַד m.

to be in, פָּחַד Pi. c. מִפְּנֵי.

terrors, בִּעוּתִים, בַּלָּהוֹת.

tesselated, רָצוּף.

pavement, רִצְפָּה f.

stuff, תַּשְׁבֵּץ m.

test, to put to the, בָּחַן.

testicle, אֶשֶׁךְ m.

testify, to, עוּד K. (once Cheth), Hi., עָנָה I c. בְּ concerning, for, against.

testimonial, שָׂהֲדוּתָא f.

testimony, עֵד m., עֵדָה II f., פֶּה m., שָׂהֲדוּתָא f.

tetter, יַלֶּפֶת f.

textures, מִשְׁבְּצוֹת.

thank-offering, זֶבַח תּוֹדַת שְׁלָמִים, see שֶׁלֶם, Note., זֶבַח תּוֹדָה, תּוֹדָה f.

thanks, see תּוֹדָה.

to give, יָדָה Hi.

thanksgiving, תּוֹדָה f.

days of, הִלּוּלִים.

festivals, הִלּוּלִים.

that, (conj.), אֲשֶׁר, וְ, וּ and וָ (before consecutive clauses), כִּי I, כִּי אִם, לְ (once), see in מַעַן, B., בַּעֲבוּר, שֶׁ (later Heb.). (Ch. דִּי.)

(pron.), אֲשֶׁר, הוּא m. and הִיא f. (with the article after a noun having the article), זֶה m. (rarely, poet. style only), שֶׁ (later Heb.). (Ch. דִּי.)

aside from, לְבַד מֵאֲשֶׁר.

day, הַיּוֹם.

if, כִּי אִם.

not, אַל I, לְמַעַן לֹא, אֲשֶׁר לֹא, בַּל w. fut., פֶּן־.

place, in, שָׁם.

which, (Ch. דִּי.)

the, הַ, הָ, הֶ.

Thebes, נֹא, fully נֹא־אָמוֹן.

thee, אֹתְךָ (in oblique cases.)

theft, גְּנֵבָה f.

themselves, הֵנָּה f.

then, אָז, אֲזַי, אַחַר, אֲשֶׁר, וְ, וּ and וָ (in introducing an apodosis), בָּזֶה, בָּכֵן, כִּי I, כְּהַיּוֹם הַזֶּה, הַיּוֹם (once), שָׁם. (Ch. אֱדַיִן.)

thence, אָז, מִשָּׁם.

there, זֶה, שָׁם, שָׁמָּה. (Ch. תַּמָּה.)

appears, arises, יָתֵן, וַיִּתֵּן impers.

are, אִשׁ, יֵשׁ.

exists, יֵשׁ. (Ch. אִיתַי.)

is, אִשׁ, יֵשׁ, יָתֵן, וַיִּתֵּן impers. (Ch. אִיתַי w. pron. suff. equal subst. verb, with participle equal finite verb.)

is not, are not, was not, were not, אַיִן.

was, were, יֵשׁ.

thereafter, אַחֲרֵי כֵן, אַחַר כֵּן.

therefore, אָז, וְ, וּ and וָ (before inferential clauses), לָזֹאת, לָכֵן, עַל־כֵּן, לָהֵן. (Ch. לָהֵן, עַל דְּנָה.)

therein, בָּכֵן, שָׁם.

thereof, מִשָּׁם.

thereupon, אָז, אֲזַי. (Ch. אֱדַיִן, בֵּאדַיִן.)

therewith, therewithal, עִם.

these, אֵל II, אֵלֶּה, הַלָּז com., הֵנָּה f. (w. the art.). (Ch. אִלֵּךְ, אִלֵּין.)

they, הֵם, הֵמָּה m., הֵן I f. (only w. prefixes), הֵנָּה f. (Ch. אִנּוּן, אִנִּין f., הִמּוֹ and הִמּוֹן m.)

thick branches, שׂוֹבֶךְ.

clouds, עֲרָפֶל m.

darkness, אֹפֶל m. (poet.), אֲפֵלָה f., see מַאְפֵּלְיָה.

to be, עָבָה.

wood a, חֹרֶשׁ.

thick-leaved bough, עָבֹת com.

thicket, חֹרֶשׁ, יַעַר m., סְבָךְ m., סֹבֶךְ, סְבָךְ, שׂוֹבֶךְ.

dark, עָב II com.

of thorns, נַעֲצוּץ m.

thickets, חוֹחִים and חֲוָחִים.

thickness, עֳבִי m.

thief, גַּנָּב m.

thigh, יָרֵךְ f. (Ch. יַרְכָה f.)

thighs, see פַּחַד in du. or plu.
thin, רַק , דַּק , דַּל .
to make, (Ch. חֲשַׁל .)
thing, אֹמֶר (poet.), דָּבָר m., דִּבְרָה f. (mostly later Heb.), עִנְיָן m. (only in Eccle.). (Ch. מִלָּה f., צְבוּ m.)
things, great, גְּדֻלָּה f. concr. (later Heb.)
to come, הָאֹתִיּוֹת .
think, to, אָמַר בְּלִבּוֹ , דָּמָה I Pi., חָשַׁב K. Pi., פָּלַל Pi., שִׂיחַ Pol. (Ch. עֲשַׁת, עֲשִׁית c. inf. et לְ .)
of, to, זָכַר , חָשַׁב .
out, to, חָשַׁב K. Pi.
to do, to, תּוּר בְּלִבּוֹ w. inf. c. לְ .
upon, to, בָּקַר Pi., דָּמָה I Pi., חָזָה I, זָכַר , חָשַׁב Pi.
third, שְׁלִישִׁי .
a, שָׁלִישׁ m., שְׁלִישִׁי m.
day, the, שְׁלִישִׁי m. (Ch. יוֹם תְּלָתָה .)
day, to do on the, שָׁלַשׁ Pi.
generation, descendants of the, שִׁלֵּשִׁים only plu.
man, a, שָׁלִישׁ m.
story, cells (or) chambers of the, שְׁלִישִׁי m.
the, שְׁלִישִׁי . (Ch. תְּלִיתָאָה emphat., תַּלְתִּי , תְּלַת .)
time, שְׁלִישִׁתָה .
time, to do the, שָׁלַשׁ Pi.
year, שְׁלִישִׁי m.
year, in the, see שָׁלֹשׁ at end.
thirst, צָמָא m., צִמְאָה f., תַּלְאוּבָה f. (once.)
after God, to, צָמָא לֵאלֹהִים .
to, see צָמֵא , כָּמַהּ .
thirsty, צָמֵא .
land, צָמָא m., צִמָּאוֹן m., אֶרֶץ תַּלְאֻבוֹת .
thirteen, thirteenth, שְׁלֹשׁ־עֶשְׂרֵה with f. שְׁלֹשָׁה עָשָׂר with m.
thirtieth, the, שְׁלֹשִׁים .
thirty, שְׁלֹשִׁים com. (Ch. תְּלָתִין .)
this, אֵת I (in Ezek. 4 times), see הַ , 1., הַלָּז com., הַלָּזֶה m., הַלֵּזוּ f. (once), זֹאת f., זֶה m., זוּ com. (Ch. דָּא , דְּךְ m., דָּךְ f., דִּכֵּן , דֵּן com.)
day, הַיּוֹם , כַּיּוֹם .
this night, הַלַּיְלָה .
one, זֶה m.
same, אֵת I.
— that, זֶה — זֶה , זֹאת — זֹאת .
time, הַפַּעַם .
thistle, דַּרְדַּר m.
thither, שָׁם (after verbs of motion), שָׁמָּה .
thong, שְׂרוֹךְ m.
thorn, חוֹחַ m., סִלּוֹן and סַלּוֹן , קוֹץ m., שַׁיִת m., שָׁמִיר m.
a species of, חֵדֶק and חֵדֶק .
Christ's, אָטָד m.
thorn-bush, חוֹחַ m., חָרוּל m., see סִיר in plu., סְנֶה m., קוֹץ m.
thorn-hedge, מְשׂוּכָה f. also מְסֻכָּה , נַעֲצוּץ m., see שַׁיִת .
thorns, סִירִים and סִירוֹת m., צְנִנִים , סִלּוֹנִים , קוֹץ m. coll., see קִמּוֹשׂ , קִמְּשׂוֹנִים , שַׁיִת m. coll., שָׁמִיר m. coll.
a thicket of, נַעֲצוּץ m.
thorny (plant), a, דַּרְדַּר m.
those, see in הֵם , הֵמָּה , 3.
thou, אַתְּ f., אַתְּ , אַתָּה m, אַתִּי rare form, (Cheth). (Ch. אַנְתָּה .)
though, בְּ , אִם (w. an infin.), וְ , וּ and וָ (sometimes.)
thought, הֶגֶה m., הָגוּת f., זִמָּה f., יֵצֶר m., מַדָּע also מַדַּע m. (later Heb.), מְזִמָּה f., עֶשְׁתּוֹנָה f., רֵעַ II m., שֵׂחַ m. (Ch. רַעְיוֹן , הַרְהֹר m.)
thoughts, עֶשְׁתֹּנוֹת , שְׂעִפִּים , שַׂרְעַפִּים .
thousand, אֶלֶף . (Ch. אֲלַף , אֶלֶף .)
ten, רְבָבָה f., רִבּוֹ f. (later writers), רִבּוֹת f. (Ch. רְבָבָה f. (Keri), רִבּוֹ f.)
three hundred, שְׁלֹשׁ מֵאוֹת אֶלֶף .
twice ten, רִבּוֹתַיִם du., שְׁתֵּי רִבּוֹת .
thousands, to bring forth, אָלַף Hi.
thread, אֵטוּן m. (once), בַּד I m., דַּלָּה f., חוּט m., מַסֶּכֶת f., פָּתִיל m.
a fine, see כֶּשֶׁר .
to a shoe-latchet, from a, מִחוּט וְעַד שְׂרוֹךְ־נַעַל .
threads, fine, קוּרִים .
stuff composed of fine, see מֶשִׁי .
threat, a, אֹמֶר (poet.)

threaten, to, דִּבֵּר Pi.
three, שָׁלֹשׁ w. f., שְׁלֹשָׁה w. m. (Ch. תְּלָת w. f., תְּלָתָה, תְּלָתָא w. m.)
 days ago, שִׁלְשׁוֹם.
 parts, to divide into, שִׁלֵּשׁ Pi.
 stories high, מְשֻׁלָּשׁ.
 stories, of, מְשֻׁלָּשׁ.
 times, שָׁלֹשׁ פְּעָמִים.
 years, of, מְשֻׁלָּשׁ.
 years old, מְשֻׁלָּשׁ.
threefold, מְשֻׁלָּשׁ.
thresh, to, אָדַשׁ once inf. abs., דּוּשׁ, דִּישׁ and דּוּשׁ, חָבַט.
threshed, מְדֻשָּׁה or מְדֻשָּׁה f. concr.
 to be, דּוּשׁ, הוּשׁ and הוּדַשׁ Ho.
threshing sledges, בַּרְקָנִים.
threshing-dray, עֲגָלָה f.
threshing-floor, גֹּרֶן m. (Ch. אִדַּר.)
threshing-sledge, חָרוּץ I m., more fully מוֹרַג חָרוּץ, חָרִיץ, מוֹרַג m.
threshing-time, דַּיִשׁ m.
threshold, מִפְתָּן m., סַף m., סַף I m.
 to wait (or) stand on the, הִסְתּוֹפֵף Hithpo.
thrice, שָׁלֹשׁ פְּעָמִים.
thrive, to, חָיָה, צָלַח and צָלֵחַ.
throat, גָּרוֹן m., לֹעַ m.
 (the external), גַּרְגְּרוֹת plu., גָּרוֹן m.
throes, צִירִים, חֲבָלִים.
throne, see כֵּס, כִּסֵּא m. (Ch. כָּרְסֵא.)
throng, קִבּוּץ m., רִגְמָה f.
throttle, to, חָנַק Pi.
through, בְּעַד and בַּעַד.
 the midst of, בְּעַד and בַּעַד.
throw, to, גּוּל Hi., יָדַד I only pret. 3 plu., יָדָה, יָדָה K. Hi., נָפַל Hi., רָמָה, שׂוּם and שִׂים, שָׁלַח Pi., שָׁלַךְ Hi. (Ch. רְמָה, רְמָא.)
 down, to, נוּחַ Hi., נָפַל, שָׁחַח Pi. Hi., שָׁמַט.
 headlong, to, יָרַט Pi. (once.)
 off, to, כָּלַךְ Hi. w. מֵעַל, מִנֶּגֶד.
 one's self down, to, נָפַל.
 stones at, to, רָגַם.
 up, to, שָׁפַךְ.
 with a sling, to, קָלַע I K. Pi.

thrown, to be, (Ch. רְמָה Ithpe.)
thrown down, to be, לָבַט Ni., נָתַץ Ni. Pu. (once pret.), Ho. (once fut.)
thrum, דַּלָּה f.
thrust, a, דְּחִי m.
 away, to, הֵדַף Hi., הָדַף w. מִן., זָנַח w. מִן., see שָׁלַח Pi., 3.
 away, to be, נָדַר Ho.
 down, to, הָדַף, נָגַר, נָדַח Hi. c. מִן., נָטַשׁ.
 down, to be, דָּחָה Ni. Pu., יָרַד K. Ho.
 forth, to, נָדַח.
 forward, to, see שָׁמַט.
 in, to, עָלַל II Po.
 out, מְגֻר.
 out, to, אָרַךְ Hi., בָּהַל Hi., הָדַף w. מִפְּנֵי, מִלִּפְנֵי, יָרָה Hi. w. acc. of pers. and מִן., יָרָה Hi., נָדָה I Pi., נָדַח K. c. מִן, Hi., נָבַח Hi., נָטַשׁ.
 out, to be, נָדַח Ni. Pu.
 through, to, דָּקַר, טָעַן I, נָכָה Hi.
 through, to be, דָּקַר Ni. Pu.
 to, דָּחָה, דָּחַח, דָּחָה, דָּחַק, דָּפַק, הָדַף, נָגַח K. Pi., נָדַח, נָגַח Hi., נָכָה Hi., הָקַע. (Ch. כְּרַר.)
thrusts, מַדְקְרוֹת.
thumb, בֹּהֶן m. followed by יָד.
Thummim, תֻּמִּים.
thunder, רַעַם, רַעַם יְהוָה, קוֹל יְהוָה m., perh. רַעַשׁ m.
 to, רָעַם.
thunder-flash, חֲזִיז קוֹלוֹת.
thunders, קוֹלוֹת m.
thus, כֵּן, כָּמוֹ, כְּמוֹ, כֹּה, כְּ, זֶה I. (Ch. כְּנֵמָא, כֵּן, כִּדְנָה.)
 and thus, כָּזֹה וְכָזֶה, כָּזֹאת וְכָזֹאת.
 (and) thus, כָּכָה.
 far, עַד־הֲלֹם, עַד־הֵנָּה.
thyself, (thou), נַפְשְׁךָ.
tiara, מִצְנֶפֶת f., צָנִיף m.
tiaras, טְבוּלִים.
tidings, שְׁמוּעָה f.
 glad, בְּשׂוֹרָה f.
 messenger of good, מְבַשֵּׂר.
 reward for good, בְּשׂוֹרָה f.

tidings, to announce, to bring glad, בִּשַּׂר Pi.
to bear, rarely בָּשַׂר Pi.
to receive good, בָּשַׂר Hithp.
tie, to, קָשַׁר.
up, to, צָמַד.
tiger, prob. נָמֵר m.
tight, to gird, חָזַק.
Tigris, חִדֶּקֶל.
tile, a, לְבֵנָה f.
till now, עַד־הֵנָּה, עַד־כֹּה.
now and till then, עַד־כֹּה וְעַד־כֹּה.
that, (Ch. עַד דִּי.)
when? עַד מָה.
till, to, נִיר, עָבַד w. acc. of land.
tillage, עֲבֹדָה f.
timber, עֵצָה I f.
timbrel, תֹּף m.
time, אֹפֶן m., זְמָן m. (later Heb.), יוֹם m. rarely f., יָמִים plu., עֵת usually f. (Ch. זְמַן, זְמָן m., יוֹמִין plu., עִדָּן m.)
appointed, זְמָן m. (later Heb.), חֹק m., יָמִים w. gen. (Ch. זְמָן, זְמַן m.)
at one, פַּעַם אַחַת.
at that, אָז, אֲזַי, הַיּוֹם, בָּעֵת הַהוּא, שָׁם. (Ch. אֱדַיִן, בֵּהּ זִמְנָא.)
at the, עֵת.
at this, עַתָּה, כַּיּוֹם, כָּעֵת, הַיּוֹם, בַּפַּעַם הַזֹּאת. (Ch. כְּעַן.)
certain, see יוֹם, 3.
fit, עֵת usually f.
for a, עַד עֵת.
from what, (Ch. מִן־דִּי.)
in the, עֵת.
of life, יָמִים plu., perh. עֲדִי m. (Ch. יוֹמִין plu.)
past, from, in, מִתְּמוֹל שִׁלְשֹׁם.
perpetual, עַד m.
remote, (Ch. עָלַם m.)
set, חֹק m., מוֹעֵד m., עֵת usually f.
this, הַפַּעַם.
to come, in, מָחָר, בְּיוֹם מָחָר.
to time, from, עֵת (עַד) אֶל עֵת.
until this, עַד עַתָּה.
timely, עִתִּי.

times, רְגָלִים, מֹנִים only plu. (Ch. זְמַן before numerals.)
appointed, עִתִּים מְזֻמָּנוֹת, עִתִּים מְזֻמָּנִים.
at all, בְּכָל־עֵת, בְּכָל־יוֹם, כָּל־הַיּוֹם.
of old, רֵאשִׁית f.
stated, עִתִּים מְזֻמָּנִים, עִתִּים מְזֻמָּנוֹת.
timid, חַתְחַת, יָרֵא, נִמְהַר w. לֵב., רַךְ לֵבָב.
to be, פָּחַד Pi.
to become, רָכַךְ.
timidity, מֹרֶךְ m.
tin, בְּדִיל m.
tine, שֵׁן m.
tingle, to, צָלַל I K. Hi.
tinkling (with anklets), to make a, עָכַס Pi.
tip of the ear, תְּנוּךְ m., w. אֹזֶן added.
tire (of the head), a, פְּאֵר m.
tire (the head), to, יָטַב Hi.
tire one's patience, to, לָאָה Hi.
tired, to be, שָׂבַע also שָׂבֵעַ.
tithe, מַעֲשֵׂר.
to, עָשַׂר.
tithes, to give, עָשַׂר Hi.
to pay, עִשֵּׂר Pi.
to, אֶל, אֵת II (rarely), לְ, (For difference between לְ and אֶל see אֶל, III, A.), עַד, עַל, עִם (w. verbs of doing). (Ch. לְ, עַד, עַל, קֳדָם.)
meet, (prep.), לִקְרַאת (after verbs of motion.)
that place, עַד כֹּה.
the end that, לְמַעַן, עַל דִּבְרַת שֶׁ, לְמַעַן אֲשֶׁר. (Ch. עַל דִּבְרַת דִּי.)
the intent that, יַעַן אֲשֶׁר w. fut. (Ch. עַל דִּבְרַת דִּי.)
this place, הֵנָּה II.
to-day, הַיּוֹם, כַּיּוֹם.
to-morrow, בֹּקֶר, מָחָר, יוֹם מָחָר, לְמָחָר, מָחֳרָת f., הַמָּחֳרָת, יוֹם לַמָּחֳרָת, לְמָחֳרָתָם.
about this time, כָּעֵת מָחָר.
to-night, הַלַּיְלָה.
toe, אֶצְבַּע w. רַגְלַיִם
the great, בֹּהֶן followed by רֶגֶל

together, יַחְדָּו , יַחַד , גַּם , בְּאַחַת , כְּאֶחָד . (Ch. כַּחֲדָה , דָּא לְדָא .)
both, שְׁנֵיהֶם כְּאֶחָד .
with, אֶל , עַל , עִמַּת (once), לְעֻמַּת .
toil, (snare), a, חֶבֶל m.
toil, (labor), אָוֶן m., יְגִיעַ m., עָמָל m., עִנְיָן m. (only in Eccle.), עֶצֶב m., עִצָּבוֹן m.
his, עֲמָלוֹ .
to, עָמַל , יָגַע .
to labor and, עָנָה II Pu.
toiling, עָמֵל .
toils, see תְּאֻנִים , תּוֹצָפוֹת .
token, a, אוֹת I com., מוֹפֵת m., נֵס m.
toll, a, (Ch. הֲלָךְ m.)
tomb, a, גָּדִישׁ m.
tongs, מֶלְקָחַיִם m. du.
tongue, לָשׁוֹן com. (Ch. לִשָּׁן m.)
deceitful, לְשׁוֹן תַּהְפֻּכוֹת , לְשׁוֹן רְמִיָּה .
too much, יוֹתֵר , עַד מְאֹד , see in רָבָה Hi.
tool, חוֹרֵשׁ m., כְּלִי m.
tooth, שֵׁן f.
elephant's, שֵׁן f.
top, אָמִיר m., גַּג m., ראשׁ I m.
(of the head), קָדְקֹד m.
topaz, see פִּטְדָה , see תַּרְשִׁישׁ , 2.
tope, to, סָבָא .
toper, סֹבֵא .
Tophet, תֹּפֶת .
topmost, the, רֵאשִׁית f.
torch, see לַפִּיד , 2.
tormentor, תּוֹלָל m. (once in plu.)
torn away, to be, נָסַע Ni.
down, (something), הֲרִיסָה f.
in pieces, what is, טְרֵפָה f.
off, to be, קָרַץ Pu.
pieces, קְרָעִים .
to be, קָרַע Ni.
up, to be, נָתַשׁ Ho.
torpid, to be, פּוּג K. Ni.
torrent, אָפִיק or אֲפִיק m., נַחַל m.
a failing, נַחַל אַכְזָב .
tortoise-shell, see סֹחֶרֶת .
tortuous, עֲקַלְקַלּוֹן .
toss about, to, סָעַר Pi.
back the head, to, צָנָה .
toss themselves, to, גָּעַשׁ Hithp.
tossed, to be, גָּרַשׁ Ni., סָעַר , רָעַם .
tossings, נְדֻדִים .
totter, to, כָּשַׁל , מוּט , מָעַד .
to make, מוּט Hi.
tottering, a, פִּיק m.
touch, to, יָמַשׁ Hi., מוּשׁ II, מָשַׁשׁ , נָגַע K. Hi. c. לְ , אֶל , עַל ., נָגַשׁ K. fut. Ni. pret. w. בְּ .
(the chords of an instrument), to, זָמַר II Pi.
upon, to, נָגַע w. בְּ .
tough, שְׁרִירֵי plu. constr. only.
tow, נְעֹרֶת I.
towards, אֶל , אֵת II (rarely), בְּ , (For difference between usage of אֶל and בְּ see בְּ , B, 4.), הָלְאָה , לְ , אֶל־מוּל , עַד , אֶל־עֵבֶר פָּנָיו , אֶל־צֶבֶר , אֶל־נֹכַח (once), עַל , עַל־פְּנֵי , לִקְרַאת (after verbs of motion). (Ch. לְ , נֶגֶד .)
tower, בַּחוּן m., בֹּחַן m., דָּיֵק m., מִגְדָּל m., סֹחֵר m., צְרִיחַ m.
tower-house, בֵּית הַסֹּהַר .
town, מָקוֹם com., עִיר I f., קִרְיָה f. (poet.)
toy, to, צָחַק Pi.
trace, to, חָקַק .
track, מַעְגָּל m., רֶגֶל f. perh. (Ch. אֲתַר m.)
tracked, see עָקֹב , 3.
tracker, a, עָקֵב m.
tract, (district), a, חֶבֶל m.
arid, עֲרָבָה f.
of land, שְׁכֶם m.
trade, מִסְחָר m., מַעֲרָב I m. (only in Ez.), רְכֻלָּה f.
to, סָחַר , רָכַל .
trader, סֹחֵר , רֹכֵל .
female, סֹחֶרֶת f., רֹכֶלֶת f.
traffic, מִסְחָר m., מַעֲרָב I m. (only in Ez.), סְחוֹרָה f., רְכֻלָּה f.
to, סָחַר , עָרַב I, רָכַל .
train (of a prince), טַף m.
(of a robe), שֹׁבֶל m., שׁוּל m.
train, to, חָנַךְ , לָמַד K. Pi.
trained, חָנִיךְ .
to be, לָמַד K. Pu.

trained up, to be, גֻּדַּל Pu.

trample, to, דּוּשׁ, דּוּשׁ and דִּישׁ, דָּרַךְ, רָמַס. (Ch. דּוּשׁ.)
down, to, רָדָה. (Ch. רְפַס.)
in pieces, to, בּוּס, רָדָה.
under foot, to, בּוּס, בָּסַס, הָדַךְ (once), כָּבַשׁ, רָמַס.
upon, to, בָּטַס once in Po., דָּכָא Pi., רָפַס and רָפַשׂ. (Ch. רְפַס.)

tranquil, see יָשַׁר, 1., שַׁאֲנָן, שַׁלְאֲנָן, שְׁלֵים, שָׁלֵו.
to be, שָׁאַן Pil., שָׁלָה and שָׁלֵו, שָׁקַט Hi.

tranquillity, בַּטֻּחוֹת plu., מַרְפֵּא m., שֶׁלֶו m., שַׁלְוָה f.

transact, to, כּוּן Hi.

transacted, to be, כּוּן Ni.

transcribe, to, עָתַק Hi.

transcript, פַּרְשֶׁגֶן. (Ch. פַּרְשֶׁגֶן.)

transfer, to, נוּחַ Hi., סָבַב Hi., עָבַר Hi., עָתַק Hi., שָׁנָה I Pi.

transferred, to be, סָבַב.

transfix, to, חָלַל.

transgress, to, אָשַׁם also אָשֵׁם, עָבַר, פָּשַׁע c. עַל against., שָׁגַג, שָׁגָה. (Ch. שְׁגָא Pa. Aph.)
to make, עָבַר Hi.

transgression, מַעַל I m., סָרָה f., see פָּשַׁע, פֶּשַׁע m., שְׁגָגָה f., שְׁגִיאָה f.

transgressions, סֵטִים, שֵׂטִים.

transgressor, פֹּשֵׁעַ.

transit, מַעֲבָר m.

translate, to, (Ch. תַּרְגֵּם.)

translated, (Ch. מְתֻרְגָּם.)

translation, see פָּרַשׁ in Pu.

transport across, to, עָבַר Hi.

trap, a, מַשְׂטֵמָה f.

trap-cage, כְּלוּב m.

trap-net, פַּח I m.

trappings, כְּלִי m.

travail, חֶבֶל m., עֶצֶב m., עִצָּבוֹן m., תְּאֻנִים plu., תְּלָאָה f.
a woman in, יוֹלֵדָה, rarely יוֹלֶדֶת.
to, חָבַל Pi.

travel, to, see שׁוּט, I, 3.
about, to, שׁוּר II, תּוּר.
around, to, סָחַר.

travel through, to, see שׁוּט I.

traveller, אֹרֵחַ, אֹרַח com. (poet.), אִישׁ הֵלֶךְ.

travellers, a band of, שַׁיָּרָה f.
a company of, אֹרְחָה f. coll.
companies of, הֲלִיכוֹת only plu.

traverse as a merchant, to, סָחַר.

trays, מַחְתּוֹת.

treacheries, בֹּגְדוֹת.

treacherous, בָּגִיד.
dealers, בֹּגְדִים.

treacherously, to act, מָעַל.
to deal, בָּגַד constr. absol., oftener w. בְּ of pers., מָעַל c. בְּ of pers. with.
to desert, בָּגַד.
to fall away, see סָרַר.

treachery, בֶּגֶד m., מָזוֹר II m., מַעַל I m.

tread (of the foot), פַּעַם f.
down, to, בּוּס K. Pil., בָּעַט, בָּסַס (once in Po.), הָדַךְ (once), עָסַס, רָדַד, רָמַס, רָפַס.
in, to, דָּרַךְ c. בְּ, acc., עַל.
in pieces, to, עָסַס, רָדַד, see רָדָה Pi.
out grain, to, דּוּשׁ, דִּישׁ and דִּישׁ.
to, דּוּשׁ, דּוּשׁ and דִּישׁ, דָּרַךְ K. Hi., רָדָה, רָמַס, רָפַס and רָפַשׂ. (Ch. דּוּשׁ.)
upon, to, דָּרַךְ K. c. בְּ, acc., עַל, Hi., כָּבַשׁ, רָמַס.

treader down, a, רֹמֵס.

treading, a, מִדְרָךְ.
down, a, מְבוּסָה f., מִרְמָס m., תְּבוּסָה f.
water made foul by, מִרְפָּשׂ m.

treasure, אוֹצָר m., חֹסֶן m., מַטְמוֹן m., עֲתוּדוֹת (Keri.)
hid, מַטְמוֹן m.
up, to, אָצַר, צָפַן.

treasure-house, בֵּית אוֹצָר.

treasurer, גִּזְבָּר m.

treasurers, (Ch. גְּדָבְרִין, גִּזַּבְרִין.)

treasures, גְּנָזִים, מִכְמַנִּים (once), אֶצֶר m., עֲתִידוֹת (Cheth), צְפוּנִים, תּוֹפְצוֹת. (Ch. גִּנְזִין.)
hidden, מַטְמֻנֵי מִסְתָּר.

treasury, אוֹצָר m., בֵּית אוֹצָר, גִּנְזַךְ m., see under נְכֹאת. (Ch. בֵּית גִּנְזַיָּא.)
to set over the, אָצַר Hi.
treatment, ill, זְוָעָה f., זַעֲוָה f.
treble, see in שָׁלֹשׁ.
tree, a, בָּכָא in plu., עֵץ m. (Ch. אִילָן m.)
a strong, hardy, אֵלָה f.
a strong, stout, mighty, אַיִל m.
any large, perh. אֶשֶׁל.
native, אֶזְרָח m.
trees, אֵשֶׁל coll., עֵץ m. coll.
trellis, see עֲרוּגָה.
tremble, to, בָּהַל Ni., בָּקַע Ni., גִּיל, rarely גִּיל or גּוּל (poet.), זוּעַ, זָלַל Ni., הוּל and חִיל K. Pil., חָרַג (once), חָרֵד, חָרַד (pret. once), נוּעַ also נוּעַ, נָתַר, עָרַץ, פָּחַד, פָּלַץ Hithp., רָגַז, רָעַד K. Hi., רָעַם, רָעַשׁ. (Ch. זוּעַ c. מִן.)
for, to, חָרֵד w. אֶל.
to be made to, רָעַל Ho. (only.)
to cause to, בָּהַל Pi. Hi.
to make, פָּחַד Hi., רָגַז Hi.
trembling, (adj.), חָרֵד w. עַל for., רַגָּז.
to come, חָרֵד.
to follow, חָרַד w. אַחֲרֵי.
to, to turn, פָּחַד w. אֶל.
trembling, (sub.), חִיל m., חִילָה f. (once), חַלְחָלָה f., חֲרָדָה f., פַּלָּצוּת f., רְגָזָה f., רַעַד m., רְעָדָה f., רַעֲשָׁה f., רַעַשׁ m.
tremor, רֶטֶט m.
tremulous and stridulous sound, to give forth a, רָנָה (once.)
trench, a, חָרוּץ I m., תְּעָלָה f.
trepidation, רְגָזָה f.
to be in, בָּהַל Ni., חָרַג (once), חָרֵד, פָּחַד.
to flee in, בָּהַל Ni.
to put in, (Ch. בְּהַל Pa.)
trespass, אָשָׁם m., see אַשְׁמָה, פֶּשַׁע m.
to, see אָשַׁם.
trespass-offering, אָשָׁם m.
bringing a, אָשֵׁם (adj.)
the bringing of a, אַשְׁמָה f.
trespassing, a, אַשְׁמָה f.
trial, בֹּחַן m., מַסָּה f.
trial, to make, נָסָה Pi.
triangle, (musical), שָׁלִישׁ m.
tribe, אֻמָּה and אֻמִּים f. (only plu.), מַטֶּה m., מִשְׁפָּחָה f., עַם m., שֵׁבֶט and שֵׁבֶט m. (Ch. אֻמָּה f., שְׁבַט m.)
one of the same, אָח I m.
tribes, שְׁבָטִים. (Ch. שִׁבְטִין.)
tribunal, כִּסֵּא m. (Ch. דִּין m.)
before the, בַּשַּׁעַר.
tribune, military, סָפָר.
tribute, see הֶדֶר, מִדָּה f., מֶכֶס m., מִנְחָה f., מַס m., מַשָּׂא m., מַשְׂאֵת f., תְּרוּמָה f. (Ch. מִדָּה, בְּלוֹ m., מִנְדָּה f.)
tribute-master, אֲשֶׁר עַל הַמַּס.
tribute-service, מַס m.
tribute-service, to become subject to, הָיָה לְמַס עֹבֵד, הָיָה לָמַס.
trick, תַּחְבֻּלָה f.
trickling, בְּכִי m.
triclinium, מֵסַב m.
tried, to be, בָּחַן Ni. Pu.
wisdom, (a man of), נָאֱמָן.
trier (of metal), בָּחוֹן m.
trifles, חֲלוֹמוֹת.
trifling, to be, קָלַל Ni. c. בְּעֵינֵי.
trill the voice, to, רָנַן.
trim (lamps), to, יָטַב Hi.
(the nails), to, עָשָׂה I.
trinket, חֲלִי m., חֶלְיָה f.
trip, to, טָפַף.
triple, מְשֻׁלָּשׁ.
triumph, song of, זָמִיר m.
triumph, to, יָשַׁע Ni., עָלַז.
over, to, חָלַשׁ w. עַל.
to let, יָשַׁע Hi.
triumphing, (one) insolently, עַלִּיז.
trodden, נָתִיב.
out, מְבוּסָה or מְרוּשָׁה f. concr.
something, מִרְמָס m.
under foot, מְבֻסָּה.
under foot, to be, בּוּס Hithpal.
upon, space, מִדְרָךְ m.
troop, a, אֲגֻדָּה f., גְּדוּד m., חַיָּה f. coll., מוֹעָד m. (poet.), מַחֲנֶה usually m., מִשְׁלַחַת f., עֵדָה I f., עַם m. (poet.)
troops, אִישׁ m. coll., רֶכֶב m. coll., see רֹכֵב.

trophy, יָד f.
trouble, אָוֶן m., טֹרַח m., כַּעַס m., צוֹק m., צוּקָה f., רֹגֶז m., רָעָה f., תְּלָאָה f.
I am in, צַר לִי impers.
to, כָּעַס Hi., עָכַר. (Ch. שְׁבַשׁ Pa.)
to be in, יָצַר impers.
water with the feet, to, דָּלַח.
troubled fountain, מַעְיָן נִרְפָּשׂ.
to be, בּוּשׁ, פָּעַם Ni. Hithp., רָעַם.
troublesome, עָכַר.
trough (of wine-press), גַּת f.
troughs, מַשְׁאַבִּים.
trowsers, wide, see (Ch. סַרְבָּלִין.)
truce, מַסָּכָה I f.
true, טוֹב, נָכוֹן, תָּמִים. (Ch. יַצִּיב.)
to be, אָמַן I Ni., כּוּן Ni.
to be found, אָמַן I Ni.
truly, אָבָל, אָכֵן, אָמֵן, אָמְנָה, אָמְנָם, צַדִּיק, אָמְנָם. (Ch. מִן קְשֹׁט.)
trumpet, חֲצֹצְרָה f., שׁוֹפָר m., see שׁוֹשַׁן.
to, חֲצֹצֵר (only in participle.)
to blow the, חֲצֹצֵר (only in participle), תָּקַע שׁוֹפָר or ת׳ בַּשּׁוֹפָר, תָּקַע בַּחֲצֹצְרָה.
to strike up the, תָּקַע בַּחֲצֹצְרָה.
trunk, גֶּזַע m., מַצֶּבֶת f., perh. צַוָּאר m. (Ch. עִקַּר m.)
of wood, בּוּל עֵץ.
trust, אֱמוּנָה f., בֶּטַח m., בִּטְחָה f., בִּטָּחוֹן m., מִבְטָח m., חוֹמִיָּה f., תְּשׂוּמֶת f. w. gen. יָד added.
in, to, שָׁעַן Ni. c. עַל, אֶל, בְּ.
in, to put, חָסָה c. בְּ.
to, אָמַן I Hi., בָּטַח I w. בְּ, עַל, אֶל., חָסָה, קָוָה. (Ch. אֲמַן Aph. c. בְּ., סְבַר (once), רְחַץ Ithpa. c. עַל on, in)
to persuade to, בָּטַח I Hi. w. אֶל, עַל.
trusting, בָּטוּחַ.
trustworthy, (Ch. מְהֵימַן.)
to be, אָמַן I Ni.
truth, אֱמֶת f., נֵצַח I m., צֶדֶק m., קֹשְׁטְ m., see קֹשֶׁט, תֻּמִּים plu., תָּמִים m. sing. (Ch. קְשׁוֹט m.)
of a, (Ch. מִן קְשֹׁט.)
to speak the, צָדַק. (Ch. יְצַב Pa.)

try, to, בָּחַן, בְּחַר (later Heb.), נָסָה Pi., תָּכַן, שָׁקַל, צָרַף K. Pi.
to find, to, מָצָא.
to gain, to, בִּקֵּשׁ Pi.
tub, כַּד f.
tube, אָפִיק or אֲפִיק m., מוּצָקָה f.
tubes, קָנִים, צַנְתָּרוֹת.
tumble, to, הָפַךְ Hithp.
down, to, סָבַךְ Ni., צָלַל III (once.)
tumid, הָדוּר.
to be, בָּעָה Ni., כָּפַל Pu.
tumidly, to act, כָּפַל Hi.
tumors, עֳפָלִים (Cheth.)
tumult, הָמוֹן m. once f., הֵידָד m., מְהוּמָה f., רֹגֶז m., רַעַשׁ m., שָׁאוֹן m., שֵׁת II f., תְּנוּפָה f., תְּרוּעָה f., תְּשֻׁאוֹת plu.
to make a, רָגַשׁ.
to run together with, (Ch. רְגַשׁ Haph. c. עַל.)
to stir up, רָעַשׁ Hi.
warlike, הֵידָד m.
tunic, see כְּתֹנֶת, see (Ch. פַּטִּישׁ.)
of (many) colors, see under פַּס.
reaching to the palms (and) soles, see under פַּס.
tunnel (for pouring), מוּצָקָה f.
turban, פְּאֵר m., מִגְבָּעָה f., מִצְנֶפֶת f., צָנִיף m., פְּאֵר m.
turbans, טְבוּלִים.
turbid, to make, דָּלַח.
turmoil. רֹגֶז m.
turn, a, נְסִבָּה f., סִבָּה f., צְפִירָה f., תּוֹר I.
about, to, הָפַךְ, חָמַק, צָפַר I, שׁוּב K. Hi.
against, to, הָפַךְ Ni. w. בְּ, Ho. c. עַל.
aside, to, זוּר II K. Ni., לָפַת Ni., נָטָה Hi. c. מִן., סוּר K. c. מִן, מֵעַל, מֵעִם, מֵאַחֲרֵי, Hi. Pil., נָטָה.
aside to, to, שׁוּט.
away, to, הָפַךְ, זוּר II K. Ni., לוּז K. c. מִן, Hi. (in Chald. manner), נָטָה K. Hi., נָצַל Hi., סוּר K. c. מִן, מֵעַל, מֵעִם, מֵאַחֲרֵי,

Hi., עָבַר Hi., פָּנָה c. סִתַּם ., שׁוּט, שׁוּב K. Pil. Hi.

turn away in silence from, to, חָשָׁה w. מִן.

away the eyes from, שָׁעָה I w. מִן, מֵעַל.

back, to, הָפַךְ K. Ni., פָּנָה Ho., שׁוּב K. Hi. (Ch. תּוּב.)

back after, to, סָבַב w. אֶל־אַחֲרֵי.

deeply, to, הֶעֱמִיק סָרָה.

far away, to, הֶעֱמִיק סָרָה.

in one's mind, to, תּוּר בְּלִבּוֹ.

into, to, הָפַךְ w. לְ., שׂוּם and שִׂים w. acc. and לְ., שׁוּב לְ.

on one side, to, צָנָה K. Pi.

one's self to, הָפַךְ K. Hithp., לָפַת Ni., סָבַב K. Ni. Hi, פָּנָה.

one's self about, to, הָפַךְ.

one's self round, to, צָפַר I.

one's self to, to, פָּנָה Hi. w. אֶל.

over, to, הָפַךְ.

the back, to, פָּנָה, נָתַן עֹרֶף Hi., הִפְנָה שְׁכֶם.

the eyes, to, פָּנָה c. אֶל, בְּ.

to, הָפַךְ, נָטָה K. Hi., סָבַב K. Ni. Pi. Hi. Ho., פָּנָה K. Hi., שׂוּם and and שִׂים, שׁוּב K. Hi., שִׁית.

to, to, הָפַךְ Ni. w. עַל, אֶל, לְ., סָבַב, פָּנָה c. עַל, אֶל, לְ.

to the left, to, שָׂמְאַל Hi.

to the right, to, אָמַן II Hi., יָמַן Hi.

towards, to, פָּנָה c. עַל, אֶל, לְ.

trembling to, to, פָּחַד w. עַל.

upside down, to, הָבַל Pi., עָוָה Pi.

turned, to be, הָפַךְ K. c. acc. into, Ni. w. לְ, acc., Hithp., יָצַר Ho., סָבַב Ho., פָּנָה Ho.

against, to be, הָפַךְ Ho. c. עַל.

away, to be, סוּג I Ho. w. אָחוֹר.

back, to be, סוּג I Ni. Ho. w. אָחוֹר., פָּנָה Ho.

turned over to, to be, סָבַב Ni. c. לְ.

turning, (adj.), הֲפַכְפַּךְ, גָּלִיל.

away, (adj.), שׁוֹבָב.

away, (sub.), מְשׁוּבָה f.

of the sword, a, אִבְחַת חֶרֶב (once.)

turret, a mural, פִּנָּה f.

turtle-dove, see דְּרוֹר, תּוֹר I.

tutelage, אָמְנָה f.

tutelary, (divinity), see צוּר.

twain, תְּאֹמִים, תְּמִים.

to be, תָּאַם.

twelfth, שְׁנֵים עָשָׂר m., שְׁתֵּים עֶשְׂרֵה f.

twelve, שְׁנֵים עָשָׂר m., שְׁנֵים הֶעָשָׂר m., שְׁתֵּים עֶשְׂרֵה f. (Ch. תְּרֵי עֲשַׂר.)

twentieth, עֶשְׂרִים.

twenty, עֶשְׂרִים. (Ch. עֶשְׂרִין.)

twice, פַּעֲמַיִם.

(or) thrice, פַּעֲמַיִם שָׁלשׁ.

twig, זְמוֹרָה f., חֹטֶר m., שִׁבֹּלֶת f.

twigs, הֲמָסִים, זַלְזַלִּים only plu., נְטִישׁוֹת.

twilight, evening, morning, נֶשֶׁף m.

twin, a, תָּאֹם m.

twinkling (of the eye), a, פֶּתַע.

twined byssus, שֵׁשׁ מָשְׁזָר.

twins, תְּאוֹמִים only plu., תָּאֳמֵי plu. constr., תְּמִים.

to bear, תָּאַם Hi.

twirl (of a spindle), כִּישׁוֹר.

twist one's self, to, חוּל and חִיל.

twisted to be, פָּתַל Ni.

two, שְׁנַיִם m. du., שְׁתַּיִם f. (Ch. תְּרֵין.)

(or) three, שְׁנַיִם שְׁלשָׁה.

(or) three times, פַּעֲמַיִם שָׁלשׁ.

things, שְׁתַּיִם f. du.

two-edged sword, חֶרֶב פִּיפִיּוֹת.

two-fold, מִשְׁנֶה m., שְׁנַיִם m. du.

tyrant, נָדִיב, נוֹגֵשׂ, מוֹשֵׁל, גִּבּוֹר m., עָרִיץ m, פָּרִיץ m.

Tyre, צוּר.

Tyrian, צֹרִי.

U

ugliness, רֹעַ m.
ulcer, inflamed, שְׁחִין m.
malignant, שְׁחִין רָע.
unalloyed, טָהוֹר.
unawares, בִּבְלִי דַעַת.
unbind, to, פָּתַח Pi. (Ch. שְׁרָא also שְׁרָא.)
umbra, נֶפֶשׁ com. (once.)
unbridled, פָּרוּעַ.
to be, פָּרַע Ni.
to let go, פָּרַע.
to make, פָּרַע Hi.
unchecked, to let go, פָּרַע.
uncircumcised, עָרֵל.
to show one's self, עָרַל Ni.
uncle, דּוֹד m. (spec.)
unclean, בִּגְאָל (later Heb.), טָמֵא.
bird, (a species of), דּוּכִיפַת f.
meats, broth of, פְּרַק פִּגֻּלִים.
thing, טֻמְאָה f., טֻמְאָה f., נִדָּה f.
thing, to remove as an, עָרַל.
to be, טָמָה, טָמֵא Ni.
to be pronounced, גָּאַל II Pu. (later Heb.)
to become, טָמֵא.
to make, טָמֵא Pi.
to make one's self, טָמֵא Hithp. w. לְ, בְּ with which., שִׁקֵּץ אֶת־נַפְשׁוֹ c. בְּ of thing.
to pronounce, טָמֵא Pi.
uncleanness, טֻמְאָה f., טֻמְאָה f., נִדָּה f., נִידָה f., עֶרְוָה f., פִּגּוּל m.
uncover, to, גָּלָה Pi., חָשַׂף, עָרָה Pi. Hi., פָּרַע.
uncovered, to be, גָּלָה Ni. Pu.
unction, מִשְׁחָה f.
to consecrate by, מָשַׁח.
undaunted, to be, חָזַק.
under, תַּחַת, מִתַּחַת לְ, לְמִתַּחַת לְ (after verbs of motion), אֶל־תַּחַת. (Ch. תְּחוֹת preposit., תַּחַת.)
what is, תַּחַת.
world, the, שְׁאוֹל com.
undermine, to, קוּר Pilp.
underneath, מִלְּמַטָּה.
understand, to, בִּין K. Hi., יָדַע, רָאָה, שָׁמַע. (Ch. יְדַע.)
understanding, בִּינָה f., דַּעַת f., חֶשְׁבּוֹן m., טַעַם m., see לֵבָב, c., רוּחַ f. (rarely), שֶׂכֶל, הַשְׂכֵּל also שֶׂכֶל m., תְּבוּן m., תְּבוּנָה f., תּוּשִׁיָּה f. (Ch בִּינָה f., מַנְדַּע m., שָׂכְלְתָנוּ f.)
of, to give the, שׂוּם שֶׂכֶל.
to have, בִּין K. Hi. Hithpal.
to give, בִּין Hi.
to want, לָבַב Ni.
undertake, to, פָּעַל (poet.)
undertaking, an, תּוּשִׁיָּה f.
undeservedly, חִנָּם, רֵיקָם.
undone, to leave, סוּר Hi.
uneasy motions, נְדֻדִים.
unexpectedly, בִּבְלִי דַעַת, see in דַּעַת, 1., see in יָדַע, B, 1., בְּפֶתַע.
unformed mass, substance, גֹּלֶם m.
unfortunate, one, אֹבֵד m.
unfruitful, to be, שִׁכֵּל and שָׁכֹל Pi.
ungirds (himself), one who, מְפַתֵּחַ.
ungodliness, רֶשַׁע m., רִשְׁעָה f.
ungodly, נָבָל, עֲוִיל I, עָשִׁיר, רָשָׁע.
the, בֹּגְדִים.
unguent, מִרְקַחַת f., שֶׁמֶן m.
unguent-kettle, מֶרְקָחָה f., מִרְקַחַת f.
unguent-shop, see מִרְקַחַת.
unguents, maker of, רֹקֵחַ.
unhappy, בָּאָה, הָיָה (Keri), רַע.
unharmed, שָׁלֵם.
unheard of, זָר, חָדָשׁ.
unholy, חֹל, חָלִיל.
uninhabited, to be, לֹא יָשַׁב.
union, יַחַד m.
in, יַחַד.
unite, to, יָחַד Pi.
one's self, to, אָחַד Hithp., יָחַד c. אֵת, בְּ.
united, אֲחָדִים plu.
to be, יָחַד.
unknown, נָכְרִי.
to be, צָפַן Ni. c. מִן.

unjust, רָשָׁע.
balances, מֹאזְנֵי רֶשַׁע.
cause to have an, רָשַׁע.
unjustly, to judge, שָׁפַט עָוֶל.
unknowingly, בִּבְלִי־דַעַת.
unlawful, זָר־.
unleavened, מַצָּה I f. concr.
bread, לֶחֶם מַצּוֹת.
cakes, עֻגוֹת מַצּוֹת.
unless, אוּלַי I (once), אִם לֹא, בִּלְתִּי, כִּי אִם, בִּלְתִּי אִם, אֲשֶׁר (after a neg.), לוּלֵי, לוּלֵא.
if, בִּלְתִּי אִם.
perhaps, אוּ.
that, בִּלְתִּי אִם.
unmarrowed, see רָזָה Pu.
unmoved, סָמוּךְ.
unprosperous, רַע.
unpruned vine, see נָזִיר־.
unpunished, to let go, נָקָה Pi.
unrighteous gain, עָוֹן m.
unrighteousness, רֶשַׁע m.
unruly, פָּרוּעַ.
to be, פָּרַע Ni.
to make, פָּרַע Hi.
unsavory, anything, תָּפֵל m.
unsearchable, אֵין חֵקֶר, עָמֹק. (Ch. עֲמִיק.)
to be, עָמֵק.
unseasoned, anything, תָּפֵל m.
unshod, יָחֵף.
unsteady, to be, מָעַד, פּוּק I K. Hi.
until, עַד שֶׁ, עַד, לְ, עַד כִּי, עַד אִם. (Ch. עַד דִּי, עַד.)
none, עַד בִּלְתִּי.
not, עַד בִּלְתִּי.
now, עַד־כֵּן. (Ch. עַד כְּעַן.)
that, עַד־כִּי, עַד אֲשֶׁר. (Ch. עַד דִּי.)
this time, עַד עַתָּה.
when, עַד אִם.
when? עַד־מָתַי, עַד־אָנָה, עַד־אָן.
unto, עַל, עַד, לְ, בְּ, אֶל (in a few examples). (Ch. עַל.)
unwell, to be, דָּוָה.
unwilling, מָאֵן (w. pers. pron. equal finite verb.)
unwilling, to be, מָאֵן Pi.
unwise, בְּלִי, בִּבְלִי־דַעַת, לֹא בְדַעַת, לֹא חָכָם, דַּעַת.
unwittingly, בִּשְׁגָגָה.
unworthy of, to be, קָטֹן c. מִן.
up into, עַל.
upon, עַל.
upbraid, to, חָרַף K. c. acc., Pi. c. acc., עוּד Hi., לְ, בְּ, כִּסֵּף Pi.
upheld, סָמוּךְ.
uphold, to, סָמַךְ, סָעַד, תָּמַךְ c. בְּ.
uplifted, see רוּם K. part., רוֹמֵמָה f.
upon, עַל, מֵעַל לְ, לְ, עַל פְּנֵי, בְּ. (Ch. עַל.)
the forehead, בֵּין עֵינֵי פ׳.
upper, עֶלְיוֹן, עִלִּית f. only.
chamber, an, עֲלִיָּה f., מַעֲלָה f. (Ch. עִלִּית f.)
part, גַּב m., גַּג m.
uppermost, (what is), ראשׁ I m.
upright, יְרֵא, יְרֵא יְהוָֹה, טוֹב, נֶאֱמָן, מַשְׂכִּיל, צַדִּיק, כֵּן I, יָשָׁר, אֱלֹהִים, תָּם־ (only in moral sense), תָּמִים.
upright, (adv.), קוֹמְמִיּוּת.
columns, תִּימֹרוֹת II.
to be, צָדַק, תָּמַם.
to be set, (Ch. תְּקַן Hoph. w. Heb. flexion.)
to make, צָדַק Pi. Hi., תָּמַם Hi.
to show one's self, בָּרַר Hithp., תָּמַם Hithp.
uprightly, כֵּן I.
to judge, שָׁפַט צֶדֶק, שָׁפַט מֵישָׁרִים.
to live, see in תָּמַם Hi., see in תָּמִים, 4.
to walk, הָלַךְ בְּתָמִים, יָשַׁר לָלֶכֶת, הָלַךְ בְּדֶרֶךְ תָּמִים, הָלַךְ תָּמִים.
with, to deal, תָּמַם Hithp. c. עִם.
uprightness, אֱמֶת f., יֹשֶׁר m., יָשָׁר m., יְשָׁרָה f. or יְשֻׁרָה f., מֵישָׁרִים only plu., צֶדֶק m., תֹּם m.
uproar, רַעַשׁ m., see שָׁאוֹן, תְּשֻׁאוֹת plu.
upwards, מַעְלָה, לְמַעְלָה.
Ur of the Chaldees, אוּר כַּשְׂדִּים.
urge, to, אוּץ K. Hi., אָלַץ Pi., אָנַס, נָחַץ, נָגַשׂ, חָלַט (once in) Hi., דָּחַק,

פָּגַע c. בְּ., פָּעַם, פָּצַר w. בְּ of pers., פָּרַץ c. בְּ., צוּק I Hi. (Ch. אֲנַס.)

urge on, to, אָכַף (once), נָהַג.

one's self, to, דָּחַק Ni.

strongly, to, רָהַב.

urgent, נָחוּץ.

to be, חָזַק c. עַל.

Urim and Thummim, הָאוּרִים וְהַתֻּמִּים.

urine, מֵימֵי רַגְלַיִם (Keri), שַׁיִן m. (Cheth.)

to void, see in סָכַךְ Hi. 2.

Ursa Major, עָשׁ II m.

usage, מִשְׁפָּט m., מִשְׁמֶרֶת f.

use, עֲבֹדָה f.

to be of, יָעַל Hi.

used (to anything), לִמּוּד.

usurer, a, נֹשֶׁה.

usury, מַרְבִּית f., מַשָּׁא m., נֶשֶׁךְ m.

to lend on, נָשָׁה.

to take, נָשַׁךְ Hi.

utensil, כְּלִי m. (Ch. מָאן m.)

utter, to, אָמַר, דָּבַר Pi., נָבַע Hi., see נָגַר Hi., נָשָׂא, נָתַן, פּוּחַ Hi., שִׂיחַ.

aloud, to, שָׁמַע Hi.

cries of joy, to, רָנַן.

words, to, פָּתַח אֶת־פִּיו.

utter destruction, חֵרֶם, once חָרָם.

uttered, (something rashly), מִבְטָא m.

uttering, an, מַשָּׂא m.

utterly, עַד מְאֹד.

uttermost, see קָצֶה.

part, אַחֲרִית f.

parts, יַרְכָתַיִם du.

V

vacant, something left, מְנָח.

to be, בָּטַל. (Ch. בְּטֵל.)

vagabonds, אֲסַפְסֻף m.

vail, פָּרֹכֶת f.

vain, אֱלוּל (Cheth), אֱלִיל, לֹא כֵן, see רוּחַ I, bb., רִיק, תָּפֵל.

boasting, בַּד II m.

hopes, to cherish, הָבַל.

in, הֶבֶל, חִנָּם, רִיק, more fully לַשָּׁוְא, בְּדֵי רִיק, לְרִיק, לָרִיק, לְתֹהוּ, תֹּהוּ, לַשֶּׁקֶר, שָׁוְא.

(something), הֶבֶל.

thing, רִיק m., שֶׁקֶר m., תֹּהוּ concr.

to be, הָבַל.

to be in, פָּרַר I Hi.

to become, הָבַל.

to make, הָבַל Hi., פָּרַר I Hi.

vainglorious, to be, פָּחַז.

vainglory, פַּחֲזוּת f.

vainly, הֶבֶל, רֵיקָם.

to act (or) speak, הָבַל.

valiant, גִּבּוֹר.

ones, see אֶרְאֵל.

valid, (Ch. יַצִּיב.)

to be, קוּם.

valley, אָפִיק or אֲפִיק m., בִּקְעָה f., גַּיְא, rarely גֵּיא and גַּי com., נַחַל m., עֵמֶק m. (Ch. בִּקְעָא.)

valley, a craggy, בִּתְרוֹן m.

cutting into (mountains), בִּתְרוֹן m.

valley-brook, אֲפִיק נְחָלִים.

valleys, גֵּאָיוֹת.

valor, גְּבוּרָה f., חַיִל m. (Ch. חַיִל m.)

valuation, עֵרֶךְ m.

value, יְקָר m., מֶכֶר m.

greatly, to, גָּדַל Pi.

of, to fix the, שָׁעַר I.

to, עָרַךְ K. Hi.

valued, to be greatly, גָּדַל.

valve (of a door), דַּל m. (once metaph.), לוּחַ m.

van, פָּנִים plu.

vanish, to, הָלַךְ and יָלַךְ, כָּלָה, עָבַר.

away, to, בָּלַע Hithp., הָלַךְ and יָלַךְ Ni., מָעַט.

in dust, to, מָלַח I Ni. (once.)

to make, כָּלָה Pi.

vanity, אָוֶן m., אֱלִיל, הֶבֶל, הֲבֵל, שָׁוְא m., תֹּהוּ.

to seduce to, הָבַל Hi.

vanquish, to, כָּנַע Hi., נָכָה Hi.

vapor, אֵד m., הֶבֶל, עָשָׁן m. (poet.), קִיטוֹר m.
vapors, נְשִׂיאִים.
variegated spots, חֲבַרְבֻּרוֹת.
stuffs, בְּרוֹמִים.
to be, חָשַׁב.
variegation, רִקְמָה f.
vary, to, שָׁנָה I Pi.
vase, כְּלִי m., מִזְרָק m., צִנְצֶנֶת f. (Ch. מָאן m.)
a (large), יָם m.
Vashti, וַשְׁתִּי.
vassal, עֶבֶד m.
vast, כַּבִּיר (poet.), רַב.
vat, גַּת f.
vault, a, אֲגֻדָּה f., גַּב m., חָנוּת f.
vaunt one's self, to, פָּאַר I Hithp. c. עַל against.
vegetables, זֵרֹעִים and זֵרְעֹנִים, עֵשֶׂב m.
vehemence, כֹּבֶד, מְאֹד m., עֹז m.
even to, עַד מְאֹד.
vehement, עַז, מַר, מָלֵא, כָּבֵד, חָזָק, שַׁלִּיט, קָשֶׁה.
to be, חָרַד, כָּבֵד, מָרַץ Ni., קָשָׁה I.
vehemently, עַד, עַד מְאֹד, מְאֹד, חָזְקָה, לִמְאֹד.
vehicle, to fasten (or) yoke to a, רָכַב Hi.
to set (or) place upon a, רָכַב Hi.
veil, a, חֶבְיוֹן m., see in פְּסוּת, לוֹט m., מַסְוֶה m., מָסָךְ m., סֵתֶר m., צַמָּה f., צָעִיף m., רְדִיד m.
one's self, to, עָלַף Hithp.
to, חָפָה, סָתַר Hi.
veiled, עֹטְיָה f.
veils, רְעָלוֹת m. plu.
vein (of silver), מוֹצָא m.
vengeance, נָקָם m., נְקָמָה f.
desire of, נְקָמָה f.
to take, נָחַם Pi. Hithp., נָקַם K. Pi., נָקַם נָקָם.
upon, to take, עָשָׂה נְקָמָה בְּ.
venison, צַיִד m.
venom, see מְרֹרָה.
venomous, שָׂרָף.
serpent, שָׂרָף m.
ventricle, קֵבָה f.
ventriloquists, see אוֹב at end.

Venus, see מְנִי, see עַשְׁתֹּרֶת.
verdure, אֵב m., יֶרֶק m., פֶּרַח m.
verified, to be, אָמַן I Ni.
verily, אָמְנָם, אָמְנָה, אֻמְנָם, אָמֵן.
verity, אֹמֶן m., תֻּמִּים m.
verse, a, מָשָׁל I m.
versicolor, רִקְמָה f.
vertebræ, (Ch. קִטְרִין only plu.)
vertex, קָדְקֹד m.
vertigo, חָגָא or חָגָּה f., שָׁבָץ m. (once c. art.)
very, see מְאֹד, הַפְלֵא. (Ch. יַתִּירָה, שַׂגִּיא.)
vessel, כְּלִי m., מִזְרָק m., נֵבֶל and נֶבֶל m., צִנְצֶנֶת f., קֶרֶן f. (Ch. מָאן m.)
hollow, כַּף f.
vestibule, אוּלָם.
vestment, לְבוּשׁ m., מַד m., מִדָּה f., מַדֶו m., מַלְבּוּשׁ m., מַעֲטֶה m. (Ch. לְבוּשׁ)
vestry, מֶלְתָּחָה f.
vex, to, בָּלָה Pi., כָּעַס Hi., נָשָׁא II Hi. w. בְּ of pers., נָשַׁךְ, עָלַל I Po. c. לְ of pers., צָרַר Hi., רָצַץ Po. (Ch. בְּלָא Pa.)
one another, to, נָגַשׂ Ni.
vexation, כַּעַס m., כַּעַשׂ m. (only in Job), עֹצֶר m., הוּגָה f., תַּעֲלוּלִים plu.
vexed, to be, כָּעַס.
vexer, a, תּוֹלָל m. (once in plu.)
vexing, to gratify (or) indulge one's self in, עָלַל I Hithp.
vibrate, to, נוּעַ also נוֹעַ.
vibration, see עָדִין.
vibrations, to give forth the voice in, רָנַן.
viceroys, שָׂרֵי הַמְּדִינוֹת, אֲחַשְׁדַּרְפְּנִים. (Ch. אֲחַשְׁדַּרְפְּנִין.)
vicissitudes, עִתִּים usually f.
victim, זֶבַח m., חַג m.
victorious, to be, יָתַר Ni., רָשַׁע Hi.
victory, גְּבוּרָה f., יְשׁוּעָה f., תְּשׁוּעָה f.
to gain the, יָשַׁע Ni.
to get the, יָתַר Ni.
to give, יָשַׁע Hi.
view, מַרְאָה m., פָּנִים plu., רְאִי m. (Ch. חָזוּת f.)
to, צָפָה I, רָאָה, שָׂבַר w. בְּ., שָׁגַח Hi.

view, to have in, רָאָה.
vigor, הוֹד, חַיָּה f., לֵחַ m.
manly, גֶּבֶר m. poet.
one of, אִישׁ m.
vigorous, חָזָק, חַי, חָיֶה.
to make, חָלַץ Hi.
vile, קְלֹקֵל.
(of flocks), the, נְמִבְזָה.
to be, זָלַל, קָלַל K. Ni.
vileness, זֻלּוּת f. (once.)
vilify, to, קָלַל Pi.
village, חַוָּה f. (in proper names), חָצֵר com., כָּפָר m., כֹּפֶר m., כְּפִיר m., מָקוֹם com.
rustic, בִּירָה f.
vindicate his cause, to, שָׁפַט.
vindicated, to be, צָדַק Ni.
vine, גֶּפֶן com., שֹׂרֵק m.
(bearing) cerulian (or) purple (grapes), שָׂרֹק m.
unpruned, see נָזִיר.
wild, גֶּפֶן שָׂדֶה.
vine-blossom, סְמָדַר m.
vine-dresser, כֹּרֵם m.
vine-shoot, זְמוֹרָה f.
vinea, סֹבֶךְ.
vinegar, חֹמֶץ m.
vineyard, כֶּרֶם.
vineyards, שְׁדֵמוֹת only plu.
vintage, בָּצִיר m.
vintage-shout, הֵידָד m.
vintager, בּוֹצֵר m.
violate, to, חָלַל Pi., see חָמַס, פָּרַר I Hi.
(a woman), to, טָמֵא Pi.
violated, מְעֻשָּׁקָה f.
violation, גֵּזֶל m.
violence, גֵּזֶל m., גְּזֵלָה f., זְרוֹעַ f. rarely m., חָמָס m., כֹּחַ, כֹּבֶד m., עֹז m., עֹשֶׁק m., פֶּרֶק m., רַהַב m., שֹׁד II m., תֹּךְ m.
and injustice, to treat with, עָשַׁק.
(anything) got by fraud and, עֹשֶׁק m.
anything taken by, גָּזֵל m. concr.
one who suffers, see חָמוֹץ.
sudden, מְהֻמָּה f.

violence, to act with, פָּרַץ.
to be treated with, חָמַס Ni.
to do, חָמַס, שָׁדַד K. Pi. Po.
to tear away with, חָמַס.
to treat with, יָנָה Hi., רָצַץ K. Pi., עִוֵּד.
violent, אַכְזָר concr., גִּבּוֹר, חָזָק, פָּרִיץ, רָהָב, צַר.
heat, זַלְעָפָה and זִלְעָפָה.
man, חָמִיץ m., חֹמֵץ m.
one, פָּרִיץ m.
rain, גֶּשֶׁם m., נֶפֶץ m.
shower, זַרְזִיף m., זְרָמִים m., זֶרֶם m.
to be, יָנָה, רָהַב c. בְּ against.
violently made bare, to be, חָמַס Ni.
violet, (color), תְּכֵלֶת f.
viper, see אֶפְעֶה, אֶפְעֶה com., צֶפַע m., צִפְעֹנִי m.
virgin, בְּתוּלָה f.
just married. בְּתוּלָה f.
virginity, בְּתוּלִים plu.
signs, tokens of, בְּתוּלִים.
virtue, חַיִל m., צְדָקָה f.
virtuous, צַדִּיק.
visage, (Ch. אַנְפּוֹהִי only plu. c. suff.)
vision, חָזוֹן m., חָזוּת f., חָזוּת f., חִזָּיוֹן m., חִידָה f., מַחֲזֶה m., מַרְאָה m., מַרְאָה f., רְאִי m. (Ch. חֵזוּ m.)
visions, nocturnal, מַרְאֹת הַלַּיְלָה.
to, to announce, to declare, חָזָה w. לְ.
visit, to, רָאָה, פָּקַד.
again, to, פָּקַד.
visitation, פְּקֻדָּה f., פִּקּוּד m.
visited, to be, פָּקַד Ni. Ho.
vital breath, רוּחַ f.
moisture, לְשַׁד m.
spirit, חַיָּה f., נֶפֶשׁ com., נְשָׁמָה f.
vizier, see אָב, 7.
viziers, (Ch. הַדָּבְרִין.)
voice, פֶּה m., קוֹל m. (Ch. קָל m.)
female, see עֲלָמוֹת.
in vibrations, to give forth the, רָנַן.
to shake (or) trill the, רָנַן.
void, (adj.), בֹּהוּ m. concr.
(adv.), רֵיקָם.

void, to be made, שׁוּב.
to declare, פָּרַר I Hi.
voidness, בֹּהוּ m.
volume, a, מְגִלָּה f. (Ch. מְגִלָּה.)
voluntarily, נְדָבָה.
voluntariness, נְדָבָה f.
voluntary, נָדִיב.
gift, sacrifice, נְדָבָה f.
voluptuous, עָדִין.
voluptuously, to live, עָדַן Hithp.
vomit, קֵא m., קִיא m.
forth, to, סָפַק II and שָׂפַק, קוֹא K. Hi.
shameful, see קִיקָלוֹן.

vomit, to, סָפַק II and שָׂפַק.
votive offering, נֵדֶר and נֶדֶר m.
sacrifice, נֵדֶר and נֶדֶר m.
vow, a, נֵדֶר and נֶדֶר m.
of abstinence, a, אֱסָר and אִסָּר m.
to, נָדַר I.
to Jehovah, to accomplish, to pay a, פִּלֵּא נֶדֶר לַיהוָֹה.
vowed, a thing, נֵדֶר and נֶדֶר m.
vows, to pay, perform, שִׁלֵּם נְדָרִים, עָשָׂה נְדָרִים.
vulture, see אַיָּה, see נֶשֶׁר, see רָאָה.
the black, see דַּיָּה.

W

wafer, רָקִיק m., כַּוָּן m.
wag the head, to, הֵנִיעַ רֹאשׁ.
wage war, to, לָחַם Ni., נָגַח Hithp., נָצָה Hi.
wages, perh. אֲגוֹרָה f., מְחִיר m., מַשְׂכֹּרֶת f., עֵקֶב m., פֹּעַל m. (poet.), פְּעֻלָּה f., שֶׂכֶר m., שָׂכָר m.
wagon, עֲגָלָה f., רֶכֶב m.
wagon-rampart, מַעְגָּל m.
wail, to, אָלָה II, יָלַל Hi., נָהָה, סָפַד, רָנַן.
to be made, to, יָלַל Ho.
wailers, female, מְקוֹנְנוֹת.
wailing, אוֹי, אוֹיָה c. dat., הִי m., יְלָלָה f., מִסְפֵּד m., מַרְזֵחַ, see נֹהַּ, see נִי, רִנָּה f.
wain, a, עֲגָלָה f.
Wain, the, עַשׁ II m.
wainscot, סִפּוּן m.
to, סָפַן.
wait, אֶרֶב m.
for, to, חוּל Pil. Hithp. c. לְ, חָכָה K. (once part.), Pi. c. acc. et לְ, inf. and לְ, קָוָה Pi., שָׂבַר Pi.
for (or) on Jehovah, to, קִוָּה אֶת־ יְהוָֹה, ק׳ לַיהוָֹה.
for, to lie in, צוּד Pil., קָוָה Pi. c. dat., שָׂטַם.
on the threshold, to, סָפַף Hithpo.

wait to, חוּל and חִיל, יָחַל Pi. Hi. Ni., יָשַׁב w. dat. of pers., כָּתַר Pi.
to lie in, אָרַב K. w. acc., לְ, עַל, Pi. c. עַל, יָשַׁב, צָדָה, צָפָה I c. לְ, עַל c. שָׁקַד, שָׁכַן.
upon, to, שָׁרַת Pi. c. acc. of pers. (Ch. שְׁמַשׁ only Pa.)
waiting, יָחִיל m.
wake, to, עוּר I K. Hi.
wakeful, to be, שָׁקַד.
walk, דֶּרֶךְ com., מַהֲלָךְ m., מִצְעָד m.
a covered, מוּסָךְ m. (Keri.)
about, to הָלַךְ and יָלַךְ Hithp.
contrary to, to, הָלַךְ קֶרִי עִם.
to, אָרַח I (as finite verb once), בּוֹא, דָּרַךְ K. Hi., הָלַךְ and יָלַךְ K. Pi. (poet.), Hithp., רָדָה. (Ch. הֲלַךְ Pa. Aph.)
to take a, see שׁוּחַ.
to teach to, רָגַל Tiph.
up and down, to, הָלַךְ and יָלַךְ Hithp.
uprightly, to, הָלַךְ, יָשָׁר לָלֶכֶת, הָלַךְ בְּדַרְכּוֹ, הָלַךְ תָּמִים, בְּתָמִים תָּמִים.
wall, בִּנְיָן m., גָּדֵר com., גֵּו m., גְּדֵרָה f., חוֹמָה f., חַיִץ m., חוּר m., טִירָה f., כֹּתֶל m., קִיר m., שׁוּר m. (Ch. אֻשַּׁרְנָא, כְּתַל, נִדְבָּךְ m., שׁוּר m.)

wall around, to, גָּדַר.
by the, פְּנִימָה.
in, to, גָּדַר.
on the inner, פְּנִימָה.
to, גָּדַר.
to build a, גָּדַר.
up around, to, גָּדַר בְּעַד פ׳.
upon, to build a, גָּדַר גָּדֵר עַל.
wall-chamber, a little, עֲלִיַּת־קִיר קְטַנָּה.
wall-seat, the, מוֹשַׁב הַקִּיר.
wall-side, קִיר הַחוֹמָה.
wall-storm, זֶרֶם קִיר.
walled, בָּצוּר.
in, a place, גְּדֵרָה f.
place, a, גָּדֵר com., קִיר m.
wallow, to, see פָּלַשׁ I Hithp.
walls, שׁוּרוֹת.
two, חוֹמֹתַיִם f. du.
wander, to, נוּד, שָׁגָה, תָּעָה K. Ni.
about, to, אָבַד, חָמַק Hithp., נָדַד, נוּעַ also נוּעַ, רוּד K. Hi.
in perplexity, בּוּךְ Ni.
over (or) through, to, תָּעָה w. acc. of place.
to and fro, to cause to, נוּעַ also נוּעַ (Cheth.)
to make, אָבַד Pi., שָׁגָה Hi.
wanderer, a, נוֹדֵד.
wandering, a, נִיד m., see נְדֻדָה, תּוֹעָה f.
one, מָרוּד m.
want, אֶבְיוֹן m., חֶסֶר m., חֹסֶר m., חָסֵר, מַחְסוֹר m.
to, חָסֵר K. Hi.
to be in, חָסֵר.
to cause to, חִסֵּר Pi.
to suffer, רוּשׁ.
wanting, חָסֵר w. acc., מִן. (Ch. חַסִּיר.)
to be, חָסֵר w. לְ of pers., עָדַר Ni., שָׁבַת Hi.
to let be, עָדַר Pi.
wanton, to be, פָּחַז.
wantonness, רָצוֹן m.
war, אֵשׁ com. (poet.), כִּידוֹן m, לָחֶם, מִלְחָמָה f., צָבָא m., קְרָב m. (poet.). (Ch. קְרָב m.)
to, לָחַם.
to go forth to, צָבָא, צָבָה.

war, to make, צָבָא c. עַל against.
to wage, לָחַם Ni., נָגַח Hithp., נָצָה Hi.
upon, to make, גָּרָה Hithp. c. בְּ.
war-chariot, עֲגָלָה f.
war-chariots, רֶכֶב m. coll.
war-chief, גִּבּוֹר.
war-club, מֵפִיץ m., מַפֵּץ m.
war-cry, תְּרוּעָה f.
war-horse, see זַרְזִיר, סוּס m.
war-horses, סוּס m. coll.
ward, מִשְׁמָר m., נְצוּרָה f., פְּקֻדָּה f.
-ward, -wards, לְ.
wardrobe, מֶלְתָּחָה f.
ware, מֶכֶר m., מִמְכָּר m.
wares, מַקָּחוֹת.
precious, מַעֲרָב I (only in Ez.)
warfare, see חַיִל, 2., צָבָא m.
warlike engines, חִשְּׁבֹנוֹת.
tumult, כִּידוֹר m.
warm, חַם II.
(in strife), to grow, פָּלַט Hithp. w. בְּ.
springs, יֵמִים (once.)
to, חִמֵּם Pi.
to be, חָמַם, יָחַם Pi., כָּמַר I Ni.
to become, חָמַם.
to make, חִמֵּם Pi.
warmth, חֹם m., חַמָּה f.
warn, to, דָּבַר Pi., זָהַר Hi., יָכַח Hi.
warning, מוּסָר m.
to take, זָהַר Ni., יָסַר Ni.
warp, the, מַסֶּכֶת f., שְׁתִי II m.
warring, (sub.), מִלְחָמָה f.
warrior, גִּבּוֹר, גֶּבֶר m. (poet.), אִישׁ מִלְחָמָה, אִישׁ מִלְחָמוֹת. (Ch. גְּבַר.)
warriors, fierce, נִמְרָדִים.
young, בַּחוּרִים.
wash, to, דּוּחַ Hi., כָּבַס K. (only part.), Pi., רָחַץ, שָׁטַף.
away, to, הֵדִיחַ Hi., שָׁטַף.
wash-basin, כִּיּוֹר m.
washed, to be, רָחַץ Pu., שָׁטַף Ni. Pu.
washer, כּוֹבֵס.
washing, a, רַחַץ m., רַחְצָה f.
wasps, צִרְעָה f. coll. w. the art.
waste, (adj.), חָרֵב, חָרְבָּה f. concr.

waste, (sub.), חֹרֶב m., יְשִׁימוֹן m., שְׁמָמָה f., שִׁמָמָה f., תֹּהוּ.
a desolate, מִדְבַּר שְׁמָמָה.
a laying, שַׁמָּה f.
away, to, בָּלָה, חָלַשׁ, כָּחַשׁ, כָּלָה, see כָּסַם, רָזָה Ni.
away, to make, רָזָה.
laid, הָשָּׁה f. concr., שָׁמֵם.
one another, to, חָרֵב Ni.
places, חֳרָבוֹת.
to, אָבַד Pi., בָּלַע Pi., חָרֵב and חָרֵב, see עָשֵׁשׁ.
to be laid, אָשַׁם, הָשַׁם Ni., חָרֵב and חָרֵב K. Ni., יָשַׁם, נָצָה K. Ni., שָׁאָה I K. Ni., שָׁדַד Ni. Pu. Ho., שָׁחַת Ni, שָׁמֵר Ni., שָׁמֵם K. Ni. Ho. (Ch. חָרֵב Hoph.)
to lay, אָבַד Pi. Hi., בּוּס Pil., בָּלַע Pi., הָשָׁה II, חָבַל Pi., חָרֵב Hi., כִּרְסֵם, שָׁאָה I Hi., שָׁדַד, שׁוּד, שָׁחַת Pi., שָׁמֵר Hi., שָׁמֵם Hi.
to make, בָּלַק.
wasted, מְבֻלָּקָה f., שֹׁמֵם.
to be, חָרֵב and חָרֵב, שָׁמֵם Ni., שָׁמָה Pu. (Keri.)
wasteness, חָרְבָּה f., תֹּהוּ.
waster, a, בַּעַל מַשְׁחִית.
wastes, מְשׁוֹאָה f. concr. always coupled w. שׁוֹאָה.
wasting, a, שֹׁד II m., שֶׁפִי m. (Cheth.)
away, a, כִּלָּיוֹן m.
watch, אַשְׁמֻרָה f., מִשְׁמָר m., מִשְׁמֶרֶת f.
a tower of, עִיר נְצוּרָה.
closely, to, נָצַר I.
for, to, שׁוּר II.
insidiously, to, רָצַד Pi.
narrowly, to, שָׁמַר.
the first, רֹאשׁ אַשְׁמֻרוֹת.
the third, אַשְׁמֹרֶת הַבֹּקֶר.
to, אָרַב K. Pi., בָּחַן, נָצַר I, צָפָה I K. Pi., שָׁמַר, שָׁקַד.
to keep, שָׁקַד.
watcher, a, (Ch. עִיר m.)
watchers, נֹצְרִים.
watchful, to be, שָׁקַד.
watching, a, צְפִית f.
watch-tower, בַּחוּן m., בַּחַן m., מִגְדָּל m., מִצְפֶּה m., מִגְדַּל נֹצְרִים, צְפִיָּה f., צְרִיחַ m.
watch-towers, בְּרִים.
water, מַי II (once Cheth), מַיִם plu.
made foul by treading, מִרְפָּשׂ m.
stagnant, אֲגַם m.
to, יָרָה K. Hi., רָוָה Pi. Hi., שָׁקָה Hi.
to make, see שִׁין Hi.
water-course, צִנּוֹר m.
water-fall, צִנּוֹר m.
water-pot, נֵבֶל and נֶבֶל m.
water-serpent, תַּנִּין m.
water-skin, חֵמֶת m.
watered, well, רָוֶה.
watering, a, רִי m., שִׁקּוּי m.
watering-trough, a, שֹׁקֶת f.
watering-troughs, רְהָטִים, מַשְׁאַבִּים.
waters, מַיִם plu.
abysses of, מַהֲמֹרוֹת (once.)
mass of, rarely תְּהוֹם com. (poet.)
wave, to, הָלַל, נוּעַ also נוּעַ K. Hi., נוּף Hi.
up and down, to, נוּף K. Hi.
wave-breast, the, חֲזֵה הַתְּנוּפָה.
wave-sheaf, עֹמֶר הַתְּנוּפָה.
waver, to, מוֹט K. Ni. Hithp., בָּצַר, נוּעַ also פּוּק, נוּעַ I K. Hi.
to make, מָצַר Hi.
wavering, a, מוֹט m., פִּיק m.
waves, מִשְׁבָּרִים only plu., תְּהוֹמוֹת.
rolling, גַּלִּים.
waving, a, תְּנוּפָה f.
branches, תַּלְתַּלִּים.
wax, דּוֹנַג and דֹּנַג m.
way, אֹרַח com. (poet.), דְּרָכַיִם du., דֶּרֶךְ com, הֵלֶךְ m., מַהֲלָךְ m., מַעְגָּל m., מִשְׁפָּט m. (Ch. אֹרַח.)
a raised, מְסִלָּה f., מַסְלוּל m.
in some, כְּ.
in what, כְּ, כַּאֲשֶׁר.
narrow, see מִשְׁעוֹל.
(of life), מְסִלָּה f.
out, a, מוֹצָא m.
to be on the, אָרַח I (as finite verb once.)
to betake one's self to the, see צִיר Hithp.

way, to show the, תּוּר Hi.
up, a, מְלִיָּה f.
way-fellows, מַהְלְכִים .
way-tax, (Ch. הֲלָךְ m.)
wayfarer, הֵלֶךְ m., אֹרֵחַ com. (poet.), אִישׁ הֵלֶךְ .
waylay, to, see רָבַב Pi. Note.
ways, הֲלִיכוֹת only plu., שְׁבִילֵי only plu. constr.
winding, עֲקַלְקַלּוֹת , אֳרָחוֹת .
wayside, by the, עַל הַדֶּרֶךְ .
we, אֲנוּ (once Cheth), אֲנַחְנוּ , נַחְנוּ . (Ch. אֲנַחְנָה , אֲנַחְנָא .)
weak, דַּל , חַלָּשׁ , חָפְשִׁי , כֵּהֶה only f., רָפֶה , רַךְ , עָטוּף , נִכְשָׁל .
to be, דָּלַל , חָלָה , חָלַשׁ , כָּהָה , כָּשַׁל K. Ni., פּוּג Pi., רָפָה .
to be made, חָלָה Pu.
to become, כָּשַׁל , רָפָה .
weaken, to, רָפָה I Pi.
weakened, to be, רָכַךְ .
weakness, דַּלָּה f., חָפְשׁוּת and חָפְשִׁית f.
weal, (stripe), a, חַבּוּרָה and חֲבֻרָה f.
weal, (welfare), שָׁלוֹם m.
wealth, אוֹן I m., בַּיִת m., הוֹן m., חֹסֶן m. once f., חַיִל m., חֹסֶן m., טוּב m., טוֹבָה f., יְגִיעַ m., יִתְרָה f., כָּבוֹד m., כְּבוּדָּה f, כֹּחַ m., מַעֲרָב I m. (only in Ez.), מִקְנֶה m. once f. (only of cattle), נַחֲלָה f., נְכָסִים m. (later Heb.), סְגֻלָּה f., סֹחַר m., עֹשֶׁר m., פְּקֻדָּה f., קִנְיָן m., שׁוּעַ II m., תְּבוּאוֹת plu. (Ch. נְכַס m.)
got by fraud, מִרְמָה f.
ill-gotten, חָמָס m., prob. חָמֵץ m.
their, הֲמֵהֶם only in plu. c. suff.
wean, to, גָּמַל II.
weapon, נֵשֶׁק and נֶשֶׁק m., see שֶׁלַח .
a pointed, שִׁטָּה f.
weapons, כֵּלִים , חֵצֶן , נֵשֶׁק and נֶשֶׁק m. coll, תַּלְפִּיּוֹת only plu. (prophetic.)
wear, to, לָבַשׁ , נָשָׂא .
away, to, חָלָא (once), שָׁחַק .
wearied, יָגֵעַ , Hoph. particip. of יָגַע , יָעֵף .
out, to be, יָעַף .
wearied, to be, חָלָה Ni., יָגַע w. בְּ in (or) with., יָעַף , לָאָה K. (only fut.), לָהָה , נָגַשׂ Ni.
weariness, יְגִיעָה f., יָגָע m.
wearing away, a, שֶׁפֶא m. (Cheth.)
weary, יָגֵעַ , יָגֵעַ , נִלְאָה f., עָיֵף .
of, to be, לָאָה K. (only fut.), Ni., נָקַט once pret. c. בְּ .
one's self, to, לָאָה Ni.
out, to, לָאָה Hi.
to, יָגַע Pi. Hi.
to be, לָאָה Ni., לָהָה (once.)
to make, לָאָה Hi.
with severe labor, to, עָבַר Hi.
weasel, חֹלֶד m.
weave, to, אָרַג , סָכַךְ , שׂוּךְ Pol.
in checker-work, to, שָׁבַץ Pi.
weaver, אוֹרֵג m.
(an inventive), חֹשֵׁב .
weaver's beam, מְנוֹר אֹרְגִים .
shuttle, אֶרֶג m.
webs, קוּרִים .
weed, a, בָּאְשָׁה f.
a prickley, קִמּוֹשׁ and קִימוֹשׁ m.
weeding-hook, מַעְדֵּר m.
week, שָׁבוּעַ m., see שַׁבָּת , 4.
weep, to, בָּכָה , דָּלַף , הָמָה .
for, to, בָּכָה K. w. acc., עַל , אֶל , לְ , Pi. c. acc.
weeping, a, בָּכָא , בֶּכֶה m., בְּכִית f., בְּכִי m., בְּכוּת f.
tree, see בָּכָא in plu.
to, to come, בָּכָה c. עַל .
weeping-willows, עֲרָבִים only plu.
weft, עֵרֶב m.
weigh, to, אָזַן II Pi., פָּלַס Pi., שָׁקַל , תָּכַן K. Pi. (Ch. תְּקַל .)
for, to, שָׁקַל w. בְּ .
into the hands of, to, שָׁקַל עַל־יְדֵי פ' .
out, to, פָּלַס Pi.
out to, to, שָׁקַל w. acc. of thing, לְ of pers.
over to (or) into, to, שָׁקַל w. עַל .
weighed, to be, סָלָא Pu. (once), סָלָה I Pu.
out, מְתֻכָּן .

weighed out, to be, שָׁקַל Ni.
weigher, שֹׁקֵל.
weighing, a, מִשְׁקָל m.
act of, מִשְׁקָל m.
weight, אֶבֶן m., כָּבֵד, מִשְׁקוֹל m., מִשְׁקָל m. (Ch. תְּקַל m.)
(a certain), see קְשִׂיטָה.
(of a balance), אֶבֶן com.
weighty, to be, כָּבֵד.
weights, diverse, אֶבֶן וָאֶבֶן.
welding (of metals), דֶּבֶק m.
welfare, איר m., אֲרוּכָה f., חַיִּים plu., טוֹב m., טוּב m., טוֹבָה f., יְשׁוּעָה f., יֵשַׁע and יֶשַׁע m., נֵר m., שָׁלוֹם m., תֹּם m.
to announce, promise, דִּבֶּר שָׁלוֹם w. בְּ, לְ.
well, a, בְּאֵר f., בֵּיר (Keri), גֵּב I m.
well, (adj.), טוֹב, שָׁלוֹם.
(adv.), טוֹב, הֵיטֵב, כֵּן I.
all is, שָׁלוֹם.
is he? הֲשָׁלוֹם לוֹ.
nigh, כִּמְעַט.
to be, טוֹב always impers., יָטַב K. Hi. (Ch. יְטַב.)
to become, חָיָה.
to cause one to go on, (Ch. צְלַח Aph. after Heb. form.)
to do, טוֹב Hi. c. acc., inf. c. לְ., יָטַב Hi. w. inf. c. לְ.
to go on, צָלַח I and צָלֵחַ.
to make, יָטַב Hi.
with thee, may it be, שָׁלוֹם לָךְ.
well-disposed, טוֹב.
wells, פִּיּוֹת only plu. constr.
west, the, אָחוֹר m., יָם m., מְבוֹא הַשֶּׁמֶשׁ, מַעֲרָב II m., מַעֲרָבָה f.
at the, מִיָּם.
of, on the, אַחֲרֵי, מִיָּם לְ, מַעֲרָב w. לְ.
on the, מִיָּם.
toward the, מְבוֹא הַשֶּׁמֶשׁ.
western quarter, אָחוֹר m., יָם m.
side, פְּאַת יָם.
westward, יָמָּה, מְבוֹא הַשֶּׁמֶשׁ, מִיָּם, מַעֲרָבָה.
wet, to, (Ch. צְבַע Pa.)
wet, to be, רָטֹב. (Ch. צְבַע Ithpa.)
wet-nurse, מֵינֶקֶת f.
what, אֲשֶׁר, מָה (once), see מִי I, שֶׁ (later Heb.). (Ch. דִּי, מָה.)
what? אֵי זֶה (ref. to place), מָה. (Ch. מָה, מָא, מַן.)
by, בַּמֶּה, בַּמָּה.
kind of? מָה.
wilt thou, מַה־לָּךְ.
with, בַּמֶּה, בַּמָּה.
whatever, כֹּל, מְאוּמָה, מָה. (Ch. מָה.)
whatsoever, in, בְּשֶׁל אֲשֶׁר (later Heb.)
wheat, חִטָּה f. (in sing. mostly of the plant), חִטִּים f. plu., לֶחֶם com. (Ch. חִנְטִין plu.)
wheel, אוֹפָן m., גַּלְגַּל m., גִּלְגָּל. (Ch. גַּלְגַּל.)
whelp, גּוּר m., גּוּר m.
a lion's, גּוּר m., גּוּר אֲרָיוֹת.
when, אִם (fol. by preter.), אֲשֶׁר, בְּ (w. an infin.), בְּיוֹם (w. inf.), כְּ (w. inf.), כַּאֲשֶׁר, כִּי I, כְּמוֹ, כְּמוֹ, לְ (w. inf.), מָתַי, לְמָתַי, לִכְּפֵר, שֶׁ (later Heb.), כְּשֶׁ. (Ch. כְּדִי, כְּדְנָה.)
yet, אַף I.
when? אַחֲרֵי מָתַי, מָתַי, מָה, אָנָה.
whence, אֲשֶׁר מִשָּׁם.
whence? מֵאַיִן, מֵאַיִן. אֵי מִזֶּה (Cheth.)
whenever, מִדֵּי (w. infin.)
where, אֵיכֹה (once), אֲשֶׁר, שָׁם — אֲשֶׁר, בִּמְקוֹם אֲשֶׁר שָׁם, בַּאֲשֶׁר — שָׁם, בַּאֲשֶׁר, מְקוֹם שֶׁ, or מְקוֹם אֲשֶׁר, אֶל־פְּנֵי (later books), פֶּתַח c. gen., — אֲשֶׁר שָׁמָּה (rarely). (Ch. אֲתַר דִּי, דִּי תַּמָּה.)
where? אֵיזֶה, אֵי זֶה, אַיֵּה, אַי, אֱהִי, אָנָה, אָן, אֵיפֹה, אֵיכָה.
(art) thou, (is) he, (are) they, etc., אַיֶּכָּה, אַיּוֹ, אַיָּם, etc.
whereby? בַּמֶּה, בַּמָּה.
wherefore, וְ and וְ (before inferential clauses), לָמָּה זֶה. (Ch. כָּל־קֳבֵל דִּי.)
wherefore? לָמָּה, מָה, מַדּוּעַ, אֵי לָזֹאת, also לָמָה, thrice לָמֶה, עַל־מָה, בַּמָּה, בַּמֶּה Ch. לְמָה.)
wherein? בַּמֶּה, בַּמָּה.

wheresoever, בִּמְקוֹם , בַּאֲשֶׁר — שָׁם , בַּאֲשֶׁר אֲשֶׁר שָׁם .
wherever, מְקוֹם אֲשֶׁר , or מְקוֹם שֶׁ (later books.)
whether, אִם . (Ch. הֵן .)
not, אִילֵּי I.
— or, אִם — אִם , אִם — אִם , אוֹ — אוֹ , וְ — וְ , בֵּין — וּבֵין , בֵּין — לְ , וְאִם לְמִן , מִן — וְעַד , מִן — עַד עַד or וְעַד . (Ch. הֵן — הֵן .)
whether? אַל I, הֲ , הַ , הֶ (in indirect interrogation), הֲכִי , הֵן . (Ch. אַל .)
— or? הַאִם — הֲ , הֲ — וְאִם , הֲ — אִם וְאִם .
which, אֲשֶׁר , see כִּי I, A., שֶׁ (later Heb.). (Ch. דִּי .)
which? אֵי זֶה (ref. to place.)
while, בְּ (w. an infin.), עַד , בְּעוֹד .
a little, מְעַט .
for a little, לִמְצָעָר .
in a little, בִּמְעַט .
yet, בְּעוֹד .
whimpering, the, מַהְגִּים .
whip, a, שׁוֹט m.
whirl (of a spindle), פִּישׁוֹר m., פֶּלֶךְ m.
to, חוּל and חִיל .
whirled, to be, חוּל and חִיל .
whirlpools, מַהֲמֹרוֹת (once.)
whirlwind, גַּלְגַּל m., סוּפָה f.
whirring (of wings), צְלָצַל m.
whisper, אַט m., שֶׁמֶץ m.
among themselves, to, לָחַשׁ Hithp. w. עַל against.
to, נָאַם (once.)
whisperers, אִטִּים concr.
whispering, a, שִׁמְצָה f. (once.)
whistle, to, שָׁרַק .
for, to, שָׁרַק w. לְ .
to call by a, שָׁרַק w. לְ .
whistlings, שְׁרִיקוֹת .
white, לָבָן , לָבֵן , צָחֹר . (Ch. חִוָּר .)
bread, חֹרִי I m.
dazzling, צַח .
like snow, to be, see שָׁלַג Hi.
to be of a dazzling, צָחַח .
to become, חָוַר , לָבֵן Hi.
to make, לָבֵן Hi.

white-footed, עָקֹד .
whiteness, לִבְנָה f., צַחַר m.
whitewash, תָּפֵל m.
whither, אָנָה , אֲשֶׁר שָׁם , אֲשֶׁר שָׁמָּה . אֶל־פְּנֵי (after verbs of motion), — שָׁ שָׁם .
whither? אָנָה , אָן .
whithersoever, אֲשֶׁר שָׁמָּה .
whiz, to, see רָנָה .
whizzing (of wings), צְלָצַל m.
who, אֲשֶׁר , see כִּי I, A., שֶׁ (later Heb.). (Ch. דִּי .)
he, שֶׁ (later Heb.). (Ch. דִּי .)
who? מִי . (Ch. מַן .)
whoever, כֹּל , מִי . (Ch. כָּל , מַן־דִּי .)
whole, כֹּל , שָׁלוֹם , שָׁלֵם , תָּם (only moral sense), תָּמִים .
burnt-offering, כָּלִיל m.
multitude, a, רֹב m. (poet.)
number, the, קְצוֹת plu. constr., קָצֶה m., קָצָה f., see שָׁלֵם .
part, the, כָּלִיל m. (Ch. כֹּל .)
the, קְצוֹת plu. constr., קָצֶה m. (Ch. קְצָת m.)
to be, תָּמַם .
to make, שָׁלֵם Pi., תָּמַם K. Hi.
whole-minded, תָּמִים .
to be, תָּמַם .
wholeness, מְתֹם m., שָׁלוֹם m., תֹּם m.
wholesome, to render, רָפָא Pi.
wholly, עַד , כָּלִיל , כָּלָה , כֹּל , יַחַד , אַךְ , מְאֹד , see נֵצַח , I, 4. (Ch. כֹּל .)
because, (Ch. כָּל־קֳבֵל דִּי .)
whore, זוֹנָה f.
to let be a, זָנָה Hi.
to play the, זָנָה .
whoredom, זְנוּת f. (only trop.), תַּזְנוּת f.
whoredoms, זְנוּנִים .
whoring, to go a, זָנָה .
why? לָמָּה , מָה , מַדּוּעַ , אֵי לָזֹאת , also לָמָּה , thrice לָמֶה , עַל־מָה .
wick, פִּשְׁתָּה f.
wicked, נָבָל , לֹא חָסִיד , מֵבִישׁ , אֱוִיל , עֲוִיל I, חָנֵף , רֵיק , רַע , רָשָׁע , שָׁלֵו . (Ch. בְּאִישׁ .)
counsel, מַחֲשָׁבָה and מַחֲשֶׁבֶת f.
deed, רָעָה f., זִמָּה f.

wicked deeds, רְשָׁעִים.
man, בְּלִיַּעַל, ellipt. for אִישׁ בְּלִיַּעַל.
men, אֱנוֹשׁ m. (poet.)
(one), עַוָּל m.
(person), רָשָׁע m.
the, בֹּגְדִים, עַוְלָה f. concr., בְּנֵי רְשָׁעִים, רָעִים, עַוְלָה.
to be, רָשַׁע.
woman, מִרְשַׁעַת f. concr.
wickedly, to act, בָּאַשׁ Hi., זוּד or זִיד Hi. w. inf. et לְ, עַל of pers., נָבֵל, עָוַל Pi., עָשָׂה עַוְלָה, רָעַע Hi., רָשַׁע Hi., see שָׁחַת Pi., שָׁחַת Hi. (Ch. זוּד Aph.)
to do, סָכַל Ni., see שָׁחַת Pi.
to speak, דִּבֶּר עָתָק.
towards (or) against, to act, זוּד or זִיד c. עַל or אֶל.
wickedness, אִוֶּלֶת f., אָוֶן m., בְּלִיַּעַל, הַוּוֹת f. only plu., הוֹלֵלָה f., הוֹלֵלוּת f., זִמָּה f., חֹנֶף m., חֲנֻפָּה f., חֹשֶׁךְ m., מְזִמָּה f., מִרְשַׁעַת f., נְבָלָה f., עָוֶל m., עַוְלָה f., עֲלִילָה, רַע m., רֹעַ m., רָעָה f., רֶשַׁע m., רִשְׁעָה f., שָׁוְא m., שַׁלְיָה f., תּוֹעָה f.
wicker-basket, סַל m.
wicker-baskets, סַלְסִלּוֹת.
wide, רָחָב.
place, מֶרְחָב m., רַחַב m.
to be, רָחַב.
to become, רָחַב.
to make, רָחַב Hi. w. לְ of pers. for.
widow, a, אַלְמָנָה I f.
widowed, אַלְמָן.
widowhood, אַלְמֹן m., אַלְמָנוּת.
width, רֶוַח m.
wield, to, תָּפַשׂ.
wife, אִשָּׁה f., חֲבֶרֶת f., לְבוּשׁ m., שִׁדָּה f. (once.)
a prophet's, נְבִיאָה f.
to take to, יָשַׁב Hi.
wild, to run, see רוּד.
wiles, נֵכֶל m.
wilful, אַבִּיר לֵב.
to make, קָשָׁה I Hi. w. לֵב.
wilfulness, חֵפֶץ.
will, אִוּ (once Cheth), אַוָּה f., רוּחַ f., רֵעַ II m., רָצוֹן m. (Ch. רְעוּת f.)
to, אָבָה, חָפֵץ, יָאַל II. (Ch. צְבָא.)
willing, נָדִיב, חָפֵץ.
mind, with a, נְדָבָה.
to be, אָבָה. (Ch. נְדַב Ithp. c. לְ for.)
to show one's self, נָדַב Hithp. w. inf. c. לְ.
towards (any one), to be, אָבָה w. dat. of pers.
willingly, giving, נָדִיב.
to give, נָדַב Hithp. (Ch. נְדַב Ithp. c. לְ for.)
willingness, נְדָבָה f.
willow, צַפְצָפָה f.
willows, עֲרָבִים plu. only.
wilt, to, נָבֵל.
wind, נְשָׁמָה f., רוּחַ f. (Ch. רוּחַ.)
wind around, to, צָנַף.
winding, (adj.), עֲקַלְקַלּוֹן, תַּהְפֻּכָה.
stairs, לוּלִים.
ways, עֲקַלְקַלּוֹת, אֳרָחוֹת.
window, אֲרֻבָּה f. (once in sing.), חַלּוֹן com., מֶחֱזָה f. (Ch. כַּו.)
windows with closed bars, חַלּוֹנֵי שְׁקֻפִים אֲטֻמִים.
wine, דָּם m. (poet.), חֵמָה I f., חֶמֶר m., יַיִן m., סֹבֶא m., דַּם עֵנָב, דַּם עֲנָבִים. (Ch. חֲמַר m.)
master of, see מֶלְצַר.
mixed, מֶזֶג m., מִמְסָךְ m., מֶסֶךְ m.
new, עָסִיס m., תִּירוֹשׁ m.
spiced, מֶזֶג m., מִמְסָךְ m., יַיִן הָרֶקַח.
tempered, see מֶזֶג.
wine-bottle, נֹאד יַיִן.
wine-bowl, מִזְרָק m.
wine-drinkers, שֹׁתֵי יַיִן.
wine-garden, כֶּרֶם חֶמֶר.
wine-press, a, גַּת f., יֶקֶב m., פּוּרָה f.
wine-vat, יֶקֶב m.
wing, כָּנָף f., צִיץ m. (Ch. גַּף.)
wing-feather, אֵבֶר m., אֶבְרָה f., נוֹצָה f.
wink, a, רֶגַע, פֶּתַע m.
to, קָרַץ עַיִן and בְּעֵינַיִם, רָגַע Hi., רָזַם (once.)

wink, to give a, רָמַז Hi.
winnow, to, זָרָה K. Pi.
out, to, זָרָה Pi.
winnower, מִזְרֶה m.
winnowing fork (or) shovel, מִזְרֶה m., רַחַת f.
winter, סְתָו m. (Keri.)
to, חָרַף.
to pass the autumn and, חָרַף.
wipe away, to, מָחָה.
off, to, סָחָה, מָחָה Pi. only.
wisdom, דַּעַת f., חָכְמָה f., חָכְמוֹת f. sing., חַכְמוֹת f. sing., see מְבוֹנִים, עֵצָה II f., הַשְׂכֵּל, שֵׂכֶל also שֶׂכֶל m., תּוּשִׁיָּה f. (Ch. נַהִירוּ, חָכְמָה f.)
(a man of) tried, נֶאֱמָן.
to have, יָדַע דַּעַת.
wise, עָרוּם, חָכָם, מֵבִין. (Ch. חַכִּים.)
in one's own eyes, to be, חָכַם Hithp.
man, (Ch. חַכִּים.)
men, חֲכָמִים.
one, מַשְׂכִּיל.
teachers, see מְבוֹנִים.
the, בָּנִים.
to be, בִּין K. Hi. Hithpal., חָכַם, שָׂכַל, יָדַע Hi.
to become, חָכַם, שָׂכַל Hi.
to make, חָכַם Pi. Hi., שָׂכַל Hi.
to show one's self, חָכַם Hithp.
wisely, בְּדַעַת.
to act, חָכַם, שָׂכַל K. Hi.
wish, תַּאֲוָה f.
to, אָמַר בְּלִבּוֹ.
with, see אֵל III, A, 6., אֵת II., בְּ, see יָד, 1, aa., see לְ, A, c, at end., בְּמוֹ (poet.), עִם, עַל. (Ch. בְּ, see יַד, לְוָת, עִם.)
me, בְּיָדִי, בְּיָדִי.
no, בְּלִי, לֹא, put for בְּלֹא.
withdraw, to, אָסַף, מוּשׁ I, שׁוּב Hi.
from, to, כָּרַת Hi. c. מִפְּנֵי.
one's self, to, אוּץ w. מִן., חָלַץ w. מִן.
quietly from, to, חָרַשׁ Hi. w. מִן.
withdrawal, תְּנוּאָה f.
withdrawing, a, סִיג m.
wither, to, see בָּלַל Hi., נָבֵל.
withered, דַּק.
withhold, to, חָשַׂךְ, גָּרַע w. מִן from., מָנַע, כָּלָא.
one's self, to, אָפַק Hithp.
within, מִבַּיְתָה, מִבַּיִת, בַּיְתָה, בֵּין, בְּ, עַל, לְ, לְמִבַּיִת לְ, מִבֵּית לְ, בֵּית לְ, לִפְנִימָה, פְּנִימָה. (Ch. עַד.)
me, בְּקִרְבִּי.
to, אֶל־מִבֵּית לְ.
yet, בְּעוֹד.
without, בִּבְלִי, בְּאֵין, אֵין, בִּבְלִי (only in poet.), לִבְלִי, בִּלְעֲדֵי, מִבַּלְעֲדֵי, לַחוּץ, בַּחוּץ, הַחוּצָה, חוּץ, בִּבְלִי (poet.), מִחוּצָה לְ, מִחוּץ לְ, לַחוּצָה, אֶל־מִחוּץ לְ (after a verb of motion), בְּלֹא, לֹא, לְלֹא (once), מִן.
cause, חִנָּם, שֶׁקֶר.
doubt, אַךְ.
to be, חָסֵר.
withstand, to, קוּם c. לִפְנֵי.
witness, a, עֵד m., עֵדָה II f., שָׂהֵד m. (once.)
against, to bear, עָנָה עֵד בְּ.
borne, עֵד m.
to bear, עוּד Hi. w. acc. against, also for., עָנָה I c. בְּ concerning, for, against.
to call as, to take as, עוּד Hi.
witnesses, to take, עוּד Hi.
wives, the king's, (Ch. שֵׁגַל f. in the plu.)
wizard, יִדְּעֹנִי m.
spirit, יִדְּעֹנִי m.
wo, הִי m.
wo! see אֲבוֹי, אִי c. dat., אוֹי II c. dat., אַלְלַי only w. לִי., הָהּ, הוֹ, הוֹי w. לְ, עַל, אֶל.
is me for, צַר לִי w. עַל.
wolf, זְאֵב m.
woman, אִשָּׁה f.
a strange, זָרָה f., נָכְרִיָּה f.
a young, בַּת I f., עַלְמָה f.
having a divining spirit, בַּעֲלַת אוֹב.
in her pains, אֵשֶׁת בְּצִירָה.
in travail, a, יוֹלֵדָה, rarely יוֹלֶדֶת.
wicked, מִרְשַׁעַת.
womb, בֶּטֶן f., מֵעִים only plu., קֶרֶב m., רֶחֶם, רַחַם f., com.

womb, the mouth of the, מַשְׁבֵּר m.
women, אִשָּׁה f. w. art. coll., נָשִׁים f. plu.
old, זְקֵנוֹת.
women's apartment, see אַרְמוֹן.
wonder, a, אוֹת I com., מוֹפֵת m., פֶּלֶא m. (Ch. תְּמַהּ m.)
to, תָּמַהּ K. Hithp.
Wonderful, the, פֶּלֶא m.
wonderful, נוֹרָא, פִּלְאִי (Cheth.)
acts, נוֹרָאוֹת.
to be, פָּלָא Ni.
to make, פָּלָא Hi.
way, in a, נוֹרָאוֹת.
works, נִפְלָאוֹת.
wonderfully, נוֹרָאוֹת, נִפְלָאוֹת, פְּלָאִים.
helped, to be, הִפְלִיא לְהֵעָזֵר.
with, to deal, פָּלָא Hi. w. אֵת.
wonders, פְּלָאוֹת m.
to do, עָלַל I Hithp. c. בְּ.
wondrous works, מִפְלָאוֹת plu. constr. only.
wondrously, to do (or) act, הִפְלִיא לַעֲשׂוֹת.
wont, to be, לָמַד c. אֶל., סָכַן Hi. c. inf. et לְ.
wonted, אִלּוּף.
to be, אָלַף or אָלֵף.
wood, עֵץ m., עֵצִים plu., עֵצָה I f. (Ch. אָע.)
a, אֶשֶׁל, יַעַר m.
(a kind of) precious, אַלְמֻגִּים.
a thick, חֹרֶשׁ.
wood-cutters, חֹטְבֵי הָעֵצִים.
wood-demons, see in שָׂעִיר.
wooden pillar, אֲשֵׁרָה f.
post, עֵץ m.
woods, יְעוֹרִים (Cheth.)
woof, עֵרֶב m.
wool, צֶמֶר m. (Ch. עֲמַר m.)
shorn, גֵּז m.
woolen and linen together, cloth of, see שַׁעַטְנֵז.
word, אֹמֶר (poet.), אֵמֶר (poet.), אִמְרָה f. (poet.), אֶמְרָה f. (poet.), דָּבָר m., מִלָּה f. (only poet.), פִּתְגָּם m. (later Heb.). (Ch. מִלָּה f., פִּתְגָּם m.)
words, דָּבָר m. coll., מוֹצָא שְׂפָתַיִם.
a man of, אִישׁ, בַּעַל דְּבָרִים.
empty, שָׂפָה f.
intelligent, תְּבוּנוֹת.
work, גְּמוּל m., גְּמוּלָה f., חֲרֹשֶׁת f., יְגִיעַ m., יֵצֶר m., מְלָאכָה f., מַעֲשֶׂה m., מִפְעָל m., מִפְעָלָה f., עָבָד m. (once), עֲבֹדָה f., עֲלִילָה f., עֲלִילִיָּה f., פֹּעַל m. (poet.). (Ch. מַעְבָּד m., עֲבִידָה f.)
(a miracle), to, נָתַן.
artificial, חָרָשׁ m., עָשָׂה m.
(evil) to, חָרַשׁ K. Hi.
for one another, to, עָבַד.
over, to, עָשָׂה I K. Pi. (immodest sense.)
to, עָבַד, עָלַל I Hithpo., עָשָׂה I, see פָּעַל.
to do, עָבַד.
working (in wood, stone, etc.), חֲרֹשֶׁת f.
workman, אָמָן m., חָרָשׁ m., עָמֵל m.
works, מַעֲלָלִים, דְּרָכִים.
workshop, עֲלִיל m. (once.)
world, the, see עוֹלָם, B., תֵּבֵל f. (poet.)
(the habitable), תֵּבֵל f. (poet.)
this, חֶלֶד m.
worldly things, love of, עוֹלָם m.
worldly-mindedness, עוֹלָם m.
worm, רִמָּה f., תּוֹלָע m., תּוֹלַעַת f. and תּוֹלַעַת.
worm-crimson, שְׁנִי תוֹלַעַת.
worm-eaten, to be, רָקַב.
worms, רִמָּה f. coll.
wormwood, לַעֲנָה f.
worn, to be, עָלָה.
away, to be, שָׁפָה Pu. (Keri.)
down (in strength), to be, חָלָה K. Ni.
out, בָּלֶה.
out, to be, בָּלָה.
worse, to be made, רוּעַ Ni.
worship, הֲדָרָה com. (Ch. פָּלְחָן m.)
Baal, to, נִצְמַד לְבַעַל.
to, עָבַד, נָבָר, יָרֵא, הָדַר Hi., עָבַד K. Ho., עָצַב Hi., שָׁחָה Hithpal., שָׁמַר K. Pi. (Ch. פְּלַח w. acc. and לְ.)

worshipper, a, עָתָר m.
a female, בַּת I f.
(of God), עֶבֶד m.
worthless, נִתְעָב, רֵק, רֵיק, צָעִיר.
thing, תֹּהוּ concr.
worthlessness, בְּלִיַּעַל.
would God! אַחֲלַי, אַחֲלֵי.
that! מִי יִתֵּן, לוּ, לוּא, אִם.
wound, דַּכָּא, חֵץ m., מָזוֹר I m., מַחַץ m., מַכָּה f., פֶּצַע m., see שֶׁבֶר.
slightly, to, חָרַץ.
to, חָלַל Pi. Po., כָּאַב Hi., נָתַץ, פָּצַע.
to bind up a, חָבַשׁ.
wounded, חָלָל, מְחֹלָל.
slightly, חָרוּץ.
to be, חָלָה Ho., חָלַל.
woven together, to be, שָׂרַג Pu. Hithp.
woven-work, מַעֲשֵׂה אֹרֵג.
wrap, to, עטה.
around, to, לָאַט, צָנַף.
one's self, to, כָּנַס Hithp.
one's self up, to, כָּסָה Hithp. c. בְּ.
together, to, גָּלַם (once.)
up, to, לוּט K. Hi., עָטָה.
wrapped in bandages, to be, חָתַל Pu. Ho.
in darkness, to be, עוּף.
wrath, זַעַם m., חֵמָא (once), חֵמָה I f., חָרוֹן m., כַּעַשׂ m. (only in Job), עֶבְרָה f., עִיר II m., קֶצֶף m., רֹגֶז m. (Ch. קְצַף, חֲמָא, חֵמָא m.)
wreath, זֵר m., לִוְיָה f., עֲבֹת.
wreathed work, מַעֲשֵׂה עֲבֹת.
wreathen work, גַּבְלֻת f.
wreaths, (architec.), לֹיוֹת.
wrecked, to be, שָׁבַר Ni.
wrench, a, מַחְשֶׁבֶת.
wrest, to, סָלַף Pi., עָוַת Pi., see עָשַׁק, 2.
the cause (of), to, עָוַת Pi. w. acc. of pers.
the right of, to, הִטָּה מִשְׁפַּט פ׳.
wresting, a, מַטֶּה.
wrestle, to, אָבַק Ni. seq. עִם., פָּתַל Ni.
wrestler, see זַרְזִיר.
wrestlings, נַפְתּוּלִים (once.)
wretched, אֹבֵד, אֶבְיוֹן, חֵלְכָה or חֵלְכָא (Cheth), מִסְכֵּן, אֻמְלַל, עָנִי, עָנָו.
one, אֹבֵד m.
to be, אָבַד.
wretchedness, אֵבוּר.
write, to, כָּתַב K. Pi., סָפַר (only in part.)
about, to, כָּתַב.
concerning, to, כָּתַב אֶל or כָּתַב עַל.
down, to, כָּתַב, רָשַׁם. (Ch. כְּתַב.)
for, to, כָּתַב עַל.
of, to, כָּתַב אֶל or כָּתַב עַל.
up, to, כָּתַב.
writer, סֹפֵר.
writer's ink-horn, קֶסֶת הַסֹּפֵר.
knife, תַּעַר הַסֹּפֵר.
writhe, to, חָבַל Pi., חוּל and חִיל K. Hithp., עָוָה Ni.
writhings, חֲבָלִים (mostly in plu.), צִירִים.
writing, a, כְּתָב m., כְּתֹבֶת f., מִכְתָּב m., מִכְתָּם (only in inscrip. of Psalms), סֵפֶר m. (Ch. כְּתָב m.)
written, to be, כָּתַב Ni.
wrong, דִּין m., חָמָס m., עָוֶל m., עַוְלָה f., עָוֹן m., שׂוֹד II m. (Ch. שָׁלָה f. Cheth., שָׁלוּ f.)
action, עָוֹן m.
to, חָמַס.
to do, עָוַל Pi., שָׁגַג.
what is got by, חָמָס m., prob. חָמֵץ m.
wrong-doer, עַוָּל m., רָשָׁע m.
wroth, he was, חָרָה לוֹ.
to be, חָרָה K. Ni. c. בְּ., עָבַר Hithp., עָצַב Hithp., קָצַף, רָגַז w. לְ toward or against. (Ch. קְצַף.)
wrought iron, see in עָשׁוֹת.
(something), מַעֲשֶׂה f.
to be, עָבַד Ni., עָשָׂה I Ni.
to be curiously, רָקַם Pu.
to be elaborately, רָקַם Pu.

X

Xerxes, see אֲחַשְׁוֵרוֹשׁ.

Y

yarn, אֵטוּן m. (once), בַּד I m.
ye, אַתֶּם m., אַתֵּן f. (Ch. אַנְתּוּן.)
yea, אַף, גַּם, הֵן II, וְ, וּ and וָ.
even, וְ, וּ and וָ.
furthermore, see אַף כִּי.
more, אַף I.
now, גַּם עַתָּה.
year, יָמִים (sometimes), מוֹעֵד m. (prophetic style), שָׁנָה f. (Ch. עִדָּן m. in prophet. lang., שְׁנָה or שְׁנָא f.)
by year, שָׁנָה בְשָׁנָה.
every, מִדֵּי שָׁנָה בְשָׁנָה, שָׁנָה שָׁנָה, שָׁנָה בְשָׁנָה.
(grain) of this, חָדָשׁ.
of jubilee, שְׁנַת יוֹבֵל.
to year, from, שָׁנָה, מִיָּמִים יָמִימָה, מִדֵּי שָׁנָה בְשָׁנָה, שָׁנָה בְשָׁנָה, שָׁנָה.
yearn, to, כָּמַר I w. אֶל, עַל.
years, some, שָׁנִים indef.
to be advanced in, עָתַק.
two, שְׁנָתַיִם du.
yell, to, יָלַל Hi. (once.)
yelling, a, יְלֵל m.
yellow, צָהֹב.
yellowish, יְרַקְרַק.
yellowness, יֵרָקוֹן m., יֵרָקוֹן m., יְרַקְרַק.
yesterday, אֶמֶשׁ, אֶתְמוֹל and אֶתְמוּל, once אִתְמוֹל, תְּמוֹל.
and the day before, both, גַּם תְּמוֹל גַּם שִׁלְשֹׁם.
(and) the third day, תְּמוֹל שִׁלְשֹׁם, גַּם אֶתְמוֹל גַּם שִׁלְשׁוֹם.
and to-day, both, גַּם תְּמוֹל גַּם הַיּוֹם.
day before, שִׁלְשׁוֹם.
yesternight, אֶמֶשׁ.
yet, כִּי, גַּם, אָכֵן I (rarely), עֲדֶן, עֲדֶנָּה, עוֹד. (Ch. בְּרַם, עוֹד.)
again, עוֹד.
more, עוֹד.
the more, עוֹד.
therefore, לָכֵן.
yield, to, עָשָׂה I. (Ch. יְהַב.)
fruit, to, נָתַן פְּרִי.
to, to, נָפַל w. מִן compar.
yoke, מוֹט m., מוֹטָה f., מָנוֹר m., עֹל m., צֶמֶד m.
to, אָסַר.
to a vehicle, to, רָכַב Hi.
yonder, עַד כֹּה.
young, הַקָּטֹן, הַקָּטָן.
again, to grow, רֻטֲפַשׁ.
big with, מְסֻבָּלִים plu.
man, בָּחוּר m., יֶלֶד m., עֶלֶם m.
men, יַלְדוּת f. concr.
(of animals), בֵּן m., יְלָדִים com., עֵגֶר and שְׁגַר m.
(of birds), the, אֶפְרֹחַ m.
without, שִׁכּוּל.
woman, בַּת I f., עַלְמָה f.
younger, צָעִיר.
the, הַקָּטֹן, הַקָּטָן.
youth, a, בָּחוּר m., בֵּן m., יֶלֶד m., נַעַר I m., עֶלֶם m.
youth, (time of life), בְּחֻרִים m. plu. and בְּחוּרוֹת, יַלְדוּת f., נְעוּרִים, נְעוּרוֹת, נֹעַר m., עֲדִי m., עֲלוּמִים, עֵת usually f., צְעִירָה f., שַׁחֲרוּת f. (once.)
youthful age, עֲלוּמִים.
spouse, עַלְמָה f.

Z

zeal, קִנְאָה f.
to burn with, קִנֵּא Pi.
to do with, חָרָה Hi. w. finite verb.
zealous, to be, חָרָה Hi.
for, to be, קִנֵּא Pi. w. לְ.
towards, to be, קִנֵּא Pi.
Zebulun, זְבוּלוּן.

Zechariah, זְכַרְיָה.
Zephaniah, צְפַנְיָה.
Zidon, צִידוֹן.
Zion, צִיּוֹן.
Ziv, (month), זִו m.
Zodiac, the twelve signs of the, מַזָּלוֹת, מַזָּרוֹת (once.)

www.ingramcontent.com/pod-product-compliance
Lightning Source LLC
Chambersburg PA
CBHW030824270326
41928CB00007B/890

9783337226558